제 2 판

경제학 입문

한상인 · 이경모 · 이승모 · 기석도 · 이동헌

pnc publishing and culture
피앤씨미디어

제2판 머리말*

초판을 낸 후 벌써 3년 반이라는 시간이 흘렀다. 그동안 꾸준한 사랑을 보내주신 독자 여러분들께 다시 한 번 심심한 감사를 드린다. 그동안 많은 분들의 충고와 질책을 무겁게 받아들이면서 보다 나은 책을 만들어야 한다는 책임감에서 공동저자들이 다시 모였다.

초판을 낼 때의 초심으로 돌아가서 회고해 보면, 경제학을 처음 접하는 학생들에게 조금이나마 부담을 덜어보자는 데서 출발하였지만, 재차 양이 늘어나게 된 점에 대해 양해를 구하고 싶다.

이번 개정은 독자들의 요청에 의해 3개 장이 추가되었다. 독자들은 생산비용, 요소가격에 대한 보다 자세한 설명을 요구하였다. 초판에서는 생산비용 중 가장 중요한 한계비용만을 제3장 8절 자원배분의 효율성에서 공급곡선이 한계비용이라는 것을 간단하게 도출하였고, 요소가격에 대한 것은 요소가격의 결정원리에서 간단히 언급한 바 있었다. 이번에 생산비용은 생산과 생산비용이라는 주제로 한 장을 추가하였다. 초판의 제3장 7절에서 간략하게 언급되었던 요소가격의 결정원리 부분을 보다 확장하여, 새로 2개의 장으로 나누어 자세한 설명으로 보충하였다. 3개의 장을 추가할 때도 초판의 신념처럼 쉽게 이해할 수 있도록 노력하였다.

그리고 최근 사회적으로 이슈가 되고 있는 최저임금제에 대한 세간의 관심과 염려에 부응하여, 우리나라의 최저임금제에 대한 개요를 한 절로 추가하여 이해를 돕고자 하였다. 다만 최저임금수준은 매년 변화할 수 있는 것으로, 그 수치적 변동과 제도적 변화를 일일이 다 반영하지는 못한다는 점을 앞으로도 독자여러분들의 이해를 구한다.

우리 저자들은 초판에서 밝힌 바와 같이 기존의 경제학 교과서의 두꺼운 분량과 수식적 접근에 대한 부담을 줄인다는 신념에는 변함이 없다. 물론 그런 부분들은 경제학 분야의 각 각론에서 보다 높은 수준으로 이해도를 높일 수 있을 것으로 생각한다. 본서를 통해 경제학의 개념과 원리들을 잘 이해하도록 하여, 기초를 다지는 데에 그 역할을 규정하고 있다는 점을 독자 여러분들은 잘 인식해 주리라 믿는다.

이와 같은 우리의 목표가 어느 정도 실현되고 있는지는 다 알지는 못하지만, 어느 정도 기여하였다는 확신은 가지고 있다. 이번의 개정도 그러한 신념 속에서 그 역할을 보다 충실하게 실천하기 위한 것임을 다시 한 번 강조해 두고 싶다.

이번 제2판이 나올 때까지 많은 분들의 도움이 있었다. 뒤에서 묵묵히 개정에 이르기까지 지원을 아끼지 않으신 피앤씨미디어의 박노일 사장님과, 체계적인 편집과 꼼꼼한 교정을 해 주신 심성보 편집이사님께도 감사의 말씀을 드린다.

끝으로 아직 미진한 부분이나 오류에 대해서는 전적으로 저자들의 책임이다. 이에 대한 질책이나 충고를 겸허하게 수용하고자 한다.

기해년 새해 벽두
달구벌에서
저자 일동

머리말*

경제학을 전공한 사람이라면 거의 모두가 이 학문에 대한 어려움을 토로한 경험을 가지고 있을 것이다. 더욱이 대학에 와서 경제학을 처음으로 접하는 학생들이 경제학을 마주할 때 첫인상은 과연 어떤 모습일까 더욱더 상상이 간다.

그동안 학생들이 경제학을 접한 첫인상은 그리 밝은 모습은 아니다. 이구동성으로 "어렵습니다"라는 이 한마디 속에는 지금까지 경제학강의를 해 온 저자들에게 가슴아픈 원망으로 되돌아오는 느낌을 지울 수가 없다. 엄청나게 많은 분량, 수식에 의한 접근, 그림, 표 등을 통한 복잡한 논리적 전개까지 '경제학원론' 하면 머리에 떠오르는 인상들이다. 경제학이 왜 이렇게 어려운 학문으로 재단이 되어버렸을까? 저자들과 같은 가르치는 사람들의 책임도 한몫을 한다고 자성도 해 본다.

이러한 학생들의 어려움에 대해 조금이나마 부담을 줄이고 흥미를 느낄 수 있는 책을 만들어 보고자 동학인 5명의 저자가 의기투합하였다. 경제학의 '입문서'로서 경제학을 처음 접하는 학생들에게 우리가 살고 있는 '자본주의 시장경제체제'에 대한 기본적인 작동원리를 이해시키는 데 온 힘을 기울였다. 일반적인 경제학원론 교과서와 같은 백과사전식의 두꺼운 책을 과감히 탈피하여 경제학을 처음 배우는 사람들에게 시장경제의 '핵심'을 간결하게 요약 정리함으로써 쉽게 이해할 수 있도록 하여, 장차 경제학의 각 각론들을 이해하는 데 무리가 없도록 하는 데 중점을 두었다. 특히 기존의 수많은 이론들 중 꼭 필요한 부분들만 취사선택하여, 어떻게 논리적으로 전개할 것인가에 대해 많은 고심과 토론의 시간을 가졌다. 두터운 외투를

벗기고 활동적인 얇은 외출복으로 갈아입히는 데 많은 착오와 고통스런 노력이 있었다.

이와 같은 우리의 목표가 어느 정도 실현이 되었는가는 자신할 수가 없다. 다만 경제학을 처음 접하는 독자들에게 경제학과 좋은 인연을 맺을 수 있는 징검다리의 역할을 자임하며 많은 시간과 노력을 다하였다. 이제 남은 것은 독자들의 냉엄한 평가뿐이다.

이 책이 나올 때까지 많은 분들이 도움을 주셨다. 이 책에 대한 기획의 계기를 만드시고 출판에 이르기까지 긴 여정 동안 물심양면으로 지원해 주시고 기다려 주신 피앤씨미디어의 박노일 사장님과 정교한 편집과 교정을 해주신 심성보 편집이사님께 감사드린다.

끝으로 내용에 대한 미진한 부분이나 오류에 대해서는 전적으로 저자들의 책임이다. 이에 대한 질책이나 충고는 겸허히 받아들일 것이다.

을미년 성하
달구벌에서
저자 일동

차 례*

Chapter 01 희소성의 세상

1. 희소성과 경제문제 ······ 2
2. 선택과 기회비용: 경제적 사고 I ······ 5
3. 선택과 한계원리: 경제적 사고 II ······ 13
4. 경제문제 해결방식(경쟁방식): 경제체제 ······ 17

요약 ······ 20

Chapter 02 자본주의 시장경제

1. 토대와 특징 ······ 24
2. 교환의 조건과 정도 ······ 29
3. 분업과 비교우위: 생산과 교환 ······ 32

요약 ······ 37

Chapter 03 시장경제의 작동원리

1. 시장 ······ 40
2. 수요 ······ 40
   1) 수요의 개념 *40*
   2) 수요의 결정요인 *42*
   3) 수요의 법칙과 수요곡선 *46*
   4) 수요량의 변화와 수요의 변화 *48*
   5) 수요법칙의 예외? *51*
3. 공급 ······ 53
   1) 공급의 개념 *53*
   2) 공급의 결정요인 *55*
   3) 공급의 법칙과 공급곡선 *58*
   4) 공급량의 변화와 공급의 변화 *60*
   5) 공급법칙의 예외? *62*

4. 가격결정 및 가격변화 ···· 63
1) 가격의 결정원리 *63*
2) 가격의 변화 *66*

5. 가격의 역할 ···· 71

6. 탄력성 ···· 74
1) 수요의 가격탄력성(price elasticity of demand) *75*
2) 수요의 소득탄력성(income elasticity of demand) *83*
3) 수요의 교차탄력성(cross elasticity of demand) *84*
4) 공급의 가격탄력성(price elasticity of supply) *84*

7. 자원배분의 효율성 ···· 88

요약 ···· 92

Chapter 04 정부간섭

1. 가격규제 ···· 96
1) 최고가격제 *96*
2) 최저가격제 *103*
3) 우리나라의 최저임금제 *106*
4) 근로기준법 개정과 주52시간 근로시간 단축 *108*

2. 조세의 전가와 귀착 ···· 109

3. 관세의 효과 ···· 114

요약 ···· 118

Chapter 05 생산과 비용

1. 생산과 비용의 개관 ···· 122

2. 생산 및 생산기간 ···· 123

3. 총생산, 한계생산 ···· 124

4. 단기 비용 ···· 128

5. 규모의 경제와 범위의 경제 ···· 133

요약 ···· 136

Chapter 06 시장구조와 기업가의 행동

1. 시장구조 …… 140
2. 이윤극대화 생산조건 …… 141
3. 조업조건 …… 142
4. 경쟁시장 …… 144
5. 독점시장 …… 150
6. 독점적 경쟁시장 및 과점시장 …… 155
7. 가격차별 …… 157

요약 …… 161

Chapter 07 노동시장과 임금의 결정

1. 생산요소시장 …… 166
   1) 생산요소시장이란? *166*
   2) 생산요소 수요의 특성 *167*
   3) 생산요소의 수요조건 *167*
   4) 생산요소의 수요곡선 *171*
2. 노동시장: 임금의 결정 …… 174
   1) 노동의 수요곡선 *174*
   2) 노동의 공급곡선 *175*
   3) 임금의 결정 *177*
   4) 수요독점과 쌍방독점하의 임금 결정 *179*
   5) 임금격차의 발생요인 *181*
   6) 노동시장의 종류 *183*
3. 노동조합 …… 185
   1) 노동조합(labor union)의 의의 및 목표 *185*
   2) 노동조합의 효과 *186*

요약 …… 188

Chapter 08 자본시장 및 토지시장

1. 자본시장 ········ 192
   1) 자본의 개념 *192*
   2) 자본의 가격 결정 *192*
   3) 자본의 임대료(즉, 수익률)를 이자라고 하는 이유 *195*
   4) 자본의 본질 . *196*
   5) 자본재의 가격 *199*
   6) 투자의 결정기준 *201*
   7) 이윤 *203*
   8) 이윤의 역할 *204*
2. 토지시장 ········ 205
   1) 지대의 결정 *205*
   2) 경제적 지대(economic rent) *207*
   3) 지대추구행위(rent-seeking behaviour) *210*

요약 ········ 212

Chapter 09 시장실패와 정부실패

1. 시장실패 ········ 216
   1) 불완전경쟁 *216*
   2) 외부효과 *218*
   3) 공공재 *224*
2. 정부의 실패 ········ 228

요약 ········ 230

Chapter 10 거래비용과 경제행위

1. 역선택과 도덕적 해이 ········ 234
   1) 역선택 *235*
   2) 도덕적 해이 *237*
2. 중개인과 상인의 역할 ········ 240
3. 투기 ········ 243

요약 ········ 251

Chapter 11 국민소득과 물가

1. 국민소득 ··· 254

1) GDP와 GNP 254
2) 명목GDP와 실질GDP 258
3) GNI 259
4) GDP의 한계 260

2. 물가 및 물가지수 ··· 263

1) 소비자물가지수(CPI) 264
2) 생산자물가지수(PPI) 264
3) GDP디플레이터 264
4) 체감물가와 지수물가 265

3. 국민소득과 물가수준의 결정원리 ··· 267

1) 총수요 268
2) 총공급 272
3) 국민소득과 물가수준의 결정 274
4) 국민소득과 물가수준의 변동 276

요약 ··· 279

Chapter 12 실업과 인플레이션

1. 실업 ··· 282

1) 실업의 정의 및 실업률의 측정 282
2) 실업의 유형 283

2. 인플레이션 ··· 285

1) 인플레이션 효과 285
2) 인플레이션의 원인과 유형 288

요약 ··· 293

Chapter 13 화폐와 금융

1. 화폐의 정의와 기능 ··· 296

2. 화폐의 공급 ··· 297

1) 중앙은행의 통화공급: 본원통화 공급 298
2) 시중은행의 통화공급: 신용창조 298

3) 통화량조절 정책 301
4) 중앙은행의 기능 302

3. 금융과 금리 304
1) 금융 304
2) 금리(이자율) 304
3) 금리의 영향 307

4. 채권과 주식 308
1) 채권 308
2) 주식 310
3) 채권과 주식의 차이 310

5. 금융시장 311
1) 금융시장의 정의, 기능, 분류 311
2) 자금시장(단기금융시장) 315
3) 자본시장 317

요약 319

Chapter 14 경제성장, 경기변동 및 경제안정화

1. 경제성장 322
1) 경제성장의 정의와 의미 322
2) 경제성장의 요인 322

2. 경기변동 332
1) 경기변동의 정의와 원인 332
2) 경기지표 334

3. 경제안정화 정책 340
1) 재정정책의 효과 341
2) 금융정책의 효과 342
3) 경제안정화 대책 343
4) 경제안정화 정책의 한계 346

요약 348

Chapter 15 국제거래

1. 무역의 발생원인 ········ 350

2. 보호무역의 근거 ········ 351

    1) 국내 일부산업 도태 및 실업 *351*
    2) 유치산업 보호 *352*
    3) 국가안보론 *352*

3. 국제수지 ········ 353

    1) 국제수지의 개념 *353*
    2) 국제수지의 구성 *354*
    3) 국제수지의 경제적 의미 *356*

4. 환율 ········ 357

    1) 환율의 정의 및 표시방법 *357*
    2) 환율의 결정과 변동 *358*
    3) 환율변화의 효과 *364*

5. 환헤징 ········ 366

    1) 선물환 *367*
    2) 통화옵션 *370*

요약 ········ 374

색 인 ········ 376

Chapter 01

희소성의 세상

학습목표 경제문제 발생원인, 경제적 사고(합리적 선택방법), 경쟁의 필연성

어느 인간사회든 무엇을 얼마나 생산할 것인지, 어떻게 생산할 것인지, 생산된 것을 누가 소비할 것인지, 그리고 불황, 실업, 인플레이션 등 여러 가지 경제문제가 발생한다. 본 장에서는 그런 경제문제들이 왜 발생하며, 그것을 효율적으로 해결하기 위해서는 어떤 경제적 사고(즉, 합리적 선택방법)에 입각해야 하는지, 그리고 경쟁을 피할 수 없는 이유 등을 다룬다.

1 희소성과 경제문제

우리 인간의 '삶'이란 무엇인가? 먹고, 입고, 자고, 건강하고, 여가를 즐기는 것 등 욕구를 충족하는 것이다. 물질적, 정신적 욕구를 충족하기 위해 음식, 옷, 집, 약, 책, 운동기구, 자동차, 영화, 의사의 진료, 가수의 노래, 선생의 강의 등 여러 가지가 필요하다.

이와 같이 우리 인간들의 욕구를 충족시켜 주는 것들을 '재화(goods)'라고 한다.[1] 재화를 생산하고 소비하는 데 관련된 활동을 '경제활동'이라 한다. 따라서 우리의 일상생활이 경제활동이다, 그와 관련된 문제가 '경제문제'이다. 무엇을 얼마나 생산할 것인가, 어떻게 생산할 것인가, 생산된 것을 누가 소비할 것인가, 불황, 실업, 인플레이션이 왜 발생하는지 등 여러 가지 경제문제가 존재한다.

재화: 인간들의 욕구를 충족시켜 주는 것
경제활동: 재화를 생산하고 소비하는 데 관련된 활동
경제문제: 경제활동과 관련된 문제

이런 문제가 존재하는 이유는 우리 인간세상이 '희소성(scarcity)'에 지배를 받기 때문이다. 즉, 우리 인간의 욕구에 비해 그 욕구충족 수단인 재화가 상대적으로 부족하다.[2] 욕구에 비해 재화가 상대적으로 부족한 이유는 일차적으로 재화 생산에 투입되는 자원들이 유한하기 때문이다. 즉, 유한한 자원들을 투입하여 재화를 생산

1) 그중 음식, 옷, 집, 약, 책, 운동기구, 자동차 같이 형태를 갖춘 것, 즉 유형적인 것을 좁은 의미의 재화라고 하고 의사의 진료, 가수의 노래, 선생의 강의 등과 같이 형태가 없는 것, 즉 무형적인 것을 용역(services) 혹은 외래어로 서비스라고 한다. 일반적으로 재화라고 하면 좁은 의미의 재화와 용역을 포함한 것을 의미한다.

2) 이와 같이 '희소'는 상대적으로 부족한 것을 의미한다. 절대적으로 부족한 것은 '희귀'이다. 어떤 독초는 절대적으로 양이 부족하더라도 그것을 아무도 이용하려 하지 않는다면, 그 독초는 희귀하지만 희소한 것은 아니다.

하더라도 우리 인간들의 욕구들을 모두 다 충족할 수 없기 때문이다.[3)]

그렇지만 도구와 기계 등의 발명으로 기술수준이 향상되면 주어진 자원으로 우리는 더 많은 재화를 생산할 수 있다. 그 결과 욕구를 충족하고도 남을 정도로 재화가 생산될 수 있다. 그러면 우리는 희소성으로부터 벗어나는 것처럼 보인다. 하지만 우리는 결코 희소성으로부터 벗어날 수 없다. 그 이유는 우리 인간의 욕망이 끝이 없기 때문이다. 우리 인간의 욕구는 충족되자마자 보다 더 높은 새로운 욕구가 항상 생기는 것이다. 이와 같이 우리 인간들의 욕구가 무한하기 때문에, 기술수준이 발전하여 더 많은 것들이 생산되더라도 우리는 희소성으로부터 벗어날 수 없다.

경제문제 발생 이유: 희소성 법칙 지배
희소성 법칙: 욕구 > 재화
희소성 법칙 지배 이유: ① 자연조건: 자원 유한성, ② 인간조건(궁극적 이유): 욕구 무한

희소성의 세상에서 우리 인간들은 반드시 다음과 같은 상황에 직면한다. '자원이용의 경합성'과 '소비의 경합성'에 직면한다. 자원이용의 경합성이란 어떤 자원을 한 용도로 사용하면 다른 용도로 사용할 수 없기 때문에 자원이용에 대한 경합이 발생하는 것을 의미한다. 예를 들어, 생선으로 매운탕을 만들면 튀김이나 구이를 만들 수 없기 때문에 매운탕을 만들고자 하는 사람, 튀김을 만들고자 하는 사람, 구이를 만들고자 하는 사람들 간에 생선을 차지하기 위해 서로 다투게 된다. 이와 같이 자원 이용에 관한 갈등은 나와 타인 간에서만 발생하는 것이 아니라 로빈슨 크루소처럼 무인도에서 혼자일 경우에도 발생한다. 그도 역시 생선으로 매운탕을 만들면 그것에 사용된 생선으로 튀김 등 다른 것을 만들 수 없기 때문이다.

소비의 경합성이란 생산된 재화에 대해 어떤 개인이 얼마만큼 차지하면 타인들에게는 그만큼 적게 남겨지므로 생산물에 대한 경합이 발생하는 것을 의미한다.

3) 이런 점에서 자원 역시 재화처럼 희소하다.

예를 들어, 생선으로 튀김을 10개 만들었을 때, A가 8개를 차지하면 나머지 구성원들에게는 10개 중 8개를 제외한 2개만 남겨지게 되므로 서로 튀김을 차지하려고 다투게 된다. 이런 갈등은 로빈슨 크루소처럼 혼자일 경우에는 발생하지 않는다.

희소성에서 직면하는 상황: 자원이용의 경합성, 소비의 경합성
자원이용의 경합성: 어떤 자원을 한 용도로 사용하면 다른 용도로 사용할 수 없기 때문에 자원이용에 대한 경합이 발생하는 것
소비의 경합성: 생산된 재화에 대해 어떤 개인이 얼마만큼 차지하면 타인들에게는 그만큼 적게 남겨지므로 생산물에 대한 경합이 발생하는 것(혼자 존재할 경우: 발생하지 않음)

따라서 인간사회는 희소성의 법칙에 지배를 받기 때문에 반드시 다음과 같은 근본문제에 직면하게 되고 그것을 해결해야 한다. 자원이용의 경합성으로부터 발생하는 갈등을 해결하기 위해 희소한 자원으로 "① 무엇을 얼마나 생산할 것인가? ② 어떻게 생산할 것인가?"라는 생산문제를 해결해야 한다. 또한 소비의 경합성으로부터 발생하는 갈등을 해결하기 위해 "③ 생산된 것을 어떻게 나눌 것인가?"라는 분배문제도 해결해야 한다.

이와 같이 우리 인간들은 희소성의 법칙에 지배를 받기 때문에 자원이용의 경합성과 소비의 경합성으로 인해 생산(즉, 자원사용)과 재화의 분배에 관련된 문제에 반드시 직면하고 그것을 해결해야만 하는 것이다. 이런 점에서 위의 생산과 분배문제를 경제의 근본문제라 한다. 이런 근본문제를 해결하는 과정에서 불황, 실업, 인플레이션 등 다양한 경제문제들도 발생한다. 따라서 경제학은 인간들의 보다 나은 삶을 위해 재화의 생산과 분배에 관한 문제를 다루는 학문이다.

근본적인 경제문제: 생산문제(① 생산물의 종류와 양, ② 생산방법),
분배문제(③ 생산물의 분배)
기타 경제문제: 근본문제를 해결하는 과정에서 발생한 불황, 실업, 인플레이션 등
경제학: 인간들의 보다 나은 삶을 위해 재화의 생산과 분배에 관한 문제를 다루는 학문

2 선택과 기회비용: 경제적 사고 I

앞 절에서 본 바와 같이, 우리는 희소성의 세계에 살고 있다. 따라서 우리는 희소한 자원을 욕구충족의 극대화가 이루어지도록 이용해야 한다. 그 과정에서 우리는 희소한 자원으로 무엇을 얼마나 어떻게 만들 것인지를 결정해야 한다. 예를 들면, 생선으로 무엇을 만들 것인지를 결정해야 하고 또한 결정된 음식을 어떻게 만들 것인지도 결정해야 한다. 결정을 한다는 것은 여러 가지 대안 중 하나를 택해야 하는 것, 즉 선택을 한다는 것이다. 따라서 우리는 항상 선택에 직면한다.

희소성의 세상 → 생산물의 종류와 양, 생산방법 등 결정: 선택에 직면

우리들은 선택을 어떻게 할까? 이를 파악하기 위해 여러분이 다음과 같은 상황에 직면해 있다고 간주해 보자. 생선이 한 마리 있다면 여러분은 그것으로 어떤 요리를 할 것인가? 독자가 매운탕의 가치를 튀김의 가치보다 높게 평가하면 매운탕을 만들 것이고, 튀김의 가치를 높게 평가하면 튀김을 만들 것이다. 이런 결정과정을 살펴보면, 다음과 같은 것을 알 수 있다. 여러분은 생선으로 만들 수 있는 매운탕의 가치와 튀김의 가치를 서로 비교하여 선택한다. 따라서 우리는 무엇을 할 것인가라는 선택에 직면할 때, 어떤 행위를 함으로써 얻는 가치가 포기한 가치보다 클 때 그 행위를 선택한다는 결론을 내릴 수 있다. 어떤 행위를 함으로써 얻는 가치를 경제학자들은 '편익(benefit)'이라고 하며, 그로 인해 포기한 가치를 '기회비용(opportunity cost)'이라 한다. 우리는 선택을 할 때 항상 편익과 기회비용을 비교한다. 편익이 기회비용보다 크면 그것을 하고, 반대이면 그것을 하지 않고 다른 것을 한다.[4)]

4) 여러분들은 비용-편익 분석이라는 말을 들어봤을 것이다. 특히 정부가 공공사업의 투자를 결정할 때 이 분석에 입각했다는 주장을 매스컴을 통해 많이 보고 들었을 것이다. 이 분석은 실제로는 기회비용과 편익을 비교하는 기회비용-편익 분석을 의미한다.

합리적 선택: 편익과 기회비용 비교
편익: 어떤 행위를 함으로써 얻는 가치
기회비용: 어떤 행위를 함으로써 포기하는 가치
편익 > 기회비용 → 선택, 편익 < 기회비용 → 선택 포기, 다른 것 선택

방금 기회비용은 포기한 가치라고 정의하였다. 그것의 정확한 의미는 포기된 것 중 가장 가치 있는 것을 말한다. 생선 1마리로 매운탕 한 그릇을 만들 수 있거나 또는 튀김 10개 혹은 구이 1마리를 만들 수 있다고 하자. 그것들에 대해서 매운탕 한 그릇, 튀김 10개, 구이 1마리의 순서대로 가치를 평가한다면 매운탕의 기회비용은 튀김 10개, 구이 1마리 둘 모두는 아니다. 매운탕을 생산하지 않을 경우, 튀김과 구이를 동시에 생산할 수 있는 것이 아니다. 튀김 10개나 구이 1마리 중 어느 하나만 생산할 수 있다. 그러면 튀김 10개와 구이 1마리 중 어느 것이 포기된 것인가? 튀김 10개이다. 누구든 가치가 큰 것을 포기했다고 생각하기 때문이다. 따라서 기회비용은 포기된 것 중 가장 가치 있는 것을 말한다.

우리가 무엇을 하던 그것은 그것에 소요되는 자원을 가지고 할 수 있는 여러 대안들 중에서 선택한 것이다. 이런 점에서 기회비용은 바로 '선택의 대가'이다. 따라서 우리가 어떤 선택을 하더라도 반드시 기회비용이 수반된다. 선택할 때 기회비용을 고려하는 것이 바로 경제학적으로 사고하는 것이다. 왜냐하면, 희소한 자원을 보다 높은 가치를 지닌 용도로 이용하려면 반드시 기회비용적 사고가 필수이기 때문이다.

기회비용: 포기된 것 중 가장 가치 있는 것
: 선택의 대가 → 선택 시: 기회비용 반드시 고려
⇒ 경제적 사고(Ⅰ): 기회비용적 사고

우리는 흔히 "고속도로가 필요하다", "돔구장이 필요하다" 등의 주장을 피력한다. 이런 주장을 하는 사람들은 그 필요성을 그것으로 인한 편익만을 제시한다. 하

지만 그것을 만들기 위해 포기한 것들이 있다는 사실을 무시한다. 포기한 것들의 가치가 그것보다 크다면 그런 주장은 타당성이 없는 것이다. 따라서 우리는 그것이 진정 필요한 것인지를 검토하기 위해서는 편익뿐만 아니라 반드시 기회비용을 따져봐야 한다. 즉, 비용-편익 분석이 필요한 것이다.

그러므로 무엇이 필요하다고 말하는 사람에게 항상 다음과 같은 질문을 해야 한다: "그 비용을 당신이 부담할 것인가?" 그리고 "그것을 얻기 위해서 어떤 재화 또는 어떤 욕구를 포기할 것인가?" 다시 말하면, 그렇게 하는 것이 무엇을 희생하는지 그리고 누구를 위한 것인지를 파악해야 한다.

필요 주장 결점: 편익만 고려, 기회비용 무시
→ 필요 주장자에게 반드시 해야 할 질문
① 그 비용을 당신이 부담할 것인가?
② 그것을 얻기 위해서 어떤 재화 또는 어떤 욕구를 포기할 것인가?
⇒ 무엇을 희생하는지 그리고 누구를 위한 것인지를 파악해야 함

기회비용은 통상적으로 사용하는 비용과는 다르다. 통상적인 비용은 무엇을 얻기 위해 '화폐로 지출된 것'이다. 반면 기회비용은 위에서 본 것처럼 '포기된 것'이다. 이런 차이점을 보여주기 위해 '포기된 것'을 단순히 비용이라 하지 않고 앞에 형용사 '기회'라는 말을 덧붙였다.[5)]

통상 비용: 화폐로 지출된 것
기회 비용: 포기된 것

그렇다면 기회비용은 통상적인 비용과의 구체적으로 어떤 차이가 있는지를 파악하기 위해 대학생활의 비용을 고려해 보자.

5) 기회라는 형용사를 붙인 이유는 포기된 것이란 결국 포기된 기회이기 때문이다. 매운탕을 얻기 위해 튀김을 얻을 기회를 포기하고, 튀김을 얻기 위해 매운탕을 얻을 기회를 포기하는 것이다.

표 1-1 대학생활의 비용

통상비용 (화폐 지출)	기회비용 (포기된 것)	
등록금 책값 잡비	등록금 책값 잡비	통상비용
	포기된 소득 포기된 이자	잠재적 비용

"일반적으로 대학생활의 비용이 얼마가 되는가?"라고 질문하면, 독자나 대부분의 학생들이 "등록금, 책값, 잡비 등"이라고 대답한다. 그들은 단지 화폐로 지출된 통상적인 비용만 언급한 것이다.

그렇다면, 대학생활의 기회비용은 무엇인가? 기회비용은 포기된 것이므로, 이런 관점에서 대학생활의 비용을 살펴보면 〈표 1-1〉과 같다.

등록금 등의 화폐 지출은 다른 용도에 지출함으로써 얻을 수 있는 것을 포기한 것이 분명하므로 당연히 기회비용에 해당한다.[6] 이것 외에도 기회비용에 포함되는 것이 있다. 그것은 화폐로 지출되지는 않았지만 포기된 것들이다. 만약 대학에 진학하지 않고 직장생활을 했다면, 여러분은 4년 동안의 상당한 소득을 획득할 수 있다. 이 소득은 대학생활을 함으로써 포기한 것이므로 기회비용에 포함된다. 또한 등록금이나 책값을 은행에 정기예금을 해두었다면 얻을 수 있는 이자수입도 포기한 것이다. 따라서 이런 것들도 대학생활의 기회비용에 포함된다.

류현진 등 많은 프로 선수들은 대학에 진학한 후 프로로 가기보다는 고등학교 졸업 후 바로 프로에 입문하고 있다. 그들이 그렇게 한 이유는 대학진학의 기회비

6) 잡비는 실제로 기회비용에 속하지 않는다. 대학생활뿐 아니라 직장생활 등 다른 생활에서도 잡비는 소요된다. 따라서 대학생활에서의 잡비로 포기된 것이 없기 때문이다. 다만 대학생활의 잡비가 다른 생활의 잡비보다 많다면 그 차이만큼 포함되고, 적다면 그 차이만큼 제해야 한다. 하지만 계산상 편리성을 위해 잡비는 모든 부문에서의 기회비용으로 포함한다.

용이 편익보다 크다고 생각했기 때문이다. 빌 게이츠가 하버드대학을 중퇴한 이유도 똑같다.

기회비용 중 포기된 것인데도 불구하고 화폐로 지출되지 않는 것을 잠재적 비용 또는 암묵적 비용이라고 한다. 잠재적 비용은 자신소유 자원에 대한 대가이다. 대학생활을 하지 않고 직장생활을 했더라면 얻을 수 있는 수입은 자신 노동의 대가이며, 등록금을 예치했다면 얻을 수 있는 이자수입은 자신소유 등록금의 대가이다. 자신소유 자원에 대한 대가를 자신에게 화폐로 지불하지 않으므로 잠재적 비용은 포기한 것에도 불구하고 화폐지출로 나타나지 않는다. 따라서 올바른 선택과 행동을 위해서는 반드시 잠재적 비용도 고려해야 한다.

그러므로 기회비용과 통상적 비용 간의 관계를 다음과 같이 나타낼 수 있다.

기회비용＝통상적 비용＋잠재적 비용(암묵적 비용)

기회비용과 통상비용의 차이	
기회비용	잠재적 비용 고려
통상비용	잠재적 비용 무시

통상적 비용이 '보이는 것'이라면 잠재적 비용은 '보이지 않는 것'이다. 기회비용에는 보이는 것뿐만 아니라 보이지 않는 것도 분명히 있다. 우리 인생사에 있어서 선택의 순간에 보이는 것만 보지 말고 보이지 않는 것도 볼 수 있어야 한다는 시사점을 기회비용이 그대로 나타내고 있는 것이다. 그래서 다시 강조하지만 우리는 기회비용적 사고에 익숙해져야 하는 것이다. 세상에는 보이지는 않더라도 그 속에는 반드시 치루는 대가가 있다. 즉, 세상에는 공짜가 없다! 이에 대해 좀 더 상세히 살펴보자.

무료진료, 무료주차 등 우리들은 '무료'라는 형용사가 붙으면 으레 '공짜'라고 생각한다. 공짜라고 생각하는 이유는 진료나 주차를 위해 화폐적으로 지불하는 것이 없기 때문이다. 하지만 실제로 공짜가 되려면 희생하는 것, 즉 치르는 대가가 없어야 한다. 다시 말하면 그것을 하기 위해 포기하는 것이 없어야 한다. 이런 점에서 무료진료가 공짜인지를 검토해 보자.

유료진료에서 무료진료로 바뀌면 화폐로 지출하는 진료비는 0이다. 하지만 유료진료에서 무료진료로 바뀌면 어떤 일이 일어날까? 환자들의 수가 증가할 것이다. 그 결과 진료를 받기 위한 대기시간이 아주 많이 증가할 것이다. 화폐지출은 감소하였지만 반면 대기시간은 늘어난다. 대기시간의 증가로 우리는 포기하는 것이 없나? 대기시간이 늘어남으로 우리는 그 시간에 할 수 있는 다른 것을 포기하는 것이다. 친구와 연인 혹은 가족 간의 대화, 독서, 영화감상 등의 다른 볼일들을 포기하는 것이다. 따라서 무료진료는 실제로 공짜가 아니다.

무료진료는 개인 측면에서도 공짜가 아니지만 사회 측면에서 보면 더 더욱 공짜가 아니다. 무료진료를 위해서 다른 사람이 희생한다. 의사가 무료진료에 대한 대가를 국가나 정부로부터 받지 않으면 의사는 그 시간에 자신이 할 수 있는 어떤 것을 포기하는 것이다. 유료진료로부터 받을 수 있는 화폐소득 혹은 친구 및 가족 간의 대화, 독서, 영화감상 등으로부터 얻을 수 있는 만족감을 포기하는 것이다. 정부가 진료비를 지원한다면, 그 돈으로 할 수 있는 다른 공공사업(도로, 문화 및 복지회관 등)을 포기하는 것이다. 또한 정부지원을 위해 누군가 세금을 더 많이 납부해야 한다면, 그 사람 자신이 그 돈으로 할 수 있는 것을 포기하는 것이다. 따라서 무료라는 것이 공짜를 의미하는 것이 아니라는 것을 알 수 있다. 자신은 화폐적 지출을 하지 않지만 다른 대가를 치루고 있고, 타인들도 대가를 치르고 있다.

이와 같이 우리가 무엇을 하면 반드시 자신이나 타인이 다른 것을 포기해야 한다. 그러므로 이 세상에는 공짜가 없다. 하지만 선물이나 자선 같은 경우에는 공짜가 아닌가라고 반문할 수 있다. 그 경우에도 그것을 받는 사람에게는 공짜일 수 있으나,[7] 제공자는 그것으로 할 수 있는 다른 것을 포기하기 때문에 대신 그 제공자가

7) 선물이 그 전에 무엇에 대한 보답이거나, 그 선물에 대해 차후에 무엇인가를 해주어야 한다면 선물은 개인적으로도 공짜가 아니다.

대가를 치루고 있다. 따라서 선물과 자선의 경우에도 사회적으로는 공짜가 아니다.

그럼, 인간 세상에는 공짜가 정말로 없나? 있다. 정상적인 곳의 공기는 공짜이다. 숨 쉬는 데 필요한 공기는 우리의 욕구에 비해 많다. 공기가 남아서 다른 곳에 이용되지 않고 있다. 따라서 우리가 숨 쉬는 데 사용된 공기로 인해 포기된 것이 없기 때문에 정상적인 곳의 공기는 공짜이다. 하지만 오염된 곳, 높은 산, 물속에서의 공기는 우리의 욕구에 비해 부족하므로 공짜가 아니다. 정상적인 곳의 공기처럼 공짜인 재화를 '자유재(free goods)'[8]라고 한다.

정상적인 곳의 공기의 사용을 제외하고는 무엇을 하든지 공짜가 없는 근본적인 이유는 무엇인가? 1절에서 본 바와 같이 자원들이 희소하기 때문이다. 희소한 자원들은 대안적인 용도들을 갖고 있다. 우리는 자원들을 어떤 욕구충족을 위해 사용하면 다른 욕구들을 충족할 수 없다. 따라서 우리는 무엇을 하든지 반드시 포기하는 것이 있기 마련이고, 그 결과 공짜가 없는 것이다.

이와 같이 "세상에는 공짜가 없다"는 금언은 올바른 선택을 위해서는 항상 기회비용적 사고를 해야 한다는 것을 의미한다.

무료: 공짜가 아니다! ∵ 기회비용 존재(개인적, 사회적 차원)
공짜: 기회비용 0, 즉 포기하는 것 없음: 단지 정상적인 곳의 공기만 공짜
→ 세상에는 공짜가 없다!: 기회비용적 사고 필수

한편 기회비용을 경제학적 비용, 통상적 비용을 회계학적 비용이라고 한다. 통상적 비용은 회계처리, 즉 수지계산에 사용되기 때문이다. 반면 기회비용을 경제학적 비용이라고 하는 이유는 다음과 같다. 경제학은 우리들의 욕구충족 극대화를 위해 희소한 자원의 이용에 관한 학문이다. 희소한 자원의 사용은 그것으로 무엇을

8) 자유재는 희소성의 법칙을 받지 않는 재화이다. 반면 희소성의 지배를 받는 재화가 희소재인데, '경제재'라고도 한다. 경제문제를 일으키고 경제학의 분석대상이 되는 재화이기 때문이다. 어떤 특정 재화가 반드시 자유재인 것은 아니다. 공기가 희소성의 지배를 받지 않으면 자유재이고 받으면 희소재 또는 경제재가 된다. 오염된 곳, 높은 산, 물속에서의 공기는 희소재이다.

할 것인가 하는 선택이고 행동이다. 따라서 경제학은 합리적인 선택과 행동에 초점을 두고 있다. 선택과 행동이 합리적이 되려면 위에서 본 것처럼 기회비용을 반드시 고려해야 한다. 이와 같이 경제학은 선택과 행동의 학문이므로 기회비용을 경제학적 비용이라고 한다. 그래서 경제학에서 비용이라는 의미는 기회비용이다.

따라서 비용은 목적에 따라 사용되어야 한다. '선택'에 관한 문제에 대해서는 '기회비용'을 '회계처리'에서는 '통상적 비용'을 사용하는 것이 적절하다. 다음의 예를 통해 그 적절성을 볼 수 있다.

건물 소유주인 독자는 매달 200만원의 세를 받아 생활을 하고 있다. 그런데 어느 날 독자는 가게를 직접 운영하기로 결심하고 세입자를 계약기간의 종료 시 내보냈다. 독자는 편의점을 운영했는데, 한 달간 정산을 하니 수입이 600만원이고 지출이 450만원으로 수익이 150만원이었다. 그 다음 두세 달도 비슷하였고 앞으로 예상되는 수익도 그 수준에 불과하였다. 과연 독자는 직접 그 편의점을 계속 운영할 것인가? 독자는 분명히 하지 않고 세를 줄 것이라고 답할 것이다.

수지상으로는 가게 운영으로 150만원의 수익을 낳지만 세를 줄 때 비해 50만원의 수익이 줄어들고 있기 때문이다. 이때 분명히 독자는 가게운영으로 포기된 월세수입(즉, 잠재적 비용)을 고려하고 있다. 이 사례에서 가게운영의 수지를 계산할 때는 통상적 비용(450만원)이 적절하지만, 가게 운영을 계속할 것인가 아니면 세를 줄 것인가라는 결정, 즉 선택에는 기회비용〔=통상적 비용(450만원)+잠재적 비용(200만원)〕이 적절하다는 것을 확실하게 보여 주고 있다.

> 기회비용: 경제학적 비용 → 선택(의사결정)시 사용 → 경제학에서 비용: 기회비용
> 통상비용: 회계학적 비용 → 수지계산(회계처리)시 사용

3 선택과 한계원리: 경제적 사고 II

2절에서 우리는 합리적인 선택을 위해 (기회)비용과 편익을 고려해야 한다고 했다. 하지만 합리적인 선택을 위해서는 총비용과 총편익을 고려해서는 안 되고, 한계비용과 한계편익을 고려해야 한다.

추가되는 비용을 한계비용, 추가되는 편익을 한계편익, 추가되는 수입을 한계수입이라 한다. 추가되는 것에 대해 '한계'라는 형용사를 사용한다. 한계(限界)는 한자 뜻대로 해석하면 경계에 있다는 것을 의미하고, 경제학에서 한계의 의미는 그 경계로부터라는 의미이다. 그 경계란 우리들이 선택하고 결정하는 순간을 의미한다. 따라서 경제학에서 한계는 선택하고 결정하는 현재로부터 추가되는 것을 의미한다.

한계편익: 추가되는 편익
한계비용: 추가되는 비용

우리 인간들이 선택, 즉 결정에 직면하는 상황은 '총(total)'이 아니라 '한계(marginal)'적 상황이기 때문에 한계적인 분석이 타당하다는 점을 간략히 살펴보자. 여러분들이 쇼핑을 할 때 상황을 고려해 보자. 여러분의 집에 사과가 현재 10개 있다고 하자. 이 때 사과 5개 구입으로 인한 편익이 비용보다 크다면 5개를 더 구입할 것이고 반대이면 더 구입하지 않는다. 15개의 편익과 비용을 비교하여 5개를 더 구입할 것이지를 결정하지 않는다.

이와 같이 우리는 항상 추가되는 양의 편익과 비용만을 고려해서 추가구입 여부를 결정하는 것이지 보유하고 있는 것까지 포함한 전체의 편익과 비용을 고려하여 결정하는 것이 아니다. 따라서 우리의 선택, 즉 결정에 직면하는 상황은 앞으로 추가되는 '한계적' 상황이므로 항상 한계적으로 평가하여 결정한다. 다시 말하면,

한계편익과 한계비용을 비교하는 한계원리에 입각하여 결정한다.

합리적인 선택은 한계원리에 입각하는 것이 타당하다는 것을 구체적인 사례를 통해 알아보자. 독자 여러분이 다음과 같은 상황에 직면하였을 때 어떻게 할 것이며 그에 따른 결과가 무엇인지를 검토해 보자. 4년의 생산기간이 소요되는 어떤 사업의 수익성을 검토해 본 결과, 예상수입이 6억원이고 예상비용이 4억원으로 추정되어, 그 사업을 시작했다. 개시 후 2년이 지난 시점에 다시 평가를 해보니 그동안 소요된 비용은 2억원이고 공정은 50%로서 예상대로 진척이 되고 있었다. 하지만 그 때 인건비, 자재비 등의 상승으로 남은 공정을 완성하기 위해서는 예상과 달리 추가비용이 2억원이 아니라 5억원이 소요될 것으로 추정되었다. 즉 총공사비가 4억원이 아니라 7억원이 소요될 것으로 추정되었다. 반면 예상수입은 변동 없이 6억원으로 추정되었다. 또한 현재 50% 진척된 결과물은 미완성품으로 가치가 없어서 시장에서 팔리지 않는다고 하자. 이런 경우 여러분들은 그 사업을 계속할 것인가 중단할 것인가? 어떤 독자는 수입이 6억원이고 비용이 7억원이므로 1억원의 손실이라는 결과를 초래하므로 투자를 중단해야 한다고 주장할 수 있다. 이 독자의 결정은 과연 합리적인가? 그렇지 않다. 중단하면 손실이 더 커진다. 현재 중단하면 손실은 2억원이고 계속하면 1억원으로 감소한다. 그렇다면 여러분들은 어떻게 할 것인가? 분명히 손실이 감소하는 결정을 할 것이다. 즉, 계속 투자를 할 것이다. 따라서 총비용과 총수입에 의거하여 결정을 할 경우 비합리적 결정을 하게 된다.

그렇다면 합리적인 결정은 어떻게 할 수 있는가? 한계수입과 한계비용을 고려함으로써 할 수 있다. 현재 시점으로부터 추가되는 수입, 즉 한계수입은 6억원이고 추가되는 비용, 즉 한계비용은 5억원이다. 과거의 투자인 본전 2억원은 생각하지 않고 현재부터 투자에 따른 결과를 보면 1억원의 이익이 발생시킨다. 그렇기 때문에 계속 투자를 하는 것이다. 왜냐하면 현재 시점으로부터 이익이 발생하면 과거에 손실이 그만큼 상쇄되어 상대적으로 이득을 보게 되기 때문이다. 과거 2억원의 손실이 현재부터 발생한 1억원의 이익으로 상쇄되어 손실은 1억원(=2억원-1억원)으로 감소된다.

표 1-2 총계에 의한 계산과 한계에 의한 계산

총계에 의한 계산		한계에 의한 계산	
수입	6억원	한계수입	6억원
비용	7억원	한계비용	5억원
손익	-1억원	한계손익	1억원

과거의 손실, 즉 본전에 집착하면 손실을 감소시킬 수 있는 기회를 잃게 된다.

만약 추가비용이 5억원이 아니라 7억원이라면, 즉 총공사비가 9억원이라면, 여러분들은 그 사업을 계속할 것인가 중단할 것인가? 총비용은 9억원이고 총수입이 6억원이므로 당연히 중단하고자 할 것이다. 그러나 총수입과 총비용에 의한 결정은 다음과 같은 그릇된 결정에 도달할 수 있다. 투자한 2억원, 즉 본전이 아까워서 계속 투자해야 한다는 결정을 내릴 수 있다. 그 결과 손실은 2억원에서 3억원으로 늘어난다. 이런 그릇된 결정이 특히 주식시장의 일반투자자들이 하는 행위이다. 그들은 본전에 집착하여 손절매를 하지 못하는 비합리적인 행동을 한다. 이 그릇된 결정을 피하기 위해서 여기서도 마찬가지로 한계수입 6억원과 한계비용 7억원만 고려해야 한다. 그것을 고려하면 계속 투자하지 않는다는 올바른 결정을 할 수 있다.

이와 같이 합리적인 결정(즉, 선택)은 과거는 잊고 앞으로 추가되는 비용, 즉 한계비용과 추가되는 수입, 즉 한계편익[9]만을 생각해야 된다.

> **합리적 선택**: 한계편익과 한계비용 비교 ○ : 경제적 사고 Ⅱ (한계원리적 사고)
> 총편익과 총비용 비교×

현재 이전의 과거에 소요된 비용을 '매몰비용(sunk cost)'이라고 한다. 현재에 복구할 수 없어서 매몰된 것이기 때문이다. 매몰비용은 합리적인 선택에서 고려되

9) 여기서 한계편익이란 추가되는 수입, 즉 한계수입을 의미한다.

는 기회비용이 아니다. 그것은 현재의 선택으로 포기된 것이 아니라 과거의 선택으로 포기된 것이기 때문이다. 합리적인 선택을 위해서는 항상 과거를 생각하지 말고 현재부터 발생하는 비용과 편익, 즉 한계비용과 한계편익을 고려해야 한다. 한계비용보다 한계편익이 크면 그것을 수행하고, 반대이면 수행하지 않는 것이 합리적인 선택이고 행동이다. 이와 같이 한계비용과 한계편익을 비교하여 선택과 행동을 하는 것을 '한계원리'라고 한다. 경제학에서 비용과 편익은 바로 한계비용과 한계편익을 의미한다. 한계수입은 한계편익의 한 형태이다. 사업가의 입장에서 얻는 편익은 수입이기 때문이다. 소비자 입장에서 편익은 소비에서 얻는 만족감, 즉 효용이기 때문에 한계효용도 한계편익의 한 형태이다.

매몰비용: 현재 이전의 과거에 소요된 비용으로서 현재에 복구할 수 없는 것
→ 기회비용×→ 한계비용 ×

한계편익
① 소비자 입장: 한계효용, ② 사업가 입장: 한계수입

앞의 예에서 처음에 사업 시행여부를 고려할 때 예상수입 6억원과 예상비용 4억원을 비교하여 투자를 결정하였다. 이 때 수입과 비용은 총수입과 총비용으로 생각할 수 있다. 따라서 비용-편익 분석은 총비용과 총편익을 비교하는 것이 아닌가라는 반문이 있을 수 있다. 그러나 자세히 살펴보면 그것은 한계비용과 한계수입을 의미한다. 초기에 사업시행 여부를 결정할 때, 그 시점부터 발생하는 수입과 비용이 각각 6억원, 4억원이다. 그 시점의 한계수입과 한계비용이 각각 6억원과 4억원인 것이다. 초기시점에서는 과거의 비용과 과거의 편익이 없기 때문에 총비용과 총수입이 한계비용과 한계수입과 일치하는 것이다. 결정요인은 총비용과 총수입이 아니라 한계비용과 한계수입이다. 따라서 비용-편익 분석은 실제로는 한계비용-한계편익 분석이다.

이상에서 본 바와 같이, 희소한 자원을 잘 이용하기 위해서 우리는 경제적 사고, 즉 '기회비용적 사고'와 '한계원리적 사고'에 입각하여 행동을 해야 한다. "세상에 공짜는 없다!", "과거를 묻지 마라!"

경제적 사고 I: 기회비용적 사고: 세상에는 공짜가 없다!
경제적 사고 II: 한계원리적 사고: 과거를 묻지 마라!

4 경제문제 해결방식(경쟁방식): 경제체제

경제문제가 발생하는 근본적인 원인은 희소성의 법칙에 지배를 받기 때문이다. 희소성의 법칙에 지배를 받는 인간세상은 항상 자원이용의 경합성과 소비의 경합성에 직면한다. 이런 경합성에 직면하다는 것은 무엇을 의미할까?

그것은 자원이용과 재화의 소비에 있어서 나와 타인 간에 경합을 할 수밖에 없다는 것을 의미한다. 경합을 상투적으로 표현하면 '경쟁'이다. 따라서 희소성의 법칙에 지배를 받는 어떤 인간세상에서도 나와 타인 간의 '경쟁'을 피할 수 없다. 단지 사회경제체제에 따라 경쟁의 형태가 다를 뿐이고 그에 따라 생산과 분배의 결과도 달라진다.

흔히 경쟁은 자본주의사회에서만 발생된다고 주장되고 있다. 분명히 그렇지 않다. 이 점을 이해하기 위해 한 가지 가상적인 예를 들어 보자.

지금 남한과 북한에 각각 50명씩 암 환자가 있다고 하자. 이들 각자는 10일 이내 수술을 받아야 살 수가 있다. 그 수술을 할 수 있는 의사는 남, 북 각각 한 명밖에 없으며, 하루에 한 명밖에 수술할 수 없다고 하자. 그러면 남이든 북이든 각각 10명씩만 살아남고 40명은 죽을 수밖에 없다. 이러한 사실 자체가 희소성을 나타내고 있다. 욕구는 50명 모두가 살아남는 것인데(즉, 50명 모두가 10일 이내 수술을 받는 것인데), 자원은 의사 1명으로서(즉, 10일 내 10명밖에 수술을 할 수 없다는 것으로서) 욕구에 비해 상대적으로 부족한 것이다.

이런 상황에서 남쪽이든 북쪽이든 암 환자들은 살아남기 위해 서로 먼저 수술을 받고 싶어 한다(이것이 환자들 간에 이해의 갈등이 발생한 것을 나타내는 현상이다). 그것을 행동으로 옮기는 과정에서 서로 무엇에 의존해서 다툴 것이다. 즉, 서로 수술을 받기 위해 경쟁을 할 것이다.

이와 같이 경쟁은 사회체제에 의해서 발생되는 것이 아니라 자원의 희소성에 의해 발생되는 이해갈등을 해결하는 과정이라는 점을 알 수 있다. 따라서 경쟁은 우리가 경제체제에 따라 있을 수도 있고 없을 수도 있는 것이 아니다. 희소성의 법칙에 지배를 받고 사회생활을 하는 한, 경쟁은 피할 수 없다.

그러면 남과 북에서 각각 어떤 환자들이 살아남을 가능성이 높은가? 우선 남쪽부터 생각해 보자. 아마도 돈이 많은 사람이 살아남을 가능성이 높다. 왜냐하면 남쪽은 돈에 의한 경쟁, 즉 가격경쟁을 기본 규칙으로 하고 있기 때문이다. 반면에 북쪽은 어떤가? 아마도 권력이 많은 혹은 계급이 높은 사람이 살아남을 가능성이 높다. 북의 경쟁형태는 권력 내지는 계급인 것이다. 이와 같이 사회마다 경쟁의 형태 내지 수단이 다를 뿐이며, 경쟁은 어느 사회에서도 반드시 존재하는 것이다.[10)]

경쟁의 형태에 따라 살아남을 가능성이 있는 사람이 달라진다는 것은 경쟁의 형태에 따라 사회적 결과는 달라진다는 것을 시사한다. 희소성을 없앨 수 없는 한 경쟁은 존재하기 마련이고, 경쟁형태에 따라 사회적 결과는 다르게 된다.

> 경쟁이 필연적인 이유: 희소성 지배 → 자원이용의 경합성, 소비의 경합성 직면
> ⇒ 경쟁: 경제체제에 의해서 발생되는 것이 아님
> ⇒ 인간 세상: 경쟁은 피할 수 없다!
> ∴ 사회경제체제에 따라 경쟁방식 결정 → 상이한 생산과 분배의 결과 초래

10) 원시시대나 봉건시대에는 폭력, 즉 물리적인 힘에 의해 경쟁을 하였다.

그러므로 우리 인간들은 희소성을 벗어날 수 없기 때문에 경쟁을 할 수밖에 없으며, 따라서 우리 인간들이 해결해야 하는 문제는 경쟁을 없애는 것이 아니라 "어떤 경쟁 형태를 선택할 것인가?" 하는 것이다. 경쟁을 없애려고 노력하는 것은 헛수고일 뿐만 아니라 인간에게 도달할 수 없는 욕망만을 키워줄 뿐이다. 어떤 경쟁 형태를 선택할 것인가 하는 것에 대해 어느 누구도 답을 할 수는 없다. 왜냐하면, 사회구성원들이 어떤 결과를 원하느냐에 따라 어떤 경쟁형태가 상대적으로 더 나은지가 결정되기 때문이다. 그러면, 어떤 경쟁형태를 선택할 것인가 하는 결정은 사회구성원들에게 맡겨 놓더라도, 우선 필요한 것은 어떤 경쟁형태가 어떤 사회적 결과를 낳을 것인지에 대한 분석자료이다. 이를 위해 우리들은 경쟁형태에 따른 사회적 결과들을 살펴볼 필요가 있는데, 그 사회의 주가 되는 경쟁형태가 무엇인가에 따라 (사회)경제체제가 다른 것이다. 이 책에서는 우리가 현재 직면하고 있는 자본주의 시장경제의 결과들을 다룬다. 다만 사회주의 계획경제에 대해서는 2장 1절에서 간략하게 언급한다.

인간이 해결해야 할 문제
: 경쟁을 없애는 것 ×
: 어떤 경쟁형태를 선택할 것인가? ○
⇒ 우선 필요한 것: 어떤 경쟁형태가 어떤 사회적 결과를 초래하는지에 대한 분석자료

요약

01. 경제문제가 발생하는 이유는 희소성의 법칙이 지배하기 때문이다. 희소성의 법칙이란 인간의 욕구에 비해 그 충족수단인 재화가 상대적으로 부족하기 때문이다. 희소성의 법칙이 지배하는 이유는 일차적으로는 자원의 유한성이고 궁극적으로는 인간의 욕구가 무한하기 때문이다.

02. 희소성의 세상에서 우리 인간들은 반드시 다음과 같은 상황에 직면한다. '자원이용의 경합성'과 '소비의 경합성'에 직면한다. 자원이용의 경합성이란 어떤 자원을 한 용도로 사용하면 다른 용도로 사용할 수 없기 때문에 자원이용에 대한 경합이 발생하는 것을 의미한다. 소비의 경합성이란 생산된 재화에 대해 어떤 개인이 얼마만큼 차지하면 타인들에게는 그만큼 적게 남겨지므로 생산물에 대한 경합이 발생하는 것을 의미한다.

03. 자원이용의 경합성으로부터 발생하는 갈등을 해결하기 위해 희소한 자원으로 "① 무엇을 얼마나 생산할 것인가?(생산물의 종류와 양) ② 어떻게 생산할 것인가?(생산방법)"라는 생산문제를 해결해야 한다. 또한 소비의 경합성으로부터 발생하는 갈등을 해결하기 위해 "③ 생산된 것을 어떻게 나눌 것인가?(생산물의 분배)"라는 분배문제도 해결해야 한다. 이런 점에서 생산과 분배문제를 경제의 근본문제라 한다. 이런 근본문제를 해결하는 과정에서 불황, 실업, 인플레이션 등 다양한 경제문제들도 발생한다. 따라서 경제학은 인간들의 보다 나은 삶을 위해 재화의 생산과 분배에 관한 문제를 다루는 학문이다.

04. 우리는 희소성의 세계에 살고 있다. 따라서 우리는 희소한 자원을 욕구충족의 극대화가 이루어지도록 이용해야 한다. 그 과정에서 우리는 희소한 자원으로 무엇을 얼마나 어떻게 만들 것인지를 결정해야 한다. 결정을 한다는 것은 여러 가지 대안 중 하나를 택해야 하는 것, 즉 선택을 한다는 것이다. 따라서 우리는 항상 선택에 직면한다.

05. 어떤 행위를 함으로써 얻는 가치를 '편익(benefit)'이라고 하며, 그로 인해 포기한 가치를 '기회비용(opportunity cost)'이라 한다. 우리는 선택을 할 때 항상 편익과 기회비용을 비교한다. 편익이 기회비용보다 크면 선택을 하고, 반대이면 선택을 하지 않고 다른 것을 선택한다.

06. 기회비용의 정확한 의미는 포기된 것 중 가장 가치 있는 것을 말한다. 우리가 무엇을 하던 그것은 그것에 소요되는 자원을 가지고 할 수 있는 여러 대안들 중에서 선택한 것이다. 이런 점에서 기회비용은 바로 '선택의 대가'이다. 따라서 우리가 어떤 선택을 하더라도 반드시 기회비용이 수반된다. 선택할 때 기회비용을 고려하는 것이 바로 경제학적으로 사고하는 것이다.

07. 무엇이 필요하다고 말하는 사람에게 항상 다음과 같은 질문을 해야 한다: "그 비용을 당신이 부담할 것인가?" 그리고 "그것을 얻기 위해서 어떤 재화 또는 어떤 욕구를 포기할 것인가?" 다시 말하면, 그렇게 하는 것이 무엇을 희생하는지 그리고 누구를 위한 것인지를 파악해야 한다.

08. 기회비용은 통상적으로 사용하는 비용과는 다르다. 통상적인 비용은 무엇을 얻기 위해 '화폐로 지출된 것'이다. 반면 기회비용은 위에서 본 것처럼 '포기된 것'이다. 기회비용 중 포기된 것인데도 불구하고 화폐로 지출되지 않는 것을 잠재적 비용 또는 암묵적 비용이라고 한다. 잠재적 비용은 자신소유 자원에 대한 대가이다. 기회비용에는 잠재적 비용이 포함되지만 통상비용에는 포함되지 않는다.

09. 무료라는 것이 공짜를 의미하는 것이 아니다. 공짜가 되려면 기회비용이 없어야 한다. 그러나 무료는 화폐지출을 하지 않는 것이지 포기하지 않는 것, 즉 기회비용이 없는 것이 아니기 때문이다. 정상적인 공기를 소비하는 것 이외의 모든 행동에는 기회비용이 수반되므로 세상에는 공짜가 없다. 따라서 올바른 선택을 위해 기회비용적 사고를 해야 하는 것이다.

10. 기회비용을 경제학적 비용, 통상적 비용을 회계학적 비용이라고 한다. 그래서 경제학에서 비용이라는 의미는 기회비용이다. 비용은 목적에 따라 사용되어야 한다. '선택, 즉 의사결정'에 관한 문제에 대해서는 '기회비용'을 '회계처리, 즉 수지계산'에서는 '통상적 비용'을 사용하는 것이 적절하다.

11. 추가되는 비용을 한계비용, 추가되는 편익을 한계편익, 추가되는 수입을 한계수입이라 한다. 합리적인 결정(즉, 선택)은 총비용과 총편익이 아니라 한계비용과 한계편익만 고려하는 한계원리에 입각해야 된다. 왜냐하면, 총비용과 총편익은 현재 의사결정과 관련된 비용과 편익이 아니기 때문이다. 물론 어떤 행동을 처음 할 때는 총비용이 한계비용이 되고 총편익이 한계편익이 될 수 있다. 현재 이전의 과거에 소요된 비용을 '매몰비용(sunk cost)'이라고 한다. 매몰비용은 합리적인 선택에서 고려되는 기회비용이 아니다.

12. 희소한 자원을 잘 이용하기 위해서 우리는 경제적 사고, 즉 '기회비용적 사고'와 '한계원리적 사고'에 입각하여 행동을 해야 한다. "세상에 공짜는 없다!", "과거를 묻지 마라!"

13. 경쟁이 필연적인 이유는 희소성의 법칙으로 자원이용의 경합성과 소비의 경합성 직면하기 때문이다. 따라서 경쟁은 어느 인간사회에서도 피할 수 없는 것이다. 따라서 우리 인간들이 해야 할 일은 경쟁을 없애는 것이 아니라 어떤 경쟁형태를 선택할 것인가이다. 경쟁의 형태에 따라 사회경제체제가 다르며, 사회적 결과가 다를 뿐이다. 그러므로 경쟁형태, 즉 사회경제체제에 따른 상이한 사회적 결과를 인식할 필요가 있다.

Chapter 02

자본주의 시장경제

학습목표 자본주의 시장경제의 토대와 특징, 교환의 조건과 정도, 분업과 교환

많은 국가들이 자본주의 시장경제로 운영되고 있다. 우리나라도 마찬가지이다. 본 장에서는 자본주의 시장경제의 작동을 올바르게 이해하기 위한 기초를 살펴본다. 첫째, 자본주의 시장경제의 토대와 특징을 살펴본다. 둘째, 교환이 자발적으로 이루어지는 자본주의 시장경제에서 교환이 발생하는 조건과 어느 정도까지 발생하는지를 살펴본다. 셋째, 우리는 왜 자급자족을 하지 않고 분업하여 생산하고 교환하는 이유를 살펴본다.

1 토대와 특징

자본주의 시장경제의 토대는 사유재산권이고, 특징은 상품생산이 지배적이다. 각 개인은 자신의 신체뿐 아니라 토지와 자본재 등의 생산요소와 소비재에 대한 사유재산권을 가지고 있다.

자본주의 시장경제의 토대: 사유재산권
자본주의 시장경제의 특징: 상품생산 지배적

사유재산권이란 개인이 재산(신체와 자원 및 재화 등)을 소유하고 그것을 자유의사에 따라 사용과 처분 및 획득할 수 있는 권리이다. 이러한 사유재산권은 배제권과 양도권으로 구성되어 있다. 배제권은 재산의 사용과 그로부터 발생하는 수익에 대해 타인을 배제하고 소유자가 전유(專有), 즉 혼자 차지할 수 있는 권리이다. 즉, 배제권은 사용권과 수익권으로 구성된다. 타인은 주인의 허락 없이 사용할 수 없고, 만약 허락 없이 사용할 경우에 그에 따른 처벌을 받는다. 양도권은 배제권(협의의 소유권)을 타인에게 양도할 수 있는 권리이다. 어떤 조건으로 타인에게 배제권을 일정기간 양도하는 것이 임대차이고, 타인에게 완전히 양도하는 것이 매매이다. 물론 매매의 경우, 양도권도 양도되는 것이다. 신체 그 자체에 대한 매매는 허용되지 않는다. 다만 신체가 제공하는 노동서비스에 대해서는 자유로운 거래가 허용된다. 노동의 강제적인 거래는 허용되지 않는다. 원하지 않는 임금수준에서 협박·폭력

사유재산권: 개인이 재산(신체와 자원 및 재화 등)을 소유하고 그것을 자유의사에 따라 사용과 처분 및 획득할 수 있는 권리
사유재산권 구성: 배제권과 양도권
배제권(협의의 소유권): 재산의 사용과 그로부터 발생하는 수익에 대해 타인을 배제하고 소유자가 전유할 수 있는 권리
양도권: 배제권을 타인에게 양도할 수 있는 권리

등의 강제력을 동원하여 노동서비스를 강요하는 것은 강제적 거래이며 그 대표적인 예가 고대사회의 노예제이다. 물론 노예제하에서는 노예주가 노예를 자신의 재산처럼 거래하므로 신체의 거래도 이루어진다.

그렇다면 시장경제의 토대인 사유재산권의 경제적 역할을 살펴보자.

먼저 배제권의 역할은 배제권이 없을 때 어떤 일이 발생하는지를 살펴봄으로써 잘 파악된다. 배제권이 없는 경우가 공유상태이다. 공유상태에서는 어느 누구라도 타인의 허락 없이 자원을 사용하여 수익을 얻을 수 있다. 공유상태에서 어떤 일이 발생하는지를 공유어장의 예를 통해 살펴보자. 공유어장에서는 누구나 고기를 잡을 수 있다. 만약 여러분이 고기를 잡는다면 아마도 할 수 있는 방법을 다 동원하여 모조리 다 잡고 싶을 것이다. 치어들부터 심지어 산란기에 있는 성어까지 다 잡으려고 할 것이다. 왜냐하면, 나중에 치어가 자라서 성어가 된 것이나, 산란 후 많아진 물고기에 대해서 당신의 것이 될지는 알 수가 없기 때문이다. 그 결과 물고기는 멸종될 것이다. 반면에 공유어장이 아니라 사유화가 되면 여러분은 분명 치어나 산란기에 있는 고기를 잡지 않을 것이다. 이와 같이 공유가 되면 노동과 자원 등의 생산요소와 재화가 비효율적으로 이용된다. 즉, 자원이 고갈될 것이다.[1] 반면 사유가 되면 효율적으로 이용되는 것이다. 그러므로 다음과 같은 결론을 내릴 수 있다. 배제권은 소유자가 노동과 자원 등의 생산요소와 재화를 효율적으로 이용하도록 하는 역할을 한다. 회사 컴퓨터와 집의 컴퓨터, 세든 집과 자기 집, 렌터카와 자기차 등에 대한 관리와 사용을 생각해 보면 주인의 역할이 무엇인지를 잘 알 수 있을 것이다. 무주공산에서는 자원이 비효율적으로 이용될 수밖에 없다. 이것이 공기업과 토지공개념의 근본적인 문제점이다.

다음으로 양도권의 역할을 살펴보자. 어느 지역에 농토가 있고, 갑과 을 두 사람이 존재하고 있다. 그 농토를 이용해 쌀농사를 할 때, 갑이 경작하면 100가마를 수확할 수 있고, 을이 경작하면 120가마를 수확할 수 있다고 하자. 갑과 을은 농사

1) 이런 현상을 '공유지의 비극'이라고 한다.

를 짓지 않으면 아무것도 수확할 수 없다고 하자. 그러면 누가 이 농토를 이용하는 것이 사회적으로 효율적인가? 을일 것이다. 그런데 현재 그 농토의 소유자가 갑이다. 만약 양도권이 없다면 을이 그 농토를 이용할 수 없다. 그러나 양도권이 있다면 어떻게 될 것인가? 임대차를 통해 살펴보자. 단순화를 위해 여가의 가치는 없다고 가정하자. 갑은 임대소득으로서 최소한 100가마보다 약간 더 높게 요구할 것이다. 그보다 적게 받으면 자신이 농사를 짓는 것에 비해 이득이 없기 때문이다. 그러면 을은 얼마까지 임대료를 지급하려 할 것인가? 120가마보다 약간 적은 119.9가마가 될 것이다. 119.9가마를 지급하더라도 임대를 하지 않을 경우보다 0.1가마를 더 얻을 수 있기 때문이다. 그러므로 그들 간 협상의 여지(100.1~119.9 가마)가 발생한다. 협상에 의해 임대료는 그 여지 이내로 결정되고 을이 그 농토를 이용할 수 있다. 이와 같이 양도권이 있음으로써 그 노동과 자원 및 재화를 가장 효율적인 이용자가 이용할 수 있다. 그러므로 다음과 같은 결론을 도출할 수 있다. 양도권은 효율적인 자가 노동과 자원 및 재화를 이용하도록 하는 역할을 한다.

이상에서 우리는 사유재산권이 노동과 자원 등의 생산요소와 재화를 효율적으로 이용하게 하는 유인을 제공하는 경제적 역할을 한다는 것을 알 수 있다. 사유재산권은 재산을 자유의사에 따라 관리, 사용, 처분할 수 있는 권리이므로, 생산의 자유와 교환의 자유를 보장하는 것이다. 따라서 사유재산권의 보장, 즉 생산과 교환의 자유는 노동과 자원 등의 생산요소와 재화를 효율적으로 이용하게 하는 전제조건인 것이다.

배제권의 경제적 역할: 소유자가 노동과 자원 등의 생산요소와 재화를 효율적으로 이용하도록 하는 역할

양도권의 경제적 역할: 효율적인 자가 노동과 자원 및 재화를 이용하도록 하는 역할

⇒ 사유재산권의 경제적 역할: 노동과 자원 등의 생산요소와 재화를 효율적으로 이용하게 하는 유인을 제공하는 경제적 역할

사유재산권의 보장: 생산의 자유와 교환의 자유를 보장

⇒ 노동과 자원 등의 생산요소와 재화를 효율적으로 이용하게 하는 전제조건

한편 상품이란 자가소비를 목적으로 생산한 것이 아니라 타인에게 판매할 목적으로 생산한 것이다. 상품을 만드는 궁극적인 목적은 그것을 판매하여 소비할 품목들을 구입하기 위한 (화폐)소득을 획득하는 것이다. 이런 점에서 우리 모두는 소비자인 동시에 생산자이다. 생산자는 소득을 획득하기 위해서는 타 생산자에 비해 양질의 상품이나 저렴한 상품을 제공해야만 한다. 왜냐하면 소비자들이 그런 상품들을 선호하기 때문이다. 만약 이러한 소비자의 선호를 충족하지 못하면 결코 그는 소득을 획득할 수 없다. 그러므로 생산자는 소비자의 선호를 잘 충족할 경우에만 이윤을 획득할 수 있고 그렇지 못한 경우 손실과 도산이라는 대가를 치른다.

이와 같이 사유재산권을 토대로 하고 상품생산이 특징인 시장경제에서는 생산이 소비자의 선호에 부응하도록 이루어지므로 시장경제는 소비자주권[2)]이 실현되는 체제이다.

상품: 자가소비를 목적으로 생산한 것이 아니라 타인에게 판매할 목적으로 생산한 것
상품생산 경제: 소비자인 동시에 생산자
: 생산자 소비자선호 충족 → 이윤 획득
: 생산자 소비자선호 불충족 → 손실과 도산
⇒ 자본주의 시장경제: 소비자주권 실현
소비자주권: 소비자가 생산 결정에 대한 주권을 갖고 있는 것

이와 같이 상품생산이 지배적인 시장경제에서는 생산자는 소비자의 선호를 잘 충족할 경우에만 이윤을 획득할 수 있고 그렇지 못한 경우 손실과 도산이라는 처벌을 받는다. 이런 점에서 시장경제에서 이윤은 소비자를 착취한 것이 아니라 소비자에게 양질의 상품이나 저렴한 상품을 봉사한 대가인 것을 알 수 있다.

이런 기업들이 이윤을 얻게 되면, 그 기업들은 더 많은 이윤을 얻기 위해 생산을 증가시키려 하며, 동시에 다른 기업들도 그 제품을 생산하려고 한다. 생산을 증

2) 생산이 생산자의 의도가 아니라 소비자의 의도대로 이루어진다는 의미에서 소비자가 생산 결정에 대한 주권을 갖고 있기 때문에 소비자주권이라고 한다.

가시키기 위해서는 더 많은 노동과 자원들이 그 부문에 투입되어야 한다. 즉, 그 부문에서 생산요소의 수요가 증가하여 그 부문에 투입되었거나 투입될 노동과 자원들의 가격, 즉 임금과 자원의 임대료 등이 상승한다. 그 결과 그 부문에 투입될 노동자나 자원 소유주의 소득이 증가한다. 마찬가지로 기업들이 소비자가 선호하지 않은 상품을 생산하면 그 기업은 손실을 보고 투입될 생산요소의 수요가 감소하므로 그 부문에 투입되는 노동자나 자원 소유자의 소득도 감소한다. 심지어 그 기업이 도산하면 그들도 소득을 획득할 수 없다.

이와 같이 시장경제에서는 소비자가 선호하는 상품을 생산하는 데 종사하는 기업의 주주, 근로자, 자원의 소유자들이 부자가 될 수 있다. 그들은 소비자가 선호하는 양질의 상품이나 저렴한 상품을 제공함으로써 부자가 되는 것이다. 따라서 시장경제에서는 개개인들이 자신들이 원하는 것을 더 많이 할 수 있는 부자가 되기 위해서, 소비자들 즉 타인들이 선호하는 다양하고 품질이 좋고 값싼 제품을 생산하려고 노력한다. 그 결과 시장경제에서는 구성원 간의 갈등을 해결하면서 조화로운 질서가 구축되고, 우리 모두는 이전에 비해 더 나은 삶을 누리게 된다.

따라서 외관상 자본주의 시장경제라 할지라도 소비자의 욕구를 충족시킨 대가가 아닌 다른 방법으로 부자가 될 수 있는 사회는 진정한 자본주의 시장경제가 아니다.

시장경제에서 부를 획득할 수 있는 유일한 방법: 소비자욕구 충족
⇒ 소비자욕구 충족 이외의 방법으로 부 획득: 자본주의 시장경제×

자본주의 시장경제가 이런 효과를 가져 온 반면, 사회주의 국가들은 빈곤에 허덕이게 되었다. 1980년대부터 사회주의 국가들도 인민들을 빈곤에서 벗어나도록 시장경제를 채택하기 시작했다. 사회주의 국가들이 빈곤에 허덕이게 된 가장 큰 이유는 토지, 기계 도구 등의 생산수단과 심지어는 노동에 대한 사유재산권이 부여되지 않고 집권공산당의 선호에 맞게 생산과 소비를 계획하였기 때문이다.[3] 사유재산

3) 사회주의국가에서도 소비재에 대한 사유재산권은 존재한다. 다만 토지, 기계 등 자본재, 즉 생산수단

권이 부여되지 않음으로써 생산요소들이 비효율적으로 이용되었다. 또한 집권공산당의 선호에 맞게 생산과 소비를 계획하였기 때문에 소비자들이 선호하는 경향대로 생산과 소비가 이루어지지 않았다. 즉, 소비자주권이 실현되지 않았다. 사유재산권을 부여하지 않은 다른 경제체제에서도 사회주의 국가처럼 소비자주권이 실현되지 않는다.

자본주의 시장경제 이외: 소비자주권 실현되지 않음

2 교환의 조건과 정도

우리들은 교환이 발생하는 이유로 어떤 재화를 너무 많이 소유하고 있어, 즉 잉여가 존재하기 때문에 교환이 발생한다고 생각한다. 하지만 잉여가 존재하지 않더라도 교환이 발생하기 때문에 교환의 전제조건은 잉여가 아니다.

잉여가 존재하지 않는 상황에서 어떻게 교환이 발생하지 않는지를 살펴봄으로써 교환의 조건을 파악할 수 있다. 가상의 예를 통해 파악해 보자.

포도밭 주인이 자가소비용으로 10송이를 남겨 두고 나머지를 모두 팔았다고 하자. 수지는 현재 포도를 보유하고 있지 않다고 하자. 그리고 포도 1송이에 대한 포도밭 주인의 한계효용[4]과 그로부터 포도를 구입하려는 이웃인 수지의 한계효용이 다음의 〈표 2-1〉과 같다고 하자. 이 표에서 각자의 한계효용은 보유량(혹은 소비량)이 증가함에 따라 점차 감소(즉, 체감)하고 있다. 이것을 한계효용체감의 법칙이라고 한다.

에 대한 사유재산권이 없다. 특히 노동에 대한 사유재산권도 실제로 없다. 정부가 명령하는 곳에서 일을 해야 한다. 직업 선택의 자유가 없다. 노동자를 위한 국가를 표방하는 사회주의국가에서 직업 선택의 자유가 없다는 점은 아이러니컬하다. 현재 중국은 생산수단에 대한 양도권도 많이 허용되고 있다.

4) 한계효용이란 추가로 보유 또는 소비하는 재화의 가치를 의미한다.

표 2-1 거래당사자의 한계효용표

포도송이 수	포도밭 주인의 한계효용	수지의 한계효용(A)	수지의 한계효용(B)
1	3,000원	2,500원	2,000원
2	2,900원	2,400원	1,900원
3	2,800원	2,300원	1,800원
4	2,700원	2,200원	1,700원
5	2,600원	2,100원	1,600원
6	2,500원	2,000원	1,500원
7	2,400원	1,900원	1,400원
8	2,300원	1,800원	1,300원
9	2,200원	1,700원	1,200원
10	2,100원	1,600원	1,100원

포도밭 주인은 자가소비를 위해 남겨둔 10송이 중 마지막 한송이에 대해 2,100원으로 평가하므로, 수지가 최소한 2,100원 이상을 제시하면 그는 팔려고 할 것이다. 만약 2,100원보다 낮게 제시하면 팔지 않을 것이다.

만약 수지의 한계효용이 〈표 2-1〉의 (A)와 같다면, 수지는 첫 번째 포도에 대해 2,500원으로 평가하므로 최초 1송이 구입을 위해 최대 2,500원까지 제시한 것이다. 따라서 그들 간에는 교환이 발생한다. 가격은 협상을 통해 2,100원~2,500원 사이에 결정될 것이다.

만약 수지의 한계효용이 〈표 2-1〉의 (B)와 같다면, 수지는 첫 번째 포도에 대해 2,000원으로 평가하므로 최초 1송이 구입을 위해 2,000원까지 제시한 것이다. 따라서 그들 간에는 교환이 발생하지 않는다.

이와 같이 동일한 재화에 대해 구매자가 판매자보다 높게 평가하면 교환이 발생한다. 재화의 평가는 한계효용에 의해 이루어지므로 구매자의 한계효용이 판매자의 한계효용보다 높을 때 교환이 발생한다. 그러므로 교환의 전제조건은 잉여가 아니라 구매자의 한계효용이 판매자보다 높아야 한다는 것이다.

교환의 조건: 잉여 ×
구매자 한계효용>판매자 한계효용

그러면 교환은 어느 정도까지 이루어지는지를 살펴보자.

이를 파악하기 위해, 수지의 한계효용이 〈표 2-1〉의 (A)일 때 더 많은 교환이 이루어지는 과정을 살펴보자. 포도밭 주인은 이제 9송이를 갖고 있는데, 9번째 포도에 대해 2,200원의 가치가 있다고 생각하고 있으므로 최소한 2,200원만 받으면 9번째의 포도도 팔려고 할 것이다. 한편 수지는 2번째 포도에 대해 2,400원의 가치가 있다고 생각하고 있으므로 한 송이 더 구입하기 위해 최고한도로 2,400원을 지불할 용의가 있다. 따라서 교환이 발생하고 가격은 협상에 의해 2,200원과 2,400원 사이가 된다. 이제 포도밭 주인에게는 8송이가 남아 있는데 8번째 포도에 대해 2,300원의 가치가 있다고 생각하고 있으므로, 최소한 2,300원만 받으면 8번째 포도도 팔 것이다. 수지는 3번째 포도에 대해 2,300원의 가치가 있다고 생각하므로 포도 한 송이를 더 구입하기 위해 최고한도로 2,300원을 지불할 용의가 있다. 따라서 3번째 포도의 교환으로는 당사자 간에 조금도 이득을 얻지 못하므로 교환을 하지 않을 것이다.

따라서 구매자의 한계효용이 판매자보다 큰 경우에는 교환은 계속 발생한다. 다시 말하면 구매자의 한계효용과 판매자의 한계효용이 같아지기 직전까지 교환은 계속 이루어진다.[5)]

교환의 정도: 구매자의 한계효용과 판매자의 한계효용이 같아지기 직전

이상에서 본 바와 같이, 교환의 조건은 잉여가 아니라 구매자의 한계효용이 판매자보다 높은 것이고, 교환은 구매자의 한계효용과 판매자의 한계효용이 같아지기 직전까지 계속 발생한다.

5) 대부분의 교과서에서는 당사자 간의 한계효용이 같아질 때까지 교환이 이루어진다고 되어 있다. 그러나 위에서 본 바와 같이 한계효용이 같아질 때는 교환으로 이득이 발생하지 않으므로 교환하지 않는다.

3 분업과 비교우위: 생산과 교환

우리들은 거의 자급자족을 하지 않고 많은 것을 타인들에게 의존하고 있다. 즉, 현재 우리들은 가족들이 생산에 참여한 재화를 소비하는 것은 하나 둘 혹은 거의 없다. 이와 같이 각자는 각 부문에 특화하여 분업에 종사하고 있다.

그렇게 하는 이유는 자신이 생산하여 소비하는 것보다 타인이 생산한 것을 구입하는 것이 싸기 때문이다. 왜냐하면 사람들마다 각 재화에 대한 생산성에 차이가 있기 때문이다. 생산성의 차이가 나는 이유는 각자의 인적능력과 부존자원의 분포가 다르기 때문이다. 따라서 사람마다 각기 잘하고 값싸게 생산하는 분야가 있다.

여기서 생산성이 높다는 것은 같은 요소투입으로 더 많은 것을 생산하는 것이고, 다른 식으로 표현하면 같은 양을 생산하는데 요소투입이 적으므로 비용이 낮은 것이다. 따라서 각자가 생산성이 높은 분야에 특화, 즉 분업화하여 생산하면 비용이 극소화되므로 서로 낮은 가격으로 교환할 수 있다.

이와 같은 이유로 우리는 자급자족을 하지 않고 많은 소비재들을 타인들에게 의존한다. 그래서 우리들은 다양한 직업을 갖고 있다. 우리들 각자는 생산성이 높은 분야에 특화하여 생산에 종사하고 그 결과물인 재화들을 서로 교환한다. 현재는 물론 물물교환 경제가 아니므로 재화들을 직접 교환하지 않고, 각 생산 분야에서 얻은 화폐소득을 가지고 타인이 생산한 재화를 구입한다. 화폐가 개입되더라도 교환의 본질은 같다.

또한 이런 분업으로 생산성이 높아지므로 주어진 자원으로 사회는 모든 재화를 더 많이 생산할 수 있다. 따라서 분업화가 촉진됨에 따라 우리는 옛날에 비해 훨씬 더 풍요롭게 되었다. 더욱이 분업으로 각자는 각 분야에서 전문화가 이루어짐으로써 생산성은 더욱더 높아지고 있다.

분업하여 생산하고 교환하는 이유: 보다 낮은 가격으로 구입하여 소비할 수 있음
보다 낮은 가격으로 생산할 수 있는 이유: 인적능력과 부존자원 차이로 인한 생산성 차이

표 2-2 두 사람의 시간당 수입액 비교 (단위: 원)

구 분	노래공연 수입액	코디작업 수입액
수지	100만	10만
영희	0	5만

한편 이런 의문을 제기하는 경우도 있다. 어떤 사람이 모든 분야에 뛰어나면 자급자족할 것이 아닌가? 그런 경우에도 과연 자급자족하는 것이 더 좋은지를 다음과 같은 예를 통해 살펴보자.

가수인 수지는 노래를 함으로써 시간당 100만원을 벌 수 있고, 코디를 함으로써 시간당 10만원을 벌 수 있다. 반면 가수가 아닌 영희는 노래를 함으로써 돈을 벌 수 없고, 코디를 함으로써 시간당 5만원을 벌 수 있다. 왜냐하면 수지가 공연을 위해 코디작업을 한다면 1시간이 소요되고, 영희가 하면 2시간이 소요되기 때문이다. 이것은 수지의 공연에 대한 생산성이 영희에 비해 당연히 높을 뿐만 아니라, 코디작업에 있어서도 수지의 생산성이 영희에 비해 2배라는 것을 의미한다. 이와 같이 가수인 수지가 노래뿐만 아니라 코디작업에서도 영희보다 뛰어난 능력을 가지고 있을 경우에, 자신이 직접 코디작업으로 공연을 준비하는 것과 자신보다 열등한 영희에게 의뢰하는 것 중 어느 것이 수지에게 이득이 될까?

수지가 공연준비를 위해 코디작업을 하는 시간, 즉 1시간 동안 노래를 했더라면 그가 획득할 소득은 100만원이다. 반면 그가 코디작업을 영희에게 의뢰할 경우 지급해야 할 금액은 얼마인가? 10만원이다. 왜냐하면 영희는 그 작업하기 위해 2시간이 소요되기 때문이다. 수지가 직접 코디작업을 하면 영희에게 지급할 10만원을 절감할 수 있지만 대신 100만원을 벌 수 있는 기회를 잃게 된다. 실제적으로는 90만원의 손실을 겪게 된다. 역으로 말하면, 영희에게 코디작업을 의뢰하면 10만원은 지출되지만 그 대신 노래공연으로 100만원을 획득하므로 90만원의 이득을 보게 된다. 따라서 가수인 수지는 자신보다 생산성이 떨어진 영희에게 코디작업을 의뢰한다. 물론 수지가 코디작업을 통해 획득하는 정신적 만족이 그 시간에 획득하는 소득보다 더 큰 만족을 얻을 경우 그 자신이 직접 코디작업을 할 것이다. 그런 특별한 경우를 제외하고는 모든 부문에 우월한 수지도 모든 부문에 열등한 영희와 협력하는 것이 더 나은 결과를 초래한다. 다시 말하면, 모든 부문에 우월한 사람과 모든 부문에 열등한 사람이 서로 협력하는 것이 모두에게 이득이 된다.

그러면 어떻게 협력을 할 것인가? 즉, 누가 무엇을 할 것인가? 상기 예에서 수지는 시간당 공연을 위해 포기되는 금액은 10만원이고, 시간당 코디작업을 위해 포기되는 금액은 100만원이다. 즉, 수지의 경우, 공연의 시간당 기회비용이 10만원이고 코디작업의 시간당 기회비용이 100만원이다. 영희는 시간당 공연을 위해 포기되는 금액은 5만원이고, 시간당 코디작업을 위해 포기되는 금액은 0원이다. 즉, 영희의 경우, 공연의 시간당 기회비용이 5만원이고 코디작업의 시간당 기회비용이 0원이다. 공연자인 수지는 기회비용이 낮은 공연업무를 영희도 기회비용이 낮은 코디작업을 하여 협력함으로써 위에서 본 바와 같이 모두 다 이득을 보게 된다. 따라서 각자가 기회비용이 상대적으로 낮은 분야에 서로 특화하여 교환함으로써 서로 이득이 된다는 것을 알 수 있다.

이것을 비교우위의 원리라고 하는데 그 이유는 다음과 같다. 〈표 2-2〉에서와 같이 수지는 공연과 코디작업에서 모두 다 영희에 비해 우월한 능력을 갖고 있다. 여기에서 우월한 능력을 갖는다는 것은 똑같은 시간과 노력 혹은 노동으로 더 많은 생산 혹은 효과를 거둘 수 있다는 것을 의미한다. 이런 경우 생산성(즉, 생산능력)이 높다고 하며, 경제학자들은 이것을 절대우위(absolute advantage)가 있다고 한다. 생산성이 낮을 경우 절대열위에 있다고 한다. 그러므로 수지는 공연과 코디작업 두 부문 모두 절대우위자인 반면 영희는 두 부문 모두 절대열위자이다.

수지의 경우 공연의 기회비용은 코디작업의 기회비용보다 낮다. 영희의 경우 코디작업의 기회비용이 공연의 기회비용보다 낮다. 이와 같이 어느 부문이 상대적

표 2-3 절대우위와 비교우위

구 분	노래공연	코디작업
수지	절대우위, 비교우위	절대우위, 비교열위
영희	절대열위, 비교열위	절대열위, 비교우위

으로 기회비용이 낮은 것을 비교우위(comparative advantage)에 있다고 한다. 따라서 수지는 〈표 2-3〉에서와 같이 공연과 코디작업 모두 절대우위자이지만 공연에만 비교우위를 갖고 있고 코디작업에는 비교열위를 갖고 있다. 영희는 공연과 코디작업 모두 절대열위자이지만 공연에는 비교열위를 갖고 있고 코디작업에는 비교우위를 갖고 있다.

절대우위, 절대열위: 생산성으로 비교
생산성 ↑ → 절대우위, 생산성 ↓ → 절대열위
비교우위, 비교열위: 기회비용으로 비교
기회비용 ↓ → 비교우위, 기회비용 ↑ → 비교열위

모든 부문에 절대우위자이든 절대열위자이든 관계없이 어느 누구도 반드시 비교우위 분야가 있다. 이와 같이 모든 분야의 절대열위자도 반드시 어느 부문에 비교우위를 지니고, 모든 분야의 절대우위자도 반드시 한 부문을 제외한 여타 부문들에 비교열위를 지니고 있으므로, 비교우위에 있는 부문에 각자가 종사하는 협력적인 분업체제를 이룬다는 것이 리카도(D. Ricardo)의 비교우위원리이다. 기회비용을 상대적으로 비교하여 생산이 이루어진다는 의미를 강조하기 위해 비교우위라는 용어를 사용하는 것이다. 생산은 생산성에 입각하여 이루어지는 것이 아니라 기회비용에 입각하여 이루어지는 것이다.

따라서 리카도의 비교우위론에 입각하면, 모든 면에 절대우위 또는 절대열위가 있더라도 비교우위가 반드시 발생하므로, 자급자족을 하는 것보다 비교우위가 있는 부문에 특화 및 분업으로 생산하여 서로 교환하는 것이 사회 전체에 이득이 된다. 물론 서두에서 언급한 것처럼 일반적으로 각자의 인적능력과 부존자원의 분포가 다르기 때문에 사람들마다 각 재화에 대한 생산성의 차이가 나기 때문에 모든 부문에서 절대우위가 있는 것이 아니라 특정부문에 절대우위가 있다. 이런 경우 절대우위가 있는 부문이 바로 비교우위가 있는 것이다. 따라서 각자가 절대우위를 갖는 부문에 특화 및 분업으로 생산하여 서로 교환하는 것이 사회 전체에 이득이 된다. 이런 경우 각 부문에 생산성이 높은 사람이 생산하기 때문에 자급자족할 때보다 재화의 가격이 낮다. 반면, 수지의 예에서 본 것처럼, 모든 부문의 절대우위자와 모든 부문의 절대열위자가 각자 비교우위를 갖는 부문에 특화하여 생산할 경우, 절대열위자가 생산한 재화는 절대우위자가 생산할 때보다 비싸다. 하지만 절대우위자는 비교우위에 있는 부문에 전념하여 얻는 소득으로 그 비싼 재화를 사는 것이 오히려 이득이다.

이상에서 본 바와 같이, 리카도의 비교우위론은 다음과 같이 두 가지 시사점을 제시한다. 첫째, 일반적으로 사람들마다 각 부문에서 생산성에 차이가 있기 때문에 각자가 절대우위성을 갖는 비교우위 부문에 특화함으로써, 그들이 서로 구입하는 재화의 가격은 싸진다. 둘째, 모든 부문의 절대우위자와 모든 부문의 절대열위자가 비교우위의 부문에 특화할 경우, 절대우위자는 절대열위자가 생산한 재화의 가격이 자신이 생산할 때보다 비싸지만 자신의 비교우위부문에 전념하는 것이 오히려 이득을 가져다 준다.

비교우위론: 비교우위에 입각하여 분업 생산 및 교환 → 자급자족보다 이익

비교우위원리를 국가 간에 적용한 것이 국제 분업화를 통한 자유무역이다. 따라서 각국은 비교우위에 있는 부문에 특화하여 서로 자유롭게 수출과 수입을 하여 이득을 취하고 있다. 특히, 위의 두번째 시사점은 모든 부문에 절대우위를 갖는 선진국과 모든 부문에 절대열위를 갖는 후진국 간에 무역이 이루어지는 이유를 제시하고 있다.

요약

01. 자본주의 시장경제의 토대는 사유재산권이고, 특징은 상품생산이 지배적인 것이다.

02. 사유재산권이란 개인이 재산(신체와 자원 및 재화)을 소유하고 그것을 자유의사에 따라 사용과 처분 및 획득할 수 있는 권리이다. 사유재산권은 배제권과 양도권으로 구성되어 있다. 배제권은 재산의 사용과 그로부터 발생하는 수익에 대해 타인을 배제하고 소유자가 전유할 수 있는 권리이다. 양도권은 배제권(협의의 소유권)을 타인에게 양도할 수 있는 권리이다.

03. 배제권은 소유자가 노동과 자원 등의 생산요소와 재화를 효율적으로 이용하도록 하는 역할을 한다. 양도권은 효율적인 자가 노동과 자원 및 재화를 이용하도록 하는 역할을 한다. 따라서 사유재산권이 노동과 자원 등의 생산요소와 재화를 효율적으로 이용하게 하는 유인을 제공하는 경제적 역할을 한다는 것을 알 수 있다. 사유재산권은 재산을 자유의사에 따라 관리, 사용, 처분할 수 있는 권리이므로, 생산의 자유와 교환의 자유를 보장하는 것이다. 따라서 사유재산권의 보장, 즉 생산과 교환의 자유는 노동과 자원 등의 생산요소와 재화를 효율적으로 이용하게 하는 전제조건인 것이다.

04. 상품이란 자가소비를 목적으로 생산한 것이 아니라 타인에게 판매할 목적으로 생산한 것이다. 상품을 만드는 궁극적인 목적은 그것을 판매하여 소비할 품목들을 구입하기 위한 (화폐)소득을 획득하는 것이다. 이런 점에서 우리 모두는 소비자인 동시에 생산자이다. 생산자는 소비자의 선호를 잘 충족할 경우에만, 즉 양질의 상품이나 저렴한 상품을 제공할 경우에만 이윤을 획득할 수 있고 그렇지 못한 경우 손실과 도산이라는 처벌을 받는다. 따라서 시장경제에서 부를 획득할 수 있는 유일한 방법은 소비자의 욕구를 충족시키는 것이다. 그러므로 외관상 자본주의 시장경제라 할지라도 소비자의 욕구를 충족시킨 대가가 아닌 다른 방법으로 부자가 될 수 있는 사회는 진정한 자본주의 시장경제가 아니다.

05. 사유재산권을 토대로 하고 상품생산이 특징인 시장경제에서는 생산이 소비자의 선호에 부응하도록 이루어지므로 시장경제는 소비자주권이 실현되는 체제이다. 생산이 생산자의 의도가 아니라 소비자의 의도대로 이루어진다는 의미에서 소비자가 생산 결정에 대한 주권을 갖는 것을 소비자주권이라고 한다. 사유재산권을 부여하지 않은 사회주의 국가를 비롯한 다른 경제체제에서는 소비자주권이 실현되지 않는다.

06. 교환의 조건은 잉여가 아니라 구매자의 한계효용이 판매자보다 높은 것이고, 교환은 구매자의 한계효용과 판매자의 한계효용이 같아지기 직전까지 계속 발생한다.

07. 자급자족을 하지 않고 분업하여 생산하고 교환하는 이유는 자신이 생산하여 소비하는 것보다 타인이 생산한 것을 구입하는 것이 싸기 때문이다. 왜냐하면 사람들마다 각 재화에 대한 생산성에 차이가 있기 때문이다. 생산성의 차이가 나는 이유는 각자의 인적능력과 부존자원의 분포가 다르기 때문이다. 따라서 우리들 각자는 생산성이 높은 분야에 특화하여 생산에 종사하고 그 결과물인 재화들을 서로 교환한다.

08. 어떤 사람이 모든 분야에 뛰어나더라도, 즉 생산성이 높더라도 자급자족하는 것보다 분업하여 생산하여 교환하는 것이 더 낫다. 모든 분야에 생산성이 높더라도 한 분야를 제외하고 다른 분야들의 기회비용이 높고, 모든 분야에 생산성이 떨어지는 사람도 기회비용이 낮은 분야를 가진다. 따라서 각자가 기회비용이 상대적으로 낮은 분야에 서로 특화하여 교환함으로써 서로 이득이 되기 때문이다.

09. 생산성이 높은 것을 절대우위 낮은 것을 절대열위, 기회비용이 낮은 것을 비교우위 높은 것을 비교열위라 한다. 각자가 절대우위 부분에 특화 및 분업으로 생산하여 서로 교환하는 것이 사회 전체에 이득이 된다는 것이 절대우위론이다. 반면, 각자가 비교우위 부분에 특화 및 분업으로 생산하여 서로 교환하는 것이 사회 전체에 이득이 된다는 것이 비교우위론이다. 절대우위론의 결점은 어떤 사람이 모든 분야에 생산성이 높더라도 자급자족하는 것보다 분업하여 생산하여 교환하는 것이 더 낫다는 점을 설명하지 못한다는 것이다. 이런 결점을 보완한 것이 비교우위론이다.

10. 비교우위론은 다음과 같은 두 가지 시사점을 제시한다. 첫째, 일반적으로 사람들마다 각 부문에서 생산성에 차이가 있기 때문에 각자가 절대우위성을 갖는 비교우위 부문에 특화함으로써, 그들이 서로 구입하는 재화의 가격은 싸진다. 둘째, 모든 부문의 절대우위자와 모든 부문의 절대열위자가 비교우위의 부문에 특화할 경우, 절대우위자는 절대열위자가 생산한 재화의 가격이 자신이 생산할 때보다 비싸지만 자신의 비교우위부문에 전념하는 것이 오히려 이득을 가져다준다.

Chapter 03

시장경제의 작동원리

학습목표 가격결정원리, 가격변화의 요인, 가격의 역할, 자원배분의 효율성

시장경제는 희소성으로부터 발생하는 근본문제를 사유재산권을 토대로 한 가격경쟁에 의해 해결한다. 가격은 시장에서 결정되기 때문에 가격경쟁에 의해 경제문제를 해결하는 체제를 시장경제라고 하는 것이다.

이 장에서는 시장에서 가격이 어떻게 결정되고, 가격이 왜 변화하는지, 결정된 가격에 의해 어떻게 경제문제를 해결하는지, 그리고 가격에 의한 경제문제의 해결이 희소한 자원의 효율적 배분(즉, 희소한 자원들이 구성원들의 욕구충족을 극대화되도록 이용되는 것)을 달성하는지 등을 살펴볼 것이다.

1 시장

경제학에서 시장의 개념과 보통 사람들이 생각하는 시장 개념과는 차이가 있다. 사람들은 예를 들면, 동대문시장, 남대문시장, 대구백화점, 재래시장, 시골의 5일장 그리고 새벽에 열리는 인력시장, 농·수산물시장 등 판매자와 구매자가 만나서 거래하는 특정 장소를 시장이라고 간주한다. 이와 같이 보통 사람들은 시장을 상품이나 서비스를 팔고자 하는 사람과 그것들을 사고자 하는 사람들이 모여서 이들 사이에 교환이 이루어지고 있는 장소로 생각한다.

그러나 경제학에서 시장(market)의 개념은 교환이 이루어지는 장소라기보다는 재화나 서비스에 대한 수요와 공급에 관한 정보가 교환되고, 그 결과 교환이 이루어지는 매개체 역할을 하는 모든 것을 의미한다. 따라서 위에서 언급한 구체적인 특정 장소뿐만 아니라, 전화, 인터넷, 홈쇼핑 등을 통해 거래가 이루어지는 것도 시장이다.

> **시장:** 재화나 서비스에 대한 수요와 공급에 관한 정보가 교환되고, 그 결과 교환이 이루어지는 매개체 역할을 하는 것

가격은 이런 시장에서 수요와 공급에 의해서 결정된다. 따라서 먼저 수요와 공급에 관해 살펴본다.

2 수요

1) 수요의 개념

경제학에서 사용하는 수요의 개념과 일상생활에서 사용하는 수요의 개념과는

차이가 있다. 일상생활에서 사용하는 수요는 어떤 재화의 구입량을 의미한다. 그러나 경제학에서 사용하는 수요는 어떤 재화를 주어진 가격에서 구입하고자 하는 양이다.

이 개념은 일상생활에서 사용하는 수요의 개념과는 다음과 같은 차이가 있다. 첫째, 실제로 구입한 양이 아니라 구입하고자 하는 양이다. 예를 들어, 포도 한 송이 가격이 1,000원일 때 10송이 구입하고자 하는데, 시장에 출하된 양이 7송이뿐이라면 실제로 구입하는 양은 7송이가 된다. 이 경우 시장에서 포도가 부족하게 되고, 그에 따른 가격 변화가 발생할 것이다. 그런데, 수요를 실제 구입량으로 정의하면 이런 가격변화를 분석할 수 없다. 따라서 이런 시장조정과정을 분석하기 위해서는 수요는 실제로 구입한 양이 아니라 구입하고자 하는 양으로 정의해야 한다.

둘째, 가격이 전제되어 있다. 가격의 변화에 따라 수요는 변하므로, 가격을 전제하지 않으면 수요를 알 수 없다. 따라서 항상 가격이 전제되어야 수요를 언급할 수 있다.

이상과 같은 이유로 경제학에서는 어떤 재화를 주어진 가격에서 구입하고자 하는 양을 수요라고 한다. 수요는 양으로 표현되므로 수요량이라고도 한다.[1)]

수요 또는 수요량: 어떤 재화를 주어진 가격에서 구입하고자 하는 양

한편 수요는 개별소비자의 수요를 의미하는 개별수요(individual demand)와 시장 전체의 수요를 의미하는 시장수요(market demand)로 구분된다. 따라서 시장수요는 각 개별수요들을 합한 것이 된다. 앞으로 특별한 언급이 없는 한, 수요는 시장수요를 의미한다. 왜냐하면, 가격은 개별수요나 개별공급에 의해서 결정되는 것이 아니라, 시장수요와 시장공급에 의해 결정되기 때문이다.

1) 수요 또는 수요량은 두 가지로 측정될 수 있다. 일정기간 동안에 측정할 수도 있고, 일정시점에 측정할 수도 있다. 일반적으로 재화의 수요는 일정기간 동안의 양으로 측정된다. 일정기간 동안에 측정한 양을 유량(flow), 일정시점에 측정한 양을 저량(stock)이라고 한다. 예를 들면, 소득은 일정기간 동안에 발생한 것이므로 유량의 개념이고, 재산 혹은 부는 일정시점의 존재량이므로 저량이다.

개별수요: 개별소비자의 수요
시장수요: 시장 전체의 수요

2) 수요의 결정요인

수요에 영향을 미치는 요인, 즉 수요결정요인은 매우 다양하고 많다. 그것들을 구체적으로 살펴보자.

첫째, 그 재화의 가격(P_n)이다. 앞에서 본 바와 같이 어떤 재화나 용역에 대한 수요에 가장 큰 영향력을 가지는 요인이다. 왜냐하면, 여러분들이 물건을 구입할 때 제일 먼저 관심을 두는 것이 가격이기 때문이다.[2] 가격과 수요량 간에는 어떤 관계가 있는가? 가격이 하락하면 수요량은 증가하고 가격이 상승하면 수요량은 감소한다. 그 이유는 다음과 같다. 가격이란 소비자입장에서는 재화를 한 단위 획득하기 위해 포기해야 하는 화폐지출로서 기회비용을 의미한다. 1장에서 본 바와 같이 합리적인 선택은 편익이 기회비용보다 클 때 이루어진다. 따라서 사람들은 합리적인 선택을 위해, 기회비용이 커지면 그것을 적게 하고자 한다. 마찬가지로 소비자는 가격이 상승하면 기회비용이 높아지므로 수요량을 감소시킨다.

이와 같이 가격과 수요량 간에는 반비례관계가 존재한다. 이것을 '수요의 법칙(law of demand)'이라 한다.

수요의 법칙: P_n[그 재화의 가격] ↑ (↓) ⇒ D_n[그 재화의 수요] ↓ (↑)

둘째, 타재화의 가격($P_1 \cdots P_{n-1}$)이다. 이것은 두 재화가 대체관계인지 보완관계인지에 따라 그 영향력이 달라진다. 두 재화가 같은 용도로 사용되는 것으로 어떤

2) 물론 질도 함께 고려할 것이다. 당분간 질이 똑같은 경우로 가정한다.

재화 대신에 다른 재화를 소비하더라도 만족도에 별 변화가 없는 경우에 두 재화사이에는 '대체관계'가 존재한다고 말하고, 두 재화는 서로 대체재라 한다. 두 재화를 함께 소비하여 얻는 만족도가 증가하는 경우에 두 재화 사이에는 '보완관계'가 존재한다고 하며, 두 재화는 서로 보완재라 한다.

커피와 홍차는 대체관계에 있는 재화들, 즉 대체재이다. 커피의 가격이 상승하게 되면, 같은 기호식품인 차로서 기능하는 홍차는 가격이 변하지 않더라도 상대적으로 홍차의 가격은 하락했다. 그 결과 커피 대신 홍차를 마시게 된다. 따라서 커피의 가격이 상승하면 대체재인 홍차의 수요는 증가한다. 이와 같이 대체재의 가격이 상승하면 어떤 재화의 수요는 증가하고, 대체재의 가격이 하락하면 어떤 재화의 수요는 감소한다.

커피와 설탕은 보완관계에 있는 재화들, 즉 보완재이다. 일반적으로 만족도를 증가시키기 위해 커피에 설탕을 넣어먹기 때문이다. 커피의 가격이 상승하게 되면, 커피에 대한 수요는 감소하게 되고, 그 결과 보완재인 설탕에 대한 수요도 역시 감소하게 된다. 이와 같이 보완재의 가격이 상승하면 어떤 재화의 수요는 감소하고, 보완재의 가격이 하락하면 어떤 재화의 수요는 증가한다.

P_1[대체재 가격] ↑(↓) ⇒ D_2[수요] ↑(↓)
P_3[보완재 가격] ↑(↓) ⇒ D_4[수요] ↓(↑)

셋째, 소비자의 소득수준(Y)이다. 소득수준은 재화의 특성에 영향을 받는다. 소비자들은 어떤 재화를 다른 재화에 비해 만족도가 떨어진다고 평가한다. 예를 들면, 돼지고기나 보리쌀을 쇠고기나 쌀에 비해 열등한 재화라고 평가한다. 이와 같은 재화를 열등재 또는 하급재라 한다. 열등재가 아닌 일반적인 재화를 정상재라 한다.[3)]

3) 정상재를 열등재 또는 하급재에 빗대어 우등재 또는 상급재라고도 한다. 그러나 상대적으로 비교 가능한 열등재가 없는 일반적인 재화들이 많이 있으므로 정상재라고 하는 것이 올바른 표현이다.

정상재의 경우 소득이 증가하면 수요가 증가하고, 소득이 감소하면 수요가 감소한다. 그러나 열등재의 경우 소득이 증가하면 수요가 오히려 감소하고, 소득이 감소하면 수요가 오히려 증가한다. 예를 들어, 돼지고기를 주로 소비하던 소비자가 소득이 증가하면 보다 우등한 식품으로 생각하는 쇠고기를 더 선호하여 돼지고기보다 쇠고기를 더 소비하게 되고, 대신 돼지고기의 수요가 감소하게 된다. 이와 같이 정상재의 수요는 소득과 비례관계에 있고, 열등재의 수요는 소득과 반비례의 관계에 있다. 그러나 한 가지 유의해야 할 사항이 있다. 열등재의 수요가 소득과 무조건 반비례 관계에 있는 것은 아니다. 소득수준이 아주 낮은 단계에서는 소득이 조금 증가하더라도 바로 우등한 재화로 수요가 대체되는 것이 아니라, 어느 정도 단계까지는 그대로 그 재화의 수요가 증가한다. 예를 들어, 소득수준이 아주 낮아 보리쌀로 하루에 두 끼를 먹고 있을 때는 소득이 증가하더라도 보리쌀 대신 쌀밥으로 두 끼를 먹는 것이 아니라, 보리쌀을 더 구입하여 하루 세끼를 먹을 것이다. 그러다 소득이 어느 단계 이상 증가하면 그 때부터는 보리쌀의 일부를 쌀로 대체할 것이다. 따라서 열등재의 수요는 일반적으로 소득과 반비례 관계에 있지만, 소득수준이 낮을 경우 정상재처럼 소득과 비례관계에 있다.

정상재: Y[소득] ↑(↓) ⇒ D[수요] ↑(↓)
열등재: Y[소득] ↑(↓) ⇒ D[수요] ↓(↑) (단, 소득수준이 아주 낮은 경우 비례관계)

넷째, 소비자의 선호, 즉 기호(T)이다. 최근 우리나라의 원두커피에 대한 기호가 눈에 띄게 높아져 원두커피를 마시는 사람들이 늘어나서 더 많이 사 먹게 되었다. 반면에 기호가 떨어진 일반 커피의 수요는 감소한다. 이와 같이 사람들의 선호(기호)는 수요에 영향을 준다.

T[선호, 즉 기호] ↑(↓) ⇒ D[수요] ↑(↓)

다섯째, 미래가격에 대한 예상(E_P)이다. 어떤 재화의 가격이 상승할 것이라고 예상하면 지금 구입하는 것이 이득이므로 수요가 증가하고, 반대로 가격이 하락할 것으로 예상되면 나중에 구입하는 것이 이득이므로 수요가 감소한다. 이와 같이 미래 예상가격과 수요 간에 비례관계가 있다.

E_P[미래 예상가격] ↑(↓) ⇒ D[수요] ↑(↓)

여섯째, 인구의 크기(P_0)이다. 그 나라의 인구규모는 수요에 영향을 준다. 인구가 증가하면 소비자의 수가 증가하므로 수요가 늘어나고, 감소하면 수요가 감소한다. 이와 같이 인구의 크기와 수요는 비례관계에 있다.

P_0[인구] ↑(↓) ⇒ D[수요] ↑(↓)

이것들 이외에도 수요에 영향을 미치는 것들이 있지만, 대체로 상기의 요인들을 수요결정요인이라고 한다.

수요결정요인: 그 재화의 가격(P_n), 타재화의 가격($P_1 \cdots P_{n-1}$), 소비자의 소득수준 (Y), 소비자의 기호(T), 미래 예상가격(E_P), 인구의 크기(P_0) 등

이와 같이 재화의 수요에 영향을 미치는 요인들은 다양하고 많기 때문에 수요에 영향을 미치는 여러 요인들을 한꺼번에 분석하는 것은 대단히 어렵다. 따라서 경제학에서는 가격이 수요에 미치는 것과 가격 이외의 다른 요인이 수요에 미치는 것을 구분하여 분석한다. 이렇게 구분하여 분석하는 이유는 상기에서 언급한 수요의 법칙에 예외가 없다는 점과 가격결정원리와 가격변동의 원인을 올바르게 이해하기 위해서이다. 아래에서 이것들을 자세히 살펴본다.

3) 수요의 법칙과 수요곡선

앞에서 가격과 수요 간에 반비례관계가 있는 것을 수요의 법칙이라고 했다. 하지만 위에서 본 바와 같이 가격 이외의 다른 요인들도 수요에 영향을 준다. 따라서 수요의 법칙을 정확히 정의하면, 다른 요인들은 변하지 않고 주어진 상태(*ceteris paribus*)[4)]에서 가격과 수요(량) 간에 역관계가 존재하는 것이다.

수요의 법칙을 표로 나타낸 것을 수요표(demand schedule)라 하고, 좌표상에 그림으로 나타낸 것이 수요곡선(demand curve)이다. 가상적인 수요가 수요의 법칙을 반영하여 〈표 3-1〉과 같다면, 수요곡선은 [그림 3-1]에서처럼 우하향하는 형태로 그려진다. 우하향(右下向)한다는 것은 오른쪽으로 갈수록 아래로 향한다는 것을 한자어로 표시한 것이다. 따라서 오른쪽으로 갈수록 위로 향하는 것을 우상향이라고 한다. 두 변수 간 역관계가 있을 때는 우하향하는 그래프로 나타나고, 비례관계가 있을 때는 우상향하는 그래프로 나타난다. 따라서 수요곡선은 수요의 법칙에 의해 반드시 우하향하는 형태로 그려져야만 의미를 갖는다.

표 3-1 **포도에 대한 수요표**

조합점	송이당 가격(원)	수요량(송이/일)
a	500	1
b	400	2
c	300	3
e	200	4
f	100	5

4) '*Ceteris Paribus*'는 'Other Things Being Equal'라는 뜻의 라틴어 문구이다. 소위 '다른 조건이 일정할 때'라는 뜻이다. 이는 어떤 작용의 순수한 효과를 알아보기 위해 여러 작용이 있을 때, 그중에 하나의 작용에 의한 효과를 파악하기 위해서는 다른 작용(조건)들은 일정하다고 두고, 하나의 작용에 대한 하나의 효과를 파악하기 위함이다.

그림 3-1 **포도에 대한 수요곡선**

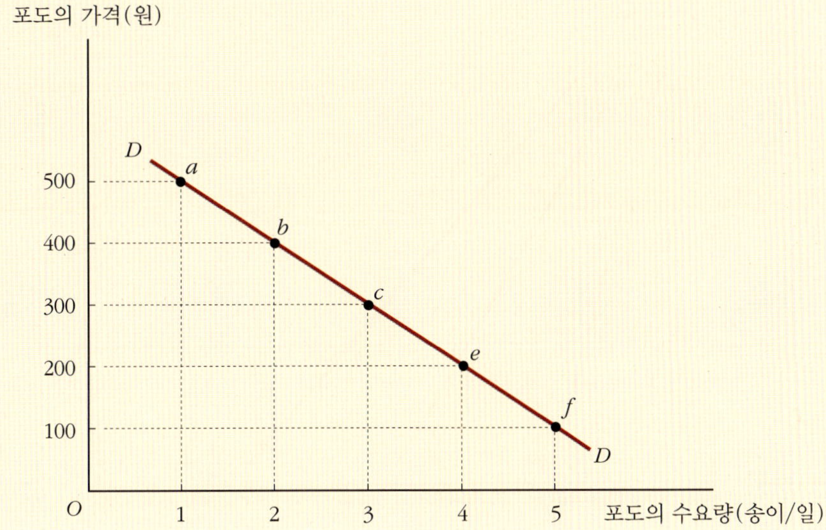

앞에서 설명한 것처럼, 수요는 개별수요와 시장수요로 구별할 수 있는데, 개별수요를 그림으로 나타낸 것이 개별수요곡선이고 시장수요를 그림으로 나타낸 것이 시장수요곡선이다. 만약 위의 수요곡선이 개별수요곡선이라면 시장수요곡선은 [그림 3-2]처럼 개별수요곡선들을 수평으로 합한 것이다. 다시 말해서 각 가격에서 시장수요량을 구하기 위해서는 그 가격에 대응하는 개별수요곡선의 수요량들을 합한 것이다.

시장수요곡선(D_m)=개별수요곡선의 수평 합($D_1D_1+D_2D_2$)

그림 3-2 **시장수요곡선의 도출**

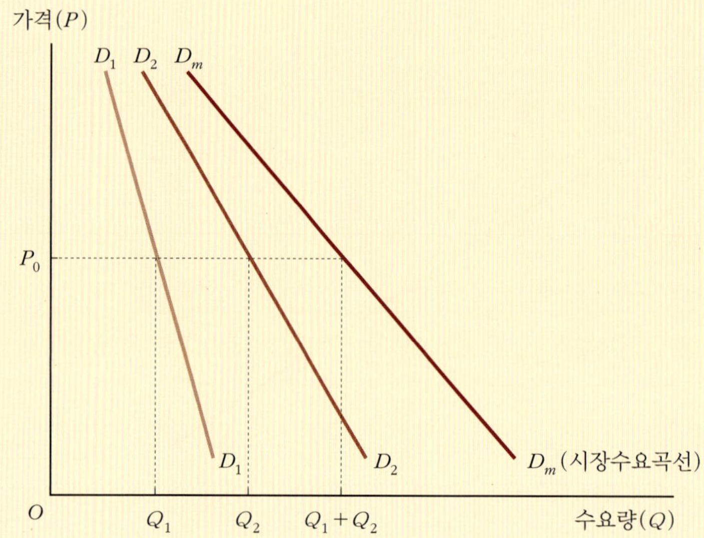

4) 수요량의 변화와 수요의 변화

앞에서 설명한 것처럼 경제학자들은 수요의 법칙에 예외가 없다는 점과 가격 결정원리와 가격변동의 원인을 올바르게 이해하기 위해서 수요량의 변화와 수요의 변화를 구분한다. 수요결정요인 중 가격만 변화할 때 수요량이 변하는 것을 '수요량의 변화'라고 하며, 가격을 제외한 다른 요인들이 변하여 동일한 가격에서 수요량이 변하는 것을 '수요의 변화'라 한다.

수요량의 변화: 수요결정요인 중 가격만 변화할 때 수요량이 변하는 것
수요의 변화: 가격을 제외한 다른 요인들이 변하여 동일한 가격에서 수요량이 변하는 것

예를 들어, 가격이 하락하여 수요량이 증가하는 것을 수요량의 증가라고 하며,

소득이 증가하여 동일한 가격에서 수요량이 증가하는 것을 수요의 증가라 한다. 따라서 수요량의 증가와 수요의 증가는 다른 의미이고, 마찬가지로 수요량의 감소와 수요의 감소는 다른 의미이다.

수요량 증가의 원인은 단 한 가지 가격하락이다. 그러나 수요 증가의 원인이 아주 많다. 대체재의 가격이 상승하거나, 소득이 증가하거나(정상재), 선호가 높아지거나, 미래 예상가격이 높아지거나 그리고 인구가 증가하는 것이다. 마찬가지로 수요량 감소의 원인은 단 한 가지 가격상승이다. 그러나 수요 감소의 원인은 아주 많다. 대체재의 가격이 하락하거나, 소득이 증가하거나(열등재), 선호가 낮아지거나, 미래 예상가격이 낮아지거나 그리고 인구가 감소하는 것이다.

수요량의 증가(감소): 가격이 하락(상승)하여 수요량이 증가(감소)하는 것
수요의 증가(감소): 가격 이외의 요인이 변하여 동일한 가격에서 수요량이 증가(감소)하는 것

수요결정요인	변화	수요(량) 변동	수요량 변화와 수요의 변화
가격	상승, 하락	감소, 증가	수요량 감소, 수요량 증가
타재화 가격	상승, 하락	증가, 하락 (대체재)	수요 증가, 수요 감소
		감소, 증가 (보완재)	수요 감소, 수요 증가
소득	상승, 하락	증가, 감소 (정상재)	수요 증가, 수요 감소
		감소, 증가 (열등재)	수요 감소, 수요 증가
기호	상승, 하락	증가, 감소	수요 증가, 수요 감소
미래 예상가격	상승, 하락	증가, 감소	수요 증가, 수요 감소
인구의 크기	증가, 감소	증가, 감소	수요 증가, 수요 감소

수요량의 변화와 수요의 변화를 그림으로 표현하면 다음의 [그림 3-3]과 같다. 수요량의 변화는 가격이 변동하여 수요량이 변하는 것이므로 수요곡선상에서의 변동($e \rightarrow a$ 또는 b)을 의미한다. 반면 수요의 변화는 가격 이외의 다른 요인의 변동으로 동일한 가격에서 수요량이 변하는 것이므로 수요곡선 자체의 이동($e \rightarrow c$ 또는 f)을 의미한다. 따라서 수요량이 증가(감소)한다는 것은 수요곡선상에서 위(아래)

그림 3-3 수요량의 변화와 수요의 변화

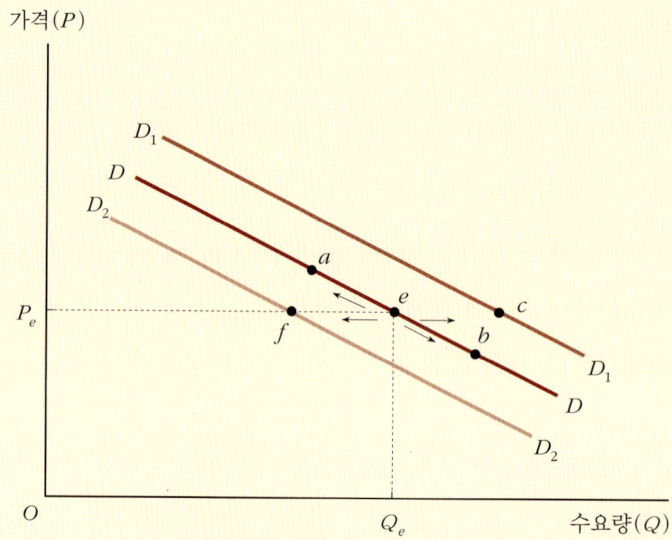

에서 아래(위)로 이동하는 것을 의미한다. 반면 수요가 증가(감소)한다는 것은 수요곡선이 우측(좌측)으로 이동하는 것을 의미한다.

수요량의 변화 ⇒ 수요곡선상 이동: 수요량 증가(감소) ⇒ 아래(위)로 이동
수요의 변화 ⇒ 수요곡선 자체 이동: 수요 증가(감소) ⇒ 우(좌)측 이동

흔히, 수요가 증가하면 가격이 오르고, 가격이 오르면 수요가 감소하여 가격이 하락한다는 식으로 표현하는 경우를 자주 본다. 심지어 경제학을 잘 안다고 자부하는 전문가들도 이런 표현을 한다. 이 표현에는 맞는 부분도 있지만 전체적으로는 오류이다. 이것은 수요량의 변화와 수요의 변화를 구분하지 못하는 표현이다. 뒤에 가격결정원리에서 설명되겠지만, 수요의 증가는 가격을 상승시킨다. 그러나 위에서 본 것처럼, 가격이 상승하면 수요가 감소하는 것이 아니라 수요량이 감소할 뿐

이다. 따라서 가격은 다시 하락하지 않는다. 이와 같이 수요의 변화와 수요량의 변화를 구분하지 못하면 가격결정과 가격변화에 대해 올바르게 인식할 수 없다. 그에 따라 올바른 대처도 할 수 없다.

5) 수요법칙의 예외?

혹자는 가격이 상승하더라도 수요량이 감소되지 않거나 가격이 하락하더라도 수요량이 증가하지 않는다고 주장하면서 수요의 법칙에 이의를 제기하기도 한다. 수요의 법칙에 대해 한 가지 유의해서 생각할 점이 있다. 단순히 가격이 오르면 수요량이 줄어든다는 것을 의미하는 것이 아니라, 가격이 충분하게 상승하면 반드시 수요량이 줄어든다는 것을 의미한다. 마찬가지로 가격이 충분히 하락한다면 수요량이 반드시 늘어난다는 것을 의미한다.

한편 수요의 법칙에 대해 또 다른 식으로 이의를 제기한다. 밍크코트, 아파트, 주식 등의 가격이 상승할 때 수요량이 증가하는 현상을 볼 수 있다. 따라서 이와 같은 경우에 수요의 법칙이 적용되지 않는 것이 아닌가라고 이의를 제기한다. 이런 이의는 수요량의 변화와 수요의 변화를 혼동함으로써 발생한 것이다. 하지만 이런 현상이 수요의 법칙의 예외가 아니다.

예를 들어, 밍크코트 가격이 100만원에서 1,000만원으로 상승할 때 수요량이 상승하는 이유를 파악함으로써 이 현상이 수요의 법칙의 예외가 아닌 것을 알 수 있다. 이런 현상이 발생하는 이유를 구체적으로 살펴보자.

첫째, 100만원하던 밍크코트가 1,000만원이 됨으로써 소비자들 중 일부는 품질은 그대로이지만 다른 제품으로 인식하는 것이다. 100만원 할 때는 저가품으로 생각했지만 1,000만원이 됨으로써 자신의 재력을 과시할 수 있는 '과시재'로 평가하여, 저가품일 때는 거들떠보지 않던 소비자들이 구입함으로써 판매가 증가되었다고 볼 수 있다. 이것은 단순히 가격변화가 아니라 그로 인해 소비자의 선호가 변하여 수요량이 변화된 것이다. 따라서 앞에서 밝힌 바와 같이 이것은 단순히 가격변화로 인한 '수요량의 변화'가 아닌 소비자 선호의 변화로 인한 '수요의 변화'가 나타난 것이다. 따라서 수요의 법칙은 '수요량의 변화'를 의미하므로 이 현상은 수요 법칙의 예외가 아닌 것이다.

수요의 법칙의 예외라면 가격이 1,000만원보다 높은 1,500만원으로 상승하더라도 수요량이 증가했어야 하는데, 감소한다는 것은 수요의 법칙이 적용되고 있다는 또 다른 증거자료인 것이다. 그렇지 않다면 밍크코트의 가격은 끝없이 상승해야 할 것이다. 이 사례에서 이 밍크코트는 100만원일 경우 저가품으로 1,000만원 이상일 경우 과시재로 소비자들에게 인식되고 있다는 것을 보여주고 있다.

한편 이런 현상을 다음과 같이 해석할 수도 있다. 수요의 법칙은 같은 재화에 적용되는 것인데, 100만원 밍크코트와 1,000만원 밍크코트는 다른 재화로 인식하고 있으므로 수요의 법칙을 적용하는 것은 잘못된 것이다.[5)]

둘째, 대체관계가 있는 무스탕의 가격이 아주 높게 상승하여 그런 현상이 나타날 수 있는 것이다. 밍크코트 가격이 5배 상승하더라도 무스탕 가격이 7~8배 상승하게 되면 밍크코트가 상대적으로 더 싸게 되어, 무스탕을 구입하려던 사람들이 밍크코트를 구입함으로써 밍크코트의 수요가 증가된다. 이 경우 역시 대체재 가격이 상대적으로 변화하여 발생한 것으로 '수요의 변화'이므로 수요법칙의 예외가 아닌 것이다.

셋째, 밍크코트의 가격이 앞으로 더욱더 상승할 것으로 예상이 될 때 역시 그런 현상이 나타날 수 있는 것이다. 밍크코트의 가격이 상승함으로써 그 여파로 소비자들이 앞으로 더 상승할 것이라 예상되면 더 오르기 전에 구입하는 것이 득이 된다고 생각하므로 수요가 증가된다. 이 역시 단순히 가격변화로 인한 '수요량의 변

5) 경제학에서 재화가 동질적인지 차별적인지는 물리적 속성에 의해 판단하지 않는다. 그것은 소비자의 가치판단에 따른다. 왜냐하면 수요자의 판단에 따라 구매행위가 결정되기 때문이다. 이것이 경제학과 공학 등 자연과학의 차이이다.

화'가 아닌 소비자 예상의 변화로 인한 '수요의 변화'로서 수요법칙의 예외가 아닌 것이다. 마찬가지로 아파트나 주식의 가격이 상승하면 앞으로 값이 더 오르리라 예상을 하여 투기적 수요가 나타나는 것으로서, 이 역시 수요법칙의 예외가 아닌 것이다.

'수요량의 변화'와 '수요의 변화'를 경제학자들이 구분하는 이유 중의 하나가 바로 수요의 법칙에 예외가 없다는 것을 설명하기 위해서이다.[6] 수요법칙의 예외로 보이는 현상이 발생할 수 있는 이유는, 위에서 본 바와 같이, 가격의 변화로 수요의 변화가 발생하기 때문이다.

3 공급

1) 공급의 개념

이제까지 우리는 시장에서의 소비자의 수요측면을 살펴보았는데, 또 다른 측면인 공급자(판매자)의 행동을 살펴보자.

경제학에서 사용하는 공급의 개념과 일상생활에서 사용하는 공급의 개념도 마찬가지로 차이가 있다. 일상생활에서 사용하는 공급은 어떤 재화의 판매량을 의미한다. 그러나 경제학에서 사용하는 공급은 어떤 재화를 주어진 가격에서 판매하고자 하는 양이다.

이 개념은 일상생활에서 사용하는 공급의 개념과는 다음과 같은 차이가 있다.

6) 대부분의 교과서에는 수요의 법칙의 예외에 해당하는 재화를 '기펜재'라 한다. 기펜(Giffen)이라는 학자가 19세기 아일랜드에서 감자가격이 상승할 때 소비량이 증가한 현상을 발견했기 때문에 그의 이름을 따서 기펜재라 한다. 교과서에는 이론상으로 열등재 중 소득효과가 대체효과보다 클 경우에 발생한다고 되어 있다. 하지만 본문에서 지적한 이유로 기펜재는 존재할 수 없다. 감자가격이 상승했을 때 대체재들의 가격이 더 높이 상승했거나 앞으로 더 오를 것으로 예상을 했거나 수요의 변화가 일어났을 것이다.

첫째, 실제로 판매한 양이 아니라 판매하고자 하는 양이다. 예를 들어, 포도 한 송이 가격이 1,000원일 때 10송이를 판매하고자 하는데, 시장에서 구매된 양이 7송이뿐이라면 실제로 판매한 양은 7송이가 된다. 이 경우 시장에서 포도가 남게 되고, 그에 따른 가격 변화가 발생할 것이다. 그런데, 공급을 실제 판매량으로 정의하면 이런 가격변화를 분석할 수가 없다. 따라서 이런 시장조정과정을 분석하기 위해서는 공급은 실제로 판매한 양이 아니라, 판매하고자 하는 양으로 정의해야 한다.

둘째, 가격이 전제되어 있다. 가격의 변화에 따라 공급은 변하므로, 가격을 전제하지 않으면 공급을 알 수 없다. 따라서 항상 가격이 전제되어야 공급을 언급할 수 있다.

이상과 같은 이유로 경제학에서는 어떤 재화를 주어진 가격에서 판매하고자 하는 양을 공급이라고 한다. 공급은 양으로 표현되므로 공급량이라고도 한다.[7]

공급 또는 공급량: 어떤 재화를 주어진 가격에서 판매하고자 하는 양

한편 공급은 개별판매자의 공급을 의미하는 개별공급(individual supply)과 시장 전체의 공급을 의미하는 시장공급(market supply)으로 구분된다. 따라서 시장공급은 각 개별공급들을 합한 것이 된다. 앞으로 특별한 언급이 없는 한, 공급은 시장공급을 의미한다. 왜냐하면, 가격은 개별수요나 개별공급에 의해서 결정되는 것이 아니라, 시장수요와 시장공급에 의해 결정되기 때문이다.

개별공급: 개별공급자의 공급
시장공급: 시장 전체의 공급

7) 공급도 수요처럼 유량으로 측정할 수도 있고, 저량으로 측정할 수도 있다. 일반적으로 재화의 공급은 유량으로 측정된다.

2) 공급의 결정요인

공급에 영향을 미치는 요인, 즉 공급결정요인은 매우 다양하고 많다. 그것들을 구체적으로 살펴보자.

첫째, 그 재화의 가격(P_n)이다. 이것은 가장 직접적이고 큰 영향력을 가지는 요인이다. 왜냐하면, 공급자들이 물건을 판매할 때 제일 먼저 관심을 두는 것이 가격이기 때문이다.[8] 가격과 공급량 간에는 어떤 관계가 있는가? 가격이 하락하면 공급량은 감소하고 가격이 상승하면 공급량은 증가한다. 그 이유는 다음과 같다. 가격이란 공급자입장에서는 재화를 한 단위 판매함으로써 획득할 수 있는 화폐수입을 의미한다. 따라서 공급자들은 가격이 상승하면 판매수입이 증가하므로 공급량을 증가시킨다.

이와 같이 가격과 공급량 간에는 비례(정)관계가 존재한다. 이것을 '공급의 법칙(law of supply)'이라 한다.

공급의 법칙: P_n[그 재화의 가격] ↑(↓) → D_n[그 재화의 공급] ↑(↓)

둘째, 타재화의 가격($P_1 \cdots P_{n-1}$)이다. 이것은 두 재화가 생산에 있어서 대체관계인지 보완관계인지에 따라 그 영향력이 달라진다. 생산에 필요한 토지나 기계장비들을 크게 변화시키지 않고 재화 생산을 변경할 수 있을 때, 두 재화 사이에는 '생산의 대체관계'가 존재한다고 말한다. 한 재화를 생산할 때 부산물이 생산된다면, 두 재화 사이에는 '생산의 보완관계'가 존재한다고 말한다.

예를 들어, 농부가 상추나 깻잎 중 어느 작물을 재배할 수 있다고 할 때, 상추와 깻잎은 대체생산관계에 있는 재화들이다. 상추의 가격이 상승하게 되면, 깻잎은 가격이 변하지 않더라도 상대적으로 깻잎의 가격은 하락하였다. 그 결과 깻잎 대신

8) 수요에서와 같이 물론 질도 함께 고려할 것이다. 당분간 질이 똑같은 경우로 가정한다.

상추를 더 많이 재배하여 공급하게 된다. 따라서 상추의 가격이 상승하면 대체생산관계에 있는 깻잎의 공급은 감소한다. 이와 같이 대체생산관계에 있는 재화의 가격이 상승하면 어떤 재화의 공급은 감소하고, 대체재의 가격이 하락하면 어떤 재화의 공급은 증가한다.

돼지고기와 족발은 동시에 생산되므로 생산측면에서 보완관계에 있는 재화들이다. 일반적으로 돼지고기를 생산하기 위해 돼지의 사육두수를 늘리면 족발공급도 증가하기 때문이다. 돼지고기의 가격이 상승하게 되면, 더 많은 이윤을 얻기 위해 돼지의 사육두수가 증가하고 돼지고기에 대한 공급은 증가하게 되고, 그 결과 부산물인 족발에 대한 공급도 역시 증가하게 된다. 이와 같이 보완생산관계에 있는 재화재의 가격이 상승하면 어떤 재화의 공급도 증가하고, 보완생산관계에 있는 재화재의 가격이 하락하면 어떤 재화의 공급도 감소한다.

P_1[대체생산관계의 재화 가격] ↑(↓) ⇒ S_2[공급] ↓(↑)
P_3[보완생산관계의 재화 가격] ↑(↓) ⇒ S_4[공급] ↑(↓)

셋째, 원료나 노동 등과 같은 생산요소들의 가격(P_f)변화이다. 일반적으로 특정재화의 생산에 중요한 역할을 하는 생산요소의 가격이 상승하면 생산비가 증가하여 단위당 수익이 감소하므로 그 재화의 공급을 감소시킨다. 반대로 이러한 생산요소의 가격이 하락하면 생산비를 절감시켜 단위당 수익을 증대시키므로 그 재화의 공급을 증가시킨다. 따라서 그 재화의 공급량은 그 재화의 생산에 투입되는 생산요소의 가격과 반대방향으로 변한다.

예를 들어, 빵을 생산하려면 밀가루, 우유, 설탕, 크림, 빵 굽는 기계, 매장, 종업원 등 여러 가지 생산요소가 필요하다. 이들 생산요소들 중 한 개의 요소라도 가격이 상승하면 제빵사업의 수익성이 낮아지므로 빵의 생산량을 감소시킬 것이다. 생산요소가격들이 너무 높아지면 제빵업자는 수익성이 극도로 나빠져 최악의 경우 문을 닫을 수도 있다.

P_f[생산요소의 가격] ↑(↓) ⇒ S[공급] ↓(↑)

넷째, 기술수준(T_e)이다. 생산기술수준의 변화도 공급에 영향을 준다. 예를 들어, 어떤 특정 재화의 생산기술이 신기술의 개발이나 혁신 등을 통해 진보하게 되면 동일한 양을 생산하는데 생산요소투입량이 감소하여(역으로 생각하면, 똑같은 생산요소의 투입으로 더 많이 생산할 수 있어) 단위당 비용이 하락하여 공급은 당연히 증가한다. 따라서 생산기술수준이 향상되면 그 공급은 증가하기 마련이다.

T_e[기술수준] ↑(↓) ⇒ S[공급] ↑(↓)

다섯째, 미래가격에 대한 예상(E_p)이다. 어떤 재화의 가격이 상승할 것이라고 예상하면 나중에 공급하는 것이 이득이므로 공급이 감소하고, 반대로 가격이 하락할 것으로 예상되면 지금 판매하는 것이 이득이므로 공급은 증가한다. 이와 같이 미래 예상가격과 공급 간에 반비례관계가 있다.

E_p[미래 예상가격] ↑(↓) ⇒ S[공급] ↓(↑)

여섯째, 기업의 수(N)이다. 기업의 수는 공급에 영향을 준다. 기업의 수가 증가하면 공급자의 수가 증가하므로 공급이 증가하고, 기업의 수가 감소하면 공급은 감소한다. 이와 같이 기업의 수는 공급과 비례관계에 있다.

N[기업의 수] ↑(↓) ⇒ S[공급] ↑(↓)

이것들 이외에도 공급에 영향을 미치는 것들이 있지만, 대체로 상기의 요인들을 공급결정요인이라고 한다.

공급결정요인: 그 재화 가격(P_n), 타재화 가격($P_1 \cdots P_{n-1}$), 생산요소 가격(P_f), 기술수준(T_e), 미래 예상가격(E_P), 기업의 수(N) 등

이와 같이 재화의 공급에 영향을 미치는 요인들은 다양하고 많기 때문에 공급에 영향을 미치는 여러 요인들을 한꺼번에 분석하는 것은 대단히 어렵다. 따라서 경제학에서는 가격이 공급에 미치는 것과 가격 이외의 다른 요인이 공급에 미치는 것을 구분하여 분석한다. 이렇게 구분하여 분석하는 이유는 상기에서 언급한 공급의 법칙에 예외가 없다는 점과 가격결정원리와 가격변동의 원인을 올바르게 이해하기 위해서이다. 다음에서 이것들을 자세히 살펴보기로 한다.

3) 공급의 법칙과 공급곡선

앞에서 가격과 공급 간에 비례관계가 있는 것을 공급의 법칙이라고 하였다. 하지만 위에서 본 바와 같이 가격 이외의 다른 요인들도 공급에 영향을 준다. 따라서 공급의 법칙을 정확히 정의하면, 다른 요인들은 변하지 않고 주어진 상태(*ceteris paribus*)에서 가격과 공급(량) 간에 비례관계가 존재하는 것이다.

공급의 법칙을 표로 나타낸 것을 공급표(supply schedule)라 하고, 좌표상에 그

표 3-2 **포도에 대한 공급표**

조합점	송이당 가격(원)	공급량(송이/일)
g	500	5
h	400	4
i	300	3
j	200	2
k	100	1

그림 3-4 포도에 대한 공급곡선

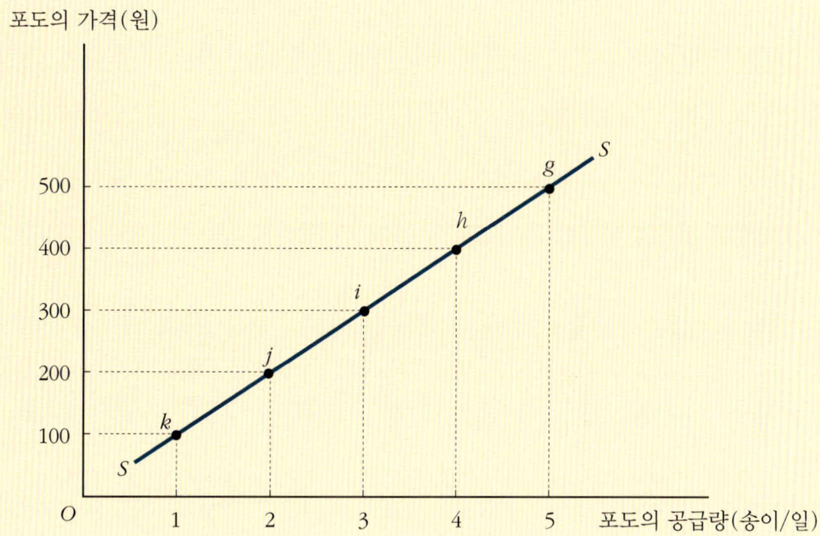

림으로 나타낸 것이 공급곡선(supply curve)이다. 가상적인 공급이 공급의 법칙을 반영하여 〈표 3-2〉와 같다면, 공급곡선은 [그림 3-4]에서처럼 우상향하는 형태로 그려진다. 앞에서 언급한 것처럼 우상향(右上向)한다는 것은 두 변수 간 비례관계가 있는 것을 의미한다. 따라서 공급곡선은 공급의 법칙에 의해 반드시 우상향하는 형태로 그려져야만 의미를 갖는다.

앞에서 설명한 것처럼, 공급은 개별공급과 시장공급으로 구별할 수 있는데, 개별공급을 그림으로 나타낸 것이 개별공급곡선이고 시장공급을 그림으로 나타낸 것이 시장공급곡선이다. 만약 위의 공급곡선이 개별공급곡선이라면 앞의 [그림 3-2]에서 시장수요곡선 도출에서 나타낸 바와 같이, 시장공급곡선은 개별공급곡선들을 수평으로 합하면 된다.

시장공급곡선(S_m) = 개별공급곡선의 수평 합($S_1S_1 + S_2S_2$)

4) 공급량의 변화와 공급의 변화

앞에서 설명한 것처럼 경제학자들은 공급의 법칙에 예외가 없다는 점과 가격결정원리와 가격변동의 원인을 올바르게 이해하기 위해서 수요와 마찬가지로 공급량의 변화와 공급의 변화를 구분한다. 공급결정요인 중 가격만 변화할 때 공급량이 변하는 것을 공급량의 변화라고 하며, 가격을 제외한 다른 요인들이 변하여 동일한 가격에서 공급량이 변하는 것을 공급의 변화라 한다.

공급량의 변화: 공급결정요인 중 가격만 변화할 때 공급량이 변하는 것
공급의 변화: 가격을 제외한 다른 요인들이 변하여 동일한 가격에서 공급량이 변하는 것

예를 들어, 가격이 상승하여 공급량이 증가하는 것을 공급량의 증가라고 하며, 생산요소의 가격이 하락하여 동일한 가격에서 공급량이 증가하는 것을 공급의 증가라 한다. 따라서 공급량의 증가와 공급의 증가는 다른 의미이고, 마찬가지로 공급량의 감소와 공급의 감소는 다른 의미이다.

공급량 증가의 원인은 단 한 가지 가격상승이다. 그러나 공급 증가의 원인은 아주 많다. 대체재의 가격이 하락하거나, 생산요소의 가격이 하락하거나, 기술수준이 높아지거나, 미래 예상가격이 낮아지거나 그리고 기업의 수가 증가하는 것이다. 마찬가지로 공급량 감소의 원인은 단 한 가지 가격하락이다. 그러나 공급 감소의 원인은 아주 많다. 대체재의 가격이 상승하거나, 생산요소의 가격이 상승하거나, 기술수준이 종전보다 낮아지거나, 미래 예상가격이 높아지거나 그리고 기업의 수가 감소하는 것이다.

공급량의 증가(감소): 가격이 상승(하락)하여 공급량이 증가(감소)하는 것
공급의 증가(감소): 가격 이외의 요인이 변하여 동일한 가격에서 공급량이 증가(감소)하는 것

공급결정요인	변화	공급(량) 변동	공급량 변화와 공급의 변화
가격	상승, 하락	증가, 감소	공급량 증가, 공급량 감소
타재화 가격	상승, 하락	감소, 증가 (대체생산재)	공급 감소, 공급 증가
		증가, 감소 (보완생산재)	공급 증가, 공급 감소
생산요소 가격	상승, 하락	감소, 증가	공급 감소, 공급 증가
기술수준	상승, 하락	증가, 감소	공급 증가, 공급 감소
미래 예상가격	상승, 하락	감소, 증가	공급 증가, 공급 감소
기업 수	증가, 감소	증가, 감소	공급 증가, 공급 감소

공급량의 변화와 공급의 변화를 그림으로 표현하면 다음의 [그림 3-5]와 같다. 공급량의 변화는 가격이 변동하여 공급량이 변하는 것이므로 공급곡선상에서의 변동($e \rightarrow a$ 또는 b)을 의미한다. 반면 공급의 변화는 가격 이외의 다른 요인의 변동으로 동일한 가격에서 공급량이 변하는 것이므로 공급곡선 자체의 이동($e \rightarrow c$ 또는 f)을 의미한다. 따라서 공급량이 증가(감소)한다는 것은 공급곡선상에서 아래(위)

그림 3-5 공급량의 변화와 공급의 변화

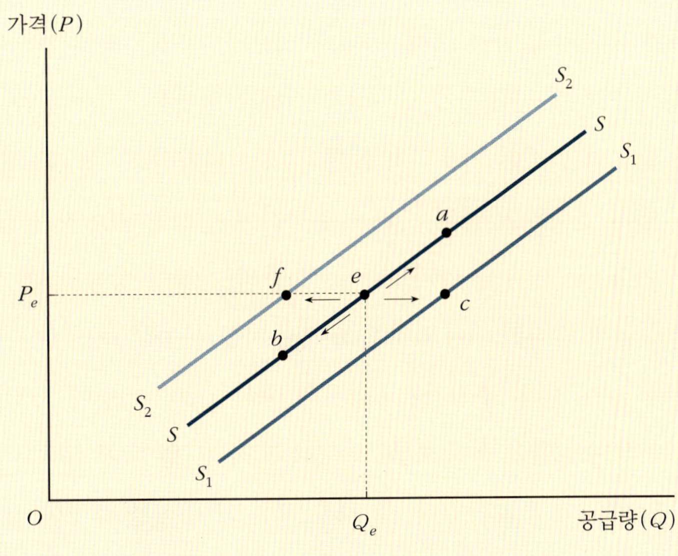

에서 위(아래)로 이동하는 것을 의미한다. 반면 공급이 증가(감소)한다는 것은 공급곡선이 우측(좌측)으로 이동하는 것을 의미한다.

공급량의 변화 ⇒ 공급곡선상 이동: 공급량 증가(감소) ⇒ 위(아래)로 이동
공급의 변화 ⇒ 공급곡선 자체 이동: 공급 증가(감소) ⇒ 우(좌)측 이동

5) 공급법칙의 예외?

우리는 가격은 오르더라도 공급이 늘어나지 않는 현상을 종종 볼 수가 있다. 특히 아파트나 주식시장 같은 경우인데, 이 때 앞에서 언급한 공급의 법칙에 예외가 아닌가 하는 생각을 하게 된다. 앞에서 살펴본 수요의 법칙에서와 같이 공급의 법칙에 대해서도 우선 유의할 점이 있다. 단순히 가격이 오르면 공급량이 늘어난다는 것을 의미하는 것이 아니라, 가격이 충분하게 상승하면 반드시 공급량이 늘어난다는 것을 의미한다. 마찬가지로 가격이 충분히 하락한다면 공급량이 반드시 줄어든다는 것을 의미한다.

한편 공급의 법칙에 대해 또 다른 식으로 이의를 제기한다. 아파트, 주식 등의 가격이 상승할 때 공급량이 오히려 감소하는 현상을 볼 수 있다. 따라서 이와 같은 경우에 공급의 법칙이 적용되지 않는 것이 아닌가라고 이의를 제기한다. 이런 이의는 공급량의 변화와 공급의 변화를 혼동하여 발생한 것이지 공급의 법칙의 예외가 아닌 것이다. 그 이유를 아파트나 주식 등의 가격이 상승할 때 공급량이 감소하는 현상이 공급의 법칙이 적용되지 않고 있는지를 분석해 보면 알 수가 있을 것이다.

예를 들어, 어떤 투자가가 S회사의 주식을 20,000원에 1,000주를 구입하였다. 그는 10%의 수익률을 목표로 하고 있다고 하자. 얼마 후 그 주가가 22,000원으로, 목표로 한 주가에 도달하였다. 이 경우 그는 그 주식을 매도할 것인가? 일반적인 경우라면 목표가 달성되었으므로 매도를 해야 할 것이다. 그런데 주가가 오르면서 동

시에 앞으로도 그 주가가 더 오를 것이라는 시장정보가 수집되었다고 하자. 이 경우 이 투자가는 주식을 매도하지 않을 수도 있다. 왜냐하면 새로운 시장정보에 의해 예상이 변했기 때문이다. 그 결과 S회사의 주식 매도물량이 감소하여 공급은 줄어든다. 이것은 단순히 가격변화가 아니라 주식소유자의 예상이 변하여 공급량이 변화된 것이다.

따라서 위에서 언급한 바와 같이 단순히 가격변화로 인한 '공급량의 변화'가 아닌 소유자나 판매자의 예상변화로 인한 '공급의 변화'인 것이다. 공급의 법칙은 '공급량의 변화'를 의미하므로 이 현상은 공급법칙의 예외가 아닌 것이다. 부동산의 경우도 같은 논리로 설명할 수 있다. 특히 주가나 부동산 가격이 상승함으로써 그 여파로 그 사회 전반에 '투기 붐'이 일어나는 경우 이런 현상은 더욱 부각되어 나타난다.

수요와 마찬가지로, '공급량의 변화'와 '공급의 변화'를 경제학자들이 구분하는 이유 중의 하나가 바로 이것을 설명하기 위함이다.

4 가격결정 및 가격변화

1) 가격의 결정원리

앞 절에서 수요와 공급에 대한 개념, 그 결정요인, 수요의 변화와 수요량의 변화 차이, 공급의 변화와 공급량의 변화 차이 등을 살펴보았다. 이것들을 먼저 살펴본 이유는 가격이 시장에서 수요와 공급에 의해서 결정되기 때문이다. 그렇다면, 가격은 수요와 공급에 의해 어떻게 결정되는지를 살펴보자. 직관적으로 우리들은 수요와 공급이 일치되는 곳에서 가격이 결정된다는 것을 익히 알고 있다. 그러나 중요한 것은 가격이 수요와 공급이 일치하는 곳에서 왜 결정되는지를 알아야 한다. 즉,

표 3-3 포도에 대한 수요 공급표

송이당 가격(원)	수요량(송이/일)	조합점	공급량(송이/일)	조합점
500	1	*a*	5	*g*
400	2	*b*	4	*h*
300	3	*c*	3	*i*
200	4	*e*	2	*j*
100	5	*f*	1	*k*

가격결정원리를 알아야 한다. 왜냐하면 이것을 이해하지 못한다면 여러 가지 요인으로 인해, 수요나 공급이 변화될 때 가격이 어떻게 변화하는지를 알 수가 없기 때문이다. 따라서 가격변화를 이해하기 위해서는 가격이 수요와 공급이 일치하는 곳에서 결정되는 이유를 명확히 알아야 하기 때문이다. 이것을 구체적으로 살펴보자.

〈표 3-3〉의 포도에 대한 수요·공급표는 앞 절에서 제시된 〈표 3-1〉과 〈표 3-2〉를 합한 것이다. 이 표를 근거로 포도에 대한 수요·공급곡선을 하나의 평면에 나타내면 [그림 3-6]과 같다. 그림에서 포도에 대한 수요곡선은 *DD*로 나타내고, 공급곡선은 *SS*로 나타낸다.

[그림 3-6]에서 포도의 가격이 400원이라면 수요량은 2송이이고 공급량은 4송이로서 공급량이 수요량보다 *bh*(수요·공급표에서는 2송이)만큼 초과하고 있다. 이것을 초과공급이라고 한다. 초과공급이 존재한다는 것은 공급자(판매자)의 의도만큼 재화가 팔리지 않고 재고로 남아 있다는 것을 의미한다. 공급자들은 재고를 처리하기 위해 가격을 하락시켜 수요자들이 더 많이 구매하도록 유도해야 한다. 왜냐하면, 소비자들은 수요의 법칙에 따라 가격이 하락하면 더 많이 구입하기 때문이다. 이와 같이 초과공급이 발생하면 공급자들 간의 재고처리를 위한 경쟁으로 가격이 하락한다. 가격이 하락하면 수요의 법칙에 따라 수요량은 증가하고 공급의 법칙에 따라 공급량은 감소한다. 그 결과 시장에서 초과공급은 감소한다. 수요량과 공

그림 3-6 **수요와 공급의 결정**

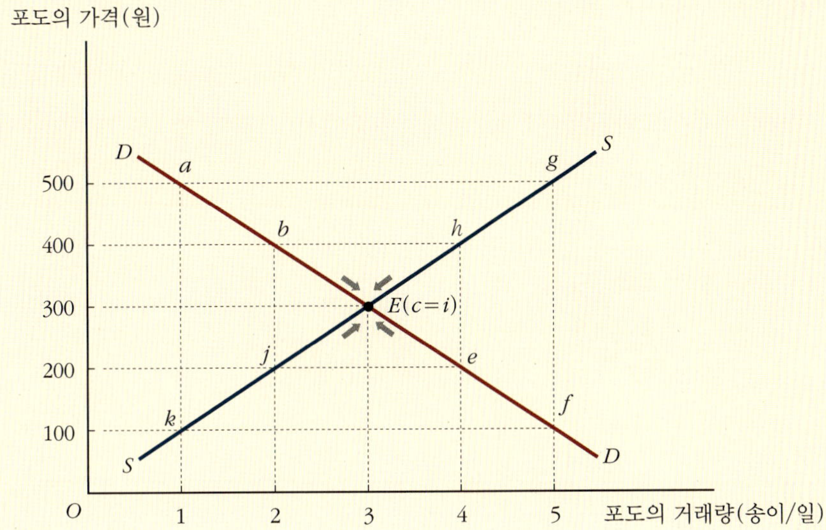

급량이 3송이로 같아지게 되므로 초과공급이 해소된다.

한편 포도가격이 200원이라면 수요량은 4송이이고 공급량은 2송이로서 수요량이 공급량보다 *je*(수요·공급표에서 2송이)만큼 초과하고 있다. 이것을 초과수요라고 한다. 초과수요가 존재한다는 것은 수요자(소비자)의 구매욕구만큼 재화를 판매하지 않고 재고가 남아 있지 않는다는 것을 의미한다. 수요자들은 높은 구매욕구로 인해 더 높은 가격을 지불함으로써 공급자들이 더 많이 공급되도록 유도해야 한다. 왜냐하면, 판매자들은 공급의 법칙에 따라 가격이 상승하면 더 많이 공급하기 때문이다. 이와 같이 초과수요가 발생하면 수요자들 간의 구매를 위한 경쟁으로 가격이 상승한다. 가격이 상승하면 공급의 법칙에 따라 공급량은 증가하고 수요의 법칙에 따라 수요량은 감소한다. 그 결과 시장에서 초과수요는 감소한다. 수요량과 공급량이 3송이로 같아지게 되므로 초과수요는 해소된다.

따라서 가격은 수요(량)과 공급(량)이 일치하는 E에서 결정된다. [그림 3-6]에서 수요곡선과 공급곡선이 일치하는 수준인 300원에서 가격이 결정된다. 그리고 거래량은 3송이가 된다.[9)]

이와 같이 초과공급이 발생하면 가격이 하락하고 초과수요가 발생하면 가격이 상승하여, 수요와 공급이 일치하는 수준에서 가격이 결정된다. 이것을 수요·공급의 원리라고 한다.

가격의 결정: 초과공급 ⇒ 가격↓
초과수요 ⇒ 가격↑
∴ 수요=공급 ⇔ 균형가격, 균형거래량 결정

2) 가격의 변화

가격과 거래량은 수요와 공급이 일치하는 수준, 즉 수요곡선과 공급곡선이 일치하는 수준에서 결정된다는 것을 보았다. 따라서 어떤 요인으로 수요와 공급의 변화가 발생한다면 현 가격수준에서 초과수요나 초과공급이 발생하여 가격과 거래량은 변동하게 될 것이다. 수요와 공급의 변화가 가격과 거래량에 어떻게 영향을 미치는지 살펴보자.

공급은 변하지 않고 수요만 증가하면 원래 가격수준에서 초과수요가 발생한다. [그림 3-7]에서 보듯이 수요곡선이 우측으로 이동하여 원래 가격수준(P_0)에서 Q_0Q_1만큼 초과수요가 발생한다. 그 결과 가격은 새로운 수요곡선과 기존의 공급곡선이 일치하는 수준인 P_N으로 상승하고 거래량도 Q_0에서 Q_N으로 증가한다. 마찬

9) 이 수준의 가격을 균형가격이라고도 한다. 균형은 물리학의 용어로서 두 개의 상반된 힘이 똑같아서 더 이상 움직임이 없다는 것을 말한다. 그 수준에서는 수요라는 힘과 공급이라는 힘이 일치하여, 즉 초과수요도 초과공급도 없어서 가격이 변동하지 않기 때문에 균형가격이라고 한다. 그 때의 거래량은 균형거래량이라고 한다. 이하에서 가격과 거래량이라고 하는 것은 균형가격과 균형거래량을 의미한다.

그림 3-7 **수요의 변화와 새로운 균형**

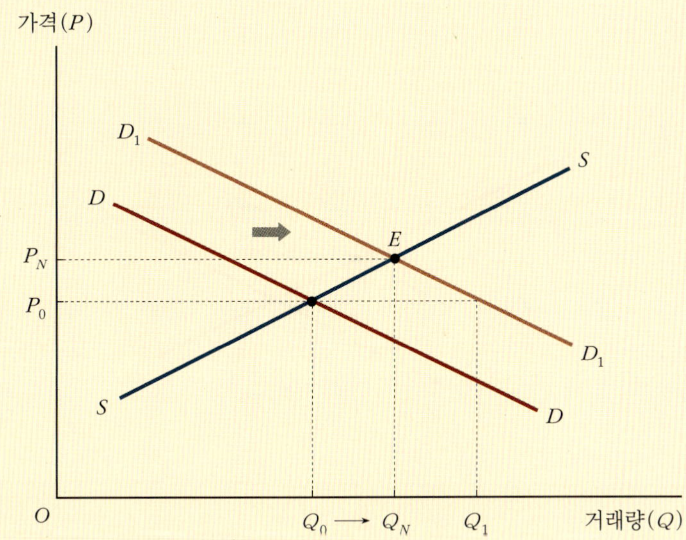

가지로 수요만 감소하면 원래 가격수준에서 초과공급이 발생하여 가격이 하락하고 거래량은 감소한다.

수요는 변하지 않고 공급만 감소하면 원래 가격수준에서 초과수요가 발생한다. [그림 3-8]에서 보듯이 공급곡선이 좌측으로 이동하여 원래 가격수준(P_0)에서 Q_0Q_1만큼 초과수요가 발생한다. 그 결과 가격은 새로운 공급곡선과 기존의 수요곡선이 일치하는 수준인 P_N으로 상승하고 거래량도 Q_0에서 Q_N으로 감소한다. 마찬가지로 공급만 증가하면 원래 가격수준에서 초과공급이 발생하여 가격이 하락하고 거래량은 증가한다.

수요와 공급이 동시에 변화하여 수요곡선과 공급곡선이 함께 이동하는 경우이다. 수요가 증가하고 공급도 증가하는 경우, 먼저 수요가 증가하면 수요곡선이 우측으로 이동하여 원래 가격수준에서 초과수요가 발생한다. 그 다음 공급이 증가하

그림 3-8 공급의 변화와 새로운 균형

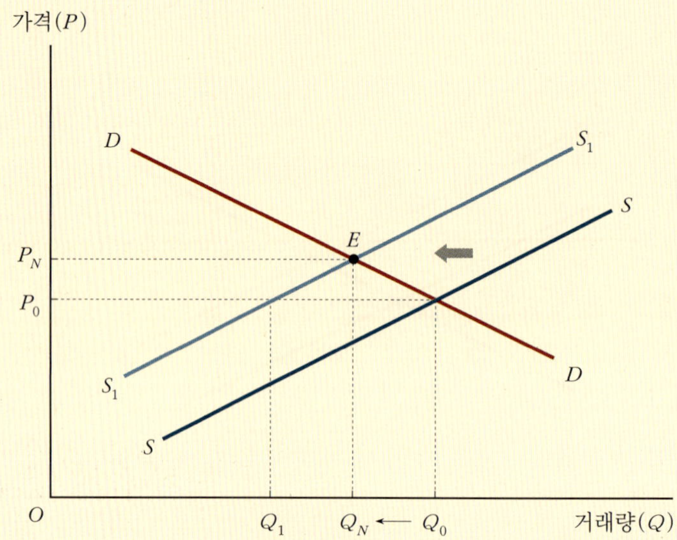

면 공급곡선이 우측으로 이동하여 발생한 초과수요를 얼마만큼 상쇄하느냐에 달려 있다. 그 결과 일단 거래량은 증가한다. 그러나 가격수준은 변하지 않을 수도 있고 상승할 수도 있고 하락할 수도 있다. 그것은 수요 증가와 공급 증가의 폭에 달려 있다. 수요의 증가폭이 공급의 증가폭보다 크다면 초과수요가 발생하므로 가격은 상승한다. 그 반대의 경우에는 초과공급이 발생하여 가격이 하락한다. 양쪽이 같은 폭으로 증가하면 초과수요도 초과공급도 발생하지 않으므로 가격은 변하지 않는다. 그러므로 가격의 변화방향은 수요와 공급의 증감 폭에 따라 달라지므로 불분명하게 된다. 마찬가지로 공급이 감소하면 일단 가격은 상승하지만 거래량은 변하지 않을 수도 있고 증가할 수도 있고 감소할 수도 있다. 당연히 이것도 수요 증가와 공급 감소의 폭에 달려 있다. 〈표 3-4〉는 수요와 공급이 동시에 변화할 경우에 나타날 수 있는 조합들을 정리한 것이다.

표 3-4 가격과 거래량의 변화

수요 \ 공급	불변	증가	감소
불변	가격 불변 거래량 불변	가격 하락 거래량 증가	가격 상승 거래량 감소
증가	가격 상승 거래량 증가	가격 불분명 거래량 증가	가격 상승 거래량 불분명
감소	가격 하락 거래량 감소	가격 하락 거래량 불분명	가격 불분명 거래량 감소

따라서 여러분들은 수요와 공급에 영향을 주는 어떤 경제적 충격이 발생할 때 가격과 거래량의 변화를 다음과 같은 순서로 전개하면 쉽게 파악할 수 있다.

첫째, 어떤 경제적 충격이 수요와 공급 중 어디에 영향을 주는지를 파악한다. 둘째, 수요와 공급에 영향을 준다면 증가를 일으키는지 아니면 감소를 일으키는지를 파악한다. 셋째, 그에 대한 반응으로 시장에서 초과수요가 발생하는지, 초과공급이 발생하는지, 초과수요도 초과공급도 발생하지 않는지를 통해 가격 상승, 가격 하락, 가격 불변 등의 여부를 확인할 수 있다. 넷째, 수요와 공급의 증가 및 감소를 통해 거래량 증가, 거래량 감소, 거래량 불변 등의 여부를 확인할 수 있다.

가격과 거래량 변화 분석의 전개순서

1. 경제적 충격의 영향이 수요인지, 공급인지 파악
2. 수요의 증가인지 감소인지, 공급의 증가인지 감소인지 파악
3. 시장상황이 초과수요, 초과공급, 수요공급일치 여부 판단
   ⇒ 가격 상승, 가격 하락, 가격 불변 여부 확인
4. 수요와 공급의 증가 및 감소 판단
   ⇒ 거래량 증가, 거래량 감소, 거래량 불변 여부 확인

여기서는 수요의 변화를 일으키는 경제적 충격과 공급의 변화를 일으키는 경

그림 3-9 가격과 거래량의 변화

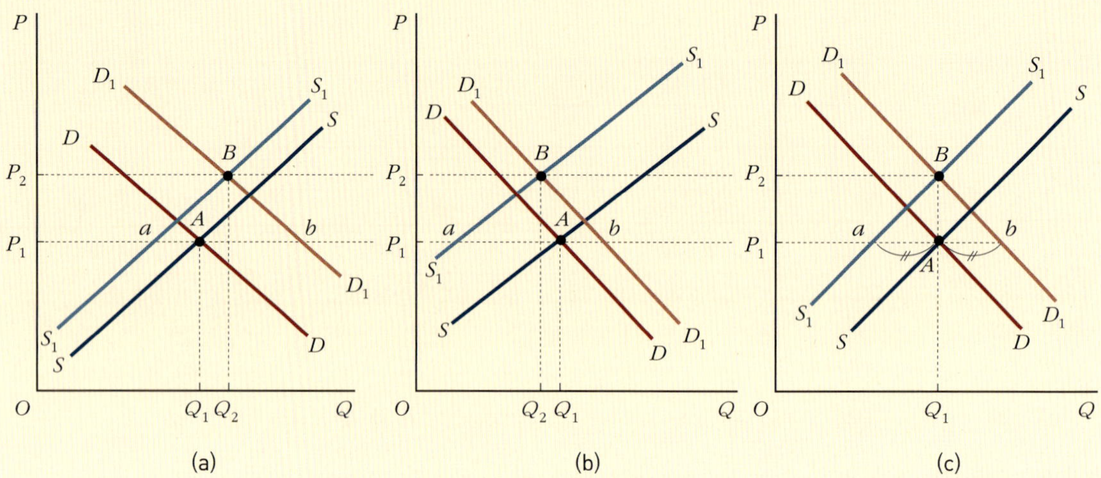

제적 충격이 모두 발생할 경우 가격과 거래량이 어떻게 변화하는지를 살펴보자.

어느 해에 경기가 침체되고 또한 이상기후로 돼지감자의 작황까지 나빠져서 돼지감자의 가격이 상승하는 상황이 발생하였다. 이런 상황이 전개될 때 소주의 가격과 거래량은 어떻게 변화하게 될 것인가를 위의 순서에 따라 분석해 보자.

첫째, 경기가 침체되어 소득이 감소하므로 소주의 수요에 영향을 준다. 또한 돼지감자는 소주의 원료이므로 소주의 공급에 영향을 준다.

둘째, 소주는 맥주 등 다른 주류에 비해 열등재로 생각하므로 경기침체로 인한 소득의 감소로 소주의 수요는 증가한다. 또한 돼지감자 가격의 상승으로 소주의 생산비가 증가하므로 소주의 공급은 감소한다. 따라서 [그림 3-9]에서처럼 수요곡선은 우측으로 이동하고 공급곡선은 좌측으로 이동한다.

셋째, 소주의 수요는 증가하고 소주의 공급은 감소하므로 소주시장에서 초과수요가 발생하여 가격이 상승한다. [그림 3-9]의 모든 그림에서 보듯이 $a \sim b$만큼 초과수요가 발생하여 가격이 P_1에서 P_2로 상승한다.

넷째, 거래량은 수요의 증가와 공급의 감소의 크기에 따라 달라진다. 수요의 증가가 공급의 감소보다 크면 거래량은 증가하고([그림 3-9(a)]), 반대이면 거래량이 감소하고([그림 3-9(b)]), 수요의 증가와 공급의 감소가 같다면 거래량은 변하지 않는다([그림 3-9(c)]).

5 가격의 역할

우리는 앞에서 가격은 수요와 공급이 일치하는 점에서 결정되고, 만약에 균형에서 이탈하여 초과공급이 발생하면 가격이 하락하고, 초과수요가 발생하면 가격이 상승하여 수요와 공급이 일치하는 곳에서 가격이 결정된다는 것을 살펴보았다.

예를 들어, 어느 해 여름에 돼지고기 삼겹살의 값이 너무 많이 올라 쇠고기값보다 더 비싼 경우도 있었다. 그 이유는 가축병으로 인해 새끼돼지의 수가 급감하여 돼지고기의 공급이 감소하여 쇠고기 값과 역전현상이 벌어진 것이다. 이와 같이 가축병으로 인해 돼지고기 공급이 줄어드니 당연히 부족사태가 발생할 것이기 때문이다. 이런 경우는 공급이 감소하여 수요량이 공급량을 초과한 것이다. 이런 초과수요가 발생하면 앞에서 본 바와 같이 초과수요가 해소될 때까지 가격이 상승한다. 가격상승으로 우리들은 수요량을 감소시킬 것이다. 그 결과 우리들은 이전보다 돼지고기를 적게 먹고, 대신 대체재인 쇠고기로 수요가 옮겨가서 돼지고기 부족사태는 더 이상 발생하지 않는다. 우리들은 돼지고기가 부족하다는 말 대신에 돼지고기 값이 너무 비싸다고 할 것이다.

위의 예에서 가격상승으로 수요량이 감소하면서 돼지고기 부족사태가 해결되는 것이다. 이 과정에서 가격은 질병 등으로 공급이 줄어든 돼지고기를 소비자들에게 과부족 없이 분배하고 있는 것이다. 높아진 가격으로도 이전과 같이 사 먹을 사람들은 이전과 동일한 양을 소비할 수 있게 해주고, 가격부담을 느끼는 사람은 소비량을 줄이도록 수요량을 조절하고 있는 것이다. 이와 같이 가격은 부족사태가 발생하더라도 상승하면서 누구의 지시도 없이 누가 그 상품을 사용할 것인지(즉, 분배문제)를 해결하는 분배자로서 역할을 하고 있는 것이다. 물론 가격이 하락할 경우에도 가격은 분배자로서 역할을 하는 것이다.

한편 돼지고기값이 상승하면 공급자들은 비용이 좀 더 높아지더라도 수지를 맞출 수 있으므로, 다른 나라에서 수입을 늘리든가 다른 대체재로 수요가 옮겨가든가 하여 수요에 맞추어 공급할 것이다. 따라서 공급량의 증가로 가격은 다시 하락하고[10], 우리들은 공급량이 증가한 만큼 더 소비할 수 있다.

위의 예에서 돼지고기 부족에 따른 돼지고기 가격이 상승함에 따라 돼지고기의 공급량이 증가하고 있다. 여기에서 우리들은 소비자들이 부족하다고 생각하는 돼지고기가 가격상승을 통해 공급량이 증가되고 있는 것을 알 수 있다. 이와 같이 가격은 희소한 자원을 이용하여 소비자들이 원하는 것을 더 많이 생산되도록 하는 자원배분자로서 역할을 하고 있는 것이다.

우리가 살고 있는 자본주의 시장경제하에서 수많은 소비자와 생산자들이 영위하고 있는 경제활동을 들여다보면, 시장을 통한 가격기구를 통해 수요와 공급의 상호작용에 따라 가격과 그 수급량이 결정된다. 이렇게 시장에서 결정된 가격은 생산과 소비활동수준의 지표로 하여 수요와 공급이 일치하는 방향으로 조정되어 자율적인 자원배분의 결정에 있어서 핵심적인 역할을 수행한다. 이와 같이 가격은 시장경제체제하에서 아래와 같이 다양한 기능을 하고 있다.

첫째, 가격은 우리가 가지려고 하는 어떤 재화가 얼마나 희소한지 또는 희소하지 않는지에 대한 시장정보를 각 경제주체들에게 알려주는 역할을 수행한다. 이러한 시장정보를 통해 소비자와 생산자들은 각각의 소비수준과 생산수준을 조정하여 합리적인 경제활동의 기초로 삼는 것이다. 예를 들어, 운동화 가격이 3만원이라면

10) 물론 반드시 이전의 가격으로 낮아지는 것은 아니다.

운동화 생산업자는 이 가격으로 운동화를 몇 켤레를 만들어 시장에 팔 수 있을지를 결정하고, 소비자들은 몇 켤레의 운동화를 살 것인지를 결정한다. 운동화 생산업자는 3만원의 가격이 적정한 이윤을 보장해 주는 수준이라고 판단되면 운동화 생산을 계속할 것이고, 이 가격으로 타산이 맞지 않는다면 운동화 생산을 포기하게 될 것이다. 한편 소비자도 운동화 가격수준이 적당하다고 판단되면 운동화를 살 것이고, 비싸다고 판단되면 사지 않을 것이다. 이와 같이 가격은 소비자나 생산자에게 합리적인 경제활동을 하는 데 필요한 신호(signal)나 유인(incentive)을 주는 시장정보를 제공하는 역할을 하는 것이다.

둘째, 가격은 주어진 희소한 자원의 배분자로서 기능을 한다. 대체적으로 어떤 재화의 가격이 상승하면 그 재화에 대한 생산은 늘어나게 되고 늘어난 그 재화의 생산에 필요한 자원을 더 많이 사용하는 데 비해, 어떤 재화의 가격이 하락하면 그 재화에 대한 생산은 줄어들게 되고 줄어든 그 재화의 생산에 필요한 자원을 더 적게 사용되도록 조정을 하게 된다. 예를 들면, 밀가루를 원료로 빵과 국수를 만들 수 있다고 할 때, 빵의 가격이 오르면 사람들은 빵에 대한 수요가 감소하고, 제빵업자들은 시장수요에 맞추어 빵에 대한 생산을 줄이고 이에 빵의 원료인 밀가루의 수요는 감소하는 데 비해, 대신 상대적으로 값이 싸진 국수에 대한 수요가 늘어나면 국수 생산을 위한 밀가루의 수요는 증가하게 된다. 이와 같이 가격은 희소한 자원을 사회가 더 필요로 하는 재화를 더 많이 생산하도록 하고, 반면 필요로 하지 않는 재화에 대해서는 더 적게 생산하도록 조절하는 기능을 한다.

셋째, 가격은 소득분배자로서의 역할을 한다. 생산에 필요한 토지·노동·자본 등의 생산요소의 가격은 생산요소시장에서 결정된다. 이때 시장에서 생산요소의 가격이 결정되면 그 생산요소 소유자들의 요소소득(지대·임금·이자)이 결정된다. 이와 같이 사회구성원들의 소득이 어떻게 배분될지도 가격기구에 의해 결정된 가격으로 그 수준이 결정된다.

이러한 가격은 시장에 대한 정보를 각 경제주체들에게 제공하는 시장정보의 전달자로서, 주어진 자원을 사회에서 가장 필요로 하는 곳에 사용되도록 조정하는 자원의 배분자로서, 각 경제주체들에게 요소소득수준을 결정하는 소득수준의 분배자로서의 기능을 함께하고 있는 것이다.

가격의 역할: ① 시장정보(신호, 유인) 제공
② 자원 배분자 기능
③ 소득 분배자 역할

따라서 시장에 개입하여 가격을 통제하면 그 통제된 가격은 이러한 기능을 하지 못한다. 가격통제의 보다 구체적인 효과에 대해서는 다음 제4장에서 살펴볼 것이다.

6 탄력성

위에서 가격이 수요량에는 반비례적으로, 공급량에는 비례적으로 영향을 미치고, 대체재의 가격은 수요에 비례적으로 보완재 가격은 수요에 반비례적으로 영향을 미치는 것 등과 같이, 질적인 측면에서 수요결정요인이 수요에 미치는 영향과 공급결정요인이 공급에 미치는 영향을 살펴보았다. 이제부터 수요결정요인이 수요에, 공급결정요인이 공급에 어느 정도 영향을 미치는가 하는 양적인 측면에서 살펴본다. 예를 들면, 가격이 10% 상승하면 수요량은 몇 % 감소하는지를 살펴보는 것이다.

이런 양적 변화 정도를 측정하기 위해 물리학에서 사용하는 탄력성의 개념을 경제학에 도입하였다. 탄력성(elasticity)이란 독립변수 변화에 대한 종속변수[11)]의 반응도로서 다음과 같이 측정한다.

11) 독립변수란 영향을 주는 변수이고 종속변수는 영향을 받는 변수이다.

$$탄력성=\frac{종속변수의\ 변화율(\%)}{독립변수의\ 변화율(\%)}=\frac{\frac{종속변수의\ 변화분}{종속변수의\ 원래값}\times 100}{\frac{독립변수의\ 변화분}{독립변수의\ 원래값}\times 100}=\frac{\frac{종속변수의\ 변화분}{종속변수의\ 원래값}}{\frac{독립변수의\ 변화분}{독립변수의\ 원래값}}$$

수요결정요인이 수요에 영향을 미치는 것을 수요탄력성이라고 하며, 공급결정요인이 공급에 영향을 미치는 것을 공급탄력성이라 한다. 수요결정요인에 따라 수요탄력성을 여러 가지 측정할 수 있지만 경제학에서는 가격, 소득, 타재화의 가격과 관련된 탄력성만을 측정하고, 공급탄력성은 가격과 관련된 탄력성만 측정한다. 따라서 수요탄력성에는 수요의 가격탄력성, 수요의 소득탄력성, 수요의 교차탄력성이 있고, 공급탄력성에는 공급의 가격탄력성이 있다. 수요의 가격탄력성을 줄여서 수요탄력성, 수요의 소득탄력성을 소득탄력성, 수요의 교차탄력성을 교차탄력성, 그리고 공급의 가격탄력성을 공급탄력성이라고 한다.[12] 이것들을 차례로 살펴본다.

1) 수요의 가격탄력성(price elasticity of demand)

① 수요의 가격탄력성의 개념

수요의 가격탄력성(수요탄력성)은 가격의 변화에 대한 수요량의 반응 정도를 의미하는 것으로서, 다음과 같이 측정된다.

$$수요탄력성(\varepsilon_d)=-\frac{수요량(Q_D)의\ 변화율(\%)}{가격(P)의\ 변화율(\%)}=-\frac{\frac{수요량의\ 변화분(\Delta Q_D)}{원래의\ 수요량(Q_D)}}{\frac{가격의\ 변화분(\Delta P)}{원래의\ 가격(P)}}$$

수요탄력성을 측정할 때 음(−)의 부호를 붙인 이유는 사용상의 편리를 위해

12) 원래 수요탄력성은 수요의 가격탄력성, 수요의 소득탄력성, 수요의 교차탄력성을 의미하지만, 일반적으로 말하는 수요탄력성은 수요의 가격탄력성을 의미한다.

서이다. 수요의 법칙에 의해 가격과 수요량은 반대방향으로 변하기 때문에 음의 부호를 붙이지 않으면 반응도가 큰 것이 작은 값으로 나타나서 사용하기 불편하므로 반응도가 큰 것이 큰 값으로 나오도록 음의 부호를 붙였다. 예를 들어 음의 부호를 붙이지 않으면, 가격이 10% 상승할 때 수요량이 20% 감소하면 수요탄력성이 −2가 되고, 수요량이 30% 감소하면 −3이 된다. 반응도가 큰 것의 탄력성은 −3으로서 반응도가 작은 것의 탄력성 −2보다 수치상으로 작은 값이 나타난다. 따라서 사용하기가 불편하다. 그러므로 음의 부호를 붙이면 반응도가 큰 것이 탄력성은 3으로서 반응도가 작은 것의 탄력성 2보다 수치상으로 큰 값이 나타나므로 사용하기가 편리하다.

수요탄력성의 값이 2라는 것의 의미는 가격변화율에 비해 수요량의 변화율, 즉 반응도가 2배라는 것을 의미한다. 수요탄력성의 값이 0.5라는 것의 의미는 가격변화율에 비해 수요량의 변화율, 즉 반응도가 1/2이라는 것을 의미한다. 수요탄력성의 값이 1이라는 것의 의미는 가격변화율과 수요량의 변화율이 같다는 것을 의미한다. 이와 같이, 수요량의 변화율이 가격변화율보다 크면 수요탄력성의 값은 1보다 크며, 작으면 값은 1보다 작고, 같으면 값은 1이 된다.

한편 탄력성 값이 1보다 크면 탄력적, 1보다 작으면 비탄력적, 1이면 단위탄력적이라고 하고, 무한대(∞)일 경우 완전탄력적, 0일 경우 완전비탄력적이라고 한다.[13] 따라서 수요탄력성의 값이 1보다 크면 수요가 탄력적이라 하고, 작으면 수요가 비탄력적이라 하고, 같으면 수요가 단위탄력적이라고 한다. 이런 점에서 수요가 탄력적이라는 것은 수요가 가격변화에 민감하게 반응한다는 것을 의미하고, 수요가 비탄력적이라는 것은 수요가 가격변화에 민감하게 반응하지 않는다는 것을 의미한다.

13) 공을 떨어뜨렸을 때, 원래 높이보다 더 많이 튀어 오르면 그 공의 탄력성이 좋다고 하고, 반면에 원래 높이에 미치지 못하면 탄력성이 나쁘다고 한다. 이와 같이 기준보다 반응도가 크면 탄력적, 작으면 비탄력적, 같으면 단위탄력적이라 한다. 이 용어 수요탄력성뿐만 아니라 모든 탄력성에 적용된다.

일반적으로 우하향하는 수요곡선은 가격이 낮아질수록 탄력성은 작아진다. 그 이유는 수요탄력성의 결정요인에서 밝혀진다. 이와 같이 일반적인 수요곡선은 모든 점에서 탄력성이 다르다. 그러나 모든 점에서 탄력성이 같은 3개의 수요곡선이 있다. [그림 3-10(a)]에서 알 수 있듯이 만약 수요곡선이 수직선이라면 모든 가격에서 수요량이 같다. 어떤 가격에서 가격이 변하더라도 수요량의 변동이 없으므로 모든 가격에서 수요탄력성은 0이 된다. 따라서 수직선 형태의 수요곡선을 완전비탄력적 수요곡선이라고 한다. [그림 3-10(b)]에서와 같이 수요곡선이 수평선이라는 것은 그 가격에서는 수요량이 하나부터 무한대까지 존재하지만 그 가격보다 조금이라도 높아지면 수요량이 0이 된다는 것을 의미한다. 가격이 조금이라도 상승하면 수요량으로 없어지므로 수요량의 변화율은 가격의 변화율에 비해 무한하게 된다. 따라서 수평선의 수요곡선은 모든 가격에서 탄력성은 무한대(∞)이므로 완전탄력적인 수요곡선이라고 한다. 마지막으로 [그림 3-10(c)]에서와 같이 모든 점에서 탄

그림 3-10 다양한 모양의 수요곡선과 수요의 가격탄력성

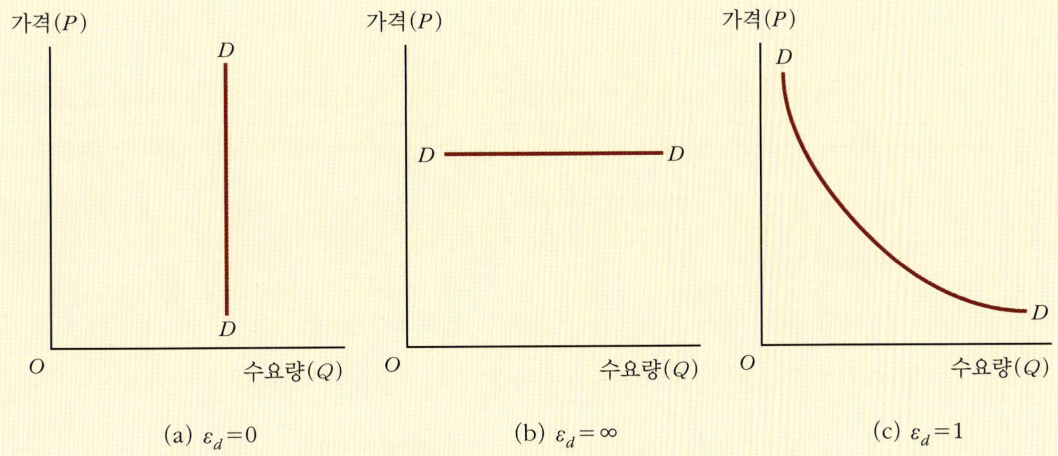

력성이 1이 되는 수요곡선이 존재하는데, 그 형태는 직각쌍곡선[14]이다. 직각쌍곡선 형태의 수요곡선이 모든 점에서 탄력성이 1이 되는 이유는 다음의 ②항 수요탄력성과 판매수입의 관계에서 알 수 있다. 직각쌍곡선 형태의 공급곡선은 모든 점에서 탄력성이 1이므로 단위탄력적 수요곡선이라 한다.

수요곡선이 수직선일 경우 탄력성이 0 이고 수평선일 경우 무한대(∞)이다. 이것은 수요곡선이 완만해질수록 탄력성이 커지고 가파를수록 작아진다는 것을 시사한다. 따라서 상대적으로 탄력성이 큰 수요곡선은 완만한 형태로, 상대적으로 탄력성이 작은 수요곡선은 가파른 형태로 그린다.

② 수요탄력성과 판매수입

기업의 판매수입, 즉 소비자의 지출[15]은 가격에 판매량(즉, 수요량)을 곱한 것이다. 따라서 가격이 변하면 판매량이 변하므로 판매수입은 변하게 된다. 판매수입은 가격이 하락하더라도 증가할 수 있고, 가격이 상승하더라도 판매수입이 감소할 수 있다. 판매수입은 가격뿐만 아니라 판매량에도 영향을 받기 때문이다. 따라서 판매수입은 가격의 변화율과 수요량(즉, 판매량)의 변화율에 영향을 받는다.

가격이 하락할 때, 가격의 하락률만큼 판매수입은 감소하고 수요량의 증가율만큼 판매수입이 증가한다. 만약 가격의 하락률보다 수요량의 증가율이 크다면 판매수입이 증가하고, 그 반대이면 판매수입은 감소하며, 가격의 하락률과 수요량의 증가율이 같다면 판매수입은 변하지 않는다. 가격의 하락률(변화율)과 수요량의 증가율(변화율)을 비교한 것이 앞에서 본 수요탄력성이다. 따라서 수요탄력성이 판매수입에 영향을 미친다는 것을 알 수 있다.

위의 예를 다시 보면, 가격의 하락률보다 수요량의 증가율이 크다는 것은 수요가 탄력적이라는 것을 의미하고, 가격의 하락률보다 수요량의 증가율이 작다는 것

14) 직각쌍곡선이란 곡선상 어느 점에서나 그 밑의 직사각형 면적이 같은 곡선이다.

15) 물론 기업의 입장에서는 총수입(TR=가격×판매량)이 되지만, 소비자의 입장에서 보면 지출액에 해당한다.

표 3-5 가격탄력성과 총수입

가격탄력성의 크기	총수입(가격×판매량)	
	가격하락시	가격상승시
$\varepsilon_d > 1$	증가	감소
$\varepsilon_d = 1$	불변	불변
$\varepsilon_d < 1$	감소	증가

은 수요가 비탄력적이라는 것을 의미하고, 가격의 하락률과 수요량의 증가율이 같다는 것은 수요가 단위탄력적이라는 것을 의미한다. 따라서 가격이 하락할 때 수요가 탄력적이면 판매수입은 증가하고, 비탄력적이면 감소하고, 단위탄력적이면 변하지 않는다는 것을 알 수 있다.

가격이 상승하면 가격의 상승률만큼 판매수입이 증가하고 수요량의 감소율만큼 판매수입이 감소하므로 수요가 탄력적이면 판매수입은 감소하고, 비탄력적이면 증가하고, 단위탄력적이면 변하지 않는다는 것을 알 수 있다.

따라서 다음과 같은 결론이 도출된다.

첫째, 수요가 탄력적일 경우 가격이 하락하면 판매수입이 증가하고 가격이 상승하면 판매수입이 감소한다.

둘째, 수요가 비탄력적일 경우 가격이 하락하면 판매수입이 감소하고 가격이 상승하면 판매수입이 증가한다.

셋째, 수요가 단위탄력적일 경우 가격이 상승하든 하락하든 판매수입의 변화는 없다.

이제 직각쌍곡선 형태의 수요곡선이 단위탄력적인 수요곡선인 이유를 알 수 있다. 직각쌍곡선의 각 점에서 직사각형은 소비자의 지출, 즉 판매수입을 나타낸다. [그림 3-10(c)]에서 보는 바와 같이 높이는 가격, 밑변은 수요량을 나타내기 때문이다. 그리고 방금 수요가 단위탄력적일 경우 가격이 상승하든 하락하든 판매수입

읽을거리

농부의 역설

배추를 비롯한 농산물의 경우, 우리가 살아가는 데 필수 불가결한 생필품에 속한다. 농산물과 같은 생필품들은, 수요측면에서 가격이 하락한다고 하더라도 수요량이 별로 증가하지도 않으며 반면 가격이 상승한다고 하더라도 수요량이 그리 많이 감소하지 않기 때문에 전체적으로, 가격변화에 대해 수요가 큰 반응을 나타내지 않는 특성을 갖고 있다. 따라서 농산물은 수요가 비탄력적인 특성을 갖고 있다. 예를 들면, 쌀값이 하락했다고 하루에 4끼·5끼를 먹거나, 쌀값이 올랐다고 하루에 1끼로 줄이지 않는다는 것이다. 따라서 쌀을 비롯한 농산물의 경우 가격이 내린다고 해서 갑자기 소비량을 늘리지도, 반대로 가격이 오른다고 해서 일반 공산품과 같이 갑자기 구매를 아예 포기할 수 있는 재화가 아니라는 것이다.

또한 농산물은 공급측면에서도 탄력성의 관점에서 특징이 있다. 농산물의 경우 일반 상품과 달리 씨앗을 뿌려 작물을 심고 수확할 때까지 성장기간이 필요하다. 이것은 시장에서 농산물가격이 크게 올랐다고 하더라도 농민들은 가격상승에 부응하여 공급을 갑자기 증가시킬 수도 없는 비탄력적인 성질을 가지고 있다. 따라서 농산물은 수요와 공급 모두 가격변화에 둔감한 비탄력적인 특성을 가지고 있다.

이러한 비탄력적인 특성으로 인해 농산물의 가격변동과 총수입과의 관계를 보면, 농사가 풍년을 기록할 경우 이것은 농산물에 대한 공급량이 증가했다는 것을 의미한다. 수요와 공급이 모두 비탄력적이기 때문에 공급이 크게 증가하는 데 대해 수요는 그리 많이 증가하지 않아 농산물의 가격은 대폭 폭락하게 된다. 그리고 가격이 폭락했다고 하더라도 사람들은 비탄력적이라 반응도가 둔감하기 때문에 더 많은 농산물을 소비하지 않는다. 가격이 하락하더라도 가격하락만큼 줄어진 수입을 충당할 만큼의 수요량은 소폭으로만 증가하게 되어 결국에는 농가의 총수입은 감소하게 된다. 반대로 흉년이 들어 농산물의 공급이 감소하는 경우에도 농산물의 가격은 대폭 상승하지만, 사람들은 농산물의 가격이 비싸도 수요가 비탄력적이라 반응도가 둔감하기 때문에 거래량이 오히려 크게 줄지 않아 농가의 총수입이 증가하게 된다. 따라서 흉년이 들어 공급이 감소하면, 가격이 상승하더라도 수요량이 별로 감소하지 않아 오히려 수입이 증가할 수도 있는 것이다.

따라서 농부들은 풍년보다는 흉년이 들기를 내심 바라고 있을지도 모른다. 풍년인 해보다 흉년인 해에 농부들의 수입은 증가하기 때문이다. 얼핏 생각하면 수확량이 많은 풍년인 해에 더 많은 수입을 얻을 것이라고 생각되지만 실상은 정반대이다. 이것이 바로 '농부의 역설'이다. 이러한 현상 때문에 농산물이 풍작을 이루어 기쁨에 넘칠 것 같은 농부의 얼굴에는 시름이 가득찬 울상을 짓는 아이러니한 일들이 일어나고 있는 것이다. 농민들이 피땀 흘려 열심히 공들여 키운 금쪽같은 배추나 고추 등을 폐기하거나 밭을 그냥 갈아엎는 농민들을 TV뉴스화면에서 가끔 볼 수가 있다. 수확량은 증가하였지만 비탄력적인 수요 탓에 농산물의 가격이 급락하여 수지타산에 맞지 않는 경우가 심심찮게 나오기 때문이다. 농민은 풍년이 들어도 걱정, 흉년이 들어도 걱정 언제나 시름 속에서 살아야 하는가?

그러면 농산물의 가격폭등이나 폭락에 대한 대책은 없는가? 물론 정부가 나서서 농산물가격의 안정을 위한 여러 가지 대책을 강구하고 있다.

몇해 전 장마와 폭우로 인해 배추 수확량이 크게 줄어 배추가격이 폭등하자 이로 인해 김장을 앞두고 있던 주부들에게 큰 고통을 안겨다 주었다. 그 당시 정부는 중국으로부터 배추를 긴급 수입하는 농산물 수입확대정책을 펴서 초과수요로 인해 폭등했던 배추 가격의 안정을 꾀한 적이 있다. 그리고 복잡한 농산물 유통과정을 단순화하여 중간 마진을 줄이기도 하고 농민과 소비자 간의 직거래를 장려하기도 하였다.

농산물의 가격이 폭락할 경우에도 생산자인 농민을 보호하기 위해 농산물의 시장가격이 너무 낮다고 판단될 때는 정부가 일정 가격 이하로는 판매하지 못하게 최저가격을 설정하는 농산물가격지지제도가 있다. 이 제도는 농산물가격이 상승하면 농민들의 생계에 도움을 주어 다소나마 시름을 덜 수가 있다. 그 외에 생산조정을 위해 실시되었던 직불제 등도 농산물의 가격안정화를 위한 노력의 일환이다.

이와 같이 정부는 그 해의 기상여건에 따라 가격의 등락을 반복하는 농산물의 생산량과 공급량을 조절하는 농산물가격 안정화정책을 다각도로 시행하고 있다.

의 변화는 없다는 것을 알았다. 따라서 수요가 단위탄력적일 경우 가격이 변하더라도 판매수입의 변화가 없어야 하므로 단위탄력적인 수요곡선은 직각쌍곡선으로 그려져야 하는 것이다.

③ 수요탄력성의 결정 요인

수요탄력성에 영향을 주는 요인들은 다음과 같다.

첫째, 대체재의 존재 여부와 수이다. 대체재가 많으면 탄력성이 크고, 적으면 탄력성이 작다. 대체재가 없거나 적으면 가격이 비싸지더라도 상대적으로 싼 다른 재화로 대체할 수 없거나 대체할 수 있는 것이 적으므로 수요량의 변화가 크지 않기 때문이다.

둘째, 재화의 성격이다. 생활필수품은 대개 탄력성이 작고, 사치품은 탄력성이 크다. 생필품의 경우 가격이 비싸지더라도 수요량의 많이 줄일 수 없기 때문이다. 사치품의 경우 가격이 비싸지면 그것이 없더라도 생활에 지장을 주는 정도가 낮기 때문에 수요량을 많이 줄일 수 있다.

셋째, 재화에 대한 지출이 소득에서 차지하는 비중이다. 그 비중이 큰 재화일수록 수요탄력성이 크다. 비중이 크다는 것은 그것을 획득하기 위해 상대적으로 많은 소득을 포기해야 하고 그 결과 다른 재화를 구입할 수 있는 기회가 감소하기 때문이다. 따라서 고가품인 경우 저가품에 비해 수요가 탄력적이다. 같은 상품이더라도 가격이 높아지면 지출액이 소득에서 차지하는 비중이 높아지므로 가격이 상승할수록 탄력적이고 하락할수록 비탄력적이다. 이런 이유로 앞의 ①항에서 일반적인 우하향하는 수요곡선은 가격이 하락하면 하락할수록 탄력성이 작아진다고 한 것이다.

또한 저소득층이 고소득층에 비해 수요가 탄력적이다. 같은 재화에 대해 똑같은 지출을 하더라도 소득에서 차지하는 비중이 저소득층인 경우 크기 때문이다.

넷째, 가격변화에 대한 적응기간이다. 적응기간이 길어질수록 탄력적이다. 사람들은 어떤 사건이 일어날 때 즉각적으로 대응하기보다는 시간을 두고 지켜보면서 대응하는 경향이 높다. 따라서 적응기간이 길수록 수요탄력성이 크다. 예를 들어, 기름값이 상승한다고 즉각적으로 보다 연료비가 적게 드는 연탄보일러로 바꾸지 않는다. 만약 얼마 지나지 않아 다시 기름값이 하락하게 되면 보일러 대체비용만 낭비하게 될 것이다. 따라서 기름 값이 계속 높게 유지될 것이라는 판단이 설 때까지는 관망하면서 단지 기름을 절약하여 사용하므로 수요는 조금 줄어든다. 그러다 고유가가 지속될 것이라는 판단이 서면 비로소 대체를 하게 되고, 그때부터 수요는 격감하게 된다. 그리고 시간이 지남에 따라 새로운 대체재들도 많이 개발되어 수요량이 더욱더 격감할 수 있다. 이와 같이 적응기간이 길수록 수요탄력성이 높아지는 것이다.[16)]

16) 한 가지 유의할 점이 있다. 일부 교과서에는 적응기간 대신 장단기라고 되어 있고 기간이 길수록, 즉 장기일수록 탄력성이 커진다고 기술되어 있다. 그 이유로 수요량을 측정할 때 한 달보다는 두 달, 두 달보다는 세 달의 수요량이 당연히 크기 때문이라고 한다. 그러나 수요량의 비교는 일정기간 동안 하는 것이다. 예를 들어, 1개월을 기준으로 한다면, 첫 번째 달의 수요량, 두 번째 달의 수요량 이런 식으로 비교해야 의미가 있다. 따라서 장단기로 수요탄력성을 비교하는 것은 문제가 있으므로 적응기간으로 비교해야 한다. 장기를 적응기간이 긴 것으로 정의한다면 문제가 되지 않는다.

수요탄력성 결정요인: 대체재의 존재 여부와 수, 재화의 성격, 소득에서의 지출 비중, 적응 기간 등

2) 수요의 소득탄력성(income elasticity of demand)

수요의 소득탄력성(소득탄력성)은 소득의 변화에 대한 수요의 반응 정도를 의미하는 것으로서, 다음과 같이 측정된다.

$$\text{수요의 소득탄력성}(\varepsilon_Y) = \frac{\text{수요}(D)\text{의 변화율}(\%)}{\text{소득}(Y)\text{의 변화율}(\%)}$$

어떤 재화의 소득탄력성 값이 2라는 것의 의미는 소득이 1% 상승(하락)하면 수요가 2% 증가(감소)하고, 소득이 5% 상승(하락)하면 수요가 10% 증가(감소)한다는 것을 의미한다.

소득탄력성은 재화의 성격에 따라 양(+)이 될 수도 있고 음(+)이 될 수도 있다. 정상재의 경우 소득이 증가(감소)하면 수요가 증가(감소)하여 소득의 변화율과 수요의 변화율이 비례관계를 갖고 있으므로 소득탄력성의 값은 양이 된다. 반면, 열등재의 경우 소득이 증가(감소)하면 수요가 감소(증가)하여 소득의 변화율과 수요의 변화율이 반비례관계를 갖고 있으므로 소득탄력성의 값은 음이 된다. 따라서 재화의 소득탄력성이 양으로 측정되면 그 재화는 정상재이고, 음으로 측정되면 열등재이다.

소득탄력성(ε_Y)

정상재: 소득과 수요 비례 ⇒ 양(+)

열등재: 소득과 수요 반비례 ⇒ 음(−)

3) 수요의 교차탄력성(cross elasticity of demand)

수요의 교차탄력성(교차탄력성)은 타재화의 가격 변화에 대한 수요의 반응 정도를 의미하는 것으로서, 다음과 같이 측정된다.

$$\text{교차탄력성}(\varepsilon_C) = \frac{\text{수요}(D_2)\text{의 변화율}(\%)}{\text{타재화의 가격}(P_1)\text{의 변화율}(\%)}$$

어떤 재화의 교차탄력성 값이 2라는 것의 의미는 타재화의 가격이 1% 상승(하락)하면 수요가 2% 증가(감소)하고, 타재화의 가격이 5% 상승(하락)하면 수요가 10% 증가(감소)한다는 것을 의미하는데, 두 재화의 관계에 따라 부호가 달라질 수 있다.

교차탄력성은 두 재화 간 관계에 따라 양이 될 수도 있고 음이 될 수도 있다. 대체관계의 경우 타재화의 가격이 상승(하락)하면 수요가 증가(감소)하여 타재화 가격의 변화율과 수요의 변화율이 비례관계를 갖고 있으므로 교차탄력성의 값은 양이 된다. 반면, 보완관계의 경우 타재화의 가격이 상승(하락)하면 수요가 감소(증가)하여 타재화 가격의 변화율과 수요의 변화율이 반비례관계를 갖고 있으므로 교차탄력성의 값은 음(−)이 된다. 따라서 재화의 교차탄력성이 양으로 측정되면 두 재화는 대체관계이고, 음으로 측정되면 보완관계이다.

교차탄력성(ε_C)

대체관계: 타재화의 가격과 수요 ⇒ 비례(+)

보완관계: 타재화의 가격과 수요 ⇒ 반비례(−)

4) 공급의 가격탄력성(price elasticity of supply)

① 공급의 가격탄력성의 개념

공급의 가격탄력성(공급탄력성)은 가격의 변화에 대한 공급량의 반응 정도를 의미하는 것으로서, 다음과 같이 측정된다.

$$\text{공급탄력성}(\varepsilon_S) = \frac{\text{공급량}(Q_S)\text{의 변화율}(\%)}{\text{가격}(P)\text{의 변화율}(\%)}$$

공급탄력성의 값이 2라는 것의 의미는 가격변화율에 비해 공급량의 변화율, 즉 반응도가 2배라는 것을 의미한다. 공급탄력성의 값이 0.5라는 것의 의미는 가격변화율에 비해 공급량의 변화율, 즉 반응도가 1/2이라는 것을 의미한다. 공급탄력성의 값이 1이라는 것의 의미는 가격변화율과 공급량의 변화율이 같다는 것을 의미한다. 이와 같이, 공급량의 변화율이 가격변화율보다 크면 공급탄력성의 값은 1보다 크며, 작으면 값은 1보다 작고, 같으면 값은 1이 된다. 따라서 공급탄력성의 값이 1보다 크면 공급이 탄력적이라 하고, 작으면 공급이 비탄력적이라 하고, 같으면 공급이 단위탄력적이라고 한다. 이런 점에서 공급이 탄력적이라는 것은 공급이 가격변화에 민감하게 반응한다는 것을 의미하고, 공급이 비탄력적이라는 것은 공급이 가격변화에 민감하게 반응하지 않는다는 것을 의미한다.

일반적으로 우상향하는 공급곡선은 가격에 따라 다르다. 연장선이 횡축을 교차할 수 있는 공급곡선은 탄력성이 1보다 작고, 가격이 높을수록 커진다. 연장선이 종축을 교차할 수 있는 공급곡선은 탄력성이 1보다 크고, 가격이 높을수록 작아진다.[17] 수요곡선과 마찬가지로 모든 점에서 탄력성이 같은 공급곡선이 3개 있다. [그림 3-11]에서 보듯이 수직선의 공급곡선은 모든 가격에서 공급량이 같으므로 가격이 변하더라도 공급량의 변동이 없으므로 모든 가격에서 공급탄력성은 0이 된다. 따라서 수직선 형태의 공급곡선을 완전비탄력적 공급곡선이라고 한다. 수평선의 공급곡선은 그 가격에서는 공급량이 하나부터 무한대까지 존재하지만 그 가격보다 조금이라도 낮아지면 공급량이 0이 된다는 것을 의미한다. 따라서 가격이 조금이라도 하락하면 공급량으로 없어지므로 공급량의 변화율은 가격의 변화율에 비해 무한하

17) 그 이유에 대한 설명은 원론수준을 상회하므로 생략한다.

그림 3-11 공급의 가격탄력성

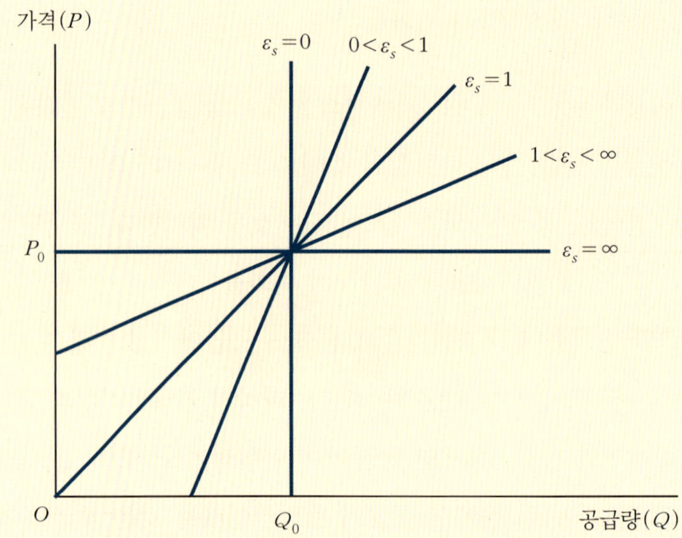

게 된다. 따라서 수평선의 공급곡선은 모든 가격에서 탄력성은 무한대(∞)이므로 완전탄력적인 공급곡선이라고 한다. 마지막으로 모든 점에서 탄력성이 1이 되는 단위탄력적인 공급곡선이 존재하는데, 그 형태는 원점을 지나는 직선[18)]이며, 기울기와는 관계없이 원점을 지나는 직선이면 어느 것이나 여기에 해당된다.

공급곡선도 수요곡선과 마찬가지로 완만해질수록 탄력성이 커지고 가파를수록 작아진다. 따라서 상대적으로 탄력성이 큰 공급곡선은 완만한 형태로, 상대적으로 탄력성이 작은 공급곡선은 가파른 형태로 그린다.

18) 그 이유에 대한 설명은 원론수준을 상회하므로 역시 생략한다.

공급곡선의 유형과 탄력성(ε_s)

수직선 ⇒ $\varepsilon_s=0$

횡축과 교차 ⇒ $0<\varepsilon_s<1$

원점 통과 ⇒ $\varepsilon_s=1$

종축과 교차 ⇒ $1<\varepsilon_s<\infty$

수평선 ⇒ $\varepsilon_s=\infty$

② 공급탄력성의 결정요인

공급탄력성을 결정하는 요인은 다음과 같다.

첫째, 생산의 증가 정도에 따른 생산비의 증가 정도이다. 생산량이 증가할 때 생산비가 급격히 상승하는 상품은 가격이 상승하더라도 공급량이 상대적으로 많이 증가하지 않으므로 비탄력적인 반면, 생산비가 완만하게 올라가는 상품은 공급량이 상대적으로 많이 증가하므로 보다 탄력적이다.

둘째, 재화의 저장비용과 저장가능성이다. 저장비용이 많이 들거나 저장가능성이 낮은 농산물 같은 경우는 저장이 힘들기 때문에 가격변화에 따라 공급량을 조절하기 어려우므로 탄력성이 낮은 편이다. 반면에 공산품은 저장비용이 낮고 저장가능성이 높으므로 가격변화에 따라 공급량을 조절하기 쉬우므로 상대적으로 탄력성이 크다.

셋째, 가격변화에 대한 적응기간이다. 공급도 수요와 마찬가지로 적응기간이 길수록 탄력성이 커진다.

공급탄력성의 결정요인: 생산량 증가에 따른 생산비의 증가 정도, 저장비용 및 저장가능성, 적응기간 등

7 자원배분의 효율성

희소한 자원으로 구성원들의 욕구충족이 극대화되도록 재화가 생산될 때, '자원배분이 효율적'이라고 한다.

재화의 각 단위 생산으로부터 얻는 가치(즉, 한계편익)가 그 단위 생산으로 포기하는 가치(한계비용)보다 크다면 희소한 자원으로 다른 재화를 생산하지 않고 그 재화를 생산함으로써 그 차이만큼 구성원들의 욕구충족이 더 이루어진다. 즉, 사회적 후생이 증가한다. 반대로 한계편익(marginal benefit: *MB*)이 한계비용(marginal cost: *MC*)보다 작다면 그 재화를 생산하지 않고 다른 재화를 생산함으로써 그 차이만큼 구성원들의 욕구충족이 더 이루어진다. 즉, 사회적 후생이 증가한다. 따라서 한계편익이 한계비용과 같아질 때까지 생산하면 구성원들의 욕구충족이 극대화된다. 즉 사회적 후생이 극대화된다. 따라서 한계편익과 한계비용이 일치하도록 생산이 이루어질 때, 자원배분은 효율적이다.

그렇다면 각 재화들이 얼마만큼 생산될 때 자원배분이 효율적일까?

이를 파악하기 위해 수요곡선이 한계편익곡선을 의미하고 공급곡선이 한계비용곡선을 의미한다는 것을 이해해야 한다. 수요곡선의 높이는 각 단위에 대해 소비자가 최대로 지불하려는 금액을 나타낸다. 소비자는 가격이 그 금액보다 높으면 구입하지 않을 것이고 그 금액과 일치하면 구입한다. 소비자가 최대로 지불하려는 금액은 그것을 소비함으로써 얻을 수 있는 가치로서 한계편익(한계가치)이다. 그러므로 수요곡선의 높이는 한계편익을 나타낸다. 이런 측면에서 수요곡선을 한계편익곡선 혹은 한계가치곡선이라고 한다.

공급곡선의 높이는 각 단위에 대해 공급자가 최소한 받으려고 하는 금액을 나타낸다. 공급자는 가격이 그 금액보다 낮으면 판매하지 않을 것이고 그 금액과 일치하면 판매한다. 공급자가 최소한 받으려고 하는 금액은 그것을 공급하기 위해 포기한 가치이다. 그 가치는 공급자가 다른 재화를 만들어 판매하였더라면 얻을 수

그림 3-12 자원배분의 효율성

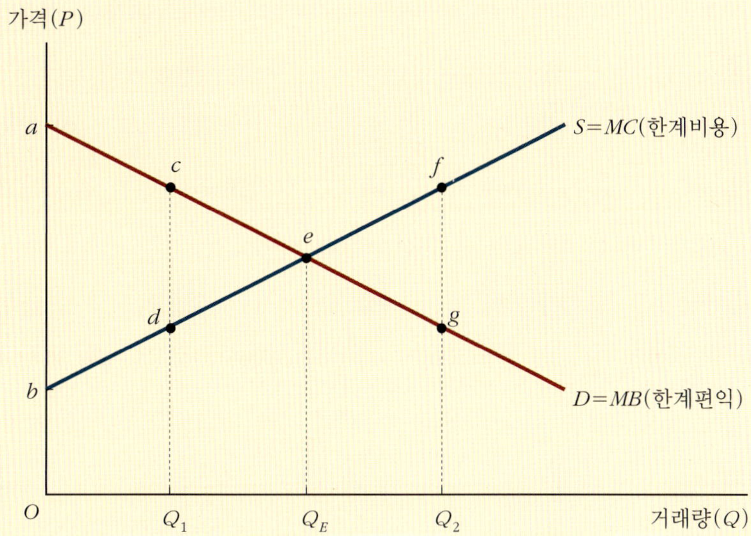

있는 가치, 즉 생신이 포기된 다른 재화에 대해 소비자가 평가하는 가치로서 한계비용이다. 그러므로 공급곡선의 높이는 한계비용을 나타낸다. 이런 측면에서 공급곡선을 한계비용곡선이라고 한다.

이와 같이 수요곡선은 한계편익곡선이고 공급곡선은 한계비용곡선이다. 따라서 효율적인 생산량은 한계편익곡선과 한계비용곡선이 일치하는 생산량이다. 즉, 수요곡선과 공급곡선이 일치하는 생산량이다.

한계편익곡선(수요곡선)과 한계비용곡선(공급곡선)이 일치하는 생산량에서 과연 사회적 후생이 극대화되는지를 [그림 3-12]에서 확인해 보자.

Q_1생산수준에서는 한계편익(즉, 수요곡선의 높이)이 한계비용(즉, 공급곡선의 높이)보다 크다. 따라서 이 생산단위는 생산됨으로써 그 차이만큼 후생(순편익=편익−비용)이 증가한다. Q_2생산수준에서는 한계편익(즉, 수요곡선의 높이)이 한계비

용(즉, 공급곡선의 높이)보다 작다. 따라서 이 생산단위는 생산됨으로써 그 차이만큼 후생(순편익=편익−비용)이 감소한다. 그 결과 한계편익곡선(수요곡선)과 한계비용곡선(공급곡선)이 일치하는 생산량에서 후생이 극대화된다는 것을 알 수 있다. 이때 후생의 크기는 한계편익곡선(수요곡선)과 한계비용곡선(공급곡선) 차이의 합인 삼각형(abe)이다. 만약 생산이 다른 곳에서 이루어지면 후생이 감소하여 후생손실이 발생한다. Q_1에서 이루어지면 후생은 삼각형(cde)만큼 감소하고, Q_2에서 생산이 이루어지면 삼각형(efg)만큼 감소한다.

자유로운 교환이 허용되는 시장경제에서는 수요곡선과 공급곡선이 일치하는 곳에서 가격이 설정되고 거기에서 생산이 이루어지기 때문에 자원배분이 효율적이다. 즉, 시장경제는 구성원들의 욕구충족이 극대화되도록 생산이 이루어지는 경향이 있다.

물론 시장경제에서 무조건 이런 결과가 도출되는 것은 아니다. 시장이 완전경쟁이 아니거나 완전경쟁이더라도 외부효과, 공공재, 규모의 경제가 존재하게 되면 다른 결과가 도출된다. 이와 같이 시장이 자원배분의 효율성을 충족하지 못할 때 '시장실패'라 하고 정부 간섭의 타당성이 제기된다. 자세한 것은 다음 제6장에서 다룬다.

한편 교환을 통하여 소비자가 얻는 이익을 소비자잉여(consumer's surplus)라고 하며, 생산자가 얻는 이득을 생산자잉여(producer's surplus)라고 한다. 이러한 잉여의 개념을 통하여 [그림 3-13]에서 수요와 공급이 일치하는 곳에서 사회적 잉여가 최대가 되는지를 확인해 보자. 소비자는 수요곡선의 높이만큼 지불한 용의가 있는데, 수요와 공급이 일치하는 가격만 지불함으로 수요곡선과 가격차이만큼 이득을 얻는다. 따라서 시장에서 소비자잉여의 크기는 삼각형(aP_ee)이다. 생산자는 공급곡선의 높이만큼 최소한 받을 용의가 있는데, 수요와 공급이 일치하는 가격을 수령하므로 가격과 공급곡선 차이만큼 이득을 얻는다. 따라서 시장에서 생산자잉여의 크기는 삼각형(P_ebe)이다. 교환을 통하여 소비자와 생산자 모두 이득을 얻고 있다. 소비자잉여와 생산자잉여를 합하여 사회적 잉여 또는 사회적 후생이라고 한다. 이것

그림 3-13 교환의 사회적 후생

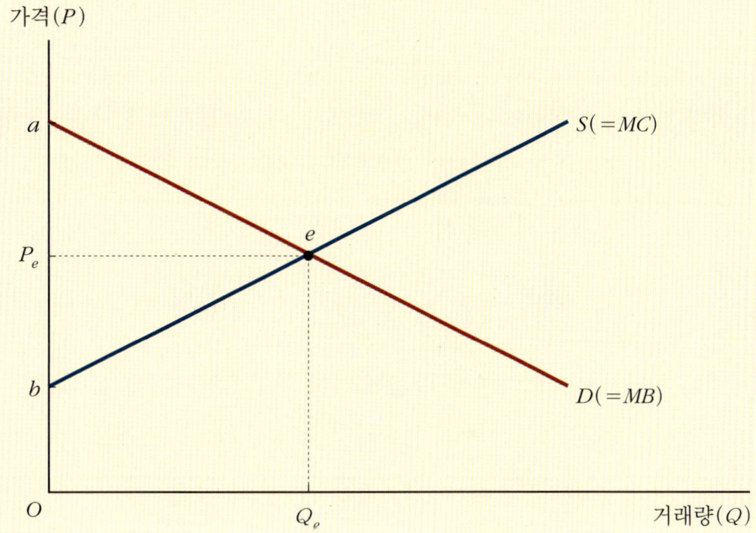

이 앞에서 언급한 사회적 후생과 동일한 것이다.

이상에서 본 바와 같이 자원배분의 효율성은 사회적 후생이 극대화되는 것으로서 한계편익과 한계비용이 일치하도록 생산이 이루어질 때 달성된다. 그러므로 자원배분의 효율성 조건은 한계편익과 한계비용의 일치($MB=MC$)이다. 또한 한계편익과 한계비용이 일치하는 곳에서 생산이 이루어지려면 수요와 공급이 일치하는 곳에서 가격이 달성되어야 한다. 이 때 가격은 공급곡선의 높이인 한계비용과 같다. 따라서 가격과 한계비용의 일치[가격(P)=한계비용(MC)]도 자원배분의 효율성 조건으로 간주한다.

자원배분의 효율성 조건:
한계편익(MB)=한계비용(MC) 또는
수요곡선과 공급곡선 일치 또는
가격(P)=한계비용(MC)

요약

01. 시장이란 장소적인 개념보다 상품이나 서비스를 교환하기 위하여 사고팔려는 사람들이 시장정보를 교환하고 협상하는 가상적인 또는 추상적인 모임이 이루어지는 자체를 말한다.

02. 수요란 일정기간 동안 소비자가 재화나 서비스를 구입하고자 하는 의도나 욕구를 말한다. 소비자들이 실제로 구입한 것이 아니고 구입하려는 양을 말하고, 일정시점에서 구매를 의미하는 것이 아니라 일정기간 동안의 구매흐름으로 유량(flow)을 의미한다.

03. 수요의 법칙은 다른 조건이 일정하다면 한 상품에 대한 수요량은 가격이 오르면 감소하고, 반대로 가격이 내리면 증가한다. 이 법칙하에서는 한 상품의 가격과 수요량 사이에는 반비례(−)관계가 있다.

04. 수요의 결정요인으로는 그 재화의 가격, 타재화의 가격, 소득, 선호나 기호, 인구, 소득분포 등을 들 수 있다.

05. 대체관계에 있는 재화(즉, 대체재)의 가격이 상승하게 되면 수요는 상승하게 되고, 그 역이면 반대로 된다. 보완관계에 있는 재화(즉, 보완재)의 가격이 상승하게 되면 수요는 감소하게 되고, 그 역이면 반대로 된다.

06. 소득은 수요에 비례적으로 영향을 미친다. 열등재(또는 하급재)의 수요는 소득과 반비례의 관계로 나타난다.

07. 소비자의 선호나 기호가 수요에 영향을 주며, 인구크기와 수요는 비례관계가 있다.

08. 시장수요곡선은 개별수요곡선의 수평합이다.

09. 해당가격의 변화로 수요량에 영향을 주는 것을 '수요량의 변화'라 하고, 수요곡선상에서 이동한다.

10. 해당가격 이외의 요인 변화로 수요에 영향을 주는 것을 '수요의 변화'라 하고, 수요곡선 자체를 이동시킨다.

11. 공급이란 일정기간 동안 생산자(판매자)가 재화나 서비스를 판매하고자 하는 의도나 욕구를 말한다.

12. 공급의 법칙은 다른 조건이 일정하다면 한 상품에 대한 공급량은 가격이 오르면 증가하고, 반대로 가격이 내리면 감소한다. 이 법칙하에서는 한 상품의 가격과 공급량 사이에는 비례(+)관계가 있다.

13. 공급의 결정요인으로는 그 재화의 가격, 타재화의 가격, 생산요소의 가격, 기술수준, 경기전망, 기업의 수, 조세 등을 들 수 있다.

14. 대체관계에 있는 재화(즉, 대체재)의 가격이 상승하게 되면 공급은 감소하게 되고, 그 역이면 반대로 된다. 보완관계에 있는 재화(즉, 보완재)의 가격이 상승하게 되면 공급은 증가하게 되고, 그 역이면 반대로 된다.

15. 생산요소의 가격은 공급에 반비례적으로 영향을 미친다. 기술수준이 향상될수록 공급이 증가하는 경향이 있다. 경기전망과 공급은 비례관계에 있고, 기업의 수와 공급은 비례관계에 있고 그 역이면 반대이다. 조세가 부과되면 공급은 감소하는 경향이 있고 그 역이면 반대이다.

16. 해당가격의 변화로 공급량에 영향을 주는 것을 '공급량의 변화'라 하고, 공급곡선상에서 이동한다.

17. 해당가격 이외의 요인 변화로 공급에 영향을 주는 것을 '공급의 변화'라 하고, 공급곡선 자체를 이동시킨다.

18. 시장에서 가격결정과정은 초과공급이 발생하면 가격이 하락하고, 초과수요가 발생하면 가격이 상승하여 수요와 공급이 일치하는 곳에서 가격이 결정되고 시장은 균형에 도달한다.

19. 수요가 증가하면 가격을 상승시키고 감소하면 하락시키므로 가격과 비례관계가 있는 반면, 공급은 증가하면 가격을 하락시키고 감소하면 상승시키므로 가격과 반비례관계가 있다. 이것을 수요·공급의 법칙이라고 한다.

20. 공급이 일정하고 수요가 변화하는 경우, 수요가 증가하면 균형가격과 균형수급량이 증가하고 그 역이면 반대가 된다.

21. 수요가 일정하고 공급이 변화하는 경우, 공급이 감소하면 균형가격은 상승하고 균형 수급량은 감소하고 그 역이면 반대가 된다.

22. 수요와 공급이 동시에 변화하는 경우, 수요가 증가하고 공급이 감소하면 각각의 증가폭에 따라 균형이 달라진다. 공급보다 수요의 변화폭이 크면 균형가격과 균형수급량 모두 상승하고, 공급보다 수요의 변화폭이 작으면 균형가격은 상승하고 균형수급량은 감소하여 각각의 증가폭의 변화에 따라 균형가격과 균형수급량의 변화는 불분명하다.

23. 가격의 역할은 소비자나 생산자에게 합리적인 경제활동을 하는 데 필요한 신호와 유인을 주는 시장정보를 제공하고, 희소한 자원의 배분자의 기능과 생산요소의 소유자들에게 요소소득수준을 결정하는 소득수준의 결정자로서의 기능을 한다.

24. 수요의 가격탄력성은 가격변화에 대한 수요량의 변화 정도를 나타내고, 수요량변화율을 가격변화율로 나눈 값이다. 수요가 탄력적인 경우 그 값은 1보다 크며 수요가 가격변화에 대해 민감하다는 것을 의미하고, 비탄력적인 경우 그 값은 1보다 작고 수요가 가격변화에 대해 둔감하다는 것을 의미하고, 단위탄력적인 경우 그 값은 1이며 수요가 가격변화와 동일하게 변화한다는 것을 의미한다.

25. 수요곡선의 모양에 따라 수요 탄력성의 값은 다르게 나타나는데, 수요곡선이 수직인 경우에는 그 값이 0이고, 수평인 경우에는 그 값이 ∞이고, 직각쌍곡선인 경우에는 언제나 그 값은 1이다.

26. 수요의 가격탄력성과 판매수입의 관계는 탄력성의 값에 따라 판매수입이 달라지는데, 탄력적인 경우에는 가격이 상승하면 총수입은 감소하고 그 역이면 반대가 되고, 비탄력적인 경우에는 가격이 상승하면 총수입은 증가하고 그 역이면 반대로 되고, 단위탄력적인 경우에는 가격변화에 따른 총수입의 변화가 없다는 것을 의미한다.

27. 수요탄력성의 결정요인에는 대체재가 많을수록, 소득에서 차지하는 비중이 높을수록, 사치품(고가품)일수록, 같은 상품에 가격대가 높을수록, 가격변화에 대해 적응기간이 길수록 탄력성은 커진다.

28. 소득변화에 대해 어떤 상품의 수요가 변화하는 정도를 나타내는 것을 '수요의 소득탄력성'이라 한다. 그 값이 양(+)이면 정상재이고, 음(−)이면 열등재이다.

29. 타재화의 가격변화에 대해 수요가 변화하는 정도를 나타내는 것을 '교차탄력성'이라 한다. 그 값이 양(+)이면 대체재이고, 음(−)이면 보완재이고, 0이면 독립재이다.

30. 공급의 가격탄력성은 가격변화에 대한 공급량의 변화 정도를 나타내고, 공급량변화율을 가격변화율로 나눈 값이다.

31. 공급곡선의 모양에 따라 공급 탄력성의 값은 다르게 나타나는데, 공급곡선이 수직인 경우에는 그 값이 0이고, 수평축과 교차하는 경우에는 그 값이 $0<\varepsilon_s<1$ 이고, 원점을 통과하는 경우 그 값은 1이고, 수직축과 교차하는 경우 그 값은 $1<\varepsilon_s<\infty$이고, 수평선인 경우 ∞이다.

32. 공급탄력성의 결정요인에는 생산비의 증가속도가 느릴수록, 기간이 장기일수록, 기술수준의 향상속도가 빠를수록, 저장비용이 적게 들수록 탄력적이다.

33. 자원배분의 효율성은 한계편익(수요곡선)과 한계비용(공급곡선)이 일치할 때 달성된다. 또한 가격(P)과 한계비용(MC)이 일치할 때도 자원배분의 효율성이 달성된다.

Chapter 04

정부간섭

학습목표 가격규제의 효과, 조세의 효과, 관세의 효과

정부는 종종 어떤 목적을 달성하기 위하여 시장에 간섭한다. 본장에서는 이런 정부간섭이 과연 의도했던 목적을 초래하는지를 검토한다. 정부간섭은 다양하게 이루어지지만 여기서는 대표적인 세 가지 간섭을 다룬다. 첫째, 정부가 가격형성에 직접적으로 개입하는 가격규제와 둘째, 정부가 부과하는 특수목적세, 셋째, 정부가 타국과의 거래를 규제하는 보호무역 등이다.

1 가격규제

가격규제(price control)는 어떤 목적을 달성하기 위하여 정부가 가격형성에 직접적으로 개입하는 것을 말한다. 가격규제는 두 가지이다. 하나는 수요자(소비자)를 보호하기 위해 시행하는 최고가격제(가격상한제)이고, 다른 하나는 공급자(생산자, 판매자)를 보호하기 위해 시행하는 최저가격제(가격하한제)이다.

가격규제: 어떤 목적을 달성하기 위하여 정부가 가격형성에 직접적으로 개입하는 것
① 최고가격제도 실시 목적: 수요자(소비자) 보호
② 최저가격제도 실시 목적: 공급자(생산자, 판매자) 보호

1) 최고가격제

정부는 수요의 증가나 공급의 감소로 가격이 상승할 때, 소비자를 보호하기 위해 가격상승을 금지한다. 이와 같은 정부간섭을 최고가격제 또는 가격상한제(price ceilings, maximum prices)라 한다. 왜냐하면, 정부가 소비자를 보호하기 위해 시장가격보다 낮은 최고가격(상한가격)을 설정하고, 그 가격보다 높은 가격으로 거래하지 못하게 법으로 금지하는 제도이기 때문이다.

최고가격(가격상한)제도: 정부가 소비자 보호를 위해 시장가격보다 낮은 최고가격(가격상한)을 설정하고, 그 가격보다 높은 가격으로 거래하지 못하게 법으로 금지하는 제도

이와 같이 소비자를 보호하기 위해 시행되는 최고가격제가 어떤 결과를 초래하는지를 살펴보자.

[그림 4-1]에서 보듯이 정부가 간섭하지 않을 경우, 수요와 공급이 만나는 E점

그림 4-1 최고가격제의 효과

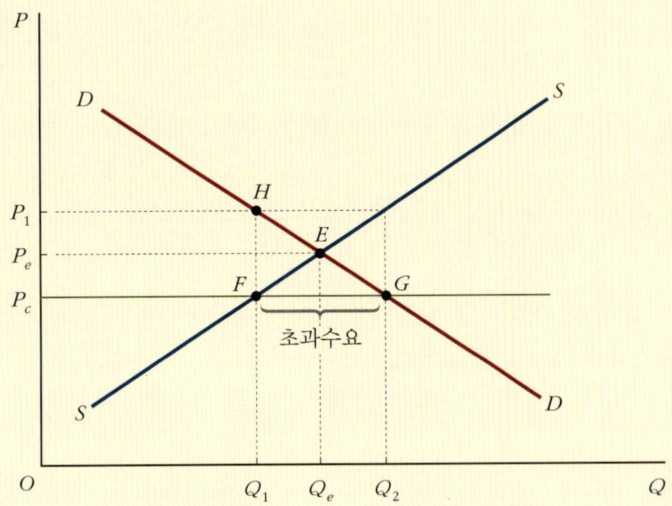

에서 균형이 이루어지며 가격과 거래량은 각각 P_e, Q_e가 된다. 그런데 정부가 소비자를 보호하기 위해 가격을 시장가격(P_e)보다 낮은, 예를 들면 P_c로 최고가격을 설정한다. 그 결과, 시장에서는 수요량은 Q_2로 증가하는 반면, 공급량은 Q_1으로 감소하여 $FG(Q_1Q_2)$만큼 재화가 부족한 초과수요가 발생하게 된다. 따라서 설정된 최고가격은 재화의 배분자로서 역할을 하지 못한다. 즉, 그 가격에서는 소비자들이 원하는 양만큼 구입할 수 없다.

최고가격제 실시 → 초과수요 발생 → 가격이 배분자로서 역할 못함: 소비자들이 원하는 양만큼 상품 구입할 수 없음 ⇒ 비가격배분 방식으로 배분

따라서 가격 이외의 다른 방식에 의해 그 부족분을 배분할 수밖에 없다. 이런 방식을 비가격배분방식이라고 한다. 비가격배분방식으로는 선착순, 배급제도 방식, 판매자의 선호 등이 있는데, 이것들을 구체적으로 살펴보면 다음과 같다.

선착순(first-come-first-served)방식은 먼저 온 순서대로 재화를 구입할 수 있도록 하는 방법이다. 이 방식에서는 물건을 구입하기 위해 일찍 가서 줄을 서서 기다려야 하므로 규제가 없을 경우에 비해 소비자는 낮은 가격으로 구입할 수 있지만 대기시간의 가치만큼 대가를 치러야 한다. 따라서 소비자가 실제로 치르는 대가는 규제가 없을 경우에 비해 높을 가능성이 크다. 심지어 오랜 시간 동안 대기하고서도 구입하지 못하는 경우도 발생한다. 또한 규제가 없을 경우 구입하는 소비자 중 시간의 가치가 큰 소비인일 경우, 즉 대기시간의 기회비용이 높은 소비자인 경우 재화 구입을 포기하게 된다. 따라서 소비자의 선호가 반영되지 않는다. 그러므로 선착순은 비효율적인 배분을 초래한다.

배급제도 방식은 소비자들에게 배급표인 쿠폰(coupon)을 나누어 주고, 쿠폰수만큼 상품을 구입할 수 있게 하는 것이다. 이 방식은 상품을 골고루 배분한다는 형평성은 달성되지만, 소비자가 원하는 만큼 구입할 수 없게 되어, 소비자 선호가 반영되지 못하는 문제점이 발생한다. 또한 가지고 있는 쿠폰수보다 상품을 덜 소비해도 되는 소비자와 쿠폰수보다 더 소비하고자 하는 사람들 사이에 쿠폰거래가 이루어지는 암시장이 생길 수도 있다. 따라서 배급제도 역시 비효율적인 배분을 초래한다.

판매자의 선호에 의한 방식이란 판매자가 선호하는 사람에게만 재화를 판매하는 것이다. 이 방식에 의하면, 판매자가 선호하지 않는 사람들은 재화를 구입할 수 없게 된다. 이 방식 역시 소비자의 선호가 반영되지 않으므로 비효율적인 배분을 초래한다.

비가격배분방식의 효과

① 선착순방식: 먼저 온 순서대로 재화를 구입하는 것 ⇒ 대기시간 소요, 소비자 선호 반영 안됨

② 배급제도 방식: 배급표인 쿠폰(coupon)을 나누어 주고, 쿠폰수만큼 상품을 구입할 수 있게 하는 것 ⇒ 형평성 달성, 소비자 선호 반영 안됨

③ 판매자 선호에 의한 방식: 판매자가 선호하는 사람에게만 재화를 판매하는 것 ⇒ 소비자 선호 반영 안됨

또한 최고가격제가 실시되면 재화의 질이 하락한다. 재화가 부족하므로 보다 낮은 질로 공급하더라도 판매가 되기 때문에 공급자들은 더 많은 이익을 추구하기 위해 질을 하락시킨다. 특히 원료가격이 상승하여 가격을 상승시키려 할 때, 가격규제가 실시되면 그들은 수지를 맞추기 위해 질을 하락시킨다. 이와 같이 최고가격을 시행하면 질의 하락이 반드시 수반된다.

한편 최고가격을 실시하면, 위에서 본 바와 같이, 소비자들은 원하는 양만큼 구입할 수 없거나 전혀 구입할 수 없게 된다. 따라서 그런 소비자들은 최고가격보다 높은 가격을 지불하고서라도 상품을 구입하고자 한다. 왜냐하면, 소비자가 최대로 지불할 용의가 있는 가격은 수요곡선의 높이에 해당하는 H점(P_1)으로서 최고가격보다 높기 때문이다. 그러나 최고가격보다 높은 가격으로 거래하는 것은 위법이다. 이와 같이 정부가 허용한 거래조건을 위반하는 거래를 암거래라고 하고, 이러한 암거래가 이루어지는 시장을 암시장(black market)이라고 한다. 따라서 최고가격을 실시하면 암거래가 이루어지는 암시장이 출현할 가능성이 높다. 우리들이 흔히 보는 암거래가 명절이나 포스트시즌 야구장에서 볼 수 있는 암표이다. 암거래 가격은 최고가격보다 높을 뿐만 아니라 시장가격, 즉 가격규제가 없을 때 가격보다도 훨씬 높다.

암시장: 정부가 허용한 거래조건을 위반하는 거래(암거래)가 이루어지는 시장

이상에서 본 바와 같이, 최고가격제를 시행하면, 소비자들은 낮은 가격으로 구입할 수 있지만, 시간낭비, 재화 질의 하락 등으로 실제로 치르는 대가는 훨씬 높다. 더구나 판매자의 선호에 의해 배분될 경우와 줄서기로 배분될 경우에는 전혀 구입할 수 없는 소비자도 존재한다. 심지어 암거래가 발생하는 과정에서 거래가격은 규제 이전의 가격보다 훨씬 높다. 따라서 소비자를 보호하기 위해 시행하는 최고가격제로 인해 오히려 다수의 소비자들이 더 높은 대가를 치르게 되므로, 정부가 의도한 것과는 상반된 결과를 초래한다는 것을 알 수 있다.

최고가격제도의 효과

① 비가격배분방식으로 소비자 선호 반영 안됨
② 질 하락
③ 암시장 발생 규제가격보다 높아짐
⇒ 소비자 치르는 대가 ↑ ⇒ 제도실시 의도와는 상반된 결과 초래

최고가격제가 이런 문제점이 있음에도 불구하고 최고가격제도를 실시하는 이유는 다음과 같다. 첫째, 평상시 물가상승의 기대심리를 억제하기 위해서 시행한다. 수요 증가나 공급 감소로 가격이 상승할 경우, 사람들이 앞으로 가격이 더욱 상승할 것이라는 기대심리가 작용하게 되면 전반적으로 구매가 증가하여 인플레이션이 발생할 가능이 높다. 이런 경우 물가상승에 대한 기대심리를 억제하기 위해 최고가격제를 시행한다. 이 경우 기대심리가 억제되면 최고가격제를 폐지해야 한다. 왜냐하면 지속적으로 시행할 경우 위에서 본 문제점으로 소비자들에게 장기간 피해를 보기 때문이다. 따라서 최고가격제는 필요할 때 응급조치용으로 일시적으로 시행해야 된다.

둘째, 전시(戰時)에 더 많이 필요한 군수물품을 생산하기 위해 시행한다. 더 많이 필요한 군수물품을 생산하기 위해서는 자원이 더 필요하다. 따라서 군수물품 생산을 위해 필요한 자원을 일반재화 생산에 사용되는 자원으로부터 전환시켜야 한다. 이를 위해 일반 재화에 대해 최고가격제를 시행하면, 위에서 본 것처럼, 일반 재화의 생산이 감소하고 그 부문에서 자원사용이 감소한다. 그 결과 일반 재화생산에서 남은 자원을 군수물품 생산에 이용할 수 있다. 아울러 이 과정에서 일반 재화의 공급감소로 가격상승과 그에 따른 물가상승에 대한 기대심리도 이미 시행되고 있는 최고가격제로 억제시키고 있다. 즉, 전시의 최고가격제는 군수물품의 증가효과와 물가상승의 기대심리 억제효과를 동시에 달성시키는 것이다.

최고가격제도 실시의 타당성: ① 평상시 물가상승의 기대심리 억제, ② 전시(戰時)의 군수물품 증산

읽을거리

임대료규제

이러한 최고가격제도의 대표적인 실례로 임대료규제의 효과를 들 수 있다.

정부는 세입자의 주거비용이 높아지지 않도록 하기 위해 임대료를 올리지 못하도록 규제하거나 또는 상승폭을 제한한다. 이런 정책이 발표될 때 대체로 세입자들도 환영한다. 과연 세입자들을 위한 정책인지 검토해 보자.

이를 파악하기 위해 임대료규제로 어떤 상황이 전개되는지를 살펴보자.

우선 임대료가 상승하는 이유부터 살펴보면, 대개 집주인이 임대료를 올리기 때문이 이니라, 일자리, 교육, 결혼 등으로 그 지역에 대한 임대수요가 증가하였기 때문이다. 그 결과 임대주택의 부족, 즉 초과수요가 발생하여 임대료가 상승한 것이다. 높은 가격으로 입주할 사람, 즉 임대공간에 대해 높은 가치를 부여하는 사람들은 입주를 하고, 그렇지 못한 사람들은 더 작은 임대주택으로 이주하거나 보다 싼 다른 지역으로 이주하여 부족사태는 일시적으로 해결될 것이다. 아울러 임대주택의 수익성이 높아짐에 따라 임대주택의 건립과 타 용도로 사용되던 것을 임대주택으로 개조됨으로써 임대주택의 공급이 증가하게 된다. 그 결과 임대료가 하락하면서 어쩔 수 없이 타 지역에 이주했던 사람들은 다시 입주할 수 있고, 어쩔 수 없이 작은 임대주택으로 이주했던 사람들도 더 넓은 임대주택으로 입주할 수 있다. 그 결과 임대수요의 증가로 인한 공간의 부족이 사실상 해결된다.

이와 같이 임대료, 즉 가격이 규제를 받지 않으면 그 임대료는 임대주택 수요증가에 따른 부족분을 시장에서 효율적으로 해결한다. 즉, 현재 부족분을 높은 가치를 부여하는 사람들이 입주하도록 하고, 아울러 중장기적으로 공급증가를 통해 부족분이 해결된다.

그런데 정부가 임대료를 규제하면 먼저 현재 부족한 임대주택에 어떤 사람들이 입주를 하게 되는지부터 살펴보자. 집주인은 임대료를 규제된 것보다 높게 받을 수 없으므로 가격 이외의 다른 기준, 즉 비가격분배방식에 입각하여 세입자를 선정하게 될 것이다. 그 기준에는 여러 가지가 있다.

첫째, 선착순에 의한 방법이다. 먼저 집을 구하려고 오는 사람에게 세를 놓는 것이다. 이런 경우 집주인은 기존 세입자가 이사를 가지 않는다면 그들에게 계속 세를 줄 것이다. 만약 그들이 이사를 한다면 먼저 집을 구하려고 오는 사람에게 세를 놓을 것이다. 이 방식에 의할 경우 집을 구하지 못하는 사람들은 기존 입주자나 먼저 계약한 사람에게 웃돈을 주고 자기가 입주할 수도 있고, 주인에게 계약 해지에 따른 위약금을 충당하고 남을 정도로 웃돈을 주면서 기존 계약자와 계약을 해지하도록 할 수 있다. 즉 암시장(black market)이 발생할 가능성이 있다.

둘째, 주인의 취향에 맞는 사람에게 세를 놓는 것이다. 주인은 임대료를 더 높게 받을 수 없으므로 자신의 취향에 맞는 사람을 입주시키려고 한다. 이런 방식에 의해 세를 놓을 경우 주인의 취향에 맞지 않는 사람들은 집을 구하기가 힘들어진다. 예를 들면,

자녀가 많은 사람, 학연이나 지연이 다른 사람, 피부색이 다른 사람, 외국인 등은 집을 구하기가 힘들어진다.

이와 같이 비가격분배방식에 의해 세를 놓을 경우, 그 주거공간에 대해 높은 가치를 부여하는 사람들이 입주하지 못하게 되어 임대주택은 비효율적으로 이용된다.

또한 질의 변화도 발생한다. 질이 나쁜 것으로 도배를 해 주거나 흠집이 있더라도 고쳐주지 않고 그대로 입주하라고 한다. 세입자들은 초과수요로 예비세입자들이 많기 때문에 어쩔 수 없이 그대로 입주할 수밖에 없다. 따라서 자기가 울며 겨자 먹기 식으로 새로 도배하거나 수리를 하여 초과비용을 부담하거나 불량한 상태로 거주를 하게 된다. 침대를 비롯한 가구와 냉장고를 비롯한 가전제품 등이 완비되어 있던 곳에서는 이제 그것의 사용료를 따로 지불하라고 하여 역시 초과비용을 부담하게 된다. 만약 정부가 사용료를 따로 받지 못하게 하면 가구와 가전제품을 치워버린다. 따라서 세입자는 자신이 구입할 수밖에 없고, 역시 초과비용을 부담하게 된다.

이와 같이 임대료 규제는 새로운 세입자들에게 초과비용을 치르게 하여, 원래 목적인 주거비용의 하락은커녕 오히려 규제가 없을 때보다 더 높은 주거비용을 치르게 하고 있다. 또한 질의 하락을 통한 서민임대주택의 슬럼화를 초래한다. 우리는 서민임대주택 단지의 슬럼화현상을 볼 수 있는데, 그것의 주원인은 바로 임대료규제이다.

장기적으로는 서민임대주택의 공급이 감소하여 서민임대주택의 부족은 더욱더 심화된다. 왜냐하면, 서민임대주택의 소유자들은 규제를 받지 않는, 수익성이 높은 고급임대주택이나 다른 용도로 개조하기 때문이다. 이런 결과는 미국의 빈민가나 홍콩 등 여러 곳에서 현실로 나타났다. 이것을 두고 어느 학자는 "임대료 규제의 위력은 폭격과 같다"라고 했다. 아울러 주택건설업체들도 서민임대주택의 건설보다는 상대적으로 수익성이 높은 고급임대주택이나 분양주택 등을 건설할 것이다.

임대료규제의 효과: 암시장 발생 가능성, 임대주택의 비효율적 이용, 질의 저하 발생, 높은 주거비용으로 인한 임대료 상승, 장기적으로 주택공급 감소, 물가 상승 초래

이와 같이 임대료, 즉 가격이 통제됨으로써 가격은 효율적인 생산을 유도하는 역할도 하지 못한다. 즉, 임대료가 규제됨으로써 서민임대주택이 서민들이 원하는 생산이 되지 않았다. 규제가 됨으로써 오히려 그 사회가 원하지 않던, 즉 과도한 고급임대주택이나 분양주택이 건축되었고, 그로 인해 인건비와 자재비가 폭등하여 물가가 급등하는 결과를 초래하였다. 임대료 규제가 있었던 시기에 미국이나 홍콩 등에서 물가가 폭등한 경험을 갖고 있다.

2) 최저가격제

정부는 수요의 감소나 공급의 증가로 가격이 하락할 때, 공급자(생산자)를 보호하기 위해 가격하락을 통제한다. 이와 같은 정부간섭을 최저가격제 또는 가격하한제(minimum prices, price floors)라 한다. 왜냐하면, 정부가 공급자를 보호하기 위해 시장가격보다 높은 최저가격(하한가격)을 설정하고, 그 가격보다 낮은 가격으로 거래하지 못하게 법으로 금지하는 제도이다.

최저가격(가격하한)제도: 정부가 공급자 보호를 위해 시장가격보다 높은 최저가격(가격하한)을 설정하고, 그 가격보다 낮은 가격으로 거래하지 못하게 법으로 금지하는 제도

이와 같이 공급자를 보호하기 위해 시행되는 최저가격제가 어떤 결과를 초래하는지를 살펴보자.

그림 4-2 최저가격제의 효과

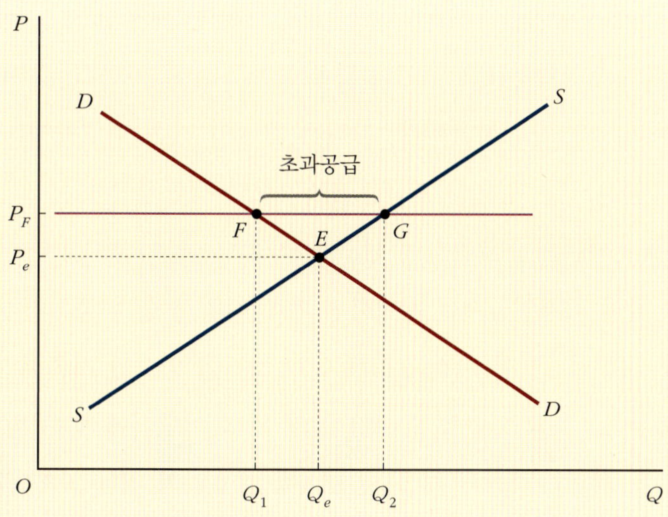

[그림 4-2]에서 보듯이 정부가 간섭하지 않을 경우, 수요와 공급이 만나는 E점에서 균형이 이루어지며 가격과 거래량은 각각 P_e, Q_e가 된다. 그런데 정부가 공급자를 보호하기 위해 가격을 시장가격(P_e)보다 높은 예를 들면, P_F로 최저가격을 설정한다. 그 결과, 시장에서는 수요량은 Q_1으로 감소하는 반면, 공급량은 Q_2로 증가하여 FG만큼 재화가 남아도는 초과공급이 발생하게 된다. 따라서 설정된 최저가격은 재화의 배분자로서 역할을 하지 못한다. 즉, 그 가격에서는 공급자들이 원하는 양만큼 판매할 수 없다. 따라서 만성적인 재고가 발생한다.

최저가격제도 실시: 시장가격보다 높게 설정 → 초과공급 발생 → 가격이 배분자로서 역할 못함: 공급자들이 원하는 양만큼 판매할 수 없음 ⇒ 만성적 재고 발생

현실에서 적용되는 대표적인 최저가격제는 최저임금제이다. 정부는 저임금근로자들의 소득을 높이기 위해 최저임금제를 시행하고 있다. 최저임금제를 시행하면, 기업들의 노동에 대한 수요량이 감소하고 근로자들의 노동공급이 증가하여 노동시장에서 초과공급인 실업이 발생한다. 더욱이 최저임금제로 기존의 낮은 임금수준에서는 일을 하려고 하지 않고 임금수준이 더 높아지면 일을 하려고 대기하는 노동자들이 노동시장에 진입하면서 일자리가 그들로 대체된다. 그 이유는 다음과 같다. 일반적으로 그들은 생산성이 높기 때문에 이전의 낮은 임금수준에서 일하는 것을 포기하고 있던 노동자들이다. 따라서 그들이 기존 취업자에 비해 생산성이 높고, 고용주들은 같은 임금을 지급할 경우, 보다 생산성이 높은 노동자를 고용할 것이다. 따라서 기존의 근로자들이 해고가 생각보다 많이 발생한다.

이와 같이 최저임금제를 시행하면 기존 취업자 중 해고되지 않고 남아있는 일부와 새로운 취업자들이 이전에 비해 높은 소득을 얻지만 기존취업자 중 다수가 일자리를 잃는다. 또한 실업을 당하지 않기 위해 비밀리에 낮은 임금을 받아들이는 암거래가 발생한다. 따라서 저임금근로자를 보호하기 위한 최저임금제 실시가 정부

의 의도와 다르게 오히려 대다수의 저임금근로자에게 피해를 주는 것이다. 이런 측면에서 볼 때, 저임금근로자를 보호하기 위해서는 최저임금제보다 그들에게 세금감면이나 보조금을 주는 것이 더 나은 효과를 가져온다.

최저가격제의 또 다른 예는 농산물가격지지제이다. 농산물가격지지제는 농산물의 공급자인 농부들의 안정적인 생활을 보호하기 위해 시장가격 수준보다 높게 설정하여 그 이하로 거래하지 못하도록 통제하는 것이다. 이 경우에도 잉여농산물이 초래되는 문제점이 발생한다. 그 결과 상대적으로 판매량이 많이 감소하는 농부들은 소득의 감소를 초래한다.

최저가격제도의 실례로 몇 년 전에 아파트 경비원들이 국회에 가서 자신들에게도 적용되고 있는 최저임금제를 적용하지 않도록 요구했다. 이들은 왜 자신들에게 득을 주려는 최저임금제를 거부할까?

최저임금제가 적용되자 인건비가 상승함으로써 아파트 관리비가 높아졌다. 그러자 주민들은 관리비를 낮추기 위해 경비원을 줄이고 대신 자동문과 CCTV로 대체하기 시작했다. 그 결과 경비원들이 일자리를 잃게 되었다. 더욱이 최저임금제로 기존의 낮은 임금수준에서는 일을 하려고 하지 않고 임금수준이 더 높아지면 일을 하려고 대기하는 노동자들이 경비원 노동시장에 진입하면서 일자리가 그들로 대체된다. 그 이유는 다음과 같다. 일반적으로 그들은 생산성이 높기 때문에 이전의 낮은 임금수준에서 일하는 것을 포기하고 있던 노동자들이다. 따라서 고용주들은 같은 임금을 지급할 경우, 보다 생산성이 높은 노동자를 고용할 것이다. 그 결과 기존의 경비원들은 아주 많이 해고를 당한다. 이런 이유로 경비원들이 최저임금제를 거부하는 것이다.

이상에서 본 바와 같이 가격규제는 정부의 의도와는 다른 결과를 초래한다는 것을 알 수 있다. 따라서 수요자와 공급자는 이런 점을 인식하여 정부에게 가격규제를 하라고 요구하는 행동에 대해 신중을 기해야 할 것이다.

① 최저임금제 실시 → 실업 발생
② 농산물가격지지제도 실시 → 잉여농산물 발생
⇒ 제도 실시의도와는 상반된 결과 초래 ⇒ 실시 전 신중히 판단

3) 우리나라의 최저임금제

우리나라는 1953년에 근로기준법을 제정하면서 최저임금제의 실시 근거(제34조와 제35조)를 두었으나, 실질적으로는 1986년 최저임금법을 제정하고 1988년부터 최저임금을 고시해 왔다. 적용대상은 1인 이상 근로자를 고용하는 모든 사업 또는 사업장이다.

최저임금은 근로자 대표위원 9명, 사용자 대표위원 9명, 공익대표위원 9명 등 총 27명으로 구성된 최저임금위원회에서 매년 인상안을 의결해 정부에 제출하면, 고용노동부장관이 8월 5일까지 결정해 고시한다. 고시된 최저임금은 다음 연도 1월 1일부터 12월 31일까지 효력이 발생한다.

우리나라 최저임금제의 연혁

1953년: 근로기준법 제정: 근거마련
1986년: 최저임금법 제정
1988년: 최저임금제 실시
2000년: 모든 사업 또는 사업장 적용

최저임금법에서는 최저임금을 어긴 사업주에 대해 3년 이하의 징역 또는 2,000만원 이하의 벌금(병과가능)에 처하도록 규정하고 있다. 또 최저임금 내용을 고지 아니할 시 100만원 이하의 과태료가 부과된다.

최저임금은 실업급여, 산재보상금 등의 산정 기초가 되며, 최저임금이 오르면 인건비가 오르기 때문에 물가를 압박하는 요인이 된다. 2018년 최저임금은 시급 7,530원이며, 2019년 최저임금은 820원 인상(2018년 대비 10.9% 인상)된 8,350원이

다. 우리나라의 연도별 최저임금 현황은 〈표 4-1〉과 같다. 연도별 인상 추이는 [그림 4-3]과 같다.

표 4-1 연도별 최저임금 현황 (단위: 원)

연도	시간급	일급 (일 8시간 기준)	월급 (주 40시간, 월 209시간 기준)	인상률(%)
2015	5,580	44,640	1,166,220	7.1
2016	6,030	48,240	1,260,270	8.1
2017	6,470	51,760	1,352,230	7.3
2018	7,530	60,240	1,573,770	16.4
2019	8,350	66,800	1,745,150	10.9

자료: 최저임금위원회, 보도자료(2018.7.14)

그림 4-3 연도별 최저임금 인상 추이

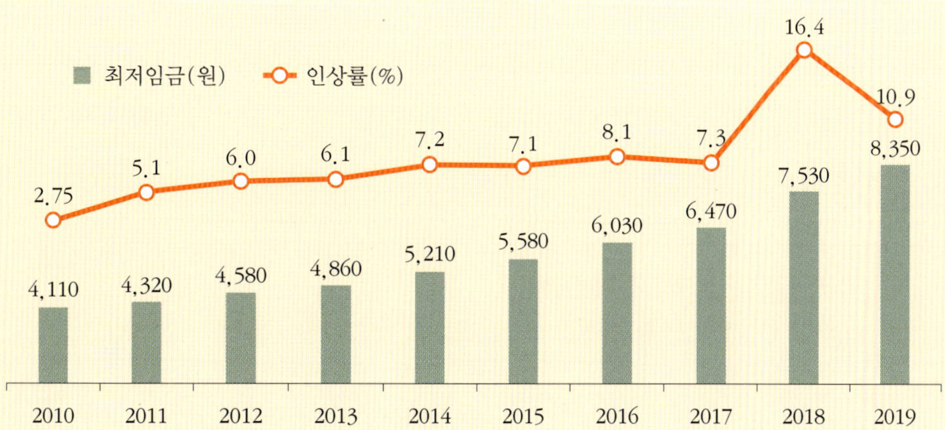

자료: 최저임금위원회, 보도자료(2018.7.14.)

4) 근로기준법 개정과 주52시간 근로시간 단축

우리나라 근로자의 연간 근로시간은 2016년 기준 2,052시간으로 멕시코(2,348시간) 다음으로 OECD 국가 중 2위를 차지할 정도로 장시간 노동에 노출되어 왔다. 이는 OECD 평균인 1,707시간보다 노동시간이 길어 근로기준법 개정의 필요성이 제기되어 왔다.

개정의 기본방향은 주당 최대 법정 근로시간을 현행 68시간에서 52시간(법정근로 40시간+연장근로 12시간)으로 단축하는 내용과 특례업종 축소, 휴일근로 가산할증률 명확화, 관광서의 공휴일 규정의 민간 기업 적용 등이다.

장시간 노동에 따른 근로시간 단축을 주요 내용으로 하고 있는 '근로기준법 개정안'이 2018년 2월 28일 국회를 통과하였고 3월 20일 공포되어, 2018년 7월 1일부터 기업규모별 단계적 시행에 들어갔다. 이에 따라 300인 이상 사업장과 공공기관은 2018년 7월 1일부터 주당 근로시간 52시간을 지켜야 한다.

개정안은 '1주일은 7일'이라는 내용을 명시하면서 주 최대 근로시간이 68시간(평일 40시간+평일 연장 12시간+휴일근로 16시간)에서 52시간(주 40시간+연장근로 12시간)으로 16시간이 줄어들었다. 주 68시간은 고용노동부가 주 단위를 '평일 5일'로만 해석하고, 토·일요일은 법정근로시간 계산에서 제외해 휴일 근로로 각 8시간씩 더함에 따른 것이다.

최근 근로기준법 개정의 기본방향

주당 근로시간 단축: 68시간 ⇒ 52시간
특례업종 축소, 휴일근로 가산할증률 명확화, 관공서 휴일규정 적용
2018년 2월 국회통과 → 7월 기업규모별(300인 이상) 단계적 실시

한편, 근로기준법은 근로자 보호를 위한 강행 규정이기 때문에 노사가 합의해도 52시간 이상 일할 수 없다. 만약 이를 어기면 사업주는 징역 2년 이하 또는

2,000만원 이하 벌금에 처해진다.

우리나라 최저임금제의 효과도 앞에서 언급한 바와 같다. 저임금근로자 중 일부는 임금이 오르지만, 다른 일부는 일자리를 잃게 된다.

2 조세의 전가와 귀착

정부는 정부의 경제활동을 위해 조세를 부과한다. 그런데 정부는 어떤 특수한 목적을 위해 조세를 부과하는 경우가 있다. 예를 들면, 부담능력이 큰 부자들이 세금을 많이 내도록 하기 위한 명품세, 금연을 유도하기 위한 담배세 등이 있다. 본 절에서는 이런 특수목적세가 부과될 경우에 어떤 경제적 결과를 초과하는지를 검토한다.

정부가 세금을 부과하는 대상에 따라 판매세와 소비세로 구뷰할 수 있다. 판매세는 판매자 또는 생산자에게 부과하는 세금이고, 소비세는 소비자에게 부과하는 세금이다. 소비세를 부과하더라도 그것을 판매자가 받아서 납부하므로 판매세를 부과하던 소비세를 부과하던 판매자가 직접 납부한다.

한편 판매세든 소비세든 부과하는 방식에 따라 종량세와 종가세로 구분된다. 종량세는 판매량이나 소비량에 따라 부과하는 세금이다. 종가세는 가격에 따라 부과하는 세금이다. 예를 들면, 종량세인 경우 단위당 100원이라면, 1개 팔리면 100원, 2개 팔리면 200원의 세금을 납부하는 것이다. 종가세인 경우 10%이라면, 100원에 팔리면 단위당 10원, 200원에 팔리면 단위당 20원의 세금을 납부해야 한다. 따라서 판매세의 경우 종량세를 부과하면 공급곡선이 종량세만큼 상향으로 평행이동한다. 반면 종가세의 경우 상승함에 따라 납부해야 되는 세금이 커지므로 상향으로 회전 이동한다. 소비세인 경우 판매세와 같은 방식으로 수요곡선이 하향이동한다.

세금의 부과 대상에 따른 구분

① 판매세: 판매자 또는 생산자에게 부과하는 세금

② 소비세: 소비자에게 부과하는 세금

세금의 부과 방식에 따른 구분

① 종량세: 판매량이나 소비량에 따라 부과하는 세금

② 종가세: 가격에 따라 부과하는 세금

판매세의 효과를 살펴보자.[1] [그림 4-4]에서 원래 수요곡선(D_1)과 공급곡선(S_1)이 만나는 점 E_1에서 균형을 이루어, 균형가격은 P_e, 거래량은 Q_e이다. 여기서 단위당 T원의 판매세를 부과하면 판매자의 입장에서는 세금만큼 비용이 증가하므로 세금만큼 가격상승, 즉 P_1으로 가격을 상승시키고자 할 것이다. 즉, 부과된 단위당 조세(Tax)만큼 공급곡선이 상향 이동한다($S_1 \rightarrow S_2$). 그러나 가격은 조세만큼 상

그림 4-4 조세부과의 경제적 효과

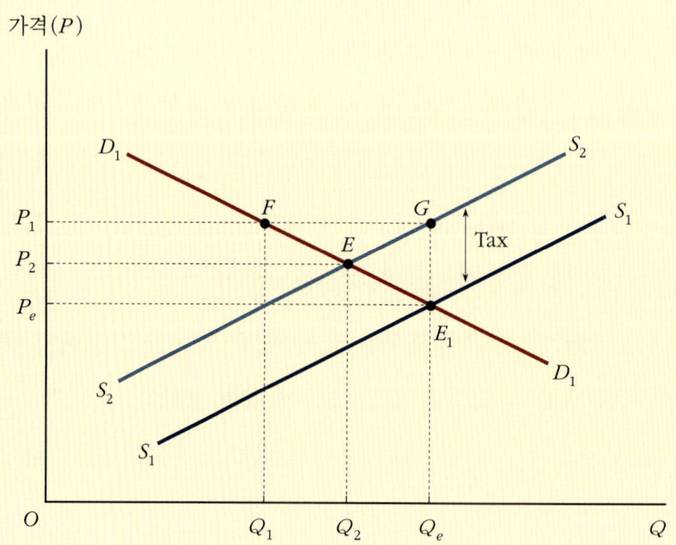

1) 분석의 편의를 위해 종량세를 부과하는 것으로 한다. 종가세로 부과하더라도 경제적 함의는 같다.

승하지 않는다. 왜냐하면 조세만큼 가격이 상승하면 소비가 줄어들어 FG만큼 초과공급이 발생하고, 그것을 해소하는 과정에서 가격이 P_2로 하락하기 때문이다. 이와 같이 조세가 부과되면 어느 정도 가격이 상승하고 거래량은 Q_2로 감소하는 것이 일반적이다. 가격이 상승하면 상승분만큼 소비자가 조세를 부담한다.

종량세 방식으로 판매세 부과 → 조세만큼 가격 상승 시도 → 초과공급 발생 → 가격 약간 하락 ⇒ 조세부과 이전보다 가격 상승 ⇒ 가격 상승분만큼 소비자가 조세 부담

소비세의 효과를 간략히 살펴보자. 소비세를 부과하면 소비자는 소비세만큼 실질적으로 지불하는 가격이 상승하므로 소비를 감소시킨다. 그 결과 시장에서 초과공급이 발생하고 가격은 어느 정도 하락한다. 따라서 (소비자가 지불하는) 가격은 소비세만큼 상승하지 않는다. 소비세를 부과한 경우에도 판매자가 조세를 부담한다. 판매세이든 소비세이든 어느 경우에나 세금을 제외하고 실질적으로 판매자가 받는 가격은 똑같고, 소비자가 실질적으로 지불하는 가격도 똑같다. 따라서 판매세의 효과와 소비세의 효과는 같다.[2)]

판매세의 효과와 소비세의 효과는 동일: 곡선의 이동만 다름

① 생산자에게 판매세(종량세) 부과 → 공급곡선이 상향 평행이동

② 소비자에게 소비세(종량세) 부과 → 수요곡선이 하향 평행이동

⇒ 효과는 동일

이와 같이 조세를 당사자[3)]가 다 부담하지 않고 타인에게 그 부담의 일부 혹은 전부가 이전되는 것을 '조세의 전가'(tax shifting)라 한다. 그리고 소비자와 판매자(또는 생산자)가 조세를 각각 부담하는 몫을 '조세의 귀착'(tax incidence)이라고 한다.

2) 이와 같이 판매세를 부과하거나 소비세를 부과하거나 가격과 판매량(및 생산량)에 미치는 효과는 똑같다. 그래서 정부는 판매세와 소비세 중 어느 것이 조세저항이 낮아서 세수확보가 용이한 것인지를 고려하여 그 둘 중 하나를 택하는 것이다.

3) 당사자란 판매세인 경우 판매자, 소비세인 경우 소비자를 칭한다.

조세의 전가: 조세를 당사자가 다 부담하지 않고, 타인에게 그 부담의 일부 혹은 전부가 이전되는 것
조세의 귀착: 소비자와 판매자가 조세를 각자 부담하는 몫

그러므로 정부가 판매자에게 세금을 거두기 위해 판매세를 부과하거나 소비자에게 세금을 거두기 위해 소비세를 부과하면, 조세의 전가가 발생하므로 정부가 의도한 효과를 달성할 수 없다.

특히 조세가 부과될 경우 거래량이 감소($Q_e \rightarrow Q_2$)하므로 생산업체와 근로자들이 큰 피해를 보게 된다. 이것을 구체적인 예를 통해 살펴보자. 명품에 대해 세금을 부과할 경우 명품 소비자인 부자와 명품 생산업체 및 근로자들은 어떤 영향을 받는가? 첫째, 가격이 세금만큼 상승하지 않고, 판매량과 생산량도 줄어들기 때문에 기업의 수익성이 악화된다. 둘째, 기업 수익성의 악화로 근로자들의 임금이 하락하고, 일부 근로자들은 해고를 당하게 된다. 따라서 명품에 대해 과세를 하면 부자들로부터 세금을 징수하므로 언뜻 보기에는 부담능력이 큰 부자들에게 세금을 많이 내도록 한다는 목적은 달성되는 것처럼 보이지만, 다른 한편으로는 그들에 비해 소득이 낮은 생산업체 및 근로자들이 피해를 보기 때문에 그 목적이 달성되는 것이 아니다.

한편 조세의 귀착 정도는 어떻게 되는가? 즉, 소비자와 판매자 중 누가 세금을 더 많이 부담하고 누가 적게 부담하는가? 조세 부과로 가격이 조세만큼 상승하면 소비자가 다 부담하고 생산자는 부담하지 않는다. 따라서 가격 상승분만큼 소비자가 부담하고 나머지는 판매자가 부담한다는 것을 알 수 있다. 가격 상승의 정도는 수요탄력성과 공급탄력성에 달려 있다.

3장에서 본 것처럼, 탄력성이 크다는 것은 가격변화에 대해 민감하게 반응한다는 것을 의미한다. 따라서 수요가 공급보다 탄력적이라면 소비자가 생산자보다 가격변화에 민감하게 대처하므로 가격상승이 별로 크지 않다. 반면 공급이 수요보다 탄력적이라면 생산자가 소비자보다 가격변화에 민감하게 대처하므로 가격상승이

크다. 그러므로 상대적으로 탄력적인 집단이 조세부담을 적게 하고, 상대적으로 비탄력적인 집단이 많이 부담한다는 결론을 도출할 수 있다. 수요가 공급보다 탄력적이면 조세를 공급자가 더 많이 부담하고, 공급이 수요보다 탄력적이면 조세를 수요자가 더 많이 부담한다.

조세부담 크기: 수요와 공급의 탄력성에 의해 결정
수요의 탄력성>공급의 탄력성 ⇒ 생산자(공급자) 더 많이 부담
수요의 탄력성<공급의 탄력성 ⇒ 소비자(수요자) 더 많이 부담

이상에서 본 바와 같이, 조세가 부과되면 조세전가가 발생하고, 귀착의 정도도 수요탄력성과 공급탄력성에 따라 다르다. 이것은 다음과 같은 시사점을 제시하고 있다.

첫째, 정치인이나 일반인이 생각하는 것처럼 특정집단에 조세를 부과하더라도 그 집단이 모두 부담하는 것이 아니라, 그 집단과 거래하는 다른 집단들도 반드시 부담하게 된다.

둘째, 부과대상 집단보다 다른 집단이 더 큰 부담을 지는 경우가 아주 많이 발생한다.

따라서 일반 대중을 위해 특정대상에 조세를 부과하는 것이 오히려 일반 대중에게 더 큰 피해를 입힐 수 있다는 점을 우리 모두는 유의해야 할 것이다.

조세전가, 조세귀착의 시사점: 일반대중을 위한 특정 대상에 조세부과 → 일반대중에게 피해 ⇒ 사전에 신중하게 고려해서 결정

3 관세의 효과

관세는 수입품에 부과하는 조세이다. 정부는 자국 산업을 보호하기 위해 관세를 부과한다. 관세가 국민경제에 어떤 영향을 미치는지 살펴보자.

관세: 수입품에 부과하는 조세
관세부과 목적: 자국 산업의 보호

이것을 파악하기 위해 먼저 외국과 자유로운 교역이 있기 전의 가격과 교역 후의 가격과 국내생산량을 살펴볼 필요가 있다. 교역이 있기 전에 가격과 국내생산량은 국내수요곡선과 국내공급곡선이 일치하는 P_1과 Q_3가 된다. 교역 후에 수입이 이루어지면 가격이 P_3로 하락한다. 왜냐하면, 외국의 비교우위가 있는 제품들이 수입되고, 수입되는 비교우위제품의 가격은 그 제품의 기회비용과 같기 때문에 국내 비교열위제품들의 가격보다 낮다. 그 결과, 수입품과 경쟁하는 국내제품의 가격도 P_3로 하락하여 국내제품이든 수입품이든 가격은 똑같이 P_3로 결정된다. 이 과정에서 국내제품의 생산량은 Q_1으로 감소된다. 국내생산자들 중 외국의 비교우위자들과 같이 낮은 비용으로 생산할 수 있는 생산자들만이 살아남고 나머지는 도태된다. 이와 같이 자유롭게 교역이 이루어지면 비교열위에 있는 생산자들이 도태되지만, 소비자들은 낮은 가격으로 구입할 수 있게 되므로 득을 보게 된다. 소비자들이 보는 이득이 생산자들이 보는 손해보다 크다. 이를 구체적으로 보면 다음과 같다.

자유로운 교역 → 비교열위 생산자 도태, 소비자는 낮은 가격으로 상품구입
⇒ (소비자의 이득 > 생산자의 손해)

[그림 4-5]에서 보듯이, 교역이 시작되기 전에는 소비자잉여는 A이고, 생산자잉여는 $B+D+H$이다. 따라서 무역이 전혀 없는 경우의 총잉여는 소비자잉여와 생

그림 4-5 관세부과의 경제적 효과

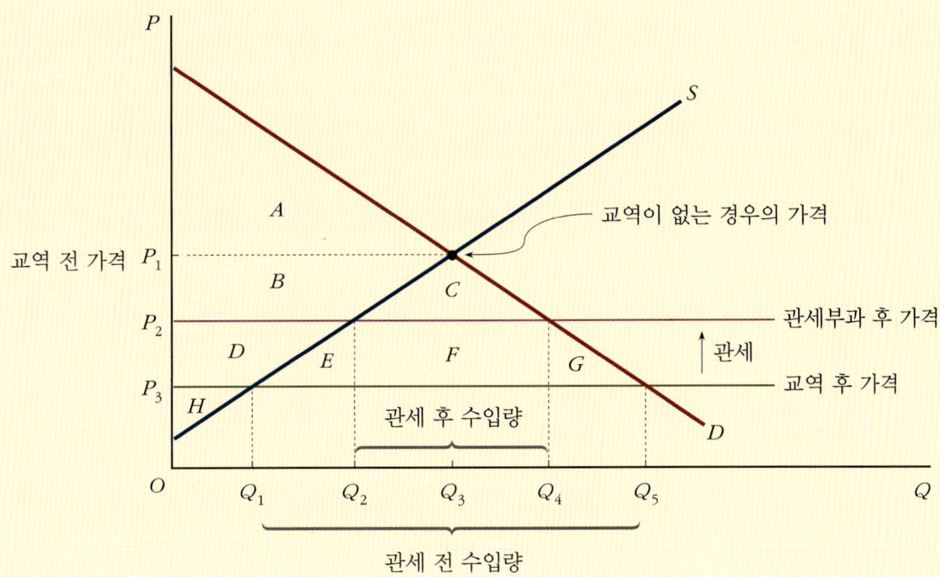

산자잉여를 합한 면적인 $A+B+D+H$가 된다. 교역 후 국내가격이 하락하기 때문에 소비자잉여는 국내수요곡선과 교역 후 가격 사이의 면적인 $A+B+C+D+E+F+G$로 늘어난다. 반면 생산자잉여는 국내공급곡선과 교역 후 가격 사이의 면적인 H로 줄어든다. 따라서 교역이 허용되면 총잉여는 소비자잉여와 생산자잉여를 합한 면적인 $A+B+C+D+E+F+G+H$로 늘어나게 된다. 따라서 소비자들이 보는 이득이 생산자들이 보는 손해보다 크다. 이를 정리하면 〈표 4-2〉와 같다.

자유로운 교역 → 소비자잉여 증가, 생산자잉여 감소 ⇒ (증가된 소비자잉여>줄어든 생산자잉여) ⇒ 총잉여 증가

이와 같이 자유로운 교역을 허용하면 국내생산자들이 도태되거나 도태되지 않은 자들도 낮은 가격으로 판매하기 때문에 수익성이 하락한다. 이들 국내생산자들

표 4-2 교역 후 수입국에 미치는 후생변화

	교역 전	교역 후	변화 내용
소비자잉여	A	$A+B+C+D+E+F+G$	$+(B+C+D+E+F+G)$
생산자잉여	$B+D+H$	H	$-(B+D)$
총잉여	$A+B+D+H$	$A+B+C+D+E+F+G+H$	$+(C+E+F+G)$

을 보호하기 위해 정부가 관세를 부과한다. 이런 관세가 국민경제에 어떤 영향을 미치는지 살펴보자.

> 자유로운 교역 결과 ⇒ 국내 생산자: 도태, 수익성 악화 초래 → 국내 생산자 보호 ⇒ 관세 부과

위에서 언급한 것처럼 관세가 부과되면, 국내가격은 부과된 관세만큼 상승하여 P_2가 된다. 국내가격이 상승했기 때문에 국내 공급량은 Q_1에서 Q_2로 증가하고, 국내수요량은 Q_5에서 Q_4로 감소하면서, 수입량도 Q_1Q_5에서 Q_2Q_4로 감소한다.

그 결과, 국내 생산자들과 정부는 이득을 보고, 국내 소비자들은 손실을 본다. 소비자들이 보는 손실이 생산자와 정부가 얻는 이익보다 크다. 이를 구체적으로 보면 다음과 같다.

> 관세 부과 ⇒ (국내 생산자·정부 이득발생 < 국내 소비자 손실 발생) ⇒ 총잉여 감소

소비자잉여는 $A+B+C$로 관세를 부과하기 전보다 $D+E+F+G$만큼 감소한다. 생산자잉여는 $D+H$로 관세를 부과하기 전보다 D만큼 증가한다. 정부의 관세수입은 관세부과 전 0에서 거래량에 관세를 곱한 면적인 F만큼 발생한다. 총잉여는 소비자잉여와 생산자잉여를 합한 것으로 $A+B+C+D+F+H$가 되어, 관세를 부과하기 전보다 $E+G$만큼 감소한다. 따라서 관세부과로 인해 감소된 소비자잉여 $D+$

$E+F+G$ 중 D는 생산자잉여의 증가로, F는 정부의 재정수입의 증가로 나타났음을 알 수 있다. 그러나 나머지 면적인 $E+G$만큼 어느 누구에게도 이전되지 않고, 총잉여도 감소했음을 알 수 있다.

관세 부과 → 부과된 관세만큼 국내가격 상승 → 국내 공급량 증가, 국내 수요량 감소, 수입량 감소 ⇒ 국내 생산자, 정부 이득<국내 소비자 손실 ⇒ 총잉여 감소

따라서 소비자들이 보는 손실이 생산자와 정부가 얻는 이익보다 크다. 이와 같이 국내생산자를 보호하기 위해 관세를 부과하면 소비자들이 희생을 당하며, 사회 전체적으로도 후생이 감소한다는 것을 알 수 있다. 이를 정리하면 〈표 4-3〉과 같다.

표 4-3 관세부과의 경제적 효과

	관세부과 전	관세부과 후	변화 내용
소비자잉여	$A+B+C+D+E+F+G$	$A+B+C$	$-(D+E+F+G)$
생산자잉여	H	$D+H$	$+D$
정부수입	0	F	$+F$
총잉여	$A+B+C+D+E+F+G+H$	$A+B+C+D+F+H$	$-(E+G)$
국내생산량	Q_1	Q_2	$+(Q_1Q_2)$
국내소비량	Q_5	Q_4	$-(Q_4Q_5)$
수입량	Q_1Q_5	Q_2Q_4	$-(Q_1Q_2+Q_4Q_5)$

요약

01. 가격규제는 어떤 목적을 달성하기 위하여 정부가 가격형성에 직접적으로 개입하는 것을 말한다. 가격규제에는 두 가지가 있는데, 하나는 수요자(소비자)를 보호하기 위해 시행하는 최고가격제(가격상한제)이고, 다른 하나는 공급자(생산자, 판매자)를 보호하기 위해 시행하는 최저가격제(가격하한제)이다.

02. 최고가격제도는 정부가 소비자를 보호하기 위해 시장가격보다 낮은 최고가격(가격상한)을 설정하고, 그 가격보다 높은 가격으로 거래하지 못하게 법으로 금지하는 제도이다.

03. 최고가격제도가 실시되면 소비자들이 원하는 양만큼 상품을 구입할 수가 없게 되어, 비가격배분방식으로 상품이 배분된다. 그래프에서는 균형가격보다 낮게 설정되며 초과수요(공급부족)현상이 발생하므로, 암시장이 발생할 가능성이 높다. 최고가격제도의 실례로는 임대료규제, 이자율규제 등이 있다.

04. 최고가격제가 실시되면 소비자들은 낮은 가격으로 상품을 구입할 수 있지만, 상품 질의 하락, 시간낭비 등 문제점이 발생한다. 이런 문제점이 있음에도 불구하고 최고가격제도를 실시하는 이유는 다음과 같다. 첫째, 평상시 물가상승의 기대심리를 억제하기 위해서 시행한다. 둘째, 전시(戰時)에 더 많이 필요한 군수물품을 생산하기 위해 시행한다.

05. 최저가격제도는 공급자를 보호하기 위해 시장가격보다 높은 최저가격(하한가격)을 설정하고, 그 가격보다 낮은 가격으로 거래하지 못하게 법으로 금지하는 제도이다.

06. 최저가격제도에서는 생산자들이 원하는 양만큼 판매를 하지 못하게 된다. 그래프에서는 균형가격보다 높게 설정되며, 초과공급현상이 발생한다. 최저가격제도의 실례로는 최저임금제도, 농산물가격지지제도 등이 있다.

07. 최저임금제도를 실시하면 정부의 의도와는 다르게, 노동시장에서 초과공급이 발생하여 실업이 나타나게 된다. 또한 해고되지 않고 남아있는 일부 근로자는 높은 임금을 받지만, 기존 취업자의 다수가 일자리를 잃게 되어, 대다수 저임금 근로자가 오히려 피해를 입게 된다. 따라서 저임금 근로자를 보호하기 위해서는 최저임금제보다 그들에게 세금감면이나 보조금을 주는 것이 더 나은 효과를 가져온다.

08. 우리의 최저임금제는 1953년에 최저임금제의 법적 근거인 근로기준법을 제정하였고, 1986년 최저임금법을 제정하고 1988년에 실제로 최저임금제를 실시하였다.

09. 최저임금의 결정은 근로자 대표위원 9명, 사용자 대표위원 9명, 공익대표위원 9명 등 27명으로 구성된 최저임금위원회에서 매년 8월 5일까지 결정하여 다음해 1년 동안 효력을 가진다.

10. 최근 근로기준법 개정의 기본방향은 주당 근로시간을 68시간에서 52시간으로 단축하며 특례업종을 축소하고, 휴일근로 가산할증률을 명확화하고, 관공서의 공휴일 규정의 민간기업 적용 등이다. 근로시간 단축을 주 내용으로 하는 개정안은 2018년 2월에 국회를 통과하여 7월부터 기업규모별(300인 이상)로 단계적으로 실시하고 있다.

11. 종량세를 생산자에게 판매세로 부과하면 공급곡선이 조세만큼 상향 평행이동하게 되고 가격이 상승한다. 이 때 조세부과만큼 소비자와 생산자가 나누어서 부담하게 되는데, 조세부담의 크기는 수요와 공급의 탄력성에 따라 다르다.

12. 수요의 탄력성>공급의 탄력성이면, 조세를 생산자(공급자)가 더 많이 부담하게 된다. 수요의 탄력성<공급의 탄력성이면, 조세를 소비자(수요자)가 더 많이 부담하게 된다.

13. 조세를 당사자가 다 부담하지 않고 타인에게 그 부담의 일부 혹은 전부가 이전되는 것을 조세의 전가라고 한다. 그리고 소비자와 판매자(또는 생산자)가 조세를 각각 부담하는 몫을 조세의 귀착이라고 한다.

14. 관세가 부과되면 부과된 관세만큼 국내가격이 상승하게 된다. 국내가격이 상승했기 때문에 국내 공급량이 증가하고, 국내 수요량은 감소하면서 수입량 감소한다. 그 결과 국내 생산자와 정부는 이득을 보고, 국내 소비자들은 손실을 본다. 이 때 국내 생산자와 정부가 얻는 이익이 국내 소비자가 보는 손실보다 크다.

15. 관세가 부과된 후, 관세부과되기 전과 비교하면 다음과 같다. 증가된 생산자잉여와 정부수입의 크기보다 감소된 소비자잉여의 크기가 더 크기 때문에, 전체적으로 총잉여가 감소했음을 알 수 있다.

16. 따라서 소비자들이 보는 손실이 생산자와 정부가 얻는 이익보다 크다. 이와 같이 국내생산자를 보호하기 위해 관세를 부과하면 소비자들이 희생을 당하며, 사회 전체적으로도 후생이 감소한다는 것을 알 수 있다.

Chapter 05

생산과 비용

학습목표 생산의 장단기, 한계생산, 한계비용, 평균생산, 평균비용, 규모의 경제, 범위의 경제

기업은 이윤이 극대화되도록 생산하려고 한다. 이윤이 극대화되는 생산량을 도출하기 위해 생산량과 수입의 관계 그리고 생산량과 비용의 관계들을 분석한다. 이 장에서는 생산량과 비용의 관계를 분석하고, 생산량과 수입의 관계는 다음 장에서 분석한다.

1 생산과 비용의 개관

기업은 이윤이 극대가 되도록 생산하려고 한다. 이윤(profit: π)은 (판매)수입(revenue: R)에서 (생산)비용(cost: C)을 뺀 것이다.

$$\pi = R - C$$

수입은 재화의 가격에 판매량(즉, 생산량[1])을 곱한 것이다. 비용은 요소가격에 요소투입량을 곱한 것이고, 요소투입량에 따라 생산량이 달라진다.

따라서 재화의 가격과 요소의 가격이 주어져 있다면 수입과 비용은 생산량에 영향을 받는다. 그러므로 이윤도 생산량에 영향을 받게 된다.

$$\pi(Q) = R(Q) - C(Q)$$

이윤이 극대화되는 생산량을 도출하기 위해서는 생산량과 수입의 관계[$R = R(Q)$]와 생산량과 비용의 관계[$C = C(Q)$]를 분석해야 한다. 이 중 먼저 생산량과 비용의 관계를 분석한다. 생산량과 수입의 관계를 뒤에 분석한다. 생산량과 수입의 관계를 뒤에서 분석하는 이유는 다음과 같다. 위에서 언급한 것처럼 수입은 생산량뿐 아니라 재화가격에도 영향을 받는다. 재화의 가격은 경쟁, 독점 등 시장구조에 따라 달라진다. 따라서 수입의 분석은 시장구조와 함께 뒤에서 분석된다.

물론 비용도 요소가격의 영향을 받으므로 요소의 시장구조와 함께 분석되어야 한다. 그러나 일반적으로 요소시장은 경쟁적이므로 요소가격은 요소의 수요와 공급에 의해 결정되고, 요소 수요자와 공급자는 그 가격을 주어진 것으로 받아들인다. 그래서 생산량과 비용분석에서는 요소가격이 주어진 것으로 하여 분석한다. 물론 요소시장이 경쟁시장이 아닌 다른 시장, 즉 수요독점, 쌍방독점의 경우는 요소시장

1) 기업들은 일단 생산된 것이 다 판매 가능한 것으로 예상되는 양을 생산한다. 따라서 이 경우 판매량은 생산량과 일치한다.

에서 다룬다.

생산량과 비용관계를 분석하기 위해서는 먼저 요소투입량과 생산량 관계를 분석해야 한다. 왜냐하면, 앞에서 본 바와 같이, 비용은 요소가격에 요소투입량을 곱한 것이고, 생산량은 요소투입량에 영향을 받기 때문이다.

또한 생산을 분석하기 위해서는 생산기간도 고려되어야 한다. 생산기간에 따라 생산요소의 변화가 다르기 때문이다.

2 생산 및 생산기간

재화를 생산하기 위해서 기계, 도구, 원료, 노동 등이 투입된다. 이런 것들을 생산요소라고 한다. 일반적으로 생산할 때 공장이나 기계, 도구 같은 자본재는 주어져 있고, 원료와 노동 투입량을 변화시키면서 생산량을 조절한다. 이와 같이 투입요소 중 자본재 같이 투입량이 고정되어 있는 요소를 고정요소(fixed input)라고 한다. 반면 원료나 노동 같이 투입량이 변하는 요소를 가변요소(variable input)라 한다.

생산요소: 재화를 생산하기 위해 투입되는 기계, 원료, 노동 등을 말한다.
① 고정요소: 기계 등의 자본재와 같이 투입량이 고정되어 있는 요소
② 가변요소: 원료나 노동 같이 투입량이 변하는 요소

그런데 판매실적이 계속 좋아지면 기업은 공장규모를 확장하고 판매 실적이 계속 부진하면 축소를 한다. 이렇게 되면 고정요소인 자본재도 이제는 가변요소가 된다. 전자와 같이, 고정요소가 존재할 때를 생산의 단기(short-run)라고 하고, 후자와 같이 고정요소가 존재하지 않고 가변요소만 존재할 때 장기(long-run)라 한다. 생산의 장단기는 어떤 특정한 기간(예를 들면, 1년)을 기준으로 구분되는 것이 아니다. 자본재 같은 요소의 변화를 고려하는 것이 의사결정의 시차로 볼 때, 원료나 노

동 같은 요소의 변화를 고려하는 것보다 긴 시간이 소요된다. 그렇기 때문에 자본재 같은 고정요소가 가변요소로 변하여 고정요소가 없는 것을 장기라 하고, 고정요소가 존재하는 것을 단기라 한다. 물론 자본재가 변하더라도 노동이 고정되어 있다면 단기이다.

생산기간: 어떤 특정한 기간(예를 들면, 1년) 기준(×)
① 단기: 고정요소가 존재할 때
② 장기: 가변요소만 존재, 고정요소(×)

3 총생산, 한계생산

단기생산은 고정요소가 존재할 때 생산이 이루어지는 것이다. 단순화를 위해 노동(L)과 자본(K) 두 가지 생산요소를 이용하여 생산하고, 그중 자본은 고정되어 있다고 하자. 따라서 단기에 요소투입과 생산량 간의 관계를 나타내는 단기 생산함수는 다음과 같다.

$$Q=f(L,\bar{K})$$

(K 위의 −는 K가 고정되었다는 것을 나타냄)

생산함수가 $Q=f(L,K)$로 표시되면 장기생산함수이다. 왜냐하면 K도 가변요소가 되어 L과 K 모두 가변요소이기 때문이다.

총생산:
① 단기생산: 고정요소가 존재할 때 생산[$Q=f(L,\bar{K})$, 자본 고정]
② 장기생산: 모두 가변요소가 되어 생산[$Q=f(L,K)$]

표 5-1 노동 및 자본투입량과 생산량

자본 (K) ①	노동 (L) ②	생산량 (Q) ③	노동의 한계생산 ($\Delta Q/\Delta L$ =Δ③/Δ②)	자본장비율 (K/L =①/②)
1	0	0		
1	1	3	3	1
1	2	8	5	1/2
1	3	14	6	1/3
1	4	19	5	1/4
1	5	22	3	1/5
1	6	23	1	1/6
1	7	23	0	1/7
1	8	22	−1	1/8
1	9	19	−3	1/9
1	10	14	−5	1/10

여기서는 단기생산만 분석한다.

〈표 5-1〉에서 보는 바와 같이, 자본의 양이 고정된 상태에서 노동 투입량이 증가함에 따라 생산량은 증가하다가 감소한다. 생산량이 증가하는 경우에도 처음에는 증가율이 높아지지만 곧 그 증가율이 감소한다. 즉, 요소투입량의 증가에 따른 생산량의 증가분이 처음에는 증가하지만 곧 감소한다. 요소투입량의 증가(ΔF)에 따른 생산량의 추가분(ΔQ), 즉, ($\frac{\Delta Q}{\Delta F}$)를 요소의 한계생산(marginal product: MP)이라고 한다. 〈표 5-1〉에서 알 수 있는 바와 같이, 자본 등 다른 요소가 고정된 상태에서 노동투입의 증가(ΔL)에 따른 생산량의 증가(ΔQ), 즉 ($\frac{\Delta Q}{\Delta L}$)는 노동의 한계생산($MP_L$)이라고 한다. 만약 노동 등 다른 요소가 고정된 상태에서 자본투입 증가(ΔK)에 따른 생산량의 증가(ΔQ), 즉 ($\frac{\Delta Q}{\Delta K}$)는 자본의 한계생산($MP_K$)이라고 한다. 물론 이 경우 자본의 양이 고정되어 있으므로 $MP_K=0$이다.

한계생산: 요소투입량의 증가(ΔF)에 따른 생산량의 추가분(ΔQ)

① 노동의 한계생산: 자본 등 다른 요소가 고정된 상태에서 노동투입의 증가(ΔL)에 따른 생산량의 증가(ΔQ), $[MP_L = (\frac{\Delta Q}{\Delta L})]$

② 자본의 한계생산: 노동 등 다른 요소가 고정된 상태에서 자본투입의 증가(ΔK)에 따른 생산량의 증가(ΔQ), $[MP_K = (\frac{\Delta Q}{\Delta K})]$, 단기인 경우 $MP_K = 0$

이와 같이 요소투입의 양을 증가시키면 한계생산이 초기에는 증가하지만 곧 감소한다. 이런 현상을 수확체감의 법칙 혹은 한계생산체감의 법칙이라고 한다. 이런 현상이 생기는 이유는 다음과 같다. 초기에 요소투입이 증가함에 따라 협업으로 인한 시너지 효과[2)]가 나타난다. 그러나 요소투입이 계속 증가하면 요소가 이용할 수 있는 다른 고정요소의 양이 감소하여 생산성의 증가율이 감소하기 때문이다.

한계생산체감의 법칙: 요소투입의 양을 증가시키면 한계생산이 초기에는 증가하지만 곧 감소하는 현상

예를 들어, 노동투입이 증가함에 따라 1인당 자본의 양, 즉 자본장비율[3)]이 〈표 5-1〉에서와 같이 감소(1→1/10)한다. 즉, 1인이 사용할 수 있는 기계의 양이 감소하게 된다. 따라서 1인당 생산성의 증가율이 감소한다. 물론 초기에는 자본장비율의 감소로 인한 생산성의 증가율이 감소하지만 협업에 따른 시너지 효과가 너무 커서 생산성의 증가율이 높아진다. 그러나 곧 자본장비율의 저하로 인한 생산성 증가율의 감소가 협업에 의한 시너지 효과를 많이 상쇄하여 생산성 증가율이 감소한다. 이러한 수확체감의 법칙을 그림으로 나타내면 다음의 [그림 5-1]과 같다.

2) 시너지 효과(synergy effect)란, 하나의 기능이 다중(多重)으로 이용될 때 생성되는 효과인데, 원래 전체적 효과에 기여하는 각 기능의 공동작용·협동을 뜻하는 말로 상승효과(相乘效果)라고도 번역된다. 즉, '1+1'이 2 이상의 효과를 낼 경우를 가리키는 말이다.

3) 자본장비율(capital equipment ratio)은 노동의 자본장비율로서 노동투입량 L에 대한 자본투입량 K의 비율, 즉 K/L을 말한다. 철강업이나 화학공업 등의 중화학공업은 자본장비율이 높아서 자본집약적 산업이며, 섬유공업 등의 경공업은 자본장비율이 낮아 노동집약적 산업이다.

그림 5-1 한계생산곡선

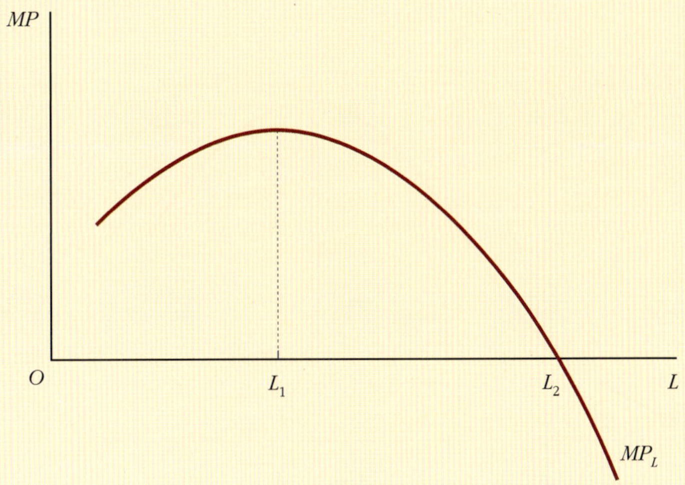

[그림 5-1]에서 보는 바와 같이 L의 투입이 아주 많아져서 L_2 이상이 되면 MP_L은 음(-)이 된다. 이런 경우 L의 투입이 증가하면 (총)생산량은 오히려 감소한다. 따라서 $MP_L=0$이 될 때 (총)생산량은 극대가 된다. $MP_L>0$인 한, 노동의 투입 증가에 따라 (총)생산량은 증가한다. 단, 위에서 본 바와 같이, MP가 증가할 때는 생산량의 증가율이 증가하고, MP가 감소할 때는 생산량의 증가율이 감소한다. 즉, 노동투입이 L_1이 될 때까지는 생산량의 증가율이 높아지면서 (총)생산량이 증가하고, 그 이후부터 L_2가 될 때까지는 생산량의 증가율이 낮아지면서 (총)생산량이 증가한다. 노동투입에 따른 (총)생산을 그림으로 나타내면 다음의 [그림 5-2]와 같다.

그림 5-2 총생산곡선

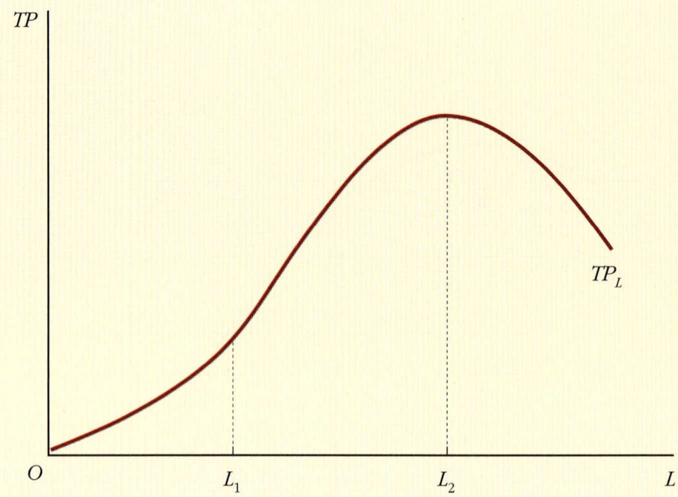

4 단기 비용

이제 생산량과 비용 간의 관계를 분석할 수 있다. 앞에서 언급한 바와 같이, 비용은 요소가격에 요소투입량을 곱한 것이고, 요소투입량과 생산량의 관계를 앞 절에서 다루었기 때문이다.

우리가 비용을 분석하는 이유는 이윤극대화로 추구하는 생산량을 도출하기 위해서이다. 이윤극대화는 한계수입(MR)과 한계비용(MC)이 일치하는 곳이다. 상세한 것은 다음 장(시장구조) 2절에서 다루어진다. 따라서 비용분석에서 반드시 도출해야 하는 것은 MC이다. 그리고 기업이 이윤을 획득하는지 손실을 보는지 여부를 판가름하기 위해서는 평균수입(AR)과 평균비용(AC)이 필요하다. 이미 앞 절에서 살펴본 바와 같이 $\pi = R - C$이므로 평균이윤$(A\pi) = AR - AC$이다. $A\pi \times Q = \pi$가 되

표 5-2 총비용, 평균비용, 한계비용 (단위: 원)

총생산량 (Q) ①	총고정 비용 (TFC) ②	총가변 비용 (TVC) ③	총비용 (TC=②+③) ④	평균비용 ($AC=TC/Q$ =④/①) ⑤	한계비용 ($MC=\Delta TC/\Delta Q$ =Δ③/Δ①) ⑥
0	300	0	300	–	–
1	300	60	360	360	60
2	300	100	400	200	40
3	300	130	430	143	30
4	300	170	470	118	40
5	300	240	540	108	70
6	300	340	640	107	100
7	300	470	770	110	130
8	300	630	930	116	160
9	300	830	1,130	126	200
10	300	1,080	1,380	138	250

므로 $A\pi>0$이면 $\pi>0$, $A\pi<0$이면 $\pi<0$, $A\pi=0$이면 $\pi=0$이다. 따라서 이윤 여부를 파악하기 위해서는 AC의 도출도 필요하다. 그러므로 본 절에서는 단기의 MC와 AC를 도출한다.

MC는 (총)생산량 변화(ΔQ)에 대한 (총)비용 변화(ΔTC)이다.

즉, $MC=\dfrac{\Delta TC}{\Delta Q}$

총비용(TC)=총고정비용(TFC)+총가변비용(TVC)
한계비용은 (총)생산량 변화에 대한 (총)비용 변화
$MC=(\dfrac{\Delta TC}{\Delta Q})$

이러한 *MC*는 *MP*로부터 도출된다.

이것을 도출하기 전에 생산성과 비용 간의 관계를 살펴보자. 생산성이 향상된다는 것은 똑같은 요소투입으로 전보다 더 많은 생산을 한다는 것을 의미한다. 똑같은 요소투입으로 전보다 더 많은 생산을 한다는 것은 똑같은 양을 생산하는데 더 적은 요소의 투입으로 가능하다는 것이고, 이것은 비용이 절감된다는 것을 의미한다.[4] 따라서 생산성이 높아진(낮아진)다는 것은 비용이 절감(상승)된다는 것을 의미하므로 생산성과 비용은 역관계로서 손바닥의 앞뒷면(or 양면)이다.

그러므로 *MP*가 높아지면 *MC*는 하락하고, *MP*가 낮아지면 *MC*는 증가한다. 앞에서 본 바와 같이 생산과정에서 수확체감의 법칙이 작용하므로 초기에는 *MP*가 증가하고 조금 지나면 *MP*가 감소한다. 따라서 생산량의 증가에 따라 초기에는 *MC*가 하락하고 조금 지나면 *MC*가 증가한다. 이것을 그림으로 나타내면 다음의 [그림 5-3]과 같다. 이와 같이 *MC*곡선은 궁극적으로 우상향한다. 우상향하는 *MC*곡

그림 5-3 한계비용곡선

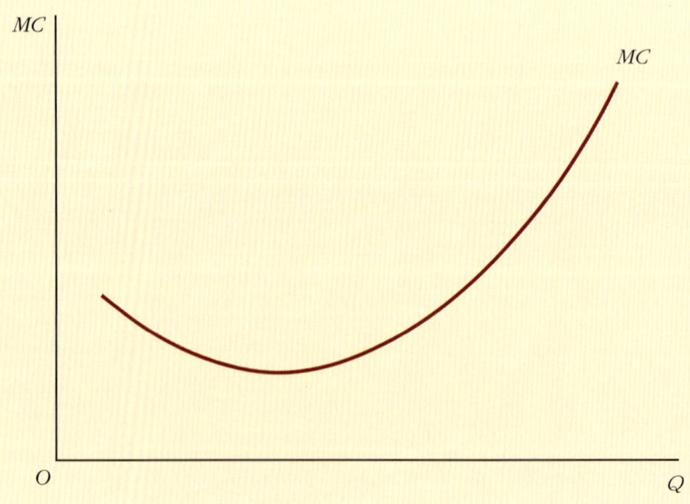

4) 요소가격이 주어져 있을 때 요소투입량이 감소하면 요소가격과 요소투입량의 곱인 비용이 절감된다.

선은 3장 7절 자원배분의 효율성에서 본 바와 같이 공급곡선과 일치한다.

> 한계생산과 한계비용의 관계: $MP\uparrow(\downarrow) \Rightarrow MC\downarrow(\uparrow)$
> ⇒ 한계비용곡선 형태: 우하향에서 점차 우상향(궁극적으로 우상향)

이 그림은 앞에서 본 [그림 5 - 1]의 MP곡선과 역으로 대칭을 이룬다.

평균비용(AC)은 생산량 단위당 비용으로서 총비용(TC)을 생산량(Q)으로 나눈 값이다.

$$AC = \frac{TC}{Q}$$

물론 AC도 평균생산($AP = \frac{Q}{F}$)으로부터 도출될 수 있다. 하지만 우리는 생산에서 AP를 도출하지 않았다. 따라서 다른 방법으로 도출한다. MC를 이용하여 AC를 도출한다.

> 평균비용은 생산량 단위당 비용으로서 총비용(TC)을 생산량(Q)으로 나눈 값
> $AC = (\frac{TC}{Q})$

우선 MC가 감소하면 생산량 증대에 따른 추가비용이 감소하므로 AC가 감소할 것이다. 마찬가지로 MC가 상승할 경우 추가비용이 증가하므로 AC가 증가할 것이라고 생각할 것이다. 그러나 AC가 감소하고 있는 때, MC가 상승하더라도 갑자기 AC가 상승하는 것은 아니다. MC가 AC보다 높아지면 AC가 상승한다. 그 이유는 평균과 한계의 관계를 살펴보면 알 수 있다.

여러분이 어떤 과목에 대하여 4번의 시험을 치루어 평균이 80점이라고 하자. 5번째 시험성적이 다음과 같이 3가지로 나타날 수 있다.

90, 70, 80점

만약 90점이라면 평균은 이전 평균 80보다 높아질 것이고, 만약 70점이라면 평균은 이전 평균 80보다 낮아질 것이고, 만약 80점이라면 평균은 이전 평균 80점과 같게 될 것이다.

5번째 시험이 추가된 시험으로서 한계성적이다.

따라서 한계(M)가 평균(A)보다 높으면 평균이 높아지고, 한계가 평균보다 낮으면 평균이 낮아지고, 한계가 평균과 같으면 평균은 변하지 않고 일정하다.

즉,

$$M > A \quad \Rightarrow \quad A \uparrow$$

$$M < A \quad \Rightarrow \quad A \downarrow$$

$$M = A \quad \Rightarrow \quad A \text{ 일정}$$

이와 같이 $M > A$이어야 A가 상승한다. 따라서 MC가 상승하더라도 $MC > AC$이어야 AC가 상승한다. 그러므로 MC와 AC의 관계를 그림으로 나타내면 다음의 [그림 5 - 4]와 같다.

그림 5-4 평균비용곡선과 한계비용곡선

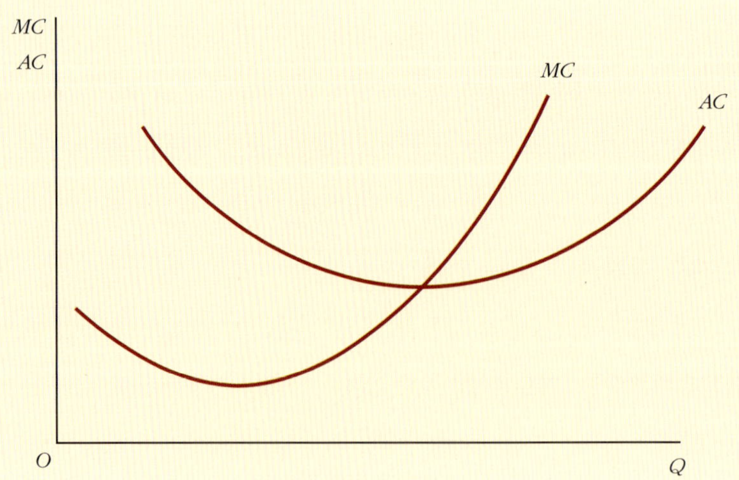

한계비용과 평균비용의 관계:

① $MC < AC \Rightarrow AC\downarrow$

② $MC > AC \Rightarrow AC\uparrow$

③ $MC = AC$(MC는 AC의 극소점에서 교차)

앞에서 $M = A$일 때, A가 일정하다고 했다. 방금 본 바와 같이, $M = A$일 경우에는 A가 극소, 그리고 극대일 때도 포함된다. 따라서, $M = A$일 때 A는 일정, 극소, 극대이다.

5 규모의 경제와 범위의 경제

장기평균비용(LAC)이 감소하는 것을 '규모의 경제(economies of scale)'라 한다. 장기에서 모든 것이 가변요소이다. 공장 등의 자본 규모도 변하는 것이다. 그러므로 규모의 경제는 (자본)규모의 증가와 더불어 생산량이 증가할 때 평균비용이 감소하는 것이다. 반면에 LAC가 증가하는 것, 즉, 규모의 증가와 더불어 생산량이 증가할 때 평균비용이 증가하는 것을 '규모의 불경제 또는 규모의 비경제(diseconomies of scale)'라고 한다. 규모의 경제와 비경제가 존재하는 이유는 다음과 같다.

규모의 경제: (자본)규모의 증가와 더불어 장기평균비용(LAC)이 감소하는 것

① 규모의 경제: $Q\uparrow \Rightarrow LAC\downarrow$

② 규모의 비(불)경제: $Q\uparrow \Rightarrow LAC\uparrow$

첫째, 생산량의 증가는 분업화에 의한 전문화가 가능하며 숙련도를 높여 생산성을 높일 수 있다. 이에 따라 평균비용이 감소하여 규모의 경제가 일어날 수 있다.

둘째, 어떤 기술적인 요인에 따라 생산시설규모가 커질 경우에도 규모의 경제가 일어날 수 있다. 이러한 기술적인 요인으로 두 가지 정도가 존재한다. 하나는 '2/3법칙'으로, 어떤 시설의 규모를 두 배로 증가시킬 경우 소요되는 비용은 두 배가 아니라 2/3배만 증가한다는 공학적인 요인에 의해서이고, 또 하나는 통합준비로 인한 경제성으로, 고장에 대비한 여분의 기계를 준비해 둘 경우 큰 공장이나 작은 공장이나 준비해야 하는 기계의 수에는 별반 차이가 없어 큰 공장이 경제적 비용부담에서 유리하다는 점이다.

셋째, 생산요소를 대량으로 구매하게 되면 구입가격을 할인받아 비용을 절감할 수가 있기 때문에 규모의 경제가 일어날 수가 있다는 것이다.

규모의 경제와 비경제의 존재 이유

① 숙련도(분업화, 전문화)↑ ⇒ 생산성↑ ⇒ *LAC*↓

② 기술적 요인(2/3법칙): [규모(1)↑ → 비용(2/3)↑] ⇒ *LAC*↓

③ 생산요소 대량구입 → 구입가격 할인 ⇒ *LAC*↓

특히, 첫째와 셋째 요인은 단기평균비용(*SAC*)이 하락하는 요인이기도 하다. 그러나 규모의 경제가 계속 작동되는 것은 아니다. *LAC*가 높아지는 규모의 비경제가 나타날 수도 있다. 규모가 늘어나 조직이 비대해지면 업무조정문제, 의사소통 등이 어려워지고 효율적으로 인원 감시와 작업 감시에 비용이 더욱 늘어나 생산단가가 올라가서 규모의 비경제가 나타날 수 있다.

규모의 경제와는 달리 제품을 따로따로 생산하는 것보다 같이 생산할 때 비용이 적게 들면 '범위의 경제(economies of scope)'가 존재한다고 한다.

범위의 경제: 제품을 따로따로 생산하는 것보다 같이 생산할 때 비용이 절감

예를 들면, 가죽가방과 가죽구두를 따로 생산할 때보다 같이 생산하는 것이 비

용이 적게 든다. 그 이유는 가죽구두와 가죽가방을 만드는 과정 속에서 가죽가공기계를 공동으로 사용할 수가 있다면 가죽구두를 생산할 때 구입된 이 기계를 가죽가방을 생산하는 데도 추가비용 없이 공동투입요소로써 사용할 수 있어 그만큼 비용이 절감되기 때문이다. 일반적으로 같은 재료를 이용하거나, 생산공정이 같은 시설을 이용하는 경우, 범위의 경제가 존재한다.

요약

01. 기업은 이윤이 극대화되도록 생산하며, 이윤은 판매수입에서 생산비용을 뺀 것이다.

02. 생산요소란 재화를 생산하기 위해서 투입된 기계, 도구, 원료, 노동 등을 말한다. 이러한 투입요소 중 자본재(기계, 도구)와 같이 투입량이 고정되어 있는 요소를 고정요소라고 하고, 원료나 노동 같이 투입량이 변하는 요소를 가변요소라 한다.

03. 생산기간은 고정요소가 존재할 때를 단기라고 하고, 고정요소가 존재하지 않고 가변요소만 존재할 때 장기라 한다. 단, 생산기간은 어떤 특정한 기간(예를 들면, 1년)을 기준으로 구분되는 것이 아니다.

04. 총생산은 자본의 양이 고정된 경우, 노동 투입량이 증가함에 따라 생산량이 증가하다가 감소한다. 생산량이 증가하는 경우에도 처음에는 증가율이 높아지지만 곧 그 증가율이 감소한다.

05. 한계생산은 요소투입량의 증가에 따른 생산량의 추가분을 말한다. 자본 등 다른 요소가 고정된 상태에서 노동투입의 증가에 따른 생산량의 증가분을 노동의 한계생산이라고 한다. 노동 등 다른 요소가 고정된 상태에서 자본투입 증가에 따른 생산량의 증가분을 자본의 한계생산이라고 한다.

06. 수확체감의 법칙 혹은 한계생산체감의 법칙이란, 요소투입의 양을 증가시키면 한계생산이 초기에는 증가하지만 곧 감소하는 현상을 말한다.

07. 총생산과 한계생산의 관계는, 노동의 투입 증가에 따라 한계생산이 0보다 클 경우 (총)생산량은 증가하고, 한계생산이 0보다 작을 경우 (총)생산량은 오히려 감소한다. 한계생산이 0이 될 때 (총)생산량은 극대가 된다. 한계생산이 증가할 때는 생산량의 증가율이 증가하고, 한계생산이 감소할 때는 생산량의 증가율이 감소한다.

08. 비용은 요소가격에 요소투입량을 곱한 것이다. 비용을 분석하는 이유는 이윤극대화로 추구하는 생산량을 도출하기 위해서이며, 이윤극대화는 한계수입(MR)과 한계비용(MC)이 일치하는 곳에서 생산할 때이다.

09. 생산성과 비용 간의 관계에서 생산성이 향상된다는 것은 똑같은 요소투입으로 전보다 더 많은 생산을 한다는 것을 의미하며 똑같은 양을 생산하는데 더 적은 요소의 투입으로 가능하다는 것과 같고, 이것은 비용이 절감된다는 것을 의미한다. 따라서 생산성이 높아진(낮아진)다는 것은 비용이 절감(상승)된다는 것을 의미하여 한계생산이 높아지면 한계비용은 하락하고, 한계생산이 낮아지면 한계비용은 증가한다. 생산성과 비용은 역관계로서 손바닥의 앞뒷면(or 양면)과 같아서 한계생산곡선과 한계비용곡선은 서로 역으로 대칭을 이룬다.

10. 한계비용은 (총)생산량 변화에 대한 (총)비용 변화를 나타낸다. 평균비용은 생산량 단위당 비용으로서 총비용을 생산량으로 나눈 값이다.

11. 한계비용과 평균비용의 관계는 한계비용이 상승하더라도, 한계비용이 평균비용보다 낮은 경우에는 평균비용이 상승하고, 한계비용이 평균비용보다 높은 경우에는 평균비용이 상승한다. 한계비용은 항상 평균비용의 극소점을 지나고 이 때 한계비용과 평균비용은 같다.

12. 규모의 증가와 더불어 생산량이 증가할 때, 평균비용이 감소하는 것을 '규모의 경제'라고 하고, 평균비용이 증가하는 것을 '규모의 불경제 또는 비경제'라고 한다.

13. 제품을 따로따로 생산하는 것보다 같이 생산하여 생산의 종류를 증가시킴으로써 평균비용이 감소하는 경우를 '범위의 경제'가 존재한다고 한다.

Chapter 06

시장구조와 기업가의 행동

학습목표 시장구조, 이윤극대화 조건, 시장구조에 따른 가격과 생산량 결정, 가격차별

시장경제에서는 3장에서 본 바와 같이 일반적으로 수요곡선과 공급곡선이 일치하는 곳에서 가격과 생산량(혹은 거래량)이 결정된다. 그러나 현실에서는 수요곡선과 공급곡선이 일치하지 않는 곳에서도 가격과 생산량이 결정되는 경우가 있다. 이런 결과가 초래되는 이유는 시장이 경쟁시장이 아니기 때문이다. 이와 같이 가격과 생산량은 시장의 경쟁 정도에 따라 다르게 결정된다. 따라서 현실의 가격 및 생산량의 결정을 완전하게 이해하기 위해서는 경쟁의 정도에 따른 시장별로 가격과 생산량을 분석해야 한다. 경쟁의 정도에 따른 시장형태를 경제학에서는 '시장구조'라고 한다. 시장구조에 따른 가격 및 생산량의 결정을 결정하는 주체는 기업가이다. 기업가들은 이윤극대화를 일반적으로 추구하므로 이윤극대화 조건도 이해해야 한다. 아울러 현실에서는 동일한 재화에 대해 소비자에 따라 다른 가격이 설정되는 가격차별이 나타난다. 따라서 가격차별이 발생하는 이유와 가격차별방법도 살펴본다.

1 시장구조

경쟁의 정도에 따라 시장구조는 구분된다. 경쟁의 정도에 영향을 미치는 요인은 크게 두 가지이다. 하나는 참여자의 수이다. 다른 하나는 상품의 질적 차이 여부이다.

시장구조: 경쟁 정도에 따른 시장 구분
경쟁 정도에 영향을 주는 요인: 참여자의 수, 상품의 질

참여자의 수가 많으면 경쟁의 정도는 높아진다. 일반적으로 구매자, 즉 소비자의 수는 많은 편이므로 판매자, 즉 공급자의 수에 따라 시장을 구분한다. 공급자의 수가 많으면 '경쟁시장'이라고 한다. 공급자의 수가 하나일 경우에 '독점시장'이라고 한다. 공급자의 수가 둘 이상 소수이면 '과점시장'이라고 한다. 이와 같이 공급자의 수에 따라 경쟁, 독점, 과점시장으로 구분할 수 있다

또한 상품의 질적 차이 여부도 경쟁의 정도에 영향을 미친다. 공급자간 질의 차이가 존재하면 동질인 경우에 비해 경쟁의 정도는 낮아진다. 즉, 독점력이 높아진다. 왜냐하면 질의 차이가 존재할 때 소비자가 어떤 질의 상품을 선호하면 소비자 입장에서는 그 재화의 공급자는 하나만 존재하기 때문이다. 따라서 경쟁시장의 경우 상품의 질적 차이 여부에 따라 '완전경쟁 혹은 순수경쟁시장'과 '독점적 경쟁시장'으로 구분된다. 전자는 상품이 동질적인 경우이며, 후자는 상품이 이질적인 경우이다. 상품이 이질적인 경우 독점력이 존재하지만 독점과 달리 유사상품을 공급하는 경쟁자들이 존재하기 때문에 독점적 경쟁시장이라고 한다. '완전경쟁 혹은 순수경쟁시장'을 보통 '경쟁시장'이라고 한다.

독점의 경우 한 기업이 상품을 공급함으로 질이 동질적이다. 과점의 경우 질의 차이가 존재할 수도 있다. 하지만 과점의 경우 경쟁의 정도는 질적 차이보다는 기업들간 상호의존성에 더 큰 영향을 받기 때문에 보통 질적 차이에 큰 비중을 두지 않는다.

이상에서 본 바와 같이, 시장은 다수의 공급자와 상품이 동질적일 경우 경쟁시장, 다수의 공급자로 구성되지만 상품의 질적 차이가 존재할 때 독점적 경쟁시장, 공급자가 하나일 경우 독점시장, 소수로 구성될 때 과점시장으로 구분된다.

<table>
<tr><th colspan="5">시장구조</th></tr>
<tr><td rowspan="4">공급자 수</td><td rowspan="2">다수</td><td rowspan="2">경쟁</td><td>상품 동질</td><td>완전경쟁(순수경쟁)</td></tr>
<tr><td>상품 이질</td><td>독점적 경쟁</td></tr>
<tr><td rowspan="2">소수</td><td rowspan="2">불완전경쟁</td><td>1개 기업 존재</td><td>독점</td></tr>
<tr><td>소수 존재</td><td>과점</td></tr>
</table>

2 이윤극대화 생산조건

판매자들은 누구든지 어느 시장구조에 있던 궁극적으로 이윤극대화를 추구하고 있다. 그렇다면 이윤극대화의 조건은 무엇인가?

이윤극대화는 한계수입(MR)과 한계비용(MC)이 일치하는 곳에서 이루어진다. 왜냐하면, 한계수입이 한계비용보다 크면 생산증가에 따른 추가수입이 추가비용보다 크므로 그 양을 생산하면 한계수입과 한계비용의 차이만큼 이윤이 증가한다. 반면 한계수입이 한계비용보다 작으면 생산증가에 따른 추가수입이 추가비용보다 작으므로 그 양을 생산하면 한계비용과 한계수입의 차이만큼 이윤이 감소한다. 그러므로 이윤이 극대화되는 생산량은 한계수입과 한계비용이 일치되는 생산량이다.

이윤극대화 조건 : 한계수입(MR) = 한계비용(MC)

한계수입 > 한계비용 → 생산 → 이윤 ↑
한계수입 < 한계비용 → 생산 → 이윤 ↓
⇒ 이윤극대화 조건 : 한계수입 = 한계비용

3 조업조건

기업들은 손해를 보는데도 불구하고 조업을 중단하지 않고 생산을 계속하는 경우가 많다. 그 이유는 조업을 하는 것이 손실을 줄일 수 있기 때문이다. 일견 생산을 하지 않으면 손실이 없다고 생각할 수 있다. 그러나 생산을 중단하더라도 지급해야 할 비용이 존재한다. 임대료, 이자, 심지어 어떤 직원에 대한 월급 등이 여기에 해당한다. 이와 같이 조업을 하든지 안하든지 무조건 지급해야 하는 비용을 '고정비용(fixed cost: *FC*)'이라 한다. 반면 조업을 함으로써만 발생하는 비용을 '가변비용(variable cost: *VC*)'이라고 한다. 즉, 가변비용은 생산량에 따라 변하는 비용이다.

> **고정비용**: 생산량에 관계없이 일정한 비용, 조업과 관계없이 무조건 지급해야 하는 비용
> **가변비용**: 생산량에 따라 변하는 비용, 조업함으로써 발생하는 비용

따라서 조업을 중단하면 손실은 0이 아니라 고정비용만큼 발생한다. 그러므로 조업을 할 경우 손실이 고정비용보다 적다면 조업을 하는 것이 손실을 줄이는 방법이다. 이것을 충족시키는 조건은 수입이 가변비용보다 크게 되는 것이다. 수입이 가변비용과 같다면 손실은 고정비용만큼 발생한다. 수입이 가변비용보다 크다면 그 차이만큼의 이득으로 고정비용을 어느 정도 충당할 수 있으므로 손실은 고정비용보다 작아진다. 물론 수입이 가변비용보다 적다면 손실은 고정비용보다 더 클 것이다. 만약 수입이 가변비용과 같으면 조업을 하는 경우나 하지 않는 경우 둘 다 고정비용만큼만 손해를 보는 것이다. 따라서 조업중단조건은 수입이 가변비용과 같거나 적을 경우이다. 그래서 특히 수입이 가변비용과 같은 경우 '조업중단점(shut-down point)'이라고 한다. 그러므로 기업들은 손실을 보더라도 수입이 가변비용을 충당하고 남는 것이 있다면 조업을 하는 것이다.

이것을 가상 사례를 통해 살펴보자. 철수는 점포를 얻어 사진 가게를 운영하고

있다. 임대료 월 50만원을 지급하기로 1년간 가게주인과 계약했다. 그는 다른 일을 하고 있으므로 가게 운영을 위해 직원을 1명을 고용하였는데, 월 150만원을 지급하되 월말에 언제든지 해고할 수 있는 조건으로 계약하였다.

첫 번째 달 정산을 해보니 수입이 200만원이고, 재료비 등 기타비용이 30만원, 인건비 150만원, 임대료 50만원이었다. 가변비용이 180만원, 고정비용은 50만원으로서 총비용은 230만원이다. 그 결과 30만원의 손실을 겪고 있다. 앞으로도 이런 수지가 될 것으로 예상되었을 때, 고용인을 해고하고 조업을 중단해야 하는가?

결코 아니다! 만약 조업을 하지 않으면 임대료를 무조건 지급해야 하므로 월 50만의 손해를 보게 된다. 그러나 조업을 계속하면 단지 30만원만 손해를 본다. 따라서 이 경우 손해를 보더라도 조업을 하는 것이 손해를 덜 보게 되므로 조업을 하는 것이 현명한 처사이다. 즉, 수입이 200만원으로서 가변비용 180만원을 충당하고 20만원의 이득이 발생하므로 그것으로 고정비용 50만원 중 20만원을 상쇄하므로 손실이 줄어든다.

이와 같이 조업조건은 수입이 가변비용보다 크게 되는 것이다. 이것을 평균개념으로 표현하면 가격(즉, 평균수입)이 평균가변비용보다 크게 되는 것이다.[1] 고정비용은 1장 3절에서 언급한 매몰비용에 해당된다. 현재 상황에서 조업 여부와 관계없이 이미 과거에 결정된 비용이다. 그러므로 가변비용만 고려하는 것이 현명한 처사가 된다.

조업조건: 수입 > 가변비용 또는 가격(=평균수입) > 평균가변비용

물론 손실이 지속되는 것은 문제가 된다. 따라서 이런 상황으로부터 회피하는 최선의 방법은 고정비용이 발생되지 않도록 하여 조업을 중단하는 것이다. 위의 예에서 고정비용인 임대료가 발생하지 않도록 하기 위해서는 자신이 중개수수료를 물

1) 평균수입은 생산량 단위당 수입으로서 수입을 생산량으로 나눈 것이다. 단위당 수입은 판매시 획득하는 수입이므로 당연히 가격과 일치한다.

더라도 하루빨리 그 점포를 타인이 임대하도록 하고 자신이 빠져나오는 것이다.

이와 같이 고정비용이 발생하지 않고 가변비용만 발생하는 경우를 경제학에서는 '장기'라 하고 고정비용이 존재할 때 '단기'라고 한다.[2)] 따라서 장기일 경우에 조업조건은 수입이 비용보다 커야 한다.

조업조건

단기: 고정비용 존재 → 조업중단 시 손실=고정비용
→ 조업조건: 조업 시 손실 < 고정비용
→ 수입 > 가변비용 또는 가격(=평균수입) > 평균가변비용
장기: 고정비용 없음 → 조업중단 시 손실=0
→ 수입 > 비용 또는 가격(=평균수입) > 평균비용

4 경쟁시장

판매자들은 누구든지 어떤 시장구조에 있던 궁극적으로 이윤극대화가 추구되도록 가격을 결정하고자 한다. 그런데 각 기업이 가격을 결정하는 힘은 시장구조, 즉 경쟁의 정도에 따라 달라진다. 이 절에서는 경쟁시장에서의 가격결정원리를 좀 더 구체적으로 살펴본다.

경쟁시장에서는 가격과 생산량이 3장에서 본 것처럼 수요곡선과 공급곡선이 일치하는 곳에서 결정된다. 3장에서는 시장의 수요와 공급, 즉 초과수요와 초과공급에 의해 가격결정을 설명하였다. 이 절에서는 경쟁시장에 있는 각 기업들, 즉 경쟁기업들의 관점에서 분석한다.

2) 원래 장단기 구분은 고정요소의 존재 여부이다. 고정요소는 생산량과 관계없이 투입량이 일정한 요소이다. 가변요소는 생산량에 따라 투입량이 변하는 요소이다. 고정요소가 존재하면 단기, 고정요소 없이 가변요소만 존재하면 장기이다. 고정요소에 소요되는 비용이 고정비용이고, 가변요소에 소요되는 비용이 가변비용이다. 따라서 단기에서는 비용이 고정비용과 가변비용으로 구성되고, 장기에서는 비용이 가변비용으로만 구성된다.

경쟁기업들은 이윤을 더 많이 획득하기 위해 수요와 공급이 일치하는 가격, 즉 시장가격보다 높게 판매하지 않는다. 수요의 법칙에 따라 가격이 높아지면 수요량이 감소하여 수입이 줄어들 수 있기 때문은 아니다. 물론 수요가 탄력적이라면 그럴 수도 있지만, 수요가 비탄력적인 경우 높은 가격으로 팔 수 있으면, 수요량이 줄더라도 수입이 오히려 증가한다. 그러므로 수요량 감소에 따른 수입 감소 때문에 높은 가격을 제시하지 못하는 것은 아니다. 그것은 시장가격에서 판매하고자 하는 경쟁자가 너무나도 많기 때문이다.

만약 경쟁자가 없어 자신 혼자만 팔고 있다면, 가격을 높이더라도 소비자들이 다른 곳에서 구입할 수 없으므로 그 높은 가격으로 팔 수 있다는 것을 생각해 보면 쉽게 이해될 것이다.

또한 경쟁자가 많더라도 제품의 질이 다르면 가격을 높일 수 있다. 하지만 경쟁시장에서는 제품의 질이 동질적이기 때문에 가격을 변경시킬 수 없다.

이와 같이 경쟁자가 다수이고 동질의 상품을 생산하는 경쟁시장에서는 판매자(즉 공급자) 개개인이 가격을 결정할 수 없다. 마찬가지로 구입자(즉 수요자) 개개인도 가격을 결정할 수 없다. 개별 소비자가 시장 전체 공급량을 모두 소비한다면 판매자들은 그 외에는 판매할 수 없으므로 그 소비자가 가격을 결정할 수 있지만, 배추 같은 채소에 대한 한 개인의 수요량이 아주 적기 때문에 판매자들이 그 이외 소비자들에게 팔 수 있으므로 개별 소비자도 가격을 결정할 수 없다.

이상에서 본 바와 같이 경쟁시장에서는 어느 한 소비자나 판매자에 의해서 가격이 결정되는 것이 아니라, 제3장에서 살펴본 것처럼 시장 전체의 수요와 공급에 의해 결정되는 것이다. 그러므로 개별 판매자나 소비자는 시장에서 결정된 가격을 수용할 수밖에 없다. 이와 같은 판매자와 소비자를 '가격수용자(price taker)'라 한다. 따라서 경쟁시장의 개별 판매자는 단지 자신들의 이윤극대화를 위해 주어진 가격에서 한계수입과 한계비용이 일치하도록 생산량을 결정할 뿐이다.

경쟁기업이 시장가격을 변동하지 못하는 이유: 가격수용자
가격수용자: 시장에서 결정된 가격을 수용할 수밖에 없는 시장참여자
가격수용자가 되는 이유: 경쟁자 다수, 제품 동질적
⇒ 가격과 거래량 결정: 수요와 공급이 일치하는 곳

그렇다면 경쟁기업들은 시장에서 결정된 가격에서 얼마만큼 생산하는지를 구체적으로 살펴보자. 이를 위해 한계수입곡선과 한계비용곡선이 필요하다. 한계비용곡선은 공급곡선과 일치한다는 것을 알고 있다. 한계수입곡선을 도출하기 위해 '기업이 직면하는 수요곡선'이라는 개념을 알아야 한다. 기업이 직면하는 수요곡선은 기업이 각 가격에서 얼마만큼 판매가 가능한 것인지를 나타내는 것이다. 의미상으로는 '판매가능곡선'이라는 명칭이 더 적절하다. 하지만 판매가능량은 항상 수요에 제약을 받는다. 즉, 판매가능량은 공급자에 의해 결정되는 것이 아니라 소비자의 수요에 의해 결정된다. 따라서 이런 점을 강조하기 위해 판매가능곡선을 기업이 직면하는 수요곡선이라 한다. 그것을 줄여서 기업의 수요곡선이라 한다. 이하에서는 기업의 수요곡선이라 한다. 기업의 수요곡선으로부터 판매수입을 알 수 있다. 판매수입은 가격에 판매량(생산량)을 곱한 것이고, 기업의 수요곡선이 가격과 판매량(생산량)을 나타내는 곡선이기 때문이다. 따라서 생산량의 증가에 따른 판매수입, 즉 한계수입을 도출할 수 있다.

기업의 수요곡선(기업이 직면하는 수요곡선): 기업이 각 가격에서 얼마만큼 판매가 가능한 것인지를 나타내는 곡선(판매가능곡선)

경쟁기업의 수요곡선은 생산량에 관계없이 항상 시장가격과 일치한다. 경쟁기업은 위에서 언급한 것처럼 가격수용자이기 때문이다. 경쟁기업은 판매량을 감소시켜 시장가격보다 높게 팔 수 없다. 시장가격으로 판매하고자 하는 경쟁자들이 많기 때문이다. 또한 판매량을 증가시키더라도 가격을 낮출 필요가 없다. 그들이 증가시

그림 6-1 경쟁기업의 수요곡선과 한계수입곡선

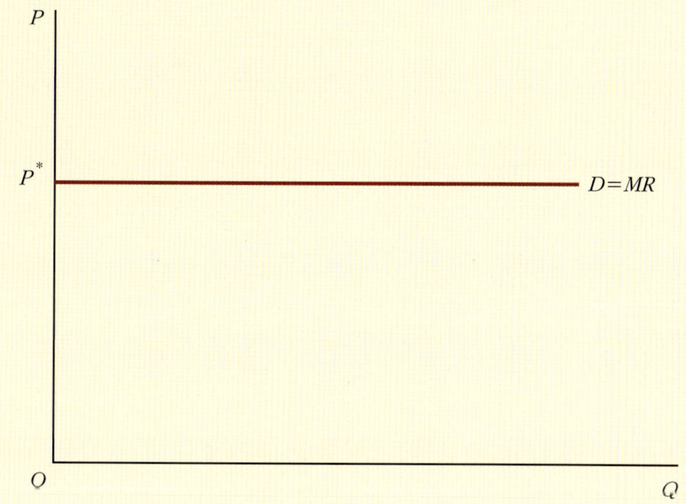

키는 양이 아무리 많더라도 시장 전체공급에 비하면 아주 미세한 양이므로 시장공급의 변화가 거의 없고, 따라서 시장가격이 하락하지 않으므로 시장가격에서 자신의 생산량을 얼마든지 팔 수 있기 때문이다. 그러므로 [그림 6-1]에서 보듯이, 경쟁기업의 수요곡선은 시장가격에서 수평선이다.[3)]

이와 같이 기업의 수요곡선이 시장가격에서 수평이라면, 즉 생산량(판매량)에 관계없이 항상 시장가격으로 판매할 수 있다면, 생산량(판매량)에 따른 한계수입은 어떻게 되는지, 그리고 뒤에 상세히 다루어지는 독점 등의 불완전경쟁 기업의 수요곡선처럼 기업의 수요곡선이 우하향한다면, 즉 생산량(판매량)의 증가에 따라 가격을 하락시킬 수밖에 없다면, 생산량(판매량)에 따른 한계수입은 어떻게 되는지를 각각 수치 예를 통해 살펴보자.

3) 기업의 판매량이 아주 많더라도 시장공급의 아주 적은 부분이고, 그런 기업들의 공급량을 합한 것이 시장공급이다.

표 6-1 가격과 한계수입의 비교 I(가격 변동 없음)

가격(P)	판매량 (Q)	수입(R)	한계수입(MR)	비고
100	1	100	100	$P=MR$
100	2	200	100	$P=MR$
100	3	300	100	$P=MR$

〈표 6-1〉에서 보는 것처럼, 판매량을 증가시키더라도 가격을 하락할 필요가 없는 경우에 한계수입은 항상 가격과 같다. 따라서 기업의 수요곡선이 시장가격에 수평선이라면, 한계수입이 가격과 같으므로 기업의 수요곡선이 바로 한계수입곡선이 된다.

〈표 6-2〉에서 보는 것처럼, 판매량 증가에 따라 가격을 하락시킬 수밖에 없다면 한계수입은 가격보다 작다. 물론 첫 단위에서는 한계수입과 가격이 같다. 따라

그림 6-2 불완전경쟁기업의 수요곡선과 한계수입곡선

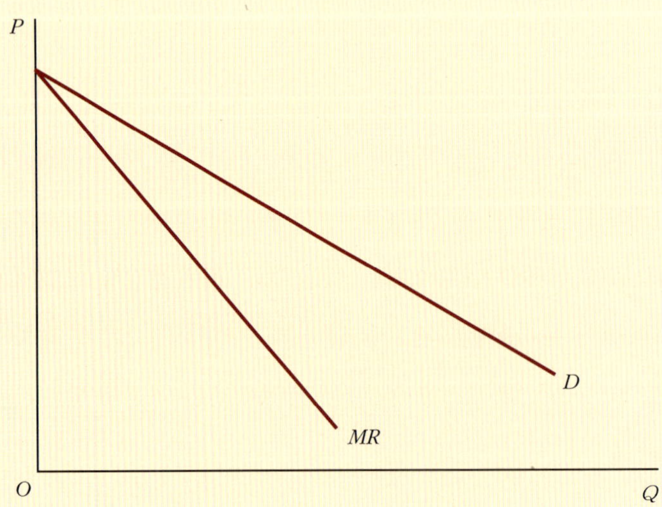

표 6-2 가격과 한계수입의 비교 II(가격 변동 있음)

가격(P)	판매량 (Q)	수입(R)	한계수입(MR)	비고
100	1	100	100	$P=MR$
90	2	180	80	$P>MR$
80	3	240	60	$P>MR$

서 기업의 수요곡선이 우하향한다면, [그림 6-2]에서 보듯이 한계수입이 가격보다 작으므로 한계수입곡선은 기업의 수요곡선 아래에 위치한다.

이상에서 본 바와 같이, 기업의 수요곡선이 수평이라면 한계수입은 가격과 같고, 우하향한다면 한계수입은 가격보다 낮다.

따라서 경쟁기업의 수요곡선과 한계수입곡선은 일치한다. 그러므로 경쟁기업들은 이윤극대화를 위해 시장가격인 한계수입과 한계비용이 일치하는 곳에서 생산

그림 6-3 경쟁기업의 공급량과 경쟁시장의 공급량

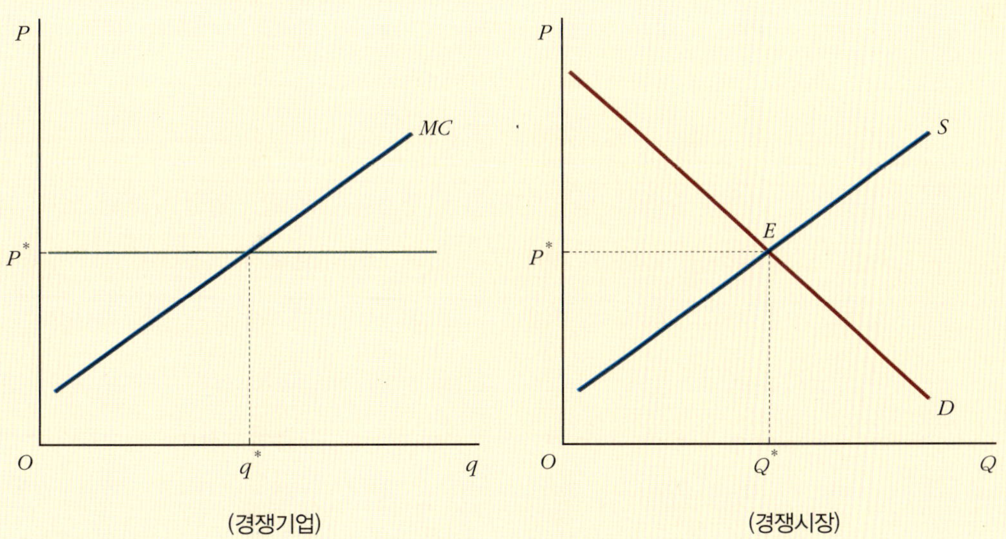

한다. 즉, 가격과 한계비용이 일치하는 곳에서 생산한다. 각 기업들이 이렇게 생산한 양들을 합한 양이 시장가격에 나타난 시장공급량으로서 경쟁시장의 수요와 공급이 일치하는 생산량이다. 이것을 그림으로 나타낸 것이 [그림 6-3]이다.

기업의 수요곡선과 한계수입곡선		
경쟁기업	가격수용자	기업의 수요곡선: 시장가격에서 수평선 → 판매량 증가 위해 가격하락 시도 필요성 × → 한계수입곡선 = 기업의 수요곡선
불완전경쟁기업	가격설정자	기업의 수요곡선: 우하향(독점: 수요곡선과 일치) → 판매량 증가 위해 가격하락 시도 필요성 ○ → 한계수입곡선: 기업의 수요곡선 아래

경쟁기업의 생산량: 시장가격과 한계비용 일치하는 양
경쟁시장 생산량: 개별경쟁기업 생산량의 합
=경쟁시장의 수요와 공급이 일치하는 생산량

5 독점시장

독점시장에서 가격은 어떻게 결정되는가? 우리나라에서 전기는 한전이 혼자서 공급하고 있다. 따라서 전기시장은 독점시장이다. 공급을 독점하기 때문에 소비자는 다른 곳을 이용할 수 없으므로 한전이 원하는 가격으로 구입할 수밖에 없다. 따라서 독점기업은 원하는 가격으로 판매할 수 있다. 즉, 수요곡선과 공급곡선이 일치하는 가격보다 높은 가격이 더 많은 이윤을 제공한다면 그 가격으로 공급할 수 있다. 그러므로 독점기업은 경쟁기업과는 달리 이윤을 극대화할 수 있는 가격과 공급량을 탐색하여 결정할 것이다. 이와 같은 판매자를 일반적으로 '가격설정자(price maker)'라 한다.

가격설정자: 이윤을 극대화할 수 있는 가격을 탐색하여 결정할 수 있는 시장참여자

독점기업은 경쟁기업과 달리 경쟁자가 없으므로 독점시장에서 가격은 수요곡선과 공급곡선이 일치하는 경쟁가격보다 높은 곳에서 결정되고, 가격 상승에 따라 수요량이 감소하므로 생산량도 감소한다. 독점시장의 구체적인 가격과 생산량을 살펴보자.

독점기업의 수요곡선은 시장수요곡선과 일치한다. 왜냐하면, 독점기업은 시장에 혼자 존재하므로 자신이 팔 수 있는 양이 시장수요와 같기 때문이다. 따라서 독점기업의 수요곡선은 우하향하므로 한계수입은 가격보다 낮고, 한계수입곡선은 독점기업의 수요곡선 아래에 있다.[4)]

이제 독점기업의 가격과 생산량을 도출할 수 있다. [그림 6-4]에서 보듯이, 독점기업은 이윤극대를 위해 한계수입과 한계비용이 일치하는 곳에서 생산하므로 가

그림 6-4 경쟁시장과 독점시장의 가격과 생산량

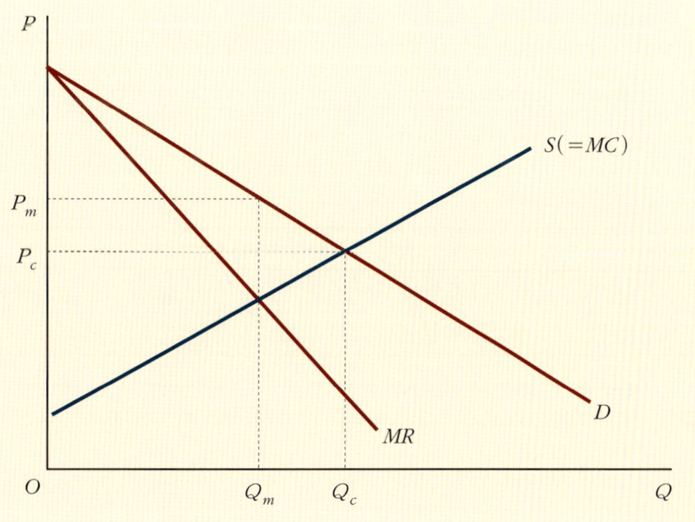

4) 앞의 경쟁시장에서 분석한 것처럼 첫 단위의 한계수입은 가격과 같다.

격과 생산량은 각각 P_m과 Q_m이 된다.

앞에서 본 바와 같이, 경쟁시장에서는 가격과 생산량은 수요와 공급이 일치하는 P_c와 Q_c에서 결정된다. 따라서 독점시장은 경쟁시장에 비해 가격은 높고 생산량은 적다.

독점기업의 가격 및 생산량 결정

한계수입곡선: 수요곡선 아래 존재

⇒ 이윤극대화 가격: 수요와 공급이 일치하는 가격(즉, 경쟁가격)보다 높음

이윤극대화 생산량: 수요와 공급이 일치하는 생산량, 즉 경쟁시장 생산량보다 적음

이와 같이 시장이 독점되면 이윤을 극대화할 수 있는 가격을 설정할 수 있으므로 경쟁시장에 비해 생산판매자는 더 높은 이윤을 얻을 수 있다.[5)] 그러므로 판매자는 누구든지 자신의 제품이 독점화가 되길 원한다. 그렇다면 독점은 어떻게 발생되는가? 독점의 궁극적 원인은 진입장벽이다.

진입장벽은 크게 두 가지로 나누어 볼 수 있다. 경제적 진입장벽과 법률적 진입장벽이다. 경제적 진입장벽은 경제적 요인에 의해 발생되는 진입장벽으로서 규모의 경제(자연독점), 생산요소의 독점 등이다. 법률적 진입장벽은 정부가 법을 통하여 부여한 진입장벽으로서 전매권, 특허 및 지식재산권, 면허제 등이다.

독점의 궁극적 원인: 진입장벽		
경제적 진입장벽	경제적 요인에 의해 발생	규모의 경제, 생산요소 독점
법률적 진입장벽	정부가 정한 법에 의해 발생	전매권, 특허 및 지식재산권, 면허제 등

규모의 증가와 더불어 산출량이 증가할 때 평균비용이 낮아지는 것을 '규모의 경제'(economies of scale)라 한다. 규모의 경제가 작용하는 산업에서는 대규모 시설 보유 기업은 생산량을 증가시키면, 단위비용이 하락하므로 낮은 가격을 제시할 수

5) 경쟁기업도 이윤극대화를 추구하지만 주어진 시장가격에서 이윤극대화를 추구할 수 있을 뿐이다. 이윤이 극대화되는 가격을 설정할 수 없다.

있어 소규모 기업을 축출할 수 있을 뿐만 아니라 수요의 제약으로 대기업 중 한 기업만 살아남게 된다. 그 결과 그 산업은 저절로 독점이 되는 것이다. 이것을 '자연독점'(natural monopoly)이라고 한다. 이와 같이 규모의 경제가 작용하는 산업에서는 독점이 발생한다.

규모의 경제: 규모의 증가와 더불어 산출량이 증가할 때 평균비용이 낮아지는 것
⇒ 자연독점: 규모의 경제로 산업이 저절로 독점이 되는 것

온천은 온천수의 생산이 필수적이다. 누군가 온천수를 장악한다면 다른 사람들은 온천장을 영업할 수 없어 독점화가 된다. 이와 같이 필수 생산요소를 독점한 경우에도 그 요소를 사용하는 산업은 독점이 될 수 있다.

전매권이란 정부가 어떤 재화를 특정 기업에게만 부여하는 생산 및 판매할 권리이다. 직설적으로 표현하면 독점사업권이다. 현재 우리나라의 독점기업으로는 KT&G, 한전, 도시가스공사 등이 있다. KT&G의 경우 담배제조판매에 대해 정부가 독점사업권 즉 전매권을 부여한 것이다. KT&G는 정부가 담배판매를 통하여 많은 조세수입을 얻기 위해 독점권을 부여한 것이다.

전매권: 정부가 어떤 재화를 특정 기업에게만 부여하는 생산 및 판매할 권리
전매권 부여 목적: 조세수입 획득

한전과 도시가스공사도 전기와 가스에 대해 정부가 독점사업권을 준 것이지만, KT&G와는 차이가 있다. 전기와 가스공급을 위해서는 대규모의 기반시설이 요구되는 산업에서는 위에서 언급한 규모의 경제가 작용하기 때문에 독점이 된다. 경제적 이유로도 독점이 되는데 구태여 정부가 독점권을 미리 부여한 이유는 다음과 같다. 경쟁체제로 두면 독점화 과정에서 치루는 비용이 너무 크기 때문이다. 독점화가 되면 축출된 기업의 시설은 거의 쓸모없게 되는 것이다. 그래서 우리나라의

경우 개발 초기에 이런 점을 고려하여 전기, 통신(전화), 가스 등에 독점권을 부여한 것이다.

그러나 생산량이 너무 증가하면 평균비용이 증가하는 '규모의 불경제(diseconomies of scale)'가 나타난다. 그래서 수요의 증가에 비례하여 규모 확대를 통하여 생산을 증가시킬 때 규모의 불경제가 발생하게 되면 독점권을 부여하지 않는 것이 좋다. 이런 취지에서 통신은 지금 독점권이 해체되어 KT 외에도 SKT, LGT 등이 사업을 영위하고 있다.[6)]

규모의 경제 → 자연독점 → 시설 낭비 ⇒ 시설낭비 방지: 독점권 부여
수요증가 → 생산량 증가 → 규모의 불경제 발생 → 독점권 해체
규모의 불경제: 규모의 증가와 더불어 산출량이 증가할 때 평균비용이 높아지는 것

특허권과 지식재산권은 일정기간 동안 특허나 지식재산권을 갖고 있는 자의 허락 없이 타인들이 그것을 이용할 수 없도록 하여 그 소유자에게 독점권을 부여하는 것이다. 이런 독점권을 부과하지 않을 경우 훌륭한 기술이나 저작이 이루어지지 않게 되고, 그 결과 좋은 품질이나 저렴한 가격을 제공하는 제품 및 저작물이 나오지 않게 된다. 그렇게 될 경우 소비자들이 그런 것들을 이용하지 못하게 된다. 이런 이유로 특허권이나 지식재산권을 부여하여 일정기간 동안 소유주가 독점권을 행사하도록 한다.

특허권과 지식재산권: 일정기간 동안 특허나 지식재산권을 갖고 있는 자의 허락 없이 타인들이 그것을 이용할 수 없도록 하여 그 소유자에게 독점권을 부여하는 것
특허권과 지식재산권 부여 목적: 좋은 품질이나 저렴한 가격을 제공하는 제품 및 저작물 유도

6) 소수 기업들만 운영하도록 하는 것은 정부가 실제로 그들에게 독점권을 부여한 것이다.

자격증 및 면허제도 역시 그 소유자들에게 독점권을 행사하도록 허용하는 것이다. 그것을 시행하는 이유는 소비자에게 양질의 서비스를 제공하기 위한 것이다. 우리는 '돌팔이'를 없애야 한다고 흔히 말한다. 돌팔이는 무자격자를 의미하고, 이것은 구체적으로 어떤 부문에서 소비자들이 원하는 질적 수준에 미달한 사람을 의미한다. 따라서 소비자들에게 그런 양질의 서비스를 제공한다는 목적으로 정부가 면허제를 시행한다. 변호사와 판검사 같은 법조인이 되는 자격을 부여하거나, 의사나 약사 같은 의료인이 되는 자격을 부여하는 등 여러 가지 자격증이 여기에 해당된다.

자격증 및 면허제: 자격증과 면허가 있는 사람들에게만 해당분야 경제활동을 하도록 독점권을 부여한 것
자격증 및 면허제 부여 목적: 양질의 서비스 제공

6 독점적 경쟁시장 및 과점시장

위에서 본 바와 같이 제품의 질과 서비스에 차별화를 통하여 경쟁을 하는 시장이 독점적 경쟁시장이다. 이에 해당하는 경우를 우리는 흔히 볼 수 있다. 음식점 외에도 미용, 숙박, 구두, 의류 등이다.

독점적 경쟁기업은 제품차별화에 의한 독점력으로 독점처럼 이윤극대화하는 가격과 공급량을 탐색하여 결정한다. 독점적 경쟁기업이 제품차별화를 통해 경쟁기업보다 높은 가격을 설정할 수 있는 이유는 소비자들이 질이나 서비스의 차이에 대해서 더 높은 가격을 지불할 용의가 있기 때문이다.

비싼 칼국수가게를 찾는 고객에게 그 이유를 물어보면, 그들은 "이 집의 맛이 다른 집보다 좋아요", "내 입맛에 맞아요", "주인아줌마가 좋아요", "친절해요"라고 한다. 이 표현들은 고객들이 이 가게의 칼국수가 다른 가게의 칼국수와 질이나 서

비스 면에서 차이를 느끼고 있다는 것을 나타내는 것이고, 그 차이에 대해서 기꺼이 더 높은 가격을 지불할 용의가 있다는 것도 나타내고 있다.

이와 같이 독점적 경쟁기업은 독점처럼 경쟁기업보다 높은 가격을 설정할 수 있지만, 유사한 제품을 제공하는 경쟁기업들이 존재하므로 독점만큼 높은 가격을 설정할 수는 없다. 예를 들어, A 제품을 B 제품보다 선호하여 A 제품을 질적 차이 정도만큼 높은 가격으로 구입하지만, 가격을 질적 차이 정도 이상으로 너무 높게 설정하면 소비자는 B 제품을 구입하게 된다.

독점적 경쟁시장의 가격결정:
경쟁가격<독점적 경쟁가격<독점가격 ∵ 제품차별화

한편 소수의 공급자들로 구성된 과점시장에서는 기업 간 상호의존성이 매우 높다. 무수한 경쟁자가 있는 경쟁시장에서는 한 기업의 행위가 다른 기업들 각각에 미치는 영향은 아주 미미하거나 거의 없지만, 과점에서는 영향이 매우 크다. 예를 들어 A와 B 두 기업만 있다고 할 때, A가 가격하락을 시도하면 B는 고객을 모두 잃을 수도 있다. 영향을 받은 B도 A에게 더 낮은 가격으로 보복할 수 있다. 따라서 과점시장이 무수한 경쟁자가 있는 경쟁시장에 비해 실제로는 경쟁은 더 치열하다.

과점시장에서는 상호의존성이 높기 때문에 치열한 가격경쟁은 서로 공멸하는 결과를 초래할 가능성이 높다. 따라서 과점기업들은 가격경쟁을 피하려는 경향이 많다. 가격경쟁 대신에 담합(collusion)할 유인이 높다. 왜냐하면, 담합이 성공적으로 이루어지면 하나의 독점기업처럼 행동할 수 있기 때문이다. 존재하는 기업의 수가 많으면 서로 의견이 일치하지 않거나 담합 후에 협의사항을 준수하지 않을 경향이 높기 때문에 담합이 힘들지만 소수인 경우 수월해진다. 그러므로 상호의존성이 높은 과점시장에서는 담합을 할 유인이 높다. 담합의 대표적인 것이 카르텔(cartel)인데, 기업들이 공동으로 생산량을 제한하여 높은 판매가격을 책정하는 것이다. 그러나 이런 카르텔은 독점화시도로 여겨지므로 대부분의 나라에서 금지하고 있다.

그래서 과점시장에서도 독점적 경쟁시장처럼 각 기업들은 제품차별화를 통해 경쟁을 하고 있다. 질, 디자인, 서비스, 판매조건 등의 차별화를 통해 경쟁을 하고 있다. 자동차, 가전제품, 주류, 정유회사 등이 여기에 해당되는 과점시장이다.

과점시장 특징: 기업간 상호의존성 → 가격경쟁 회피, 담합 유인
→ 대부분 국가 금지 → 질, 디자인, 서비스, 판매조건 등의 차별화로 경쟁

7 가격차별

우리가 평소에 버스요금이나 박물관의 입장료에서 학생을 할인하는 경우와 같이 동일한 상품에 대하여 소비자들에 따라서 다른 가격을 부과하는 경우들을 볼 수 있다.

이와 같이 동일한 상품에 대하여 소비자들에 따라서 다른 가격을 부과하는 것을 '가격차별(price discrimination)'이라 한다. 하지만 가격차별은 흔한 현상은 아니다. 많은 재화들이 소비자에게 동일한 가격을 부과한다. 이것을 일물일가(一物一價)[7]라고 한다.

가격차별: 동일한 상품에 대하여 소비자들에게 다른 가격 부과
일물일가: 동일한 상품에 대하여 소비자들에게 동일 가격 부과

일물일가가 성립하는 이유는 다음과 같다. 대구의 사과 가격이 1,000원이고 경주의 사과가격이 800원이라면 어떤 일이 발생할까? 경주에서 구입하여 대구에서 팔면 이익을 얻을 것이다. 따라서 경주 사과의 수요는 증가하고 대구 사과의 공급은 증가할 것이다. 따라서 경주의 사과 가격은 상승하고 대구의 사과 가격은 하락할

7) 한 가지 물건에 하나의 가격이란 뜻이다.

것이다. 이런 중재거래(일명 재정거래)는 두 지역의 사과가격이 같을 때까지 계속된다. 따라서 두 지역의 사과 가격은 같아지는 것이다. 이와 같이 중재거래가 존재하기 때문에 일물일가가 일반적인 현상이다.

일물일가 성립 이유: 중재거래(재정거래)

기업들이 가격차별을 하는 이유는 일물일가에 비해 더 높은 이윤을 획득할 수 있기 때문이다. 수요탄력성을 이용하여 가격차별을 하면 더 많은 이윤을 얻을 수 있다. 수요탄력성과 판매수입(소비자지출)의 관계는 다음과 같다. 수요가 탄력적일 때, 가격이 하락하면 가격의 하락률보다 수요량의 증가율이 크기 때문에 수입이 증가하고, 가격이 상승하면 가격의 상승률보다 수요량의 감소율이 크기 때문에 수입이 감소한다. 수요가 비탄력적일 때, 가격이 하락하면 수입이 감소하며 가격이 상승하면 수입이 증가한다. 수요가 단위탄력적일 때, 가격이 상승하든 하락하든 가격의 변화율과 수요량의 변화율이 같기 때문에 수입의 변화가 없다. 따라서 수입의 증가를 위해 수요가 탄력적인 소비자에게는 낮은 가격, 비탄력적인 소비자에게 높은 가격을 부여한다.

가격차별 이유: 일물일가에 비해 더 높은 이윤을 획득
가격차별 방식: 비탄력적 소비자 → 고가, 탄력적 소비자 → 저가

학생은 지출할 소득이 낮으므로 수요가 탄력적이고, 일반인들은 지출할 소득이 높아 비탄력적이기 때문에 기업은 수입을 높이기 위해 학생들에게는 낮은 가격 일반인에게 높은 가격을 부여한다. 이와 같이 기업이 청소년 및 학생이나 저소득층에게 할인을 하는 이유는 그들을 어여삐 여겨서가 아니라 수입을 확대하기 위해서이다. 이런 경우 판매자는 칭찬도 듣고 돈도 더 벌어 꿩 먹고 알 먹는 식이다. 이러한 할인은 아직 소득이 없는 학생들에게 요금을 낮게 함으로써 학부모님들의 가계

경제에 다소나마 도움을 주려는 정부의 의지가 담겨 있지만, 실제로는 가격차별 전략을 앞세워 이윤을 극대화하려는 경제적 동기에서 나타나는 시장현상이지, 저소득층이나 경제적 약자들을 돕기 위한 자선행위에서 나온 것은 아니다. 더 더욱 정부의 입김 때문만도 아니다.

얼마 전까지 철도요금이 주말에는 비싸고 주중에는 쌌다. 그 이유는 주말에는 수요가 많고 주중에는 수요가 적기 때문이 아니다. 왜냐하면, 주말에 요금이 높으면 요금이 낮은 주중에 이용하게 되고, 그 결과가 주말에 수요가 감소하므로 높은 가격을 유지할 수 없기 때문이다.

그런 가격차별을 할 수 있는 이유는 주말 이용객들의 수요가 비탄력적이고 주중 이용객들의 수요가 탄력적이기 때문이다. 주말 이용객 다수는 주중에 이용할 수 없고 주말에만 이용할 수 있는 사람들이다. 그들에게는 철도이용에 있어서 대체할 수 있는 날이 없는 것이다. 즉, 대체재가 없는 것이다. 따라서 수요가 상당히 비탄력적이다. 주중 이용객들은 어떤 요일이든 이용할 수 있는 사람들이므로 대체제가 풍부하여 수요가 탄력적이다. 이와 같이 철도요금이 주말에는 높고 주중에 낮은 이유는 주말에는 수요가 많고 주중에는 수요가 적기 때문이 아니라 주말 이용객의 수요는 비탄력적이고 주중 이용객의 수요는 탄력적이기 때문이다.

위에서 언급한 것처럼, 가격차별이 흔하지 않다. 그 이유는 가격차별하기 위해서는 다음과 같은 조건을 갖추어야만 가능하기 때문이다.

첫째, 판매자는 시장 지배력을 가지고 있어야 한다. 만약 시장지배력을 갖지 못하여 경쟁이 치열할 경우 일부 고객들에게 가격을 상승시키면 그들은 다른 판매자에게 구입하므로 가격을 높일 수 없기 때문이다.

둘째, 수요탄력성에 따라 소비자집단을 구분할 수 있어야 한다. 판매수입을 증가시키기 위해서는 수요탄력성에 따라 가격차별을 해야 하기 때문이다.

셋째, 재판매가 불가능해야 한다. 만약 재판매가 가능하다면 높은 가격으로 구매할 수밖에 없는 소비자는 낮은 가격으로 구매한 사람에게 약간의 차액을 제공하고 구입하려고 할 것이다. 그 결과 높은 가격으로는 팔리지 않고 낮은 가격으로만 팔리므로 수입이 일물일가에 비해 오히려 감소할 것이기 때문이다.

넷째, 가격차별로 추가되는 수입이 차별에 소요되는 비용보다 높아야 한다. 만약 차별비용이 100이고 차별로 인한 추가수입이 60이라면 차별함으로써 오히려 수입이 일물일가에 비해 40만큼 낮아진다.

가격차별 조건

① 판매자 시장 지배력 보유, ② 수요탄력성에 따라 소비자집단을 구분,
③ 재판매 불가능, ④ 가격차별로 추가되는 수입 > 가격차별에 소요되는 비용

한편 상인들이 판매수입을 증대시키기 위해 할인쿠폰을 발행한다. 이에 대해 일반적으로는 할인을 해주면 판매량이 증대하여 수입이 증가하기 때문에 할인쿠폰을 발행한다고 생각하는 경향이 있다. 하지만 가격이 하락하더라도 수요량이 많이 증가하지 않으면 수입은 오히려 감소한다. 따라서 위의 사고는 그릇된 것이다. 상인들이 할인쿠폰을 발행하는 진정한 이유는 소비자의 수요탄력성을 파악하여 가격차별하기 위한 전략이다. 상인들은 할인쿠폰을 통해서 소비자의 수요탄력성을 파악할 수 있다. 가격에 민감한 소비자는 할인쿠폰을 꼭 챙겨오고, 가격에 민감하지 않는 소비자는 할인쿠폰을 챙겨오지 않는다. 따라서 할인쿠폰을 가져오는 소비자는 수요가 탄력적이고, 그렇지 않는 소비자는 비탄력적이다. 판매수입을 증가시키기 위해서는 탄력적인 소비자에게는 낮은 가격을 부과하고 비탄력적인 소비자에게는 높은 가격을 부과해야 한다. 따라서 할인쿠폰을 챙기는 탄력적인 소비자에게 할인하여 낮은 가격을 부과하는 것이다. 이와 같이 상인들은 할인쿠폰을 통하여 소비자의 수요탄력성을 파악하여 가격차별을 함으로써 수입을 증대시킬 수 있다.

요약

01. 경쟁의 정도에 따라 시장구조는 구분되고, 경쟁의 정도에 영향을 미치는 요인은 크게 두 가지이다. 하나는 참여자의 수이고, 다른 하나는 상품의 질적 차이 여부이다.

02. 공급자의 수가 많으면 '경쟁시장'이라고 하고, 공급자의 수가 적을 때 '불완전경쟁시장'이라고 한다. 불완전경쟁시장은 공급자의 수가 하나일 경우에 '독점시장', 공급자의 수가 둘 이상 소수이면 '과점시장'으로 분류한다. 경쟁시장의 경우 상품이 동질적인 경우 완전경쟁 혹은 순수경쟁시장(보통 경쟁시장)과, 상품이 이질적인 경우 독점적 경쟁시장으로 분류한다.

03. 이윤극대화의 조건은 한계수입과 한계비용이 일치하는 것이다. 왜냐하면, 한계수입이 한계비용보다 크면 생산증가에 따른 추가수입이 추가비용보다 크므로 그 양을 생산하면 한계수입과 한계비용의 차이만큼 이윤이 증가하고, 반면 한계수입이 한계비용보다 작으면 생산증가에 따른 추가수입이 추가비용보다 작으므로 그 양을 생산하면 한계비용과 한계수입의 차이만큼 이윤이 감소하기 때문이다.

04. 고정비용은 생산량에 관계없이 일정한 비용으로서 조업과 관계없이 무조건 지급해야 하는 비용이다. 가변비용은 생산량에 따라 변하는 비용으로서 조업함으로써 발생하는 비용이다. 고정비용이 발생하지 않고 가변비용만 발생하는 경우를 장기라 하고 고정비용이 존재할 때 단기라고 한다.

05. 단기의 경우 고정비용이 존재하므로 조업중단 시 손실은 0이 아니라 고정비용만큼 발생한다. 따라서 조업조건은 조업 시 손실이 고정비용보다 적으면 되는데, 이것은 수입이 가변비용보다 크거나 평균수입(즉, 가격)이 평균가변비용보다 커야 한다는 것을 의미한다. 장기의 경우 고정비용이 존재하지 않으므로 조업중단 시 손실은 0이다. 따라서 조업조건은 조업 시 손실이 0보다 적으면 되는데, 이것은 수입이 총비용보다 크거나 평균수입(즉, 가격)이 평균비용보다 커야 한다는 것을 의미한다.

06. 시장에서 결정된 가격을 수용할 수밖에 없는 시장참여자를 가격수용자라 하며, 이윤을 극대화할 수 있는 가격을 탐색하여 결정할 수 있는 시장참여자를 가격설정자라 한다,

07. 경쟁기업이 시장가격을 변동하지 못하는 이유는 가격수용자이기 때문이다. 경쟁자가 다수이고 동질적인 재화를 생산하기 때문에 경쟁기업은 가격수용자가 된다. 따라서 경쟁시장에서 가격과 거래량은 수요와 공급이 일치하는 곳에서 결정된다.

08. 기업이 각 가격에서 얼마만큼 판매가 가능한 것인지를 나타내는 곡선, 즉 판매가능곡선을 기업의 수요곡선(기업이 직면하는 수요곡선)이라 한다. 경쟁기업은 가격수용자이므로 경쟁기업의 수요곡선은 시장가격에 수평선이다. 불완전경쟁 기업은 가격설정자이므로 불완전경쟁기업의 수요곡선은 우하향한다. 특히, 독점기업의 수요곡선은 시장수요곡선과 일치한다.

09. 기업의 수요곡선이 수평선이라는 것은 판매량을 증가시키기 위해 가격을 낮출 필요가 없다는 것을 의미하고, 기업의 수요곡선이 우하향이라는 것은 판매량을 증가시키기 위해 가격을 낮출 수밖에 없다는 것을 의미한다. 따라서 경쟁기업의 한계수입곡선은 기업의 수요곡선과 일치하며, 불완전경쟁기업의 한계수입곡선은 기업의 수요곡선 아래에 위치하면서 우하향한다. 그러므로 경쟁기업은 판매량을 증가시키더라도 한계수입이 일정하나, 불완전경쟁기업은 판매량을 증가시키면 한계수입이 감소한다.

10. 경쟁기업의 생산량은 시장가격과 한계비용이 일치하는 양이다. 경쟁시장의 생산량은 개별경쟁기업들의 생산량을 합한 것으로서 시장에서 수요와 공급이 일치하는 생산량이다.

11. 독점기업은 가격설정자이므로 한계수입곡선이 수요곡선 아래에 위치한다. 따라서 독점가격은 수요와 공급이 일치하는 가격(즉, 경쟁가격)보다 높고, 생산량은 수요와 공급이 일치하는 생산량(즉, 경쟁시장 생산량)보다 적다.

12. 독점의 궁극적 원인은 진입장벽이다. 진입장벽은 크게 두 가지로 나누어 볼 수 있다. 경제적 진입장벽과 법률적 진입장벽이다. 경제적 진입장벽은 경제적 요인에 의해 발생되는 진입장벽으로서 규모의 경제(자연독점), 생산요소의 독점 등이다. 법률적 진입장벽은 정부가 법을 통하여 부여한 진입장벽으로서 전매권, 특허 및 지식재산권, 면허제 등이다.

13. 전매권은 정부가 어떤 재화를 특정 기업에게만 부여하는 생산 및 판매할 권리이며, 전매권을 부여하는 목적은 조세수입의 획득에 있다.

14. 규모의 경제는 규모의 증가와 더불어 산출량이 증가할 때 평균비용이 낮아지는 것이며, 규모의 불경제는 규모의 증가와 더불어 산출량이 증가할 때 평균비용이 높아지는 것이다.

15. 규모의 경제가 작용하면 자연독점이 되지만, 그 과정에서 시설낭비가 발생하므로 이런 낭비를 막기 위해 사전에 독점권을 허용하는 경우가 있다. 그러나 수요의 증가에 비례하여 규모 확대를 통하여 생산을 증가시킬 때 규모의 불경제가 발생하게 되면 독점권을 해제해야 한다.

16. 특허권과 지식재산권은 일정기간 동안 특허나 지식재산권을 갖고 있는 자의 허락 없이 타인들이 그것을 이용할 수 없도록 하여 그 소유자에게 독점권을 부여하는 것이다. 특허권과 지식재산권을 부여하는 목적은 좋은 품질이나 저렴한 가격을 제공하는 제품 및 저작물을 유도하기 위한 것이다.

17. 자격증 및 면허제는 자격증과 면허가 있는 사람들에게만 해당분야 경제활동을 하도록 독점권을 부여한 것이다. 자격증 및 면허제를 하는 목적은 양질의 서비스를 제공하는 것이다.

18. 독점적 경쟁기업은 경쟁자가 다수이나 제품을 차별화하기 때문에, 독점적 경쟁시장의 가격은 경쟁기업보다는 높고 독점보다는 낮다.

19. 과점시장에서는 기업들 간 상호의존성이 높으므로 가격경쟁보다는 담합이 일어날 가능성이 높다. 담합이 발생하면 독점과 같은 효과를 초래함으로 대부분 국가에서 금지하고 있다. 따라서 질, 디자인, 서비스, 판매조건 등의 차별화를 통해 비가격경쟁을 한다.

20. 가격차별은 동일한 상품에 대하여 소비자들에게 다른 가격을 부과한 것이고, 일물일가는 동일한 상품에 대하여 소비자들에게 동일한 가격을 부과한 것이다. 일물일가가 일반적인 이유는 중재거래(재정거래)가 발생하기 때문이다. 가격차별을 하는 이유는 일물일가에 비해 더 많은 이윤을 획득할 수 있기 때문이다. 수요가 탄력적인 소비자에게는 낮은 가격을, 비탄력적인 소비자에게는 높은 가격을 부여하는 방식으로 가정격차별을 한다. 그러나 가격차별이 흔하지 않은 이유는 가격차별을 하기 위해서는 다음과 같은 조건을 충족해야 하기 때문이다. ① 판매자가 시장 지배력을 보유해야 한다. ② 수요탄력성에 따라 소비자집단을 구분할 수 있어야 한다. ③ 소비자 간 재판매가 불가능해야 한다. ④ 가격차별로 추가되는 수입이 가격차별에 소요되는 비용보다 커야 한다.

Chapter 07

노동시장과 임금의 결정

학습목표 생산요소시장, 노동시장과 임금결정, 노동조합

본 장과 다음 장에서는 노동, 자본, 토지와 같은 생산요소가 거래되는 생산요소시장에서 생산요소의 가격과 고용량의 결정을 다룬다. 본 장은 노동시장을, 다음 장은 자본시장 및 토지시장을 분석한다.

1 생산요소시장

1) 생산요소시장이란?

생산요소시장이란 생산과정에 투입되는 토지, 노동, 자본 등과 같은 생산요소가 거래되는 시장을 말한다. 생산물시장에서는 기업이 생산물을 공급하고, 가계 혹은 소비자가 기업이 생산한 것을 수요하는 위치에 있다. 그러나 생산물시장과 반대로 생산요소시장에서는 가계 또는 소비자가 생산요소의 공급자가 되고, 기업이 수요자의 위치에 놓이게 된다. 본 장에서는 이러한 생산요소시장 중 노동에 초점을 맞추어, 논의를 진행하기로 한다.

가계나 소비자는 효용극대화의 원리에 따라 행동하지만, 기업은 이윤극대화의 원리에 따라 행동한다. 따라서 생산요소(노동) 공급은 가계(소비자)의 효용극대화의 원리를 통하여 결정되고, 생산요소(노동) 수요는 기업의 이윤극대화의 원리에 의해서 결정된다고 하겠다.

생산물시장이 상품에 대한 수요와 공급의 상호작용에 의해서 그것의 가격이 결정되는 것처럼, 생산요소시장도 생산요소에 대한 수요와 공급에 대한 상호작용에 의해서 그것의 가격이 결정되는 것이다. 따라서 생산물시장과 생산요소시장 둘 다 수요와 공급의 상호작용에 의해 가격이 결정된다는 점에 주목할 필요가 있다.

이와 같이 생산요소시장에서 생산요소의 가격과 고용량이 결정되면 생산요소가 얻는 소득의 크기가 결정된다. 생산요소시장의 분석을 통해서 소득분배에 대해서도 알 수 있게 된다.

생산요소시장: 생산과정에 투입되는 토지, 노동, 자본 등과 같은 생산요소가 거래되는 시장
생산요소시장 수요자: 기업 공급자: 가계
생산요소가격 및 고용량: 수요와 공급에 의해 결정(재화시장과 동일)

2) 생산요소 수요의 특성

기업은 상품을 생산하기 위하여 생산요소를 수요한다. 위에서 언급한 것처럼 기업은 이윤이 극대화되도록 생산요소를 고용한다. 그런데 생산요소의 수요는 재화의 수요로부터 발생한다. 이를 우리는 '파생수요(derived demand)'라고 부른다. 예를 들어, 빵의 수요가 증가하여 빵 가격이 상승함으로써 빵 생산이 증가되고, 그에 따라 빵 생산에 투입되는 밀가루 등의 생산요소에 대한 수요가 증가한다. 물론 빵에 대한 수요가 없어 빵을 생산하지 않던 지역에 빵에 대한 수요가 발생하여 빵을 생산한다면 역시 빵 생산에 투입되는 밀가루 등의 생산요소에 대한 수요가 발생한다. 이와 같이 생산요소의 수요는 재화의 수요로부터 발생하므로, 요소의 수요는 파생수요의 성격을 지니고 있다.

파생수요: 어떤 것의 수요가 다른 것의 수요로부터 파생되어 발생되는 것
생산요소의 수요: 파생수요
∵ 생산요소의 수요: 재화의 수요로부터 파생되어 발생

3) 생산요소의 수요조건

기업들은 이윤이 극대화되도록 생산요소를 고용한다. 생산요소를 고용함으로써 획득하는 수입과 비용을 고려하여 결정한다. 생산요소를 추가함으로써 추가되는 수입을 한계수입생산(*MRP*: marginal revenue product)이라 한다. 반면, 생산요소를 추가함으로써 추가되는 비용을 한계요소비용(*MFC*: marginal factor cost)이라 한다.

$$MRP = \frac{\Delta R}{\Delta F}, \quad MFC = \frac{\Delta C}{\Delta F}$$

만약 요소를 증가시킬 때, MRP가 10이고 MFC가 8이면 요소를 추가함으로써, 2만큼 이윤이 증가한다. 이 경우 추가되는 요소를 고용한다. 만약 MRP가 6이고 MFC가 8이면 요소를 추가함으로써, 이윤이 2만큼 감소한다. 이 경우에는 추가되는 요소를 고용하지 않는다. 따라서 $MRP > MFC$이면 추가되는 요소를 고용하고, $MRP < MFC$이면 추가되는 요소를 고용하지 않는다. 그러므로 이윤극대화 요소고용조건은 추가되는 요소를 고용함으로써 이윤의 증가가 없게 되는 $MRP = MFC$가 된다. 이상에서 살펴본 바와 같이 생산요소의 수요조건은 $MRP = MFC$이다.

생산요소의 수요조건

$$MRP = MFC$$

한계수입생산(MRP)은 다음과 같이 나타낼 수도 있다. 따라서 MRP는 $MP(MR)$에 $MR(MP)$을 곱한 것이다.

$$MRP = \frac{\Delta R}{\Delta F} = \frac{\Delta Q}{\Delta F} \times \frac{\Delta R}{\Delta Q} = MP \times MR \quad \text{또는} \quad MRP = MR \times MP$$

제5장에서 본 바와 같이 한계생산(MP)은 감소하고, 또한 제6장에서 본 바와 같이 한계수입(MR)은 생산물시장이 경쟁시장이면 일정하고, 불완전경쟁시장이면 감소한다. 따라서 요소가 증가함에 따라 MRP가 감소함으로 MRP곡선은 [그림 7-1]과 같이 우하향한다.

한편 제6장에서 본 바와 같이 생산물시장이 완전경쟁시장이면 가격(P)과 한계수입(MR)은 같게 되어 $MR=P$가 된다. 따라서 생산물시장이 완전경쟁시장이면 $MRP = MR \times MP = P \times MP$가 된다. 여기서 $P \times MP$를 한계생산가치(VMP: value of marginal product)라고 한다. 그러므로 생산물시장이 완전경쟁시장이면 MRP는 VMP와 같다. 즉 $MRP = VMP$이며, 다음과 같이 나타낼 수 있다.

그림 7-1 한계수입생산(MRP)곡선의 형태

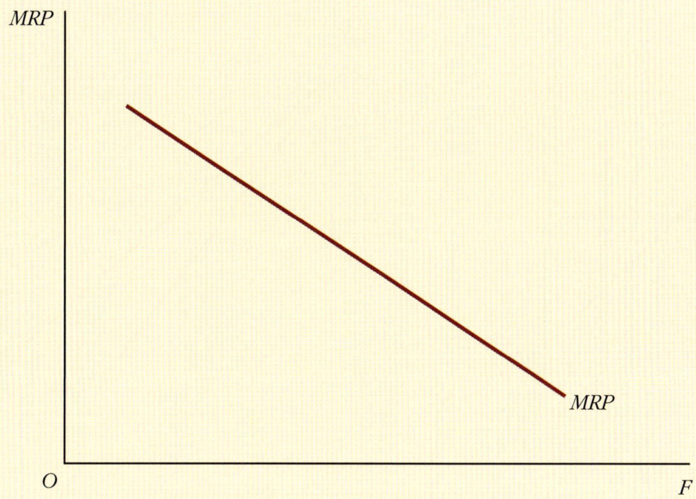

$$MRP = MR \times MP = P \times MP = VMP$$
$$\therefore MRP = VMP$$

반면 생산물시장이 불완전경쟁시장이면 $MR > P$이다. 따라서 생산물시장이 불완전경쟁시장이면 $MRP = MR \times MP > P \times MP = VMP$이다. 그러므로 생산물시장이 불완전경쟁시장이면 MRP는 VMP보다 크다. 즉 $MRP > VMP$이며, 다음과 같이 나타낼 수 있으며, [그림 7-2]와 같다.

$$MRP = MR \times MP > P \times MP = VMP$$
$$\therefore MRP > VMP$$

생산물시장이 완전경쟁시장: $MR = P \Rightarrow MRP = VMP$

생산물시장이 불완전경쟁시장: $MR > P \Rightarrow MRP > VMP$

그림 7-2 생산물시장이 (a) 완전경쟁시장일 때와 (b) 불완전경쟁시장일 때 *MRP*와 *VMP*곡선

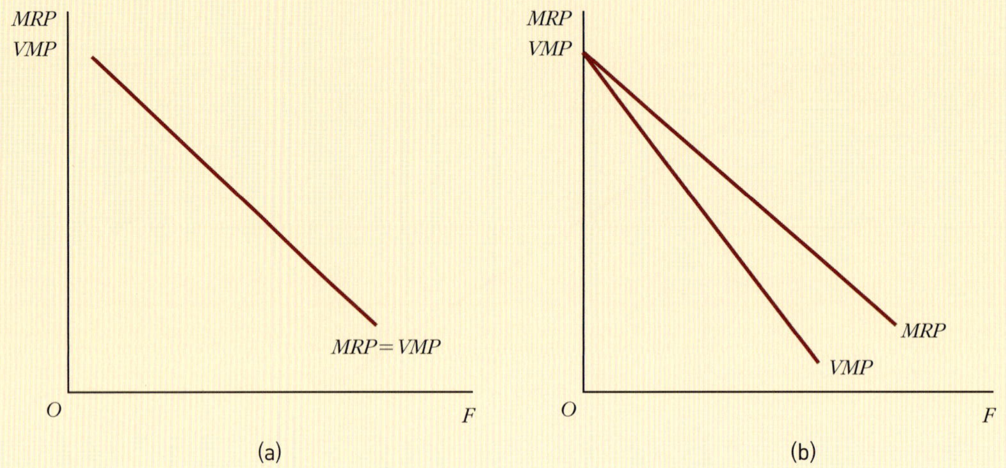

여기서 위에서 살펴본 수식을 이용하여 다음 〈표 7-1〉을 통하여, 노동의 한계수입생산(*MRP*)과 한계수입생산가치(VMP_L)를 계산하여 보기로 하자. 〈표 7-1〉에서 노동(L)의 투입량, 생산량(Q), 가격(P)은 주어져 있다고 하자.

제4열에서는 노동의 한계생산물(MP_L)을 계산한 것이다. 제5열은 노동의 한계수입생산(MRP_L)과 한계수입생산가치(VMP_L)를 계산한 것이다. 완전경쟁상태인 경우, 한계수입생산과 한계생산가치는 일치($MRP_L = VMP_L$)한다. 한계생산체감의 법칙(수확체감의 법칙)에 의해 노동투입량이 증가하면 노동의 한계생산(MP_L)이 감소하므로, 한계생산가치곡선은 우하향의 형태가 된다. 한계생산가치(VMP_L)곡선이 바로 노동의 수요곡선(D_L)이 된다.

제7열은 제5열에서 노동의 한계수입생산(*MRP*) 계산한 것을 다른 방법으로 계산한 것이다.

표 7-1 노동의 한계수입생산(*MRP*)과 한계수입생산가치(*VMP*) 계산

노동(L)의 투입량 (1)	생산량(Q) (2)	$P=MR$ (3)	MP_L $=\Delta Q/\Delta L$ (4)	MRP_L $=MR\times MP_L(=VMP_L)$ (5)	TR $=P\times Q$ (6)	MRP_L $=\Delta TR/\Delta L$ (7)
0	15	8	–	–	120	–
1	24	8	9	72	192	72
2	32	8	8	64	256	64
3	39	8	7	56	312	56
4	45	8	6	48	360	48
5	50	8	5	40	400	40

4) 생산요소의 수요곡선

앞 절에서 본 바와 같이 생산요소의 수요조건은 $MRP=MFC$이다. 이것을 활용하여 생산요소의 가격과 생산요소의 수요량 간의 관계를 나타내는 생산요소의 수요곡선을 도출할 수 있다.

생산요소시장이 완전경쟁시장인지 불완전경쟁인지에 따라 요소를 고용하는 기업은 요소가격에 대해 가격 수용자(price taker)가 될 수도 있고, 가격 설정자(price maker)가 될 수도 있다. 생산물시장에서처럼 완전경쟁기업은 요소가격에 대해 가격 수용자가 되고, 불완전경쟁기업은 요소가격에 대해 가격 설정자가 된다.

요소시장이 완전경쟁이면 완전경쟁기업은 요소시장에서 결정된 요소가격을 수용하게 된다. 따라서 그 기업은 주어진 요소가격에서 얼마든지 원하는 만큼 고용할 수 있다. 즉 요소고용을 증가시키기 위해 요소가격을 높이지 않아도 된다. 그 결과 완전경쟁기업의 한계요소비용(MFC)은 요소가격(P_f)과 일치한다. 즉 $MFC=P_f$가 성립한다.

그림 7-3 생산요소의 수요곡선

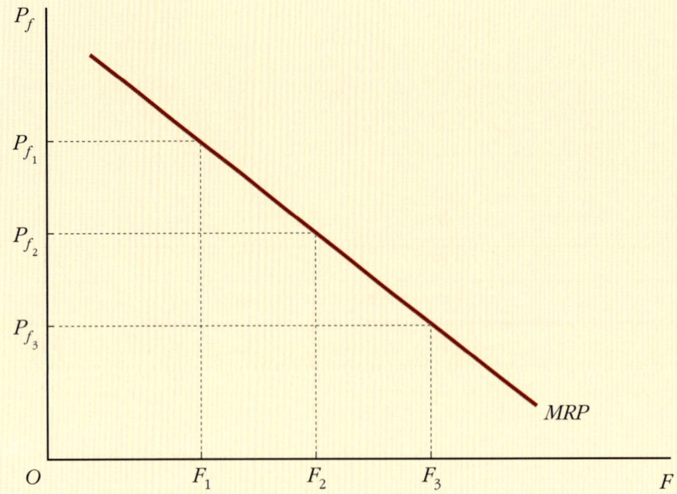

이제 생산요소의 수요곡선을 [그림 7-3]과 같이 도출할 수 있다. 위에서 수요조건은 근본적으로 $MRP = MFC$이다. 요소시장이 경쟁시장이면 $MFC = P_f$이므로, $MRP = P_f$ 또는 $P_f = MRP$로 변환시킬 수 있다. 따라서 요소가격(P_f)과 한계수입생산(MRP)이 일치($P_f = MRP$)하도록 요소를 고용(즉 수요)한다.

요소시장이 경쟁시장이면

$MFC = P_f$이므로

$MRP = MFC \Rightarrow MRP = P_f$

[그림 7-3]에서 요소가격이 P_{f_1}이면 F_1만큼 요소를 수요하고, 요소가격이 P_{f_2}이면 F_2만큼 수요한다. 따라서 한계수입생산(MRP)곡선이 생산요소의 수요곡선(D_f)이 된다는 것을 알 수 있다. 만약 생산물시장도 완전경쟁시장이면 $MRP = VMP$이므로, [그림 7-4]와 같이 한계생산가치(VMP)곡선이 생산요소의 수요곡선(D_f)이 된다.

그림 7-4 생산요소의 수요곡선(생산물시장 및 요소시장 모두 경쟁)

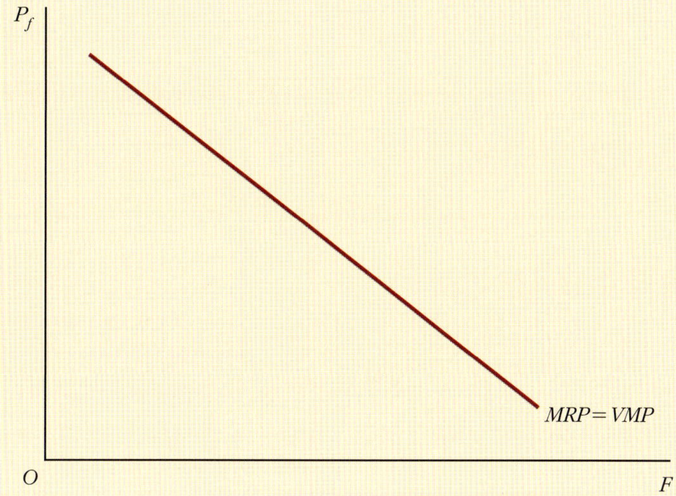

생산물시장, 요소시장 모두 경쟁시장이면

$MRP=VMP$, $MFC=P_f$이므로

$MRP=MFC \Rightarrow VMP=P_f$

그러나 요소시장이 불완전경쟁시장이면 생산요소의 수요곡선을 도출할 수 없다. 다만 $MRP=MFC$인 곳에서 요소가격과 요소고용량이 결정된다. 자세한 것은 뒤에 수요독점과 쌍방독점에서 다룬다.

생산물시장, 요소시장 모두 경쟁일 때 생산요소의 수요곡선: $MRP=VMP$

⇒ 한계생산가치(VMP)곡선이 생산요소의 수요곡선(D_f)

요소시장이 불완전경쟁시장이면 생산요소의 수요곡선: 도출할 수 없음

⇒ 다만 $MRP=MFC$인 곳에서 요소가격과 요소고용량이 결정

2 노동시장: 임금의 결정

앞에서 언급된 것처럼 노동서비스에 대한 가격인 임금은 노동의 수요와 공급에 의해 결정된다. 따라서 노동의 수요와 공급을 살펴보고, 노동의 수요와 공급에 의해 임금결정을 살펴본다.

1) 노동의 수요곡선

앞에서 요소시장이 경쟁시장이면 요소수요곡선(P_f)은 MRP곡선이 되고, 생산물시장도 경쟁시장이면 VMP곡선이 된다는 것을 살펴보았다. 따라서 노동시장이 경쟁시장이면 개별기업의 노동수요곡선(D_L)은 MRP_L이 되고, 생산물시장도 경쟁시장이면 VMP_L이 된다.

노동의 시장수요곡선은 개별기업의 수요곡선을 수평으로 합하면 된다. 왜냐하면 시장수요는 개별수요를 합한 것이기 때문이다.

그림 7-5 노동의 수요곡선(D_L)

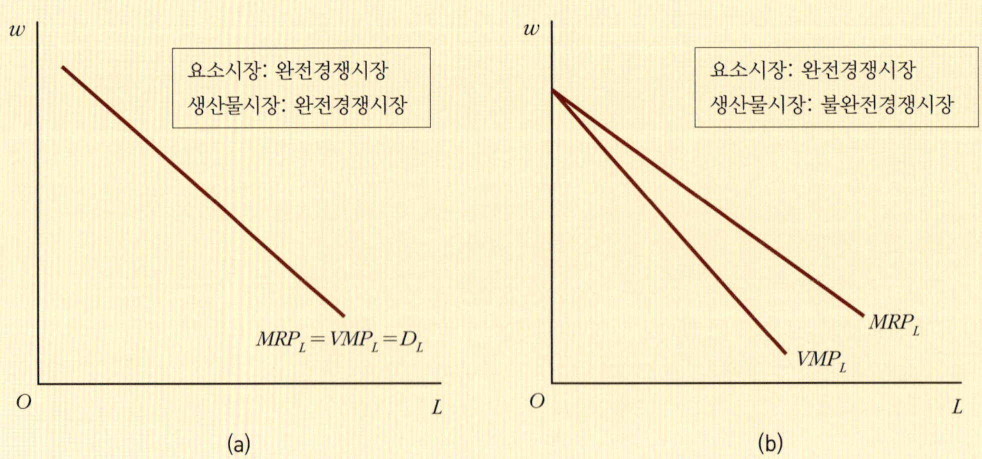

2) 노동의 공급곡선

(1) 개인의 노동공급곡선

노동의 공급은 소비자가 주어진 시간을 어떻게 사용할 것인가를 선택한 결과를 나타내고 있다. 예를 들어 하루 중 자기에게 주어진 시간을 여가를 보내는 데 사용할 것인지, 아니면 일하는 데 사용할 것인지 선택한 결과가 바로 노동공급으로 나타난다.

이러한 선택은 소비자가 효용극대화의 원리에 따라 행동한 결과라고 볼 수 있다. 임금이 주어져 있을 때 소비자의 효용을 극대화시키는 노동공급량의 변화를 나타내는 노동공급곡선을 [그림 7-6]과 같이 도출할 수 있다.

[그림 7-6]에서 보는 바와 같이 임금이 w_0일 때는 노동시간은 L_0이고, 임금이 w_1일 때는 노동시간은 L_1으로 증가한다. 그러나 임금이 w_1에서 w_2로 상승하면, 노동시간은 L_1에서 L_2로 오히려 감소한다. 이와 같이 임금이 상승하면 처음에는 노동시간이 증가하지만 임금이 매우 높은 수준이 되면, 오히려 노동시간이 감소하여 노

그림 7-6 노동공급곡선

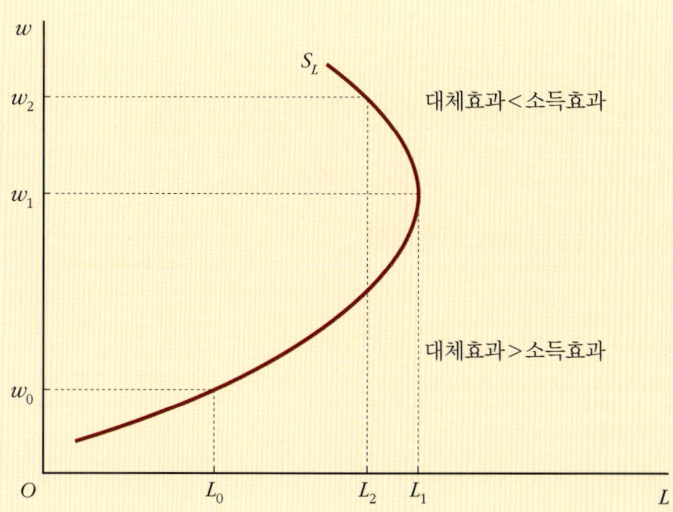

동공급곡선은 우상향하다가 왼쪽으로 휘어지는 모양을 갖게 된다. 즉, 후방으로 굴절(backward bending)되는 노동공급곡선이 도출된다.

이와 같이 임금이 상승하면 노동공급량을 늘리기도 하고 줄이기도 한다. 임금이 상승할 때 노동공급량의 증가와 감소의 여부는 임금상승에 따른 대체효과와 소득효과의 상대적인 크기에 달려 있다.

대체효과는 임금상승으로 여가의 실질가격이 상승함에 따라 노동시간이 증가하는 효과를 말한다. 즉, 대체효과는 임금이 상승하면 여가의 소비를 줄이고, 그 대신 노동공급량을 늘리는 결과를 가져온다. 소득효과는 임금상승으로 인한 실질소득의 증가로 여가소비가 증가함에 따라 노동시간이 감소하는 효과를 말한다. 여가는 정상재의 일종이므로 실질소득이 증가하면, 여가소비를 늘리고 노동공급량을 줄이는 방향으로 작용한다.

임금이 상승할 때 대체효과가 소득효과보다 더 크면 노동공급량이 증가하지만, 대체효과보다 소득효과가 더 크면 오히려 노동공급량이 줄어든다. 일반적으로 임금이 낮은 상태에서는 대체효과가 소득효과보다 커서, 임금이 상승하면 노동공급이 증가한다. 그러나 소득수준이 높아지면, 여가에 대한 가치를 높게 평가하므로 소득효과가 대체효과보다 커서, 노동공급이 감소한다. 따라서 [그림 7-6]에서 보듯이, 일반적으로 임금이 낮을 때는 대체효과가 더 크게 나타나므로, 임금이 상승할 때 노동공급이 증가한다. 그러나 임금이 매우 높은 수준이 되면 소득효과가 더 크게 나타나기 때문에 노동공급이 줄어들어, 노동공급곡선이 후방으로 굴절(backward bending)하는 형태로 도출된다.

개인 노동공급곡선: 후방굴절의 형태
∵ 임금이 상승하면
① 대체효과 > 소득효과 ⇒ 여가↓ → 노동공급↑: 저임금
② 대체효과 < 소득효과 ⇒ 여가↑ → 노동공급↓: 고임금(∵소득↑→ 여가가치↑)
시장 전체 노동공급곡선: 일반적으로 우상향의 형태(개인 노동공급곡선보다 더 완만)

(2) 시장 전체의 노동의 공급곡선

시장 전제의 노동의 공급곡선은 개인(개별노동자)의 노동공급곡선을 수평적으로 합해서 구할 수 있다. 앞에서 살펴보았듯이, 개인의 노동공급곡선은 후방굴절하는 형태를 가지는 경우가 있지만, 시장 전체의 노동공급곡선은 일반적으로 우상향한다. 시장 전체의 노동의 공급곡선은 [그림 7-7]과 같이 개인의 노동공급곡선보다 더 완만한 형태를 가진다.

그림 7-7 노동의 공급곡선

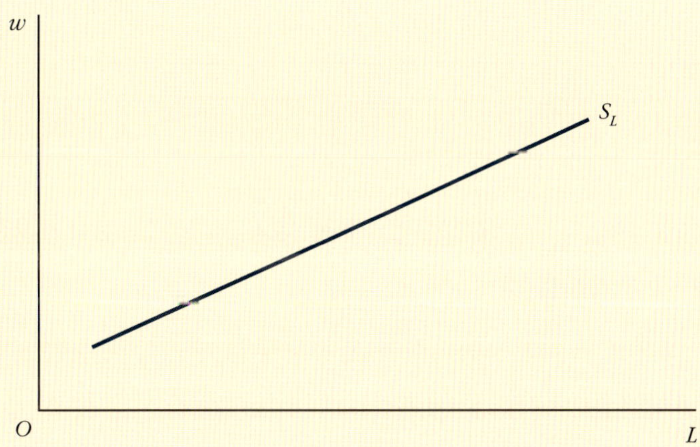

3) 임금의 결정

이제 노동의 수요와 공급에 의한 임금결정을 살펴보자. 재화의 가격과 생산량이 일치하는 곳에서 결정되는 것과 마찬가지로, 임금과 고용량도 노동의 수요와 공급이 일치하는 곳에서 결정된다.

[그림 7-8]에서 보듯이 생산물시장과 노동시장이 완전경쟁일 때 시장 전체의 노동의 수요곡선과 노동의 공급곡선이 교차하는 점(E)에서 임금과 노동공급량(고

그림 7-8 임금의 결정

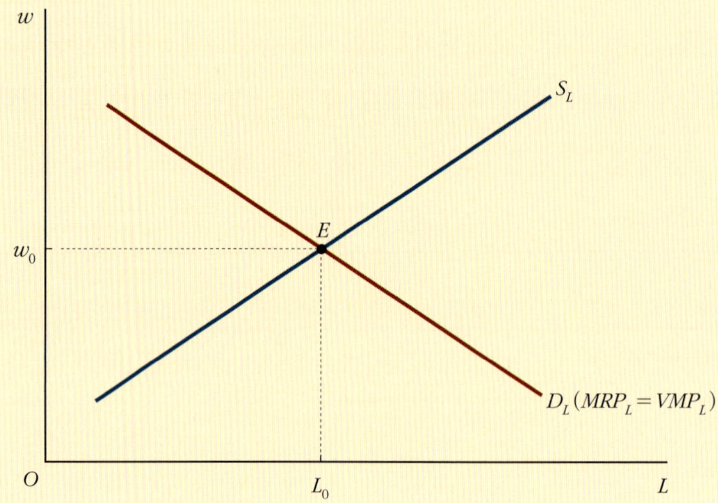

용량)이 각각 (w_0, L_0)로 결정된다. 이 때 총요소소득은 임금×고용량이므로, 사각형 Ow_0EL_0의 면적이 된다.

한편 생산물시장과 노동시장이 완전경쟁일 때 임금수준은 수요곡선의 높이인 한계생산가치(VMP_L)에 의해 결정되는데, 이와 같이 임금 등 요소가격이 한계생산성에 의해 결정되는 것을 한계생산력설이라고 한다. 즉, 임금뿐 아니라 자본(서비스)의 가격인 이자와 토지(서비스)의 가격인 지대도 역시 각각의 한계생산가치에 의해 결정된다.

임금과 고용량의 결정: 생산물시장과 노동시장이 완전경쟁
→ 시장 전체의 노동의 수요곡선과 노동의 공급곡선이 교차하는 점

4) 수요독점과 쌍방독점하의 임금 결정

생산물시장과 노동시장이 완전경쟁일 때 임금 등 요소가격이 한계생산가치(VMP_L)에 의해 결정된다는 것을 보았다. 그러나 요소가격이 한계생산가치와 일치하지 않는 경우가 존재하는데, 그 경우는 수요독점과 쌍방독점이다. 이에 대해 살펴보자.

지금까지 생산물시장과 생산요소시장이 모두 완전경쟁적이라는 가정하에 논의를 진행해 왔다. 그러나 여기서는 어느 작은 마을에서 1개의 기업만이 유일하게 고용기회를 제공하는 시장을 살펴보기로 하자. 이런 시장을 수요독점(monopsony)시장이라고 부른다. 왜냐하면 수요측면에서 독점이 발생하기 때문이다. 한 가지 주의할 것은 생산물시장은 경쟁시장이고 단지 요소시장만 수요독점이라는 것이다.

수요독점 기업도 이윤극대화를 위해 한계수입생산(MRP_L)과, 한계요소비용(MFC_L)이 같아지는 점(F)까지 노동을 고용한다. 그러나 MFC_L가 경쟁시장과는 달리 고정된 것이 아니라, 노동이 증가함에 따라 계속 증가한다. 왜냐하면 고용을 증가시키기 위해서는 더 높은 임금을 지급해야 하기 때문이다. 따라서 한계요소비용(MFC_L)곡선은 [그림 7-9]에서 보듯이, 공급곡선(S_L)을 나타내는 평균요소비용(AFC_L) 위에 위치해 있으며, 오른쪽으로 갈수록 양자 사이의 간격은 더욱 커진다.

따라서 [그림 7-9]에서 보듯이, 수요독점하에서는 $MRP_L = MFC_L$인 F점에서 균형이 이루어져 임금은 w_1, 고용량은 L_1이 된다. 이 때 임금수준 w_1은 한계생산가치와 일치하지 않고 그보다 낮은 평균요소비용(AFC_L)과 같아진다. 즉, 균형점은 $MRP_L(=VMP_L) = MFC_L$에 있지만 임금수준은 평균요소비용(AFC_L)에서 결정된다. 왜냐하면 MFC_L는 각 고용수준에서 임금을 AFC_L로 지급한다는 조건에서 도출된 것이기 때문이다. 그러므로 수요독점하에서 임금수준은 한계생산가치보다 낮다.

만약 생산요소시장이 완전경쟁이라면 노동의 수요와 공급이 일치하는 E점에서 균형이 이루어져, 임금은 w_0, 고용량은 L_0로 결정된다. 따라서 수요독점의 경우

그림 7-9 수요독점 및 쌍방독점일 때 생산요소가격과 고용량의 결정

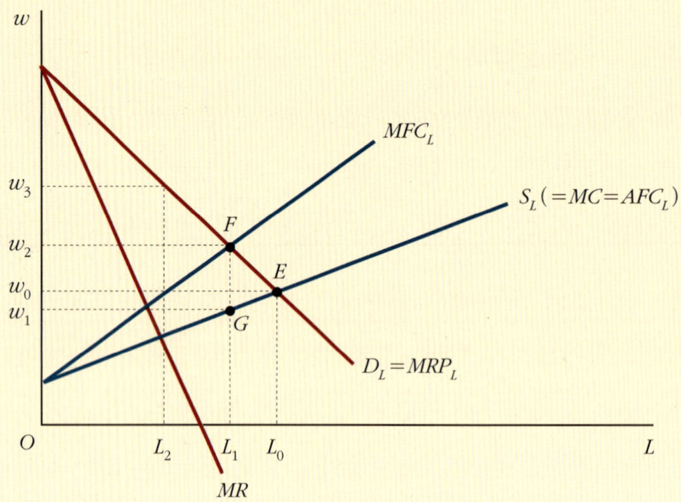

에는 완전경쟁일 때보다 임금은 낮고, 고용량도 더 적은 수준에서 결정된다는 것을 알 수 있다.

생산요소의 수요뿐만 아니라, 공급도 독점되어 있는 경우를 쌍방독점(bilateral monopoly) 시장도 생각해 볼 수 있다. 이것은 노동시장에서 노동조합에 의한 노동공급의 독점과 기업의 수요독점이 동시에 성립하는 경우에 나타날 수 있다. 이러한 쌍방독점시장에서는 수요독점의 임금과 공급독점의 임금 사이에서 결정된다. [그림 7-9]에서 공급독점의 경우 임금은 $MR=MC$일 때, 수요곡선($D_L=MRP_L$) 상에서 결정되어 w_3가 되고 고용량은 L_2가 된다. 따라서 쌍방독점의 경우 양측의 협상력에 의해 수요독점의 임금수준(w_1)과 공급독점의 임금수준(w_3) 사이에서 임금이 결정되고, 그에 따라 고용수준도 L_1과 L_2 사이에서 결정된다.

수요독점하의 임금 결정: 균형점은 $MRP_L(=VMP_L)=MFC_L$에 있지만,
임금수준은 평균요소비용(AFC_L)에서 결정
쌍방독점하의 임금 결정: 수요독점의 임금과 공급독점의 임금 사이에서 결정

5) 임금격차의 발생요인

지금까지 모든 노동자에게 동일한 임금이 지급되는 것으로 가정하고 설명을 하였으나, 현실에서는 임금격차가 존재한다. 현실에서 발생하는 임금격차는 노동시장이 완전경쟁일 때도 발생할 수 있으며, 노동시장의 불완전성 때문에 발생할 수도 있다. 임금격차 문제는 노동의욕과 소득분배 문제와 직결되어 있어, 임금격차의 발생원인과 대책에 각국은 관심을 가지고 있다. 또한 임금격차는 분배의 불평등을 심화시키는 결과를 가져온다. 임금격차의 발생원인과 철폐방안을 살펴보면 다음과 같다.

(1) 임금격차의 발생요인

첫째, 노동시장이 완전경쟁일 경우 임금격차의 발생요인으로는 노동의 한계수입생산의 차이, 각 개인의 능력의 차이, 근로조건의 차이 등이 있다. 앞에서 노동시장이 완전경쟁일 경우, 임금이 노동의 한계수입생산과 같아진다는 것을 살펴보았다. 따라서 노동자들의 생산성이 높아질수록, 노동자들이 생산한 상품의 가격이 높아질수록 노동자들이 받는 임금은 더 높아질 것이다. 그러나 일반적으로 개별 노동자들의 생산성 또는 능력의 차이를 완전경쟁으로 해소시킬 수 없다. 똑같은 직업에서도 각 개인의 능력에는 큰 차이가 있기 때문이다. 임금이 이러한 생산성 또는 노동의 질에 따른 격차를 정확하게 반영하고 있다면, 그것은 노동시장이 오히려 효율적이라는 것을 의미한다. 따라서 노동의 질의 차이는 노동의 한계수입생산의 차이에 해당한다고 할 수 있다.

그러나 한계수입생산의 차이만으로 모든 임금격차를 설명할 수는 없다. 노동시장에서 노동조건에 따른 보상임금, 차별, 이중구조, 노동조합 등이 임금격차의 주요한 원인이 된다.

둘째, 노동시장의 불완전성으로 인한 임금격차의 발생요인으로는 노동시장의 정보불완전성, 노동이동의 불완전성, 사회·경제적 차별, 연공서열에 의한 급여제도, 경제의 이중구조 등이 있다. 이중구조(dual structure)란 경제 내 서로 다른 원리에 따라 움직이는 여러 부문이 존재하는 상황을 말한다. 예를 들면 전통부문과 근대부문, 대기업과 중소기업 등을 말하며, 일반적으로 근대부문의 임금수준이 전통부문보다 높고, 대기업의 임금수준이 중소기업보다 높다. 또한 노동조합이 결성되어 있는 직종의 임금수준이 그렇지 않은 직종보다 높은 경향이 있다.

임금격차의 발생요인:

① 노동시장이 완전경쟁 ⇒ 노동의 한계수입생산의 차이, 각 개인의 능력의 차이, 근로조건의 차이 등
② 노동시장의 불완전성 ⇒ 노동시장의 정보불완전성, 노동이동의 불완전성, 사회·경제적 차별, 연공서열에 의한 급여제도, 경제의 이중구조 등
③ 기타 요인 ⇒ 노동자가 갖는 인적 속성의 차이, 노동수요 성격에 따른 격차

(2) 임금격차의 기타 원인

임금격차의 기타요인으로는 첫째, 노동자가 갖는 인적 속성의 차이 따른 임금격차가 있다. 이는 성별 임금격차, 숙련에 따른 임금격차, 연령별 임금격차, 학력별 임금격차 등을 말한다. 인종이나 남성·여성과 같은 부적절한 특성에 근거해 직업으로부터 노동자를 배제시키거나 낮은 임금을 주는 것을 경제적 차별(economic discrimination)이라고 한다.

둘째, 노동수요의 성격에 따른 임금격차로 산업별 임금격차, 직종별 임금격차, 기업규모별 임금격차 등이 있다.

(3) 임금격차의 철폐방안

임금격차의 철폐방안으로 여러 가지가 있지만, 대표적인 방안으로는 동등보수의 원칙과 상응가치의 원칙이 있다. 동등보수(equal pay)의 원칙이란 같은 일을 종사하는 사람에게는 똑같은 임금이 지급되어야 한다는 원칙이다. 통상적으로 동일노동 동일임금이라고 한다. 상응가치(comparable worth)의 원칙이란 완전히 똑같지는 않아도 비슷한 직종에 종사하기만 하면, 똑같은 임금이 지급되어야 한다는 원칙을 말한다. 즉, 상응가치의 원칙은 동등보수의 원칙을 더욱 강화한 것이라고 볼 수 있다. 그러나 각 직종의 가치를 객관적으로 평가하기가 힘들 뿐만 아니라, 이러한 원칙을 실제로 적용하는 데는 많은 어려움이 따른다.

> 임금격차의 철폐방안: 동등보수의 원칙, 상응가치의 원칙
> 임금격차의 문제 → 노동의욕과 소득분배 문제와 직결
> ⇒ 임금격차의 발생 원인과 대책에 각국이 관심을 가짐

6) 노동시장의 종류

노동시장은 대체로 다음과 같이 구분된다. 첫째, 근무조건에 따라 구분하는 것으로 1차 노동시장, 2차 노동시장이 있다. 둘째, 기업 내의 규칙이나 절차에 의해 노동시장의 기능을 대신 하느냐에 따라 구분하는 것으로 내부노동시장, 외부노동시장 등이 있다.

(1) 1차 노동시장과 2차 노동시장: 이중 노동시장이론

1차 노동시장(primary labor market)은 경영직, 전문직, 숙련노동직 같은 좋은 직종을 모두 망라하고 있는 노동시장을 말한다. 이 시장에서는 비교적 높은 보수가 지급되고 있고, 지위 상승의 기회도 주어져 있다. 또한 이 시장에서는 경험에 따라 더 많은 기술을 습득할 수 있고 이에 따라 승진의 기회도 얻을 수 있다.

2차 노동시장(secondary labor market)은 미숙련노동직, 일용직 근로자, 파출부처럼 별다른 기술을 가지고 있지 못한 사람이 취업하고 있는 노동시장을 말한다. 이 시장에서는 기술을 향상시킬 기회가 주어져 있지 않아, 신분 상승의 여지가 없다. 이와 같이 한 경제에 질적으로 다른 두 가지 노동시장이 공존하고 있는 것을 이중 노동시장이론(dual labor market)이라고 한다.

어떤 사람이 2차 노동시장에서 일을 시작하게 되면, 1차 노동시장으로 옮겨가기가 쉽지 않다. 즉, 두 시장 사이에 상호교류가 지극히 드물다는 것이다. 어떤 사람이 어느 시장에 속하게 될지를 결정하는 요인은 여러 가지가 있겠지만, 그중에서 가장 중요한 역할을 하는 것은 교육수준이다.

교육과 현장실습(OJT: on-the-job training)을 통해 근로자의 숙련도를 높일 수 있다. 이처럼 노동의 생산성을 높이기 위해 교육이나 현장실습을 하는 것을 인적투자(human investment)라고 부른다.

(2) 내부노동시장과 외부노동시장

기업은 보통 노동조합과의 합의 등 여러 가지 기준에 따라 노동자의 배치, 훈련, 승진 등을 통해 노동력을 편성하고 임금을 관리하는데, 이처럼 기업 내의 기준이나 관리가 노동시장의 기능을 대신하게 되는 것을 내부노동시장(internal labor market)이라고 한다.

임금, 고용, 승진 등이 기업 내부의 기준이나 절차에 의해서 결정되는 것이 아니라, 기업외부의 전반적인 여건에 따라 결정되는 노동시장을 외부노동시장(external labor market)이라고 한다.

1차 노동시장: 좋은 직종을 모두 망라하고 있는 노동시장
2차 노동시장: 별다른 기술을 가지고 있지 못한 사람이 취업하고 있는 노동시장
내부노동시장: 기업 내의 기준이나 관리가 노동시장의 기능을 대신하게 되는 노동시장
외부노동시장: 기업외부의 전반적인 여건에 따라 결정되는 노동시장

(3) 우리나라의 노동시장

우리나라의 노동시장의 특징은 성별, 학력별, 직종별, 산업별, 연령별, 기업규모별 임금격차가 존재한다는 것이다. 같은 일을 하지만 남성이 여성보다 임금이 높고, 학력과 경력이 높을수록 높은 임금을 받는다는 것이다. 또한 생산직보다 사무직이, 중소기업보다 대기업에 근무하는 사람이 더 높은 임금을 받는다는 것은 주지의 사실이다.

3 노동조합

1) 노동조합(labor union)의 의의 및 목표

노동조합이란 노동자가 주체가 되어 자주적으로 단결하여 근로조건의 유지·개선 기타 노동자의 경제적·사회적 지위의 향상을 도모함을 목적으로 조직하는 단체 또는 그 연합단체를 말한다.

노동조합은 노동자의 단결권·단체교섭권·단체행동권 등 이른바 노동3권의 주체이다. 또한 노동이라는 생산요소의 주체로서 조합원들의 의견을 집단적으로 수용하여 사용자와 교섭하며, 단체행동을 통하여 노동자들의 의견을 관철시키고자 하는 행동의 주체이기도 하다. 노동자는 자신이 소유하는 노동력을 상품의 형태로 판매함으로써 생활이 가능하나, 노동력은 일반 상품과 다른 특성을 가지고 있다.

노동시장에서 노동력은 상품시장에서 상품의 공급이 수요에 대하여 탄력적으로 변화하는 것과 달리 비탄력적이다. 이는 노동의 성질상 노동력은 저장할 수 없고, 노동자는 생존을 위해서는 노동력 공급을 중단할 수 없기 때문이다. 한편, 사용자의 입장에서는 노동자가 제공하는 노동력은 불확정적이고 비계측적이며, 따라서 고용계약을 맺을 때 사용자는 노동자가 이미 행한 노동의 결과를 구매하는 것이 아니라 앞으로 행할 노동의 가능성을 구매하는 것이다.

이와 같은 노동력의 불확실성 때문에 사용자는 노동에 대하여 통제하고자 하며, 이로 인하여 사업장 안에서 사용자와 노동자 사이에 지시와 승복의 관계가 성립된다. 노동력이 가지는 특성 때문에 일반 상품생산자와 같이 행동할 수 없는 노동자 측의 사정과 노동력의 불확실성 때문에 작업장을 통제하고자 하는 사용자의 입장이 교차하는 현실 속에서 노동조합의 역할은 복합적이 된다.

노동조합은 임금에 대한 교섭과 더불어 사업장 안의 지배관계를 상하관계가 아닌 대등관계로 변화시키는 역할을 한다. 노동조합이 통상적 임금교섭 이외에 노동조건의 개선을 위하여 행하는 단체교섭에 사용자의 일방적 지배를 완화시키고자 하는 여러 항목이 포함되는 이유는 바로 이 때문이다. 여기서 노동조건이란 노동시간·채용조건·고용안정·작업환경 등을 포함하는 개념이다. 노동조합은 역사적 시기·국가·조직범위·이념의 차이에 따라 여러 가지 형태로 나누어진다.

일반적으로 노동조합이 추구하는 목표는 임금소득의 증가, 작업조건의 개선, 고용안정 등 세 가지로 요약할 수 있다. 이 중에서도 가장 중요한 목표는 임금소득의 증가이다.

2) 노동조합의 효과

첫째, 수요독점의 경우 노동조합은 임금과 고용규모에 영향을 준다. 수요독점기업의 경우 한계요소비용(MFC) > 임금이 성립한다. 즉 수요독점기업은 고용량은 한계수입생산(MRP)과 한계요소비용(MFC)이 같아지는 점($MRP = MFC$)에서 고용하고, 임금은 한계수입생산보다 더 적게 지불한다. 그러나 노동조합이 단체교섭을 통해 임금을 인상하는 데 성공할 경우, 수요독점기업은 보다 많은 노동을 고용하게 된다. 이 때 노동조합에 대한 임금-고용의 상충관계는 발생하지 않으며, 임금과 고용된 고용규모 둘 다 증가한다.

둘째, 노동조합은 임금에 영향을 준다. 대부분의 연구에 의하면 일부 노동조합은 조합원의 임금을 큰 폭으로 증가시킨 반면에, 다른 노동조합은 그렇지 못하다고 한다. 미국의 자료에 따르면, 노동조합원과 비노동조합원 사이에 임금 차이가 있다고 한다. 또한 노동조합이 결성된 부분의 공급 상황 및 임금이 변화할 경우, 노동조합이 결성되지 않은 부분의 공급 상황 및 임금의 변화를 유발할 수 있다고 한다. 예를 들어, 노동조합이 결성된 부문에서 단체교섭을 통해 노동공급을 감소시킴으로써 임금을 인상시킨다고 하자. 그러면 노동조합이 결성된 부분에는 이전보다 더 적은 수의 노동자가 고용되며, 여기서 일자리를 잃은 노동자는 노동조합이 결성되지 않은 부분으로 이동하게 된다. 이로 인해, 노동조합이 결성되지 않은 부문의 노동공급은 증가하고 임금은 하락하게 된다.

셋째, 노동조합은 가격에 영향을 준다. 대체로 노동조합으로 인해 노동조합원의 임금은 상대적으로 높아지고, 비노동조합원의 임금은 상대적으로 낮아진다. 노동조합원의 임금이 높아질수록 이를 고용한 기업의 비용은 증가하게 되고, 이는 공급곡선에 영향을 미치고 다시 생산물 가격에 영향을 미치게 된다. 따라서 노동조합원들의 임금이 인상되면, 이들이 생산한 제품의 가격이 상승하고 생산량은 감소한다. 반대로 비노동조합원들의 임금이 하락하면, 이를 고용한 기업의 비용이 낮아져 이들이 생산한 제품의 가격이 하락하고 생산량은 증가한다. 이것은 소비자의 욕구와 상충된다. 왜냐하면 인위적으로 공급곡선을 변동시키기 때문이다.

노동조합: 노동자의 단결권·단체교섭권·단체행동권 등 노동3권의 주체
노동조합이 추구하는 목표: 임금소득의 증가, 작업조건의 개선, 고용안정 등
노동조합의 효과:
① 수요독점: 임금↑, 고용량↑
② 노조부문: 임금↑, 고용량↓, 비노조부문: 임금↓, 고용량↑
③ 노조부문: 임금↑ → 제품가격↑, 생산량↓, 비노조부문: 임금↓ → 제품가격↓, 생산량↑
⇒ 소비자 욕구와 상충

요약

01. 생산요소시장이란 생산과정에 투입되는 토지, 노동, 자본 등과 같은 생산요소가 거래되는 시장을 말한다. 생산물시장에서는 기업이 생산물을 공급하고, 가계 혹은 소비자가 기업이 생산한 것을 수요하는 위치에 있다. 그러나 생산물시장과 반대로 생산요소시장에서는 가계 또는 소비자가 생산요소의 공급자가 되고, 기업이 수요자의 위치에 놓이게 된다.

02. 생산요소의 수요는 생산물 수요에 의해 결정되므로 파생수요의 성격을 갖는다.

03. 생산물시장에서의 기업의 행동원리는 이윤극대화조건인 한계수입(MR)과 한계비용(MC)이 같아지는 점($MR=MC$)에서 이루어진다. 생산요소시장에서의 기업의 행동원리는 이윤극대화조건인 한계수입생산(MRP)과 한계요소비용(MFC)이 같아지는 점($MRP=MFC$)에서 이루어진다.

04. 한계수입생산(marginal revenue product)이란 생산요소인 노동을 1단위 증가할 때 총수입의 증가분을 의미하고 다음과 같이 나타낼 수 있다. 상품의 가격에 노동의 한계생산을 곱한 것을 노동의 한계생산가치(value of marginal product)라고 부른다. 완전경쟁상태인 경우, 한계수입생산과 한계생산가치는 일치($MRP_L=MFC_L$)한다. 한계생산체감의 법칙(수확체감의 법칙)에 의해 노동고용량이 증가하면 노동의 한계생산(MP_L)은 점점 감소하므로, 한계수입생산곡선은 우하향의 형태로 도출된다.

05. 한계요소비용(marginal factor cost)이란 생산요소인 노동을 1단위 증가할 때 총비용의 증가분을 의미한다. 한계요소비용곡선의 형태는 생산요소곡선시장의 형태에 따라 다르게 나타나지만, 완전경쟁일 때는 수평선의 형태를 나타낸다.

06. 생산요소시장에서의 이윤극대화조건은 $MRP_L=MFC_L$이며, 결국 생산요소시장에서의 이윤극대화조건과 생산물시장에서의 이윤극대화조건이 동일하다는 것을 알 수 있다. 즉, 기업이 생산요소를 얼마만큼 고용할지는 전적으로 이윤극대화원리에 의해서 결정된다는 점이다.

07. 한계생산가치(VMP_L)는 한계생산(MP_L)에 가격(P)을 곱한 것이므로, 한계수입생산(MRP_L)과 마찬가지로 노동 1단위를 더 고용할 때 추가적으로 얻는 수입을 나타낸다. 노동투입량이 증가하면 노동의 한계생산(MP_L)이 감소하므로, 한계생산가치곡선은 우하향의 형태가 된다.

08. 생산요소시장이 완전경쟁이면 가격수용자(price taker)이므로 생산물시장의 형태와 관계없이 주어진 임금으로 원하는 만큼 고용할 수 있으므로, 한계요소비용(MFC_L)은 임금(w)과 일치($MFC_L = w$)한다.

09. 자본은 고정투입요소이고 노동만이 가변투입요소일 경우 노동의 한계생산가치곡선이 바로 노동에 대한 수요곡선이 되는데, 한계생산체감의 법칙(수확체감의 법칙)이 반영되어 우하향의 형태를 가진다. 즉, 노동의 투입량이 증가할수록 한계생산이 점차 감소하므로 한계생산가치도 따라서 감소하고 이에 따라 한계생산가치곡선은 우하향하는 형태를 가지게 된다.

10. 임금이 주어져 있을 때 소비자의 효용을 극대화시키는 노동 공급량의 변화를 나타내는 노동공급곡선을 도출할 수 있다.

11. 처음에는 임금이 상승하면 노동시간이 증가하지만 임금이 매우 높은 수준이 되면, 오히려 노동시간이 감소하여 처음에는 우상향하다가 왼쪽으로 휘어지는 모양을 갖게 된다. 즉, 후방으로 굴절(backward bending)되는 노동공급곡선이 도출된다.

12. 임금이 상승하면 노동공급량을 늘리기도 하고 줄이기도 한다. 임금이 상승할 때 노동공급량의 증가와 감소의 여부는 임금상승에 따른 대체효과와 소득효과의 상대적인 크기에 달려 있다. 임금이 상승할 때 대체효과가 소득효과보다 더 크면 노동공급량이 증가하지만, 대체효과보다 소득효과가 더 크면 오히려 노동공급량이 줄어든다.

13. 시장 전체의 노동의 공급곡선은 개인(개별노동자)의 노동공급곡선을 수평적으로 합해서 구할 수 있다. 앞에서 살펴보았듯이, 개인의 노동공급곡선은 후방굴절하는 형태를 가지는 경우가 있지만, 시장 전체의 노동공급곡선은 일반적으로 우상향한다. 시장전체의 노동의 공급곡선은 개인의 노동공급곡선보다 더 완만한 형태를 가진다.

14. 생산물시장이 완전경쟁일 때 시장 전체의 노동의 수요곡선과 노동의 공급곡선이 교차하는 점에서 임금과 노동공급량(고용량)이 각각 결정된다. 기본적으로 임금은 노동시장에서의 노동의 수요와 공급에 의해서 결정된다. 모든 시장이 완전경쟁적인 경우 임금은 한계생산가치와 같아진다.

15. 현실에서 발생하는 임금격차는 노동시장이 완전경쟁일 때도 발생할 수 있으며, 노동시장의 불완전성 때문에 발생할 수도 있다. 임금격차 문제는 노동의욕과 소득분배 문제와 직결되어 있어, 임금격차의 발생원인과 대책에 각국은 관심을 가지고 있다. 또한 임금격차는 분배의 불평등을 심화시키는 결과를 가져온다.

16. 임금격차의 철폐방안으로 여러 가지가 있지만, 대표적인 방안으로는 동등보수의 원칙과 상응가치의 원칙이 있다. 동등보수(equal pay)의 원칙이란 같은 일을 종사하는 사람에게는 똑같은 임금이 지급되어야 한다는 원칙이다. 상응가치(comparable worth)의 원칙이란 완전히 똑같지는 않아도 비슷한 직종에 종사하기만 하면, 똑같은 임금이 지급되어야 한다는 원칙을 말한다.

17. 1차 노동시장(primary labor market)은 경영직, 전문직, 숙련노동직 같은 좋은 직종을 모두 망라하고 있는 노동시장을 말한다. 이 시장에서는 비교적 높은 보수가 지급되고 있고, 지위 상승의 기회도 주어져 있다. 또한 이 시장에서는 경험에 따라 더 많은 기술을 습득할 수 있고 이에 따라 승진의 기회도 얻을 수 있다.

18. 2차 노동시장(secondary labor market)은 미숙련노동직, 일용직 근로자, 파출부처럼 별다른 기술을 가지고 있지 못한 사람이 취업하고 있는 노동시장을 말한다. 이 시장에서는 기술을 향상시킬 기회가 주어져 있지 않아, 신분 상승의 여지가 없다. 이와 같이 한 경제에 질적으로 다른 두 가지 노동시장이 공존하고 있는 것을 이중 노동시장이론(dual labor market)이라고 한다.

19. 기업은 보통 노동조합과의 합의 등 여러 가지 기준에 따라 노동자의 배치, 훈련, 승진 등을 통해 노동력을 편성하고 임금을 관리하는데, 이처럼 기업 내의 기준이나 관리가 노동시장의 기능을 대신하게 되는 것을 내부노동시장(internal labor market)이라고 한다.

20. 임금, 고용, 승진 등이 기업 내부의 기준이나 절차에 의해서 결정되는 것이 아니라, 기업외부의 전반적인 여건에 따라 결정되는 노동시장을 외부노동시장(external labor market)이라고 한다.

21. 노동조합(labor union)은 노동자가 주체가 되어 자주적으로 단결하여 근로조건의 유지·개선 기타 노동자의 경제적·사회적 지위의 향상을 도모함을 목적으로 조직하는 단체 또는 그 연합단체를 말한다.

22. 일반적으로 노동조합이 추구하는 목표는 임금소득의 증가, 작업조건의 개선, 고용안정 등 세 가지로 요약할 수 있다. 이 중에서도 가장 중요한 목표는 임금소득의 증가이다.

23. 노동조합의 효과는 다음과 같다. 첫째, 수요독점일 경우 임금과 고용량이 증가한다. 둘째, 노조부문에서는 임금이 상승하고 고용량은 감소하는 데 반해, 비노조부문은 임금은 하락하고 고용량은 증가한다. 셋째, 노조부문에서는 임금이 상승하므로 제품가격은 상승하고 생산량은 감소하는 데 비해, 비노조부문에서는 임금이 하락하므로 제품가격이 하락하고 생산량은 증가한다. 이것은 소비자욕구와 상충된다.

Chapter 08

자본시장 및 토지시장

학습목표 자본서비스 가격결정, 투자의 결정, 이윤, 지대

이 장에서는 나머지 생산요소인 자본서비스와 토지서비스의 가격결정을 다룬다. 먼저 자본서비스의 가격결정과 자본의 본질 및 투자의 결정기준과 이윤의 역할에 대해 알아보고 다음 절에서 토지서비스의 가격결정으로 지대, 경제적 지대, 전용수입에 대해 알아본다.

1 자본시장

1) 자본의 개념

일상에서 우리가 사용하는 '자본'이라는 것은 사업을 할 때 필요한 돈인 '밑천'을 의미한다. 그러나 경제학에서 사용하는 자본은 이것보다는 도구와 기계 등과 같은 자본재를 말한다. 그리고 자본의 가격이라는 것은 자본재 그 자체의 가격이 아니라 생산과정에서 자본재가 제공하는 생산력인 자본서비스의 가격을 말한다. 즉, 자본의 가격은 기계와 도구 등의 자본재가 제공하는 생산력의 대가인 자본재의 임대료를 의미한다. 이것은 임금이 우리 신체의 가격이 아니라 신체가 제공하는 노동서비스의 가격인 것과 마찬가지다. 노동의 가격을 임금이라고 하며, 자본의 가격은 이자라고 한다. 이자라고 하는 이유는 뒤에서 설명한다.

자본의 가격: 기계와 도구 등의 자본재가 제공하는 생산력의 대가인 자본재의 임대료
자본의 가격: 이자(임대료)

2) 자본의 가격 결정

자본(서비스)의 가격도 역시 자본의 수요와 공급에 의해 결정된다. 따라서 자본의 수요와 공급 그리고 이자 결정에 대해 차례로 살펴보자.

앞에서 본 바와 같이, 기업은 생산요소를 한계생산가치와 일치하도록 고용한다. 따라서 자본에 대한 수요도 자본의 가격이 자본의 한계생산가치와 같아지는 수준으로 고용하므로 자본의 수요곡선은 자본의 한계생산가치곡선이 된다. 한계생산은 체감하므로 자본의 수요곡선인 자본의 한계생산가치곡선도 우하향한다.

자본(서비스)의 가격: 자본의 수요와 공급에 의해 결정
기업의 생산요소 고용: 한계생산가치와 일치하도록 고용
자본에 대한 수요: 자본의 한계생산가치와 일치하도록 고용
⇒ 자본의 수요곡선은 자본의 한계생산가치곡선
한계생산은 체감 ⇒ 자본의 수요곡선인 자본의 한계생산가치곡선도 우하향

자본서비스의 공급을 담당하는 주체는 수익이 높아지도록 공급량을 결정한다. 자본서비스의 가격인 이자(즉, 임대료)가 높을수록 더 많은 수익이 날 것이기 때문에 자본서비스의 공급량이 증가하게 된다. 따라서 자본서비스의 공급곡선은 우리가 흔히 보는 공급곡선처럼 우상향하는 모양을 갖게 된다.

자본서비스의 공급자: 수익이 높아지도록 공급량을 결정
자본서비스의 가격(이자)↑ → 더 많은 수익 → 자본서비스의 공급량 증가
⇒ 자본서비스의 공급곡선은 우상향

그림 8-1 자본의 수요곡선

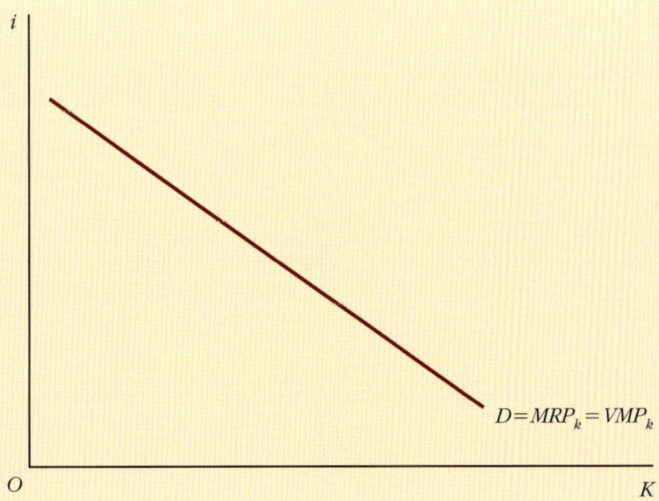

그림 8-2 자본의 공급곡선

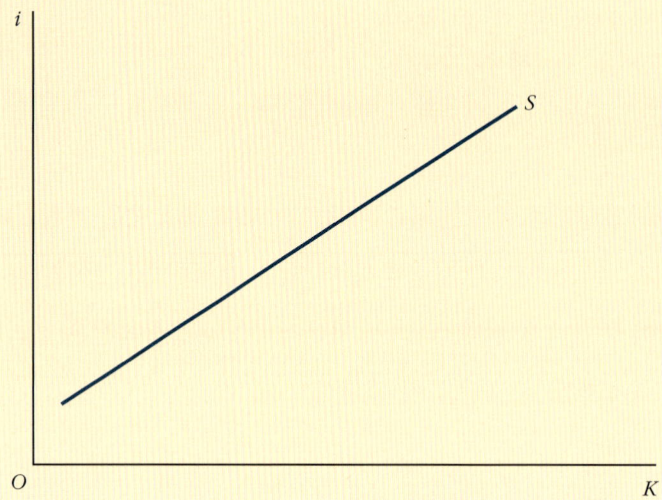

그림 8-3 자본의 가격결정

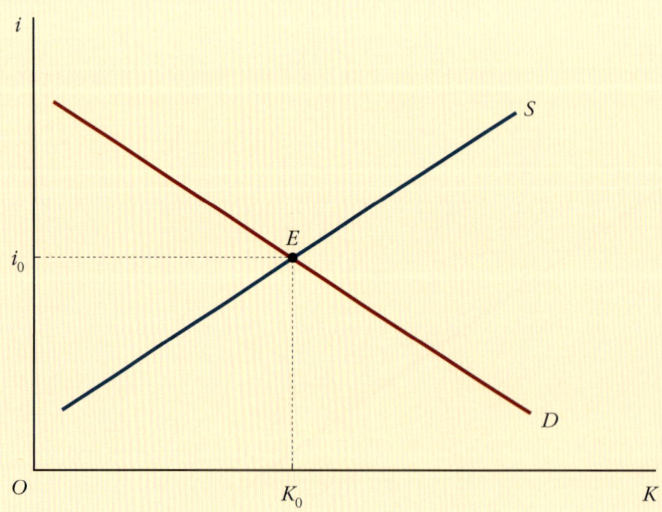

자본의 가격인 이자(즉, 임대료)는 자본의 수요와 공급이 일치하는 곳에서 결정된다. 따라서 자본의 가격인 이자는 자본의 한계생산가치와 같아진다.

> 자본의 가격인 이자(즉, 임대료): 자본의 수요와 공급이 일치하는 곳에서 결정
> ⇒ 이자는 자본의 한계생산가치와 일치

3) 자본의 임대료(즉, 수익률)를 이자라고 하는 이유

자본의 가격인 임대료(수익률)를 이자라고 하는 이유는 자본의 임대료(수익률)가 이자율과 같아지기 때문이다. 만약 시장이자율이 연 5%이고 자본재 사용으로 인한 수익률이 연 8%이라면, 누구든지 대부자금을 차용하여 자본재에 투자할 것이다. 왜냐하면, 자본재 투자로 인한 수익률(8%)이 자본재 투자를 위해 부담해야 하는 비용인 이자율(5%)을 초과하므로 자본재 투자로 3%의 순수익이 발생하기 때문이다. 예를 들어, 자본재인 기계의 가격이 100만원이라고 하자. 기계를 구입하기 위해 100만원을 차용하면 이자율이 연 5%이므로 연 5만원의 이자를 지급해야 한다. 즉, 기계에 대한 투자비용은 연 5만원이다. 반면 그 기계의 사용으로 인한 수익률이 연 8%이므로 연 8만원의 수익이 발생한다. 따라서 기계 투자로 인해 연 순수익이 3만원만큼 발생하게 되므로 대부자금을 차용하여 자본재에 투자할 것이다. 반면 수익률이 이자율보다 낮으면 손실을 보므로 투자를 하지 않을 것이다.

> 투자의 여부: ① 수익률(r) > 이자율(i) → 수익발생 ⇒ 투자함
> ② 수익률(r) < 이자율(i) → 손실발생 ⇒ 투자하지 않음

이와 같이 자본재 사용으로 인한 수익률이 시장이자율보다 높으면, 누구든지 대부자금을 차용하여 자본재에 투자할 것이다. 그 결과 자본재의 공급이 증가하므

로 자본의 가격은 이자율과 같아질 때까지 하락할 것이다. 반면, 자본재 사용으로 인한 수익률이 시장이자율보다 낮으면, 누구든지 대부자금을 차용하여 자본재에 투자하지 않을 것이다. 그 결과 시간이 흐름에 따라 자본재가 마모되어 자본재의 공급이 감소하므로 자본의 가격은 이자율과 같아질 때까지 상승할 것이다.

이상에서 본 바와 같이, 자본의 임대료(수익률)이 이자율과 같아지기 때문에 자본의 가격인 임대료를 이자라고 한다. 하지만 실제로는 자본의 수익률과 이자율하고는 차이가 발생한다. 왜냐하면 자본재 투자에 대한 비용은 이자뿐 아니라 자본재 사용으로 마모되는 것, 즉 감가상각비도 포함된다.

예를 들어, 기계의 수명이 10년이라면 매년 10% 마모되고, 기계의 가치는 매년 10%씩 하락한다. 즉, 감가상각률이 10%가 된다. 만약 상기처럼 기계 가격이 100만원이라면 매년 10만원어치 마모된다. 따라서 자본재 투자에 대한 비용은 매년 이자와 감가상각비로 구성된다. 그러므로 자본재 수익률(임대료)은 이자율에 감가상각률을 더한 것이 된다,

자본재 수익률(임대료) = 이자율 + 감가상각률

그런데도 불구하고 감가상각률이 고정되어 있다면 자본재 수익률(임대료)은 이자율에 의해 결정되므로 자본의 가격인 임대료를 이자라고 한다.

자본재수익률(임대료) = 이자율 + 감가상각률
감가상각률: 고정 → 자본재 수익률(임대료) = 이자율
자본의 가격(임대료): 이자

4) 자본의 본질

5장 1절에서 살펴본 것처럼, 자본재라는 생산요소는 도구와 기계 같은 것으로서 인간이 만들어 낸 생산요소이다. 자본의 본질은 자본재라는 생산요소를 우리 인

간들이 왜 만들었는지를 생각해 보면 알 수 있다. 우리가 도구를 만드는 이유는 도구를 이용하여 생산함으로써 생산성을 향상시킬 수 있어 결과적으로 더 많은 것을 획득할 수 있기 때문이다. 맨손으로 고기를 잡는 것과 낚싯대나 그물 같은 도구를 이용하여 고기를 잡는 것을 비교해보면 쉽게 이해될 것이다. 그런데 도구를 이용하여 재화를 생산하는 것을 우회생산이라고 한다. 왜냐하면 맨손으로 직접 생산하는 것이 아니라 도구를 만들어 그것을 이용하여 생산하므로 도구 생산과정이라는 우회과정을 거치기 때문이다. 그런데, 생산성이 높은 우회생산방법을 이용하기 위해서는 반드시 자본재를 만들어야 한다. 따라서 자본의 본질은 자본재를 이용한 생산성 향상을 통한 미래소비, 즉 미래 생활수준의 향상이라는 것을 알 수 있다.

자본의 본질: 자본재(도구)를 이용한 생산성 향상을 통한 미래소비, 즉 미래 생활수준의 향상

우회생산: 도구를 이용하여 재화를 생산하는 것

한편 자본재를 만들기 위해서는 우리는 반드시 현재의 소비를 희생해야 한다. 예를 들어, 낚싯대나 그물을 만들면 그 동안 맨손으로 잡아서 현재 먹을 수 있는 물고기를 잡을 수 없게 되고, 그만큼 현재 소비할 수 있는 양이 줄어든다. 이와 같이 미래의 소비를 향상시키기 위해 현재의 소비를 줄이는 것이 바로 저축이다. 보통 저축은 소득에서 소비를 뺀 것으로 정의한다. 소득은 현재 소비할 수 있는 최대량이고 소비는 현재의 소비량이므로 소득 – 소비로 정의한 저축도 역시 원래의 정의와 부합하는 것이다. 여기서 우리는 자본재의 형성은 저축으로부터 비롯된다는 것을 알 수 있다. 그리고 자본재를 형성하는 것을 투자라고 하며, 자본재의 양이 증가하는 것을 자본축적이라고 한다. 투자는 대체투자와 순투자로 구분된다. 대체투자는 재화를 생산하는 과정에서 자본재가 마모되는데, 그 마모된 분만큼 투자가 이루어지는 것은 대체투자이다. 그 이상 투자가 이루어지는 것이 순투자이다. 예를 들어, 기계가 10대 존재하는데, 1년 후에 1대가 마모될 때, 기계가 3대 생산되면 1대는 대

체투자이고 나머지 2대가 순투자이다. 따라서 자본축적(즉, 자본재의 증가)이 이루어지려면 순투자가 있어야 하고, 그것을 달성하기 위해서는 반드시 저축이 있어야 한다. 자본주의 시장경제는 자본축적이 잘 이루어지고 자본축적에 의해 경제가 작동되기 때문에 자본주의 시장경제라고 불리어지게 되었다.

자본재 형성의 필요조건: 저축
자본재를 형성하는 것: 투자
자본재의 양이 증가하는 것: 자본축적
투자: ① 대체투자: 자본재 마모분만큼 투자
② 순투자: 대체투자 이상 투자가 이루어지는 것
자본주의 시장경제: 자본축적에 의해 경제가 작동

물론 저축이 많아지면 미래 생활수준이 높아지더라도 무조건 소비를 줄이고 저축을 늘리는 것이 바람직한 것은 아니다. 현재소비의 가치와 미래소비의 가치를 비교해서 미래소비의 가치가 현재소비의 가치보다 큰 만큼 저축이 이루어져야 하는 것이다(미래소비의 가치를 현재 소비의 가치와 비교하는 것은 아래에서 상세히 다루어진다). 다시 말하면, 미래 소비의 증대를 위해 강제적으로 저축을 강요하는 것이 바람직한 것은 아니다.

이상에서 본 바와 같이, 자본의 본질은 자본재를 이용한 생산성 향상을 통한 미래소비, 즉 미래 생활수준의 향상이고, 자본재의 형성은 저축으로부터 비롯된다. 따라서 미래 성장을 위해서는 반드시 저축이 뒷받침되어야 한다. 만약 소비를 촉진시키고 저축이 감소한다면, 미래 자본재의 양이 감소되어 미래 생활수준이 악화되는 경제후퇴를 초래하게 된다. 저축을 통한 자본축적이 우리의 미래 생활수준의 향상을 초래하는 경제성장을 초래하게 된다.

소비↑→ 저축↓→ 자본재↓→ 경제후퇴: 미래 생활수준이 악화
소비↓→ 저축↑→ 자본재↑→ 경제성장: 미래 생활수준이 향상

5) 자본재의 가격

도구나 기계 같은 자본재와 건물이나 토지 같은 자산의 가치는 그 자산의 미래 수익을 현재가치로 평가한 것이다. 미래가치를 현재가치로 평가하는 것을 현재가치화 또는 자본화한다고 한다.

현재가치화(자본화): 미래가치를 현재가치로 평가하는 것

미래가치는 현재가치로 어떻게 환산할 수 있을까? 결론부터 언급하면 이자율로 할인한다. 왜 그렇게 하는지 그 이유를 살펴보자.

우리는 보통 이자를 돈을 사용하는 대가이며 이자율은 사용하는 돈에 대한 이자의 비율을 의미한다. 예를 들어, 100만원을 빌려 1년 사용하고 1년 후에 110만원을 상환한다면 10만원이 연 이자이고 10만원은 원금 100만원의 10%이므로 연 이자율이 10%인 것이다. 이와 같이 이자 및 이자율은 돈의 사용대가로 우리는 인식하고 있다.

한편 이자 및 이자율을 현재재와 미래재라는 또 다른 관점에서 파악할 수 있다. 현재재는 현재 이용이 가능한 것이고 미래재는 미래의 어떤 시점에 이용이 가능한 것이다. 위의 예에서 현재 100만원은 현재재이고 1년 후의 110만원은 미래재이다. 돈을 빌리는 사람은 현재재를 사용하고 미래재를 지불하며, 돈을 빌려주는 사람은 현재재의 사용을 포기하고 미래재를 획득한다. 따라서 이자는 돈을 빌리는 사람의 입장에서는 현재재의 사용에 대한 대가이고, 돈을 빌려주는 사람의 입장에서는 현재재의 사용을 포기하는 대가이다. 이자율은 현재재와 미래재 간의 교환비율이다.

현재재: 현재 이용이 가능한 재화
미래재: 미래의 어떤 시점에 이용이 가능한 재화
이자: ① 돈을 빌리는 사람: 현재재의 사용에 대한 대가
② 돈을 빌려주는 사람: 현재재의 사용을 포기하는 대가
이자율: 현재재와 미래재 간의 교환비율

사람들은 동일한 것에 대해 현재 사용할 수 있는 현재재를 미래에 사용가능한 미래재보다 더 높이 평가한다. 예를 들면, 현재 사과 1개를 1년 후의 사과 1개보다 높이 평가하거나, 현재 100만원을 1년 후의 100만원보다 높게 평가한다. 왜냐하면, 시간이 희소하기 때문에 인간은 동일한 목표를 빨리 달성하는 것을 선호하기 때문이다. 만약 미래재를 현재재보다 선호한다면 우리는 현재 소비하지 않는다는 결론이 도출된다. 이와 같이 현재재를 미래재보다 선호하는 것을 시간선호라고 한다. 시간적으로 앞선 것을 뒤에 것보다 선호한다는 의미이다.

시간선호: 현재재를 미래재보다 선호하는 것
시간선호율: 현재재를 미래재보다 선호하는 정도

그리고 현재재를 미래재보다 선호하는 정도를 시간선호율이라 한다. 예를 들어, 현재 100만원이 1년 후의 110만과 같은 가치로 평가한다면 시간선호율은 10%이고, 1년 후의 120만원과 같은 가치로 평가한다면 시간선호율은 20%이다. 위의 예에서처럼, 시간선호에 입각하여 100만원을 빌려 1년 사용하고 1년 후에 110만원을 상환한다면 10만원이 연 이자이며, 이 이자는 시간선호에 대한 대가이다. 연 이자율 10%는 시간선호율이다. 이 때 시간선호율은 어떤 개인의 시간선호율이 아니라 각 개인 시간선호율이 반영된 그 사회의 시간선호율이다. 이와 같이 이자는 시간선호에 대한 대가이고, 이자율은 그 사회의 시간선호율이다.

한편 시간선호율이 연 10%이면 현재 100만원은 1년 후 110만원과 동일하게 평가한다. 즉, 100만원(1+이자율)=110만원이다. 따라서 미래재 110만원을 현재재로 평가하면 100만원인데, 그것은 현재재를 미래재로 평가할 때와는 역으로 도출된다. 즉, 110만원/(1+이자율)=100만원이다, 따라서 미래재를 현재가치화하는 방법은 미래재를 이자율로 할인하는 것이다. 따라서 현재가치는 이자율이 낮을수록 커지고 이자율이 높을수록 작아진다.

이자: 시간선호에 대한 대가, 이자율: 그 사회의 시간선호율
미래재를 현재가치화하는 방법: 미래재를 이자율로 할인
⇒ 현재가치는 이자율이 낮을수록 커지고, 이자율이 높을수록 작아짐

현재가치(PV) = 1년 후 미래수익/(1+이자율) +
2년 후 미래수익/(1+이자율)^2 + ⋯
n년 후 미래수익/(1+이자율)^n

만약 매년 수익(R)이 일정하게 무한히 발생한다면 이 자산의 (현재)가치는 다음과 같다.

현재가치(PV) = 매년 수익(R)/이자율(i)

예를 들어, 이자율이 10%이고 매년 100만원의 임대료가 발생하는 기계나 부동산의 가치는 1,000만원(=100만/0.1)이다.

위에서 언급한 것처럼 자산의 가치는 그 자산의 미래수익의 현재가치이다. 따라서 자산의 가치는 그 자산의 미래수익들을 이자율로 할인한 것이다.

6) 투자의 결정기준

기업이 투자를 한다는 것은 자본재를 구입해 생산과정에 투입한다는 것을 뜻한다. 즉, 투자는 자본재의 증가를 의미한다. 기업이 투자할 것인지 여부는, 앞의 3)에서 본 바와 같이, 자본의 수익률이 이자율보다 높은지 여부에 달려 있다. 수익률이 이자율보다 높으면 투자를 하고 반대면 하지 않는다.

투자의 결정기준: ① 수익률(r) > 이자율(i) ⇒ 투자함
② 수익률(r) < 이자율(i) ⇒ 투자하지 않음

한편 이자율이 낮아지면 이전의 낮은 수익률을 보장하는 투자의 수익률도 이자율보다 높아지므로 그런 투자가 이루어진다. 따라서 이자율이 낮을수록 투자는 증가하고 이자율이 높을수록 투자는 감소한다. 이와 같이 투자는 이자율과 역관계에 있다.

이자율 ↓↑ ⇒ 투자 ↑↓

투자 여부와 이자율과 투자의 이런 관계를 다른 측면에서 고찰할 수 있다. 자본재를 구입하여 투자를 하는 경우를 고찰해보자. 기업은 그 자본재에 투자함으로써 얻을 수 있는 미래수익과 자본재에 투자하는 비용과 비교해 투자 여부를 결정할 것이다. 자본재를 구입하여 투자하는 경우 자본재에 투자하는 비용은 자본재의 구입가격이다. 따라서 자본재에 대한 투자비용은 현재 발생한다. 그런데 자본재 투자의 수익은 미래에 걸쳐 발생한다. 투자비용과 투자수익을 올바로 비교하기 위해서는 미래수익을 현재가치화해야 한다.

그런데 자본재의 투자비용은 현재에 발생하는 비용인 반면 자본재의 가격은 현재 가격인 반면 예상수익은 미래에 발생하는 가치이기 때문에 미래예상수익을, 앞에서 본 바와 같이, 할인을 통해 현재가치화해야만 올바른 비교가 가능하다.

만약 자본재의 미래예상수익의 현재가치를 PV, 자본재의 가격을 C라고 할 때, $PV>C$이면 수익이 비용보다 크므로 투자를 하고, $PV<C$이면 수익보다 비용이 크므로 투자를 하지 않는다. 따라서 투자 여부는 다음과 같은 기준에 의해 결정된다.

$PV>C$ ⇒ 투자함
$PV<C$ ⇒ 투자하지 않음

그리고 위에서 본 바와 같이, 미래수익의 현재가치는 이자율과 역관계에 있다. 수익의 흐름이 동일하더라도 이자율이 상승하면 현재가치는 작아지고 이자율이 하락하면 현재가치가 커지게 된다. 따라서 이자율이 상승하면 투자는 감소하고 이자율이 하락하면 투자가 증가하게 된다. 이와 같이 여기서도 이자율과 투자는 역관계로 도출된다.

이자율 ↓ ↑ ⇒ 현재가치 ↑ ↓ ⇒ 투자 ↑ ↓

7) 이윤

노동, 자본 및 토지 등은 필수적인 생산요소지만, 이들이 저절로 결합되지는 않는다. 일정 생산계획하에 이들을 결합하고 생산조직인 기업을 운영하는 사람이 있어야 비로소 생산요소들이 제대로 쓰일 수 있다. 이렇게 생산요소를 결합·조직·운영하는 능력도 생산을 위해 반드시 필요한 생산요소이며, 이것을 기업가 활동(entrepreneurship)이라고 한다. 이러한 기업가 활동의 대가가 이윤이다.

이윤은 임금·이자·지대와 함께 소득원천의 하나이다. 일반적으로 이윤은 자본(재)을 소유한 자본가가 획득하는 소득으로 알고 있다. 하지만 자본가들은 일반적으로 자본재를 소유할 뿐만 아니라 기업가로서 활동도 하고 있다. 따라서 일반적으로 자본가들은 이자와 이윤 두 가지의 소득을 획득한다. 그러므로 자본가가 얻는 소득 중 단지 기업가로서 활동한 것에 대한 대가가 이윤이다.

기업가 활동의 대가가 이윤이라고 해서 기업가들이 무조건 이윤을 획득하는 것이 아니다. 자본주의 시장경제에서 그들이 이윤을 획득하기 위해서는 소비자의 욕구를 잘 충족시켜야 한다. 그들의 계획과 지휘하에서 생산된 재화가 소비자의 욕구를 충족하지 못하면 잘 팔리지 않고 손실을 보게 된다. 따라서 기업가가 이윤을 획득하기 위해서는 소비자의 욕구를 잘 충족해야만 한다.

이윤: 자본가가 얻는 소득 중 단지 기업가로서 활동한 것에 대한 대가
소비자 욕구 충족 ⇒ **기업가 이윤획득**
소비자 욕구 미충족 ⇒ **기업가 손실**

8) 이윤의 역할

앞의 7)에서 본 바와 같이, 기업가는 소비자의 욕구를 잘 충족할 경우에 이윤을 획득하고, 그렇지 못할 경우 손실을 입게 된다. 따라서 기업가들은 보다 더 높은 이윤을 획득하기 위해 소비자 욕구를 충족하는, 즉 저렴하거나 양질인 제품을 공급해야 한다. 따라서 이윤은 기업가들로 하여금 구성원들에게 보다 저렴하거나 양질의 재화를 다양하게 제공하도록 함으로써 구성원의 생활수준을 향상시킨다.

또한 그 과정에서 구성원의 욕구가 잘 충족되는 곳에 자원이 사용됨으로써 자원배분의 효율성이 제고된다.

이와 같이 이윤은 구성원의 생활수준 향상과 자원배분의 효율성 제고에 기여한다. 따라서 이것은 다음을 시사한다. 이윤을 제약하는 어떤 규제도 결국 구성원의 생활수준의 하락과 자원배분의 비효율성을 초래할 수 있다.

이윤의 역할
① 기업가들로 하여금 구성원들에게 저렴하거나 양질의 재화 제공 → 구성원들의 생활수준 향상
② 구성원들의 욕구충족 ⇒ **자원배분의 효율성 제고**

2 토지시장

1) 지대의 결정

지대(地代)란 토지의 가격인 지가(地價)가 아니라 토지서비스의 사용에 대한 대가인 토지임대료이다. 물론 지가는 지대에 의해 영향을 받는다. 앞에서 본 바와 같이, 어떤 자산의 가치는 미래 수익, 즉 미래 임대료에 의해 결정되듯이, 지가도 지대에 의해 결정된다. 즉, 지가는 미래 지대의 현재가치이다. 예를 들어, 매년 토지의 임대료, 즉 지대가 100만원, 이자율이 10%라면 지가는 1,000만원이 된다.

100만원/0.1=1,000만원

그렇다면, 지대는 어떻게 결정되는가?

앞에서 본 바와 같이, 생산요소의 가격은 생산요소의 수요와 공급에 의해 결정된다. 지대도 토지서비스의 수요와 공급에 의해 결정된다. 토지서비스에 대한 수요는, 다른 요소의 수요와 마찬가지로, 토지(서비스)의 한계생산가치곡선이 된다. 토지의 한계생산도 체감하므로 토지서비스의 수요곡선인 자본의 한계생산가치곡선도 우하향한다. 반면, 토지서비스의 공급곡선은 일반적으로 수직선으로 생각하고 있다. 왜냐하면, 일정기간 동안 간척이나 침수가 없다면 토지공급량이 주어진 것으로 간주하며, 따라서 토지서비스의 공급량도 주어진 것으로 간주하기 때문이다. 이것은 지가나 지대가 상승하더라도 토지와 토지서비스의 양이 증가할 수 없기 때문에 토지와 토지서비스의 공급은 지가나 지대에 영향을 받지 않는다는 것을 의미한다.

따라서 지대는 [그림 8-4]에서 보듯이 우하향하는 토지서비스의 수요곡선과 수직선인 공급곡선이 교차하는 곳에서 결정된다.

만약 수요가 D_1이면 수요와 공급이 만나는 점인 E_1에서 토지(서비스)인 지대가 P_1으로 결정된다. 만약 투지의 수요가 D_2로 늘어나면, 수요와 공급이 만나는 점인

그림 8-4 지대의 결정

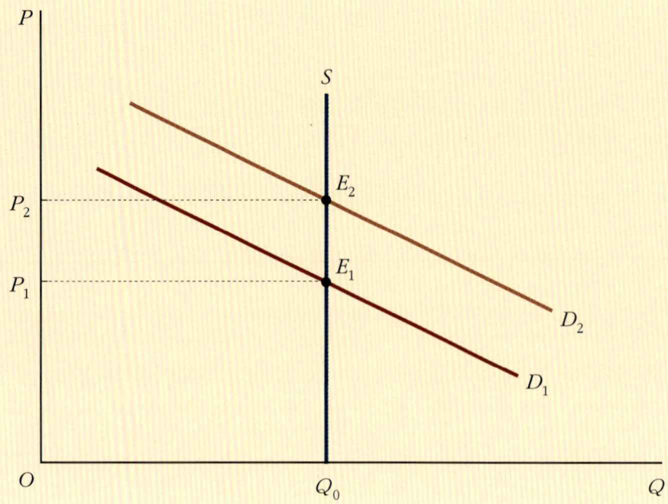

E_2에서 지대는 P_2로 상승한다. 이와 같이, 토지(서비스)의 공급량이 고정되어 있기 때문에 지대는 오직 토지(서비스)의 수요에 의해 결정된다고 할 수 있다.

> **지대:** 토지서비스 사용의 대가인 토지임대료
> 토지서비스의 공급이 고정되어 있으므로 수요에 의해 결정
> **현실의 지대:** 토지서비스 수요와 공급에 의해 결정(∵용도별 공급곡선 우상향)
> **지가:** 미래 지대의 현재가치

그러나 이런 주장은 현실의 지대를 설명하는 데 문제점이 있다. 왜냐하면, 현실의 지대는 전체 토지(서비스)의 수요와 공급에 의해 결정되지 않고, 용도별 수요와 공급에 의해 결정된다. 따라서 토지(서비스)의 공급은 다른 재화와 마찬가지로 우상향이다. 즉, 가격이 상승하면 공급이 증가한다. 예를 들어, 주택지에 대한 수요가 증가하여 택지가격이 상승하면 공장용도나 논과 밭이 수익성이 높은 주택지로 변한다. 물론 용도변경에는 시간이 어느 정도 소요되지만 결국 용도변경을 통하여

공급이 증가한다. 이와 같이 토지 전체의 부존량은 고정되어 있지만, 특정용도의 토지의 공급량은 고정되어 있지 않기 때문에 현실의 지대를 설명하기 위해서 특정용도의 토지의 공급곡선은 수직선이 아니라, 우상향하는 것으로 하여 분석해야 한다. 물론 용도변경에는 시간이 걸리기 때문에 공급은 다른 생산요소와 달리 상당히 비탄력적이다. 즉 가파른 우상향이다.

2) 경제적 지대(economic rent)

지대의 고유개념은 토지 사용료 또는 임대료라고 할 수 있다. 그런데 토지는 공급이 고정되어 있는 요소라는 특징이 있다. 따라서 지대는 공급이 고정되어 완전 비탄력적일 때 발생하는 것으로 해석할 수 있다. 이런 지대의 개념을 공급이 고정되어 있지 않는 경우(즉, 완전 비탄력적이지 않는 경우)까지 확대한 것이 경제적 지대이다. 다시 말하면, 지대의 고유개념을 어떤 생산요소이든 공급이 고정되어 있는 것과 관계없이 사용할 수 있는 개념으로 일반화한 것이 경제적 지대이다.

경제적 지대: 지대의 개념을 어떤 생산요소이든 공급이 고정되어 있는 것과 관계없이 사용할 수 있는 개념으로 일반화한 것

어떤 생산요소를 현재의 용도에 계속 머물게 하도록 하는 최소한의 지급액을 전용수입(transfer earnings)이라고 한다. 어떤 생산요소를 현재의 용도에 계속 머물도록 하기 위해서는 그 요소의 다른 용도의 가치만큼 최소한 지급해야 한다. 그 미만으로 지급하면 그 요소는 다른 용도로 전환할 것이기 때문이다. 예를 들어, 여러분이 현재 고용된 곳에서 연봉이 3,000만원일 때 다른 곳에서 3,500만원을 제시할 경우, 현재 직장에서 최소한 3,500만원을 지급하지 않으면 다른 곳으로 이직할 것이다. 다른 용도에서의 가치는 바로 그 요소의 기회비용이다. 즉, 현 용도에 있음으로

써 포기된 가치이기 때문이다. 따라서 전용수입이란 바로 그 요소의 기회비용을 의미한다. 3장 7절에서 언급한 바와 같이, 기회비용은 공급곡선의 높이로 나타난다.

전용수입: 어떤 생산요소를 현재의 용도에 계속 머물게 하도록 하는 최소한의 금액

경제적 지대는 전용수입(즉, 기회비용)을 초과하는 수입을 의미한다. 따라서 경제적 지대는 [그림 8-5]에서 보는 바와 같이 가격과 공급곡선 사이의 면적으로 측정된다.

[그림 8-5]에서 보듯이, 생산요소인 노동의 수요와 공급이 만나는 E점에서 균형을 이루어 OP_0의 가격과 OQ_0의 수급량이 결정된다. 즉 노동을 OQ_0만큼 고용하고 단위당 OP_0의 가격을 지불해, □OP_0EQ_0의 면적에 해당하는 보수를 지급하고 있다. 이 중 공급곡선 아래에 있는 부분 면적 □$OAEQ_0$은 노동을 현재의 고용상태로 묶어두기 위해 지급해야 하는 기회비용을 의미하며, 이것이 바로 전용수입이다.

그림 8-5 전용수입과 경제적 지대

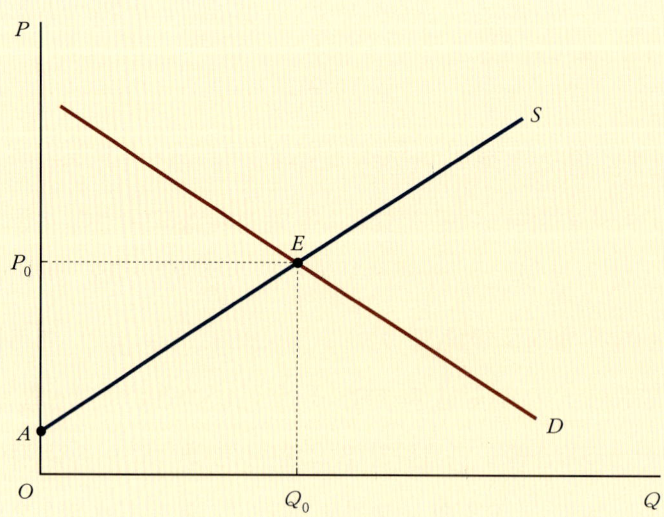

전용수입을 초과하는 부분인 $\triangle AP_0E$가 경제적 지대가 된다. 따라서 생산요소의 수입은 전용수입과 경제적 지대로 이루어져 있다고 할 수 있으며, 아래와 같이 나타낼 수 있다.

생산요소의 수입=전용수입+경제적 지대

전용수입과 경제적 지대의 결정요인은 생산요소의 공급탄력성이다. 구체적으로 살펴보면 다음과 같다. 첫째, [그림 8-6]의 (a)와 같이, 생산요소의 공급탄력성이 완전 비탄력적인 수직선일 경우 수입 전부가 경제적 지대(=□OP_0EQ_0)가 되어, 전용수입은 전혀 없게 된다. 둘째, [그림 8-6]의 (b)와 같이, 생산요소의 공급탄력성이 무한대(즉, 완전 탄력적)인 수평선일 경우 수입 전부가 전용수입(=□OP_0EQ_0)이 되어, 경제적 지대는 전혀 없게 된다. 따라서 생산요소의 공급이 비탄력적일수록 경제적 지대는 커지고, 전용수입은 작아진다. 이것은 경제적 지대가 생산요소

그림 8-6 공급의 탄력성과 경제적 지대 및 전용수입의 크기

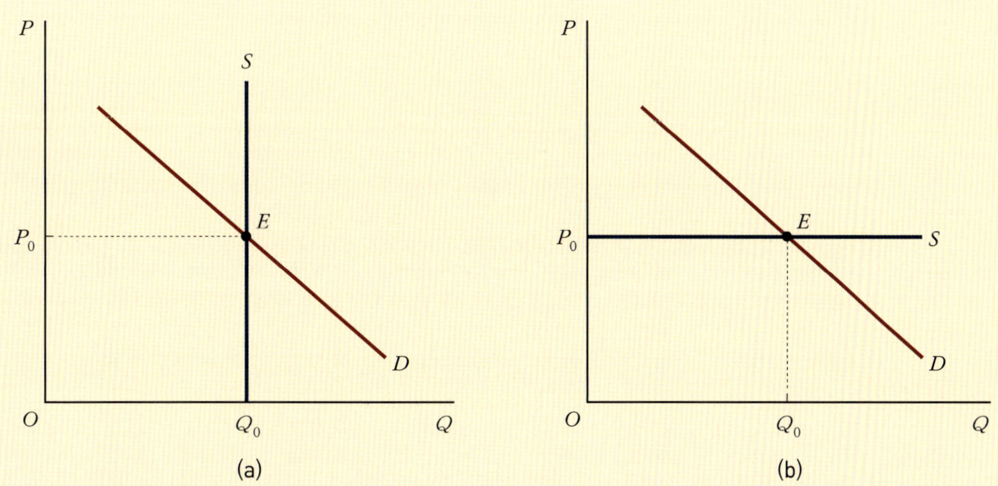

의 공급이 가격에 대해 완전 탄력적이지 않기 때문에, 즉 상대적으로 비탄력적이기 (희소하기) 때문에 발생하는 소득이라는 의미라는 것을 시사한다. 그리고 (a)의 경우 수입 모두가 경제적 지대로서, 이것은 우리가 전통적으로 지대라고 하는 개념과 완전 일치하고 있다. 그러므로 경제적 지대는 전통 지대 개념을 일반화한 것이라는 것을 확인할 수 있다.

손흥민 같은 유명 운동선수나 신동엽 같은 유명 연예인의 수입 중 대부분은 경제적 지대이다. 만약 그들이 다른 부문에서 일을 한다면 그에 비해 엄청나게 적은 소득을 획득할 것이고, 따라서 기회비용인 전용수입이 엄청나게 적기 때문이다.

3) 지대추구행위(rent-seeking behaviour)

이익단체들이 인위적으로 공급을 제한하여 경제적 지대를 확보하고자 하는 행위를 지대추구행위(rent-seeking behaviour)라고 한다. 예를 들면, 자격증 발급 제한 및 각종 진입규제 시도가 여기에 해당된다.

지대추구행위: 인위적으로 공급을 제한하여 경제적 지대를 확보하고자 하는 행위
자격증 발급 제한, 각종 진입규제 시도

정부가 인위적으로 공급을 제한하는 이유는 소비자를 보호하기 위해 자격증을 교부하거나 과다공급으로 인한 자원낭비를 억제하기 위해 진입규제를 한다. 그러나 실제로는 기득권을 가진 이익집단들이 경제적 지대를 유지하고 보호하기 위해, 각종 로비활동을 전개하여 오히려 소비자 보호나 효율적인 자원이용이 이루어지지 않는 경우가 많다. 의사나 변호사들은 환자나 고객의 보호를 위해 의대생이나 로스쿨 학생 수의 증원을 반대한다. 그들은 의사나 변호사가 많아지면 돌팔이나 사기꾼이 많아져서 환자나 고객이 피해를 본다고 주장한다. 하지만 의사나 변호사의 질은 숫자에 의해 영향을 받기보다는 자격시험 통과 점수에 의해 영향을 받는다. 그런데도

불구하고 그들이 환자나 고객의 보호한다는 미명을 내세워 의대생이나 로스쿨 학생 수의 증원을 반대하는 이유는 의사나 변호사의 수가 많아지면 자신들의 수입이 감소하기 때문이다. 이것은 소비자들이 더 낮은 가격으로 양질의 서비스를 받을 기회를 박탈하는 것이다.

또한 기업들은 과당경쟁으로 인한 자원낭비를 막기 위해 효율적인 기업만 생산을 해야 한다고 주장한다. 이것도 기득권을 지닌 생산자들이 자신들의 이익을 유지하기 위한 미명에 불과하다. 보다 효율적인 기업이 등장하여 저렴하거나 양질의 제품을 제공하면 자신들이 손실을 보거나 망할 수 있기 때문에 사전에 그런 기업의 진입을 방지하는 것이다. 이 역시 소비자들이 더 낮은 가격으로 양질의 서비스를 받을 기회를 박탈하는 것으로서 자원배분의 비효율성을 초래한다. 그리고 기업들이나 상인들, 농부들과 같은 생산자들은 시장경쟁을 통해 이윤을 획득하는 것이 쉽지 않다. 하지만 진입장벽을 세운다면 이윤을 획득하는 것이 아주 쉽다. 따라서 그들 이해집단들은 로비를 통해 진입장벽을 만들고 시도한다. 즉 지대추구행위를 하려고 한다. 이와 같이 모든 이해집단들이 자신들의 이익을 유지하거나 보호하기 위해 정부의 힘을 빌리고자 지대추구행위를 하는 것이다. 이런 지대추구는 결국 부정부패를 발생시키는 정경유착을 초래한다.

이와 같이, 지대추구행위는 기득권층이 자신들의 이익을 지속하고자 하기 때문에, 자원배분의 비효율성과 사회후생손실을 초래한다. 후진국일수록 새로운 기업의 진입, 수입개방 등 자유화정책을 펴는 대신 복잡한 정부규제를 통해, 소수의 기업만이 독과점적 이윤을 누리는 경우가 많다. 즉 후진국일수록 지대추구행위를 통한 정경유착이 많다.

정부의 인위적인 공급 제한 이유: 소비자 보호, 자원낭비 억제
⇒ 그러나 기득권층 자신의 이익 유지 및 보호 위해 시행: 지대추구행위
⇒ 정경유착, 부정부패, 자원배분의 비효율성, 사회후생 손실

요약

01. 경제학에서 사용하는 자본은 도구와 기계 등과 같은 자본재를 의미한다.

02. 자본의 가격은 기계와 도구 등의 자본재가 제공하는 생산력의 대가인 자본재의 임대료를 의미한다.

03. 자본(서비스)의 가격은 자본의 수요와 공급에 의해 결정된다.

04. 자본에 대한 수요도 자본의 가격이 자본의 한계생산가치와 같아지는 수준으로 고용하므로 자본의 수요곡선은 자본의 한계생산가치곡선이 된다.

05. 자본서비스의 가격인 이자(즉, 임대료)가 높을수록 더 많은 수익이 날 것이기 때문에 자본서비스의 공급량이 증가하게 된다.

06. 자본의 가격인 이자(즉, 임대료)는 자본의 수요와 공급이 일치하는 곳에서 결정되며, 자본의 가격인 이자는 자본의 한계생산가치와 같아진다.

07. 자본의 가격인 임대료(수익률)를 이자라고 하는 이유는 자본의 임대료(수익률)가 이자율과 같아지기 때문이다.

08. 자본재 사용으로 인한 수익률이 시장이자율보다 높으면, 누구든지 대부자금을 차용하여 자본재에 투자할 것이다. 반면, 자본재 사용으로 인한 수익률이 시장이자율보다 낮으면, 누구든지 대부자금을 차용하여 자본재에 투자하지 않을 것이다.

09. 자본재 수익률(임대료)은 이자율에 감가상각률을 더한 것이 된다. 감가상각률이 고정되어 있으면 자본재수익률은 이자율과 같아진다.

10. 자본재를 형성하는 것을 투자라고 하며, 자본재의 양이 증가하는 것을 자본축적이라고 한다.

11. 자본의 본질은 자본재를 이용한 생산성 향상을 통한 미래소비, 즉 미래 생활수준의 향상이고, 자본재의 형성은 저축으로부터 비롯된다. 따라서 소비를 촉진하면 저축이 감소하여 자본재가 감소하므로 미래생활 수준이 악화되는 경제후퇴를 초래한다.

12. 미래가치를 현재가치로 평가하는 것을 현재가치화 또는 자본화한다고 한다.

13. 현재재를 미래재보다 선호하는 것을 시간선호라고 한다.

14. 이자는 시간선호에 대한 대가이고, 이자율은 그 사회의 시간선호율이다.

15. 현재가치는 이자율이 낮을수록 커지고 이자율이 높을수록 작아진다.

16. 이자율이 낮을수록 투자는 증가하고 이자율이 높을수록 투자는 감소한다.

17. 자본가가 얻는 소득 중 단지 기업가로서 활동한 것에 대한 대가가 이윤이다.

18. 이윤은 구성원의 생활수준 향상과 자원배분의 효율성 제고에 기여한다.

19. 토지의 공급량이 고정되어 있다면, 그 가격인 지대는 오직 수요측 요인에 의해서 결정된다.

20. 지대의 결정은 토지의 수요(우하향)와 공급(수직선)이 만나는 점에서 이루어져 가격(지대)과 수급량이 결정된다.

21. 어떤 생산요소를 현재의 용도에 계속 머물게 하도록 하는 최소한의 지급액을 전용수입(transfer earnings)이라고 한다. 즉 전용수입은 생산요소를 현재의 고용상태에 묶어두는 것과 관련한 기회비용이라는 의미를 갖는다.

22. 전용수입을 초과하는 지급액(=생산자 잉여)을 경제적 지대(economic rent)라고 한다.

23. 생산요소의 공급탄력성이 완전 비탄력적인 수직선일 경우 전부가 경제적 지대가 되어, 전용수입은 전혀 없게 된다. 반면, 생산요소의 공급탄력성이 무한대인 수평선일 경우는 전부가 전용수입이 되어, 경제적 지대는 전혀 없게 된다. 따라서 생산요소의 공급탄력성이 비탄력적일수록 경제적 지대는 커지고, 전용수입은 작아진다.

24. 생산요소의 공급자가 인위적으로 공급을 비탄력적으로 만들어 생산요소의 보수, 즉 경제적 지대를 증대시키려는 행위를 지대추구행위(rent-seeking behaviour)라고 한다. 예를 들면 자격증 발급제한, 각종 진입규제 시도 등.

25. 지대추구행위가 있게 되면 여기에 소요되는 비용은 사회 전체적으로 볼 때, 자원의 낭비가 발생한다. 또한 공급의 인위적인 제한으로 사회후생손실을 초래하게 되어, 사회 전체의 경제적 후생이 감소하며, 자원배분의 비효율을 초래한다.

Chapter 09

시장실패와 정부실패

학습목표 시장실패 개념, 시장실패 원인, 정부실패 개념과 시사점

4장에서 어떤 특정 목적을 달성하기 가격을 통제하거나 조세를 부과하는 경우처럼 정부가 시장에 간섭하는 것을 살펴보았다. 그런데 정부는 이런 특정 목적을 위해서가 아니라 다른 이유에서도 간섭한다.

이 장에서는 이런 경우에 왜 시장실패가 발생하는지 그 이유와 그에 따른 정부의 대책을 살펴보고, 나아가서 정부대책이 효율성을 제고시킬 수 있는지도 검토한다.

1 시장실패

시장에서 재화는 일반적으로 수요와 공급이 일치하는 곳에서 생산되는 경향이 있기 때문에 효율적인 자원배분을 초래한다.[1] 따라서 시장경제는 일반적으로 구성원들의 욕구가 가장 잘 충족되도록 희소한 자원들이 이용된다. 그러나 시장은 때때로 비효율적인 자원배분을 초래할 수 있다. 이와 같이 시장이 효율적인 자원배분을 달성하지 못하는 것을 '시장실패(market failure)'라고 한다. 시장실패는 불완전경쟁시장이 되거나 경쟁시장이더라도 외부효과와 공공재가 존재할 때 발생한다. 그리고 기타요인들로는 불확실성, 완비되지 못한 시장, 불완전한 정보 등이 있다.

시장실패: 시장이 효율적인 자원배분을 달성하지 못하는 것
시장실패 원인: 불완전경쟁, 완전경쟁(외부효과, 공공재의 존재), 불확실성, 완비되지 못한 시장, 불완전한 정보 등

1) 불완전경쟁

불완전경쟁이 발생하면 가격이 높아지기 때문에 시장실패가 발생하는 것이 아니라 사회적 후생손실이 발생하기 때문이다. 사회적 후생손실이 발생하지 않기 위해서는 한계편익과 한계비용이 일치하는 곳에서 생산되어야 한다. 경쟁시장에서는 한계편익과 한계비용이 일치하는 곳, 즉 수요와 공급이 일치하는 곳에서 생산이 이루어지므로 자원배분이 효율적이다.

그러나 6장에서 본 것처럼 독점 등과 같이 시장이 불완전경쟁상태가 되면 수요와 공급이 일치하지 않는 곳에서 생산이 이루어지므로 사회적 후생손실이 발생하기

1) 3장에서 효율적인 자원배분은 한계편익과 한계비용이 일치하는 곳, 즉 수요와 공급이 일치하는 곳에서 달성된다는 것을 보았다.

완전경쟁시장
생산: 한계비용=한계편익(수요=공급) ⇒ 효율적인 자원배분
불완전경쟁시장
생산: 한계편익≠한계비용(수요≠공급) ⇒ 비효율적인 자원배분

때문에 시장실패가 발생한다. 독점에서 사회적 후생손실이 [그림 9-1]과 같이 발생한다.

[그림 9-1]에서 독점기업은 가격설정자이기 때문에 $P>MR=MC$인 점(M)에서 산출량(Q_m)을 결정하게 되고, 가격은 수요곡선과 만나는 점(C)에서 P_m으로 결정된다. Q_m과 Q_c 사이의 생산량에서는 한계편익이 한계비용보다 크다. 이것은 이 단위를 생산함으로써 얻는 가치가 포기하는 가치보다 크다는 것을 의미한다. 따라서 생산량이 Q_c에 도달할 때까지 증가됨으로써 순편익, 즉 사회적 후생이 증가한

그림 9-1 독점시장과 자원배분

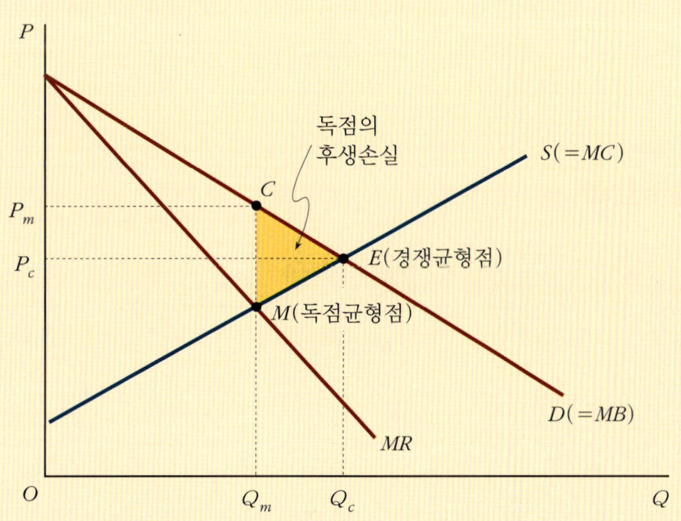

다. 독점이 되면 Q_mQ_c만큼 생산이 감소됨으로써 삼각형 면적($\triangle CEM$)만큼 사회적 후생손실이 발생한다. 따라서 비효율적인 자원배분을 초래한다.

한편 독점시장에서 결정되는 가격은 P_m으로서 한계비용보다 높다. 3장에서 보았듯이 효율적인 자원배분이 되려면 $P=MC$가 되어야 한다. 이 기준에 의해서도 독점이 비효율적인 자원배분이 초래된다는 것을 알 수 있다.

독점시장과 자원배분

① $MR=MC$에서 생산량 결정, 가격결정 → 한계편익(수요) ≠ 한계비용(공급) ⇒ 사회적 후생손실 발생 ⇒ 비효율적인 자원배분

② $P>MC$ ⇒ 비효율적인 자원배분 (cf: 효율적 자원배분조건: $P=MC$)

이와 같이 독점 등 불완전경쟁이 발생하면 비효율적인 자원배분을 초래하므로, 정부는 효율적인 자원배분을 위해 독과점금지법을 제정하여 불완전경쟁을 초래하는 기업을 처벌한다. 우리나라의 독과점금지법의 명칭은 '독점규제 및 공정거래에 관한 법률'로서 공정거래위원회가 그에 관한 업무를 담당하고 있다.

불완전경쟁 → 비효율적인 자원배분 ⇒ 독과점금지법 제정 → 불완전경쟁 초래 기업 처벌 ⇒ 효율적 자원배분 유도

2) 외부효과

위에서 본 바와 같이 수요와 공급이 일치하는 곳에서 생산되는 경쟁시장에서는 기본적으로 시장실패가 발생하지 않는다. 그러나 경쟁시장이더라도 편익이나 비용이 시장거래에서 적절히 반영되지 못하면 시장실패가 발생할 수 있다. 하나는 외부효과가 존재하는 경우이고, 다른 하나는 공공재가 존재할 경우이다. 이 절에서는 외부효과가 존재할 때 시장실패가 발생하는 경우를 살펴보고, 다음 절에서는 공공재가 존재할 때 시장실패가 발생하는 경우를 살펴본다.

경쟁시장 시장실패 이유: 외부효과, 공공재 존재

외부효과(external effect)란 어떤 경제주체의 행위가 다른 사람(제3자)에게 영향, 즉 혜택이나 손해를 끼치면서도 그 대가를 받지 못하거나 치르지 않는 것이다.[2)] 제3자에게 영향을 주되 그에 대한 대가를 받거나 치르면 외부효과가 발생한 것이 아니다. 외부효과가 발생한다는 것은 제3자에게 미친 편익이나 비용이 시장거래를 통해서 이루어지지 않는다는 것을 의미한다. 따라서 '외부'라는 것의 의미가 제3자라는 것이 아니라, 시장의 외부라는 의미이다. 제3자의 혜택이나 손해가 시장의 테두리 '밖'에 머무르게 된 것을 의미한다.

외부효과: 어떤 경제주체의 행위가 다른 사람(제3자)에게 영향(혜택, 손해)을 끼치면서도 그 대가를 받지 못하거나 치르지 않는 것 ⇒ 외부경제, 외부불경제
외부의 의미: 제3자 아니라, 시장의 외부 의미

경제주체가 제3자에게 주는 혜택(즉, 외부편익: external benefit)을 제공하면서도 그에 대한 대가를 받지 못하는 것을 외부경제(external economy)라 한다. 반면, 경제주체가 제3자에게 주는 피해(즉, 외부비용: external cost)를 제공하면서도 그에 대한 대가를 치르지 않는 것을 외부불경제(external diseconomy)라 한다.

외부경제: 경제주체가 제3자에게 주는 혜택(즉, 외부편익)을 제공하면서도 그에 대한 대가를 받지 못하는 것
외부불경제: 경제주체가 제3자에게 주는 피해(즉, 외부비용)를 제공하면서도 그에 대한 대가를 치르지 않는 것

외부경제의 예로서 과수원 옆 양봉, 예방접종, 교육, 담장의 좋은 그림 등이 있다. 양봉업자는 과수원 덕분에 꿀을 획득할 수 있지만 그에 대한 대가를 과수원 주

2) 외부성(externalities)이라고도 한다.

인에게 지불하지 않는 경우이다. 어떤 사람이 어떤 질병에 대한 예방접종을 함으로써 타인들은 전염이 되지 않아 병에 걸리지 않는 이득을 얻지만, 그에 대한 대가를 예방접종자에게 지불하지 않는 경우이다. 사람들이 교육을 받음으로써 타인들에게 기술진보의 혜택, 즉 이전에 비해 양질의 저렴한 재화를 획득하는 혜택을 부여하지만, 그에 대한 대가를 교육이수자에게 지불하지 않는 경우이다. 어떤 사람이 자신의 담장에 좋은 그림을 그려놓으면, 지나가는 사람들은 기쁨을 얻는 이득을 얻지만, 그에 대한 대가를 집주인에게 지불하지 않는 경우이다.

외부불경제의 예로서 환경오염, 소음 등을 들 수 있다. 어떤 사람이 환경을 오염시키거나 소음을 발생시키면 그로 인해 타인들이 건강을 해치거나 시끄러워서 정신집중이 안 되는 피해를 보는데, 오염 및 소음을 발생시킨 사람이 그 피해에 대한 대가를 타인들에게 지불하지 않는 경우이다.

외부경제의 예: 과수원 옆 양봉, 예방접종, 교육, 담장의 좋은 그림 등
외부불경제의 예: 환경오염, 소음 등

외부효과가 발생하면 사회구성원들이 누리는 편익(즉, 사회적 편익: social benefit)과 사회구성원들이 치르는 비용(즉, 사회적 비용: social cost)이 고려되지 못함으로써, 비효율적인 자원배분을 초래한다. 자원배분이 효율적이려면 사회적 편익과 사회적 비용이 일치하는 곳에서 생산되어야 한다. 외부효과가 없는 경쟁시장에서는 외부편익과 외부비용이 발생하지 않으므로 사적 편익과 사회적 편익이 같고 사적비용과 사회적 비용이 같다. 따라서 외부효과가 없는 경쟁시장에서는 사적 편익과 사적 비용이 일치하는 곳이 사회적 편익과 사회적 비용이 일치하는 곳으로서 자원배분이 효율적이다. 그래서 앞 절에서 경쟁시장은 편익과 비용이 일치하는 곳에서 생산이 되므로 효율적이라고 한 것이다.

외부경제의 경우 적정생산량, 즉 효율적인 생산량보다 적게 생산되는 반면, 외부불경제의 경우 과다하게 생산된다. 이것을 다음에서 구체적으로 살펴보자.

> 외부효과 존재
> 생산: 사적 편익=사적 비용 → 사회적 편익≠사회적 비용 ⇒ 비효율적인 자원배분

사적 비용을 나타내는 곡선은 *PMC*(private marginal cost)이고, 사회적 비용을 나타내는 곡선은 *SMC*(social marginal cost)이고, 사적 편익을 나타내는 곡선은 *PMB*(private marginal benefit)이고, 사회적 편익을 나타내는 곡선은 *SMB*(social marginal benefit)이다.

개인들은 사적 편익(private benefit)과 사적 비용(private cost)에 따라 행동을 한다. 외부경제가 발생하면 사적 비용은 사회적 비용과 일치하지만, 사적 편익은 외부편익만큼 사회적 편익보다 적다. 따라서 사회적 편익과 사회적 비용이 일치하는 효율적 생산보다 과소생산되고 삼각형만큼 사회적 후생이 감소한다.

외부불경제가 발생하면 사적 편익은 사회적 편익과 일치하지만, 사적 비용은 외부비용만큼 사회적 비용보다 적다. 따라서 사회적 편익과 사회적 비용이 일치하는 효율적 생산보다 과다생산되어 삼각형만큼 사회적 후생이 감소한다.

> 외부경제 발생 → 사적 비용=사회적 비용, 사적 편익<사회적 편익 → 과소생산 → 후생손실 발생 ⇒ 시장실패 발생
> 외부불경제 발생 → 사적 비용<사회적 비용, 사적 편익=사회적 편익 → 과다생산 → 후생손실 발생 ⇒ 시장실패 발생

[그림 9-2]는 외부경제가 있는 경우를 나타낸다. 그림에서 사회적 최적생산량(Q_s)은 사회적 한계편익(*SMB*)과 사회적 한계비용(*SMC*)이 일치하는 점(E_s)에서 이루어진다. 그러나 생산의 외부경제가 발생하면 사적 한계편익(*PMB*)과 사적 한계비용(*PMC*)이 일치하는 점(E_p)에서 생산량(Q_p)을 결정하게 되어, 사회적 최적생산량보다 과소생산을 하게 된다. 따라서 삼각형 면적($\triangle E_pBE_s$)만큼 후생손실이 발생한다. 이 경우 사회적으로 최적수준만큼 증가시키기 위해 정부가 보조금(피구의 보조금)을 지급함으로써, 사회적으로 적정한 수준만큼 생산할 수 있게 된다.

그림 9-2 외부경제가 있는 경우

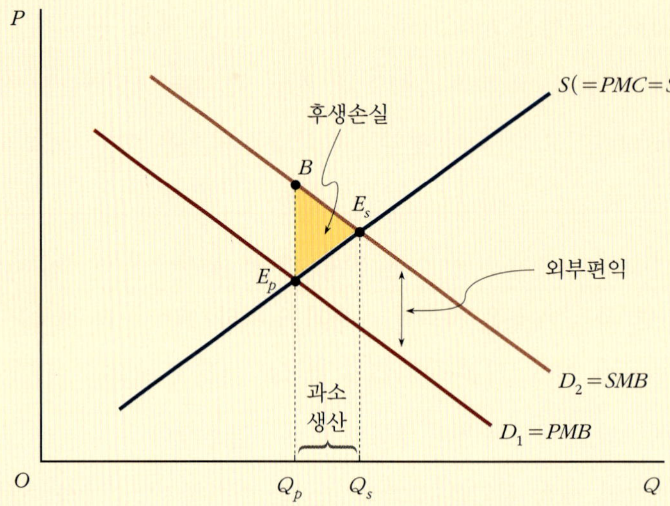

외부경제 발생 → 시장실패 발생 ⇒ 정부가 보조금(=사회적 편익 - 사회적 비용) 지급 → 사회적 적정 수준에서 생산 ⇒ 효율적인 자원배분

[그림 9-3]은 생산의 외부불경제가 있는 경우를 나타내고 있다. 그림에서 사회적 최적생산량(Q_s)은 사회적 한계편익(*SMB*)과 사회적 한계비용(*SMC*)이 일치하는 점(E_s)에서 이루어진다. 그러나 생산의 외부불경제가 발생하면 사적 한계편익(*PMB*)과 사적 한계비용(*PMC*)이 일치하는 점(E_p)에서 생산량(Q_p)을 결정하게 되어, 사회적 최적생산량보다 과다생산을 하게 된다. 따라서 삼각형 면적($\triangle E_sBE_p$)만큼 후생손실이 발생한다. 이 경우 사회적으로 최적수준만큼 감소시키기 위해 정부가 조세(피구세)[3]를 부과함으로써, 사회적으로 적정한 수준만큼 생산할 수 있게 된다.

3) 이러한 조세를 영국의 경제학자 피구(A.C. Pigou)가 처음 제시했기 때문에 피구세(Pigouvian tax)라고 부른다.

그림 9-3 외부불경제가 있는 경우

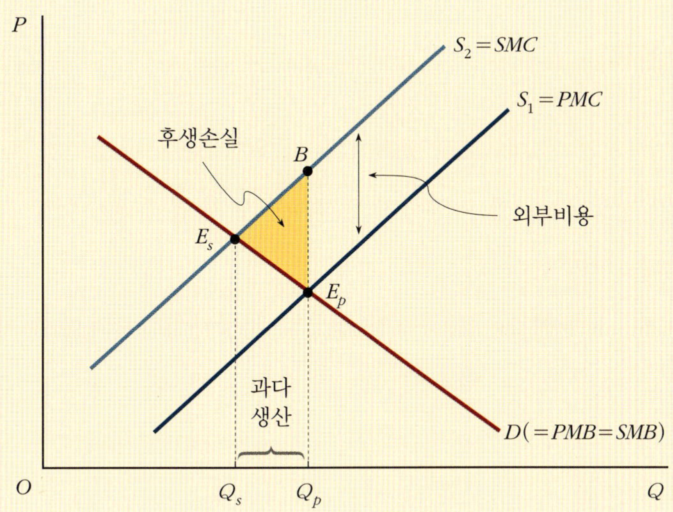

외부불경제 발생 → 시장실패 발생 ⇒ 정부가 조세(=사회적 비용－사적 비용) 부과 → 사회적 적정한 수준에서 생산 ⇒ 효율적 자원배분

위에서 살펴보았듯이, 정부는 효율적인 생산을 위해서 다음과 같은 정책을 시행한다. 외부경제가 발생할 경우 외부편익만큼 보조금을 지급하여 사적 편익이 사회적 편익과 같도록 함으로써 효율적인 생산이 이루어지게 한다. 정부가 예방접종을 무료로 하거나 보조금을 주는 것, 의무교육 및 연구개발비 지원 등이 외부경제에 대한 해결책이다. 외부불경제가 발생할 경우 외부비용만큼 조세를 부과하거나, 보상하도록 하여 사적 비용이 사회적 비용과 같도록 함으로써 효율적인 생산이 이루어지게 한다. 정부가 오염세 부과 및 쓰레기종량제 실시, 소음 배상법 제정 등이 외부불경제에 대한 해결책이다. 때로는 오염배출량을 직접 규제하는 방법을 사용한

다. 효율적인 생산량을 달성할 수 있는 수준까지만 오염을 배출할 수 있도록 하고, 그것을 초과하여 배출하면 강력한 처벌을 하는 것이다.[4)]

3) 공공재

국방, 치안, 등대, 도로 등과 같은 공공재(public goods)가 존재할 경우에 왜 시장실패가 발생하는지를 파악하기 위해서는 먼저 공공재가 어떤 특성을 지니고 있는지를 살펴보아야 한다.

대다수 일반인들은 공공재를 정부나 지방자치단체와 같은 공공부문에서 생산하여 공급하는 재화나 서비스로 생각하고 있는데, 이는 공공재에 대한 정확한 개념이 아니다. 공공재는 소비의 비경합성(non-rivalry)과 비배제성(non-exclusiveness)이라는 두 가지 특성을 가지는 재화나 서비스로 정의할 수 있다.

소비의 경합성(rivalry)은 1장에서 언급한 것처럼, 구성원 중에 어느 누가 소비를 하면 그 소비된 부분은 다른 사람이 소비할 수 없는 것이기 때문에 소비자들끼리 서로 경합, 즉 다툼이 있는 것이다. 소비의 배제성(exclusiveness)이란 대가를 치루지 않으면 소비를 할 수 없는, 즉 소비에서 배제되는 것이다. 대부분의 재화는 이런 특성을 갖고 있으며, 이런 특성을 가진 재화를 사적재(private goods)라고 한다.

공공재는 이런 특성들이 없는 재화이다. 소비의 비경합성, 즉 소비에 있어서 경합성이 없다는 것은 어느 누가 소비를 해도 그 소비된 부분들도 타인들이 소비할 수 있기 때문에 소비자들끼리 서로 경합, 즉 다툼이 없는 것이다. 소비의 비배제성, 즉 소비에 있어서 배제성이 없다는 것은 대가를 치루지 않더라도 소비를 할 수 있는, 즉 소비에서 배제가 되지 않는 것이다.

국방, 치안, 등대의 경우 어느 누가 혜택을 보더라도 다른 사람의 혜택이 그만

4) 오염의 적정수준은 0이 아니다. 재화를 생산하는 과정에서 오염이 발생하므로 오염수준을 0으로 하면, 우리는 생산과 소비를 할 수 없다. 적정배출량은 효율적인 생산량을 달성할 수 있는 수준이 된다.

사적재: 소비의 경합성과 배제성의 특성을 가지는 재화
공공재: 소비의 비경합성과 비배제성의 특성을 가지는 재화나 서비스
① 소비의 비경합성: 소비에 있어서 경합성이 없다는 것
② 소비의 비배제성: 대가를 치루지 않더라도 소비에서 배제가 되지 않는 것

큼 감소하는 것이 아니므로 경합성이 없으며, 대가를 치루지 않더라도 혜택에서 배제되지 않는다. 도로의 경우에도 경합성이 없다. 한 사람이 지나가면 다른 사람이 이용할 수 있기 때문이다. 만약 정체되어 움직일 수 없는 특별한 상황에는 경합성이 존재하지만 거의 대부분의 경우 경합성이 없다. 또한 대가를 지불하지 않는다고 도로를 이용할 수 없는 것이 아니므로 배제성이 없다. 그러나 유료도로의 경우 대가를 지불하지 않으면 이용할 수 없으므로 배제성이 존재한다. 이와 같이, 경합성은 없으나 배제성이 있는 재화를 '준공공재(quasi-public goods)'라 한다. 무료영화감상, 무료교육 등은 공공재이나 유료영화감상, 유료교육 등은 준공공재이다.

준공공재: 경합성은 없으나 배제성이 있는 재화
준공공재의 예: 유료영화감상, 유료교육 등

공공재는 소비의 비배제성과 비경합성으로 인해 다음과 같은 문제가 발생한다. 일단 만들어지기만 하면 대가를 치루지 않아도 이용할 수 있고, 타인이 소비해도 그로 인해 자신이 소비할 수 없는 것이 아니므로, 대가를 치루지 않고 이용하려고 한다. 즉, 무임승차(free-ride)를 하려고 한다. 따라서 어떤 기업이 이런 공공재를 생산하여 시장에 팔면, 소비의 비배제성과 비경합성의 특성으로 인해 어느 누구도 그것을 이용하면서도 대가를 치루지 않는다. 따라서 기업들은 손실만 입게 되므로 공공재를 생산하지 않게 된다. 이것을 무임승차자의 문제(free-rider problem)라 한다. 그 결과 공공재는 거의 생산되지 않아서 적정수준에서 생산될 수 없다. 따라서 공공재가 존재하면 경쟁시장이더라도 시장실패가 발생한다.

> **공공재**: 소비의 비경합성과 비배제성의 특성 ⇒ 무임승차 문제 발생 → 사회적 적정수준만큼 공급 불가능 ⇒ 시장실패 발생

공공재의 적정수준은 공공재의 편익을 나타내는 공공재 시장수요곡선과 비용을 나타내는 시장공급곡선이 일치하는 곳이다. 공공재의 시장수요곡선은 사적재의 시장수요곡선과는 다르게 도출된다. 사적재의 경우 3장에서 개별수요를 수평으로 합하여 시장수요를 도출했다. 그러나 공공재의 경우에는 그렇게 해서는 안 된다. 공공재는 경합성이 없기 때문에 수직으로 합해야 한다. 수요곡선의 높이는 3장에서 본 것처럼 수요자의 편익을 나타낸다. 경합성이 없으므로 소비되는 각 단위로부터 여러 사람이 혜택을 볼 수 있다. 따라서 그 재화가 소비되는 각 단위에서 얻어지는 편익은 모든 사람의 편익을 합해야 한다. 예를 들면, 교수의 강의는 어느 한 학생만 혜택을 보는 것이 아니라 모든 학생이 혜택을 보게 되므로 그 강의의 편익은 모든

그림 9-4 공공재의 시장수요곡선 도출

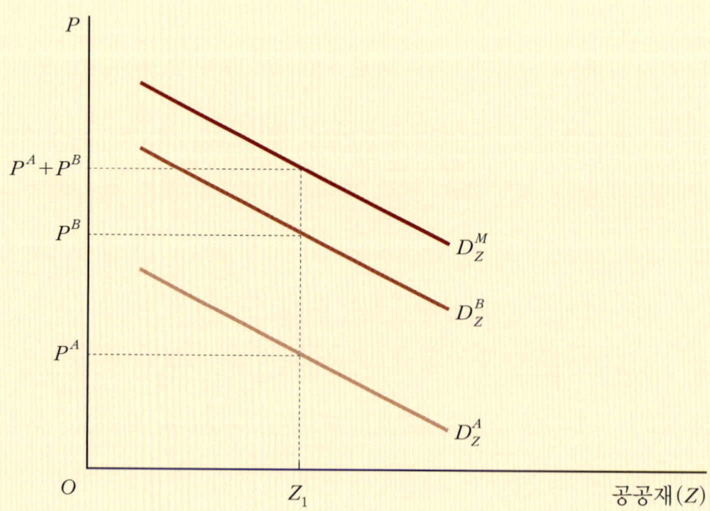

학생의 편익을 합해야 한다. 따라서 경합성이 없는 재화의 시장수요곡선은 개별수요를 수직으로 합해야 한다. 이것을 그림을 통해서 자세히 살펴보자.

[그림 9-4]에서 소비자 A, B의 공공재의 개별수요곡선을 각각 D_Z^A, D_Z^B라고 하면, 개별수요곡선을 수직으로 합함으로써 시장수요곡선 D_Z^M을 구할 수 있다. 즉, 공공재 Z_1의 소비량에 대하여 소비자 A는 P^A의 가격을 지불하고, 소비자 B는 P^B의 가격을 지불하게 되어, 시장전체로는 P^A+P^B의 가격을 지불하게 된다. 따라서 시장수요곡선은 개별수요곡선을 수직으로 합한 D_Z^M이 된다.

공공재의 적정수준 ⇒ 시장수요곡선(편익) = 시장공급곡선(비용)에서 결정
사적재의 시장수요곡선 ⇒ 개별수요곡선을 수평으로 합해서 도출(∵ 경합성)
공공재의 시장수요곡선 ⇒ 개별수요곡선을 수직으로 합해서 도출(∵ 비경합성)

공공새는 무임승차의 문세로 시장에서는 직질하게 생산될 수 없기 때문에, 정부는 공공재의 수요곡선과 공급곡선이 일치하는 적정생산량을 도출한 후에, 그 적정생산량만큼 공급한다. 재원은 국민의 세금으로 충당한다. 생산은 사기업이 할 수도 있고, 정부가 직접 할 수도 있다. 사기업이 할 경우, 정상이윤을 포함한 기회비용으로 정부가 구입하여 공급한다.

공공재: 무임승차의 문제 발생 → 시장에서 적정생산 불가능 → 정부가 적정생산량생산 공급 → 비용: 세금으로 충당

이상에서 살펴보았듯이 불완전경쟁, 외부효과, 공공재 외에 시장실패를 가져오는 기타요인으로는 불확실성, 완비되지 못한 시장, 불완전한 정보 등이 있다.

시장실패의 기타요인: 불확실성, 완비되지 못한 시장, 불완전한 정보 등

2 정부의 실패

위에서 정부는 시장실패를 교정하기 위해 직접 시장에 간섭한다. 그런데 시장실패를 교정하기 위한 정부개입이 오히려 더 비효율적인 자원배분을 초래할 수 있다. 이것을 '정부실패(government failure)'라 한다. 정부실패를 초래하는 요인들로 부정확한 정보, 효율성증진의 유인결여, 경제주체의 정부의도와 다른 반응 등을 들 수 있다.

정부실패: 시장실패 교정 → 정부의 시장 간섭 → 비효율적인 자원배분 초래
정부실패의 원인: 부정확한 정보, 효율성증진의 유인결여, 경제주체의 정부의도와 다른 반응 등

첫째, 비효율성을 제거하기 위해 편익과 비용을 올바르게 평가를 해야 하는데, 정부는 올바르게 평가하는 것이 불가능하다. 왜냐하면 편익과 비용은 시장을 통해야만 올바르게 평가되는데 시장을 이용할 수 없어, 간접적인 기법으로 평가하기 때문이다. 따라서 정부는 부정확한 정보에 입각하여 개입하기 때문에 시장에 맡겨두는 것보다 비효율성이 더 커질 수 있다.

둘째, 정책을 입안하고 집행하는 정부 관리들은 효율성 증진의 유인이 없다. 왜냐하면, 사기업처럼 손해를 볼 경우 그것을 자신이 책임을 지는 것이 아니기 때문이다. 낭비가 발생하더라도 자신이 부담하지 않고 국민의 세금으로 부담되기 때문이다. 따라서 관료조직은 효율성의 증진이 아니라 자신이 속한 부처의 예산규모를 확대하고자 한다. 왜냐하면 관료들은 봉급, 상여금, 승진 그리고 선심성 행정규모 등에 관심이 있는데 이것들은 해당 부처조직에 배정된 예산의 크기에 따라 비례하는 경향이 있다. 따라서 관료들은 효율성보다는 예산극대화에 더 관심을 가지게 된다. 비록 관료집단의 이러한 비효율성을 감사나 검열 등을 통하여 이런 행동을 자제시키려고 하지만 그 효과는 제한적이다. 왜냐하면 관료집단을 감시, 감독하는

국회나 국민은 관료만큼 알지 못하고, 정치인들도 역시 관료와 비슷하게 효율성 증진보다는 자신의 권력을 키우는 데 관심이 있기 때문이다.

또한 정부가 어떤 정책을 결정할 때 효율성에 입각한 경제적 원리에 의하기보다는 집단적 의사결정과정을 거치게 된다. 즉, 국민, 관료, 이익단체, 정치인 등 다양한 이해당사자 간의 타협을 통한 정치적 의사결정과정을 거치게 된다.

이런 이유들로 인해 정부조직은 효율성 증진의 유인이 없기 때문에 시장에 맡겨두는 것보다 비효율성이 더 커질 수 있다.

셋째, 4장 정부간섭에서 본 것처럼 정부가 규제를 할 경우 정부의 의도와는 전혀 다른 결과를 초래한다. 마찬가지로 정부가 시장실패를 교정하기 위해 개입을 하더라도 그 목적을 달성할 수 없으며, 더 비효율적인 결과를 초래한다.

이런 요인들로 인해 시장실패를 교정하기 위한 정부개입이 오히려 더 비효율적인 자원배분을 초래할 수 있다. 이것은 다음과 같은 시사점을 제시한다.

시장실패는 정부개입의 필요조건만 제공할 뿐 충분조건은 아니라는 점이다. 즉, 시장실패가 일어났을 때 정부가 개입할 여지가 있다는 것이지, 당연히 개입해야 된다는 것을 의미하는 것은 아니다. 따라서 정부개입 여부는 정부실패를 고려하여 결정해야 할 것이다.

정부실패의 시사점

시장실패: 정부개입 필요조건(○), 충분조건 (×)

: 시장실패시 정부가 개입 여지(○), 당연개입(×)

⇒ 정부개입 여부: 정부실패 고려, 신중결정 필요

요약

01. 시장이 효율적인 자원배분을 달성하지 못하는 것을 시장실패라고 한다. 시장실패는 불완전경쟁시장이 되거나 경쟁시장이더라도 외부효과와 공공재가 존재할 때 발생한다.

02. 시장실패의 원인으로는 불완전경쟁, 완전경쟁이라 하더라도 외부효과의 존재, 공공재의 존재, 불확실성, 완비되지 못한 시장, 불완전한 정보 등이 있다.

03. 완전경쟁시장은 한계비용과 한계편익이 일치하는 점에서 생산이 이루어진다. 즉, 수요와 공급이 일치한 곳에서 생산이 이루어져 효율적인 자원배분이 달성된다.

04. 불완전경쟁이 발생하면 한계편익과 한계비용이 일치하지 않는 곳에서 생산이 이루어진다. 즉, 수요와 공급이 일치하지 않는 곳에서 생산이 이루어져 후생손실이 발생하며, 시장실패가 일어나 비효율적인 자원배분을 가져온다.

05. 경쟁시장이라 하더라도 편익이나 비용이 시장거래에서 적절히 반영되지 못하면 시장실패가 발생하며, 외부효과의 존재, 공공재가 존재할 경우에도 시장실패가 일어난다.

06. 외부효과란 어떤 경제주체의 행위가 다른 사람(제3자)에게 영향, 즉 혜택이나 손해를 끼치면서도 그 대가를 받지 못하거나 치르지 않는 것이다. 외부효과에는 외부경제와 외부불경제가 있다.

07. 어떤 경제주체의 행위가 다른 사람(제3자)에게 주는 혜택을 주면서도 그 대가를 받지 못하는 것을 외부경제라 하고, 어떤 경제주체의 행위가 다른 사람(제3자)에게 주는 손해를 끼치면서도 그 대가를 치르지 않는 것을 외부불경제라고 한다.

08. 외부효과가 존재하면 사회적 편익과 사회적 비용의 불일치가 일어난다. 즉, 사적 편익과 사적 비용의 불일치가 발생하여 비효율적인 자원배분이 일어난다.

09. 완전경쟁시장은 외부편익과 외부비용이 발생하지 않으므로, 사적 편익과 사회적 편익이 일치하고, 사적 비용과 사회적 비용이 일치하게 되어 효율적인 자원배분이 이루어진다.

10. 외부경제가 발생하면 사적 비용=사회적 비용, 사적 편익<사회적 편익이 성립되어, 효율적인 생산량보다 과소생산되어 후생손실이 발생하므로 시장실패가 일어난다. 이 경우 정부가 보조금(피구의 보조금)을 지급함으로써, 사회적으로 적정한 수준만큼 생산할 수 있게 된다.

11. 외부불경제가 발생하면 사적 비용<사회적 비용, 사적 편익=사회적 편익이 성립되어, 효율적인 생산량보다 과다생산되어 후생손실이 발생하므로 시장실패가 일어난다. 이 경우 정부가 조세(피구세)를 부과함으로써, 사회적으로 적정한 수준만큼 생산할 수 있게 된다.

12. 공공재란 소비의 비경합성과 비배제성이라는 두 가지 특성을 가지는 재화나 서비스를 말한다. 공공재의 이러한 특성 때문에 무임승차의 문제가 발생하게 되며, 이로 인해 사회적으로 필요한 적정수준만큼 공급이 불가능하게 되어 시장실패가 일어난다.

13. 준공공재란 경합성은 없으나 배제성이 있는 재화나 서비스를 말한다.

14. 공공재의 적정수준은 시장수요곡선(편익)과 시장공급곡선(비용)이 일치하는 점에서 결정된다.

15. 사적재의 시장수요곡선은 개별수요곡선을 수평으로 합해서 도출된다. 그러나 공공재의 시장수요곡선은 개별수요곡선을 수직으로 합해서 도출된다.

16. 시장실패를 교정하기 위해서 정부가 시장에 간섭하게 된다. 이러한 정부의 개입이 오히려 더 비효율적인 자원배분을 가져오는 현상을 정부실패라고 한다.

17. 정부실패를 초래하는 요인으로는 부정확한 정보, 효율성증진의 유인결여, 경제주체의 정부의도와 다른 반응 등이 있다.

18. 시장실패는 정부개입의 필요조건일 뿐이지 충분조건은 아니다. 따라서 시장실패가 일어났을 때 정부의 개입은 정부실패의 발생 등을 고려하여 신중하게 접근할 필요가 있다는 시사점을 주고 있다.

Chapter 10

거래비용과 경제행위

학습목표 역선택의 문제, 도덕적 해이 문제, 중개인의 역할, 투기자의 역할

시장에서 거래가 이루어지기 위해서는 우선 수요와 공급에 관한 정보를 파악해야 하고, 그 정보를 바탕으로 협상을 하고, 거래가 계약대로 잘 이루어지고 있는지도 감시감독해야 한다. 이와 같이 정보탐색비용, 협상비용, 감시감독 비용 등 거래에 수반되는 모든 비용을 거래비용이라 한다. 앞에서는 이런 거래비용을 고려하지 않고 수요공급이론에 입각하여 교환을 설명하였다. 그러나 현실에는 이런 거래비용이 존재하기 때문에 앞에서 다루어진 거래들이 발생하지 않을 수도 있다. 예를 들어, 정보탐색비용이 정보획득으로 인한 이득보다 크면 정보탐색을 포기할 것이고, 그 결과 거래를 포기하게 된다.

본 장에서는 이런 거래비용의 존재로 발생하는 경제문제들을 살펴본다. 특히 정보탐색비용과 관련된 문제들을 중심으로 다룬다. 정보의 비대칭성과 관련된 역선택과 도덕적 해이 문제, 정보탐색비용 등 거래비용을 감소시키는 중개인의 역할, 불완전한 미래 정보로 발생하는 위험을 부담하고 미래정보를 현 시점에 전달하는 투기자의 역할 등을 다룬다.

1 역선택과 도덕적 해이

거래와 관련된 정보[1)]에 대해서 거래당사자 중 한쪽이 다른 쪽보다 더 많이 알고 있는 상황이 많이 발생한다. 예를 들면, 중고자동차 거래의 경우, 판매하는 사람은 그 자동차의 품질에 대한 정보를 자세히 알고 있지만, 구입자는 그 품질에 대한 정보를 잘 모르는 상황이 발생한다. 그리고 고용관계에서 근로자는 자기가 얼마나 열심히 일하고 때로는 얼마나 게으름을 피웠는지를 알고 있지만, 고용주는 그러한 사실을 정확히 모르는 경우가 발생한다. 이와 같이 거래의 양 당사자 간에 정보의 양과 질이 균등하게 분포되어 있지 않아 비대칭적으로 되어 있는 상황을 우리는 '정보의 비대칭성(asymmetry of information)'이라고 한다.

정보의 비대칭성: 거래의 양 당사자 간에 정보의 양과 질이 균등하게 분포되어 있지 않아 비대칭적으로 되어 있는 상황

이러한 정보의 비대칭성으로 역선택과 도덕적 해이가 발생한다. 정보의 비대칭인 상황은 현실경제에서 두 가지의 특성, 즉 '감추어진 속성(hidden characteristics)'과 '감추어진 행동(hidden action)'에 의해 발생한다.

감추어진 속성의 예는 다음과 같다. 중고차를 사려고 하는 사람은 판매자보다 중고자동차의 성능이나 결함에 대한 정보를 잘 알 수가 없다. 이런 경우 중고차의 실제의 품질이 바로 '감추어진 속성'이 된다. 또한 보험의 경우 보험회사는 가입희망자가 사고를 일으킬 가능성이 높은 고객인지 아니면 낮은 고객인지를 알 수가 없다. 이러한 사고의 가능성이 바로 '감추어진 속성'이 된다. 이러한 감추어진 속성으

1) 정보의 내용에는 소비자는 생산자가 누구인지, 상품의 품질은 어떤지, 판매가격은 얼마인지를 알고 싶어 하고, 생산자는 소비자의 기호나 소비자의 구입가격에 대한 정보 등을 수집하려고 한다. 이러한 정보획득을 위해서 소비자와 생산자는 최소의 비용으로 최선의 대안을 선택하려고 행동한다. 이러한 시장에 대한 정보획득에는 노력과 시간 등의 대가를 필요로 한다. 따라서 정보는 공짜로 얻는 자유재가 아니고 경제재이다.

로 인한 정보의 비대칭성으로 '역선택(adverse selection)'의 문제가 발생한다.

감추어진 행동의 예는 다음과 같다. 고용주는 근로자가 자기 회사를 위해 최선을 다하여 근무를 열심히 하고 있는지를 정확하게 파악하기가 어렵다. 근로자의 일거수 일투족을 따라다니면서 일일이 감독할 수 없을 뿐만 아니라, 근로자의 속마음까지 알기는 더더욱 힘든 일이다. 이런 경우 근로자가 회사를 위해 과연 얼마나 성실히 주어진 임무를 다하고 있는지의 여부가 '감추어진 행동'이 된다. 보험의 경우에 보험가입자가 사고예방을 위해 최선의 노력을 다하고 있는지의 여부가 감추어진 행동이다. 이러한 감추어진 행동으로 인한 정보의 비대칭성으로 '도덕적 해이(moral hazard)'의 문제가 발생한다.

감추어진 속성에 의한 정보의 비대칭 ⇒ 역선택 문제 발생
감추어진 행동에 의한 정보의 비대칭 ⇒ 도덕적 해이 문제 발생

1) 역선택

역선택이란 행위자가 원하지 않는 것이 선택되는 것이다. 원하는 것과 반대로 선택되므로 역선택이라 하는 것이다. 위에서 감추어진 속성으로 인한 정보의 비대칭성으로 '역선택'의 문제가 발생한다고 하였다. 그 이유를 예를 통해 구체적으로 살펴보자.

역선택: 행위자가 원하지 않는 것이 선택되는 것

중고차시장에서는 중고차를 사려고 하는 사람은 판매자보다 중고자동차의 성능이나 결함에 대한 정보를 잘 알 수가 없다. 따라서 구입자는 어느 자동차가 품질이 양호한 자동차인지 알 수 없다. 그 결과 중고자동차 시장에서 형성되는 자동차의 가격은 양호한 자동차 가격과 불량한 자동차 가격의 평균으로 형성된다. 양호한

자동차의 판매자는 이 가격에 불만을 품고 중고자동차 시장에서는 거래하는 것을 포기하게 되는 경향이 발생하므로 중고자동차 시장에는 양질의 자동차보다는 불량의 자동차가 많이 존재하게 된다. 따라서 구입자들은 양호한 자동차보다는 불량한 자동차를 구입할 확률이 높아진다. 이와 같이 중고자동차 시장에서 구입자들은 양호한 자동차를 구입하기 원하지만 결과적으로는 불량한 자동차를 선택하는 결과가 초래된다. 즉, 구입자의 입장에서 역선택이 이루어진다.

보험회사는 사고 확률이 낮은 운전자나 병에 걸릴 확률이 낮은 사람들이 자동차보험이나 생명보험에 가입하기를 원한다. 그러나 보험가입에 강한 욕구를 나타내는 사람은 오히려 사고 확률이 높거나 건강이 별로 좋지 않은 사람이다. 그런데 보험회사는 보험가입희망자의 사고 및 발병가능성을 잘 모를 수 있다. 그 결과 사고 및 발병가능성이 높은 사람이 보험에 많이 가입할 확률이 높아진다. 이와 같이 보험시장에서 보험회사는 사고 및 발병가능성이 낮은 사람들이 보험에 가입하기를 원하지만 결과적으로 사고 및 발병가능성이 높은 사람이 보험에 가입하는 결과를 초래한다. 즉, 보험회사의 입장에서 역선택이 이루어진다.

역선택으로 다음과 같은 문제가 발생한다. 중고자동차 구입자들은 중고자동차 시장에서 구입하기를 싫어하므로 중고자동차시장이 사라질 수 있다. 보험회사는 사고나 발병확률의 증가로 보험금을 많이 지급해야 하므로 적자를 면할 수 없고, 보험회사는 존재하지 않을 수도 있다. 이와 같이 감추어진 속성으로 인한 비대칭적인 정보에 의해 역선택의 문제가 발생한다.

현실에는 이외에도 역선택의 문제에 관한 다양한 사례들(예를 들면, 대출, 신입사원 선발 등)이 존재한다. 은행이 고객에게 대출을 해 줄 경우, 은행은 원리금을 제때에 상환하는 신용이 좋은 고객에게 대출을 하고 싶지만, 대출자의 신용상태를 잘 알지 못하기 때문에 신용이 좋지 못한 고객에게 대출하는 실수를 범할 수도 있고, 그 결과 은행은 손실을 볼 수 있다. 신입사원 선발의 경우에도 마찬가지로, 기업의 사장 입장에서는 능력있고 성실한 사원을 뽑기를 원하지만, 지원자의 능력이나, 성격, 가치관 등을 완전하게 파악하기가 힘들기 때문에 능력이 미진하고 불성실한 직원을 뽑을 수 있다.

이런 역선택의 문제를 해결하는 방법들로는 품질보증(사후 서비스), 자격요건 강화, 보험료 차별화, 신용도 평가 및 이자율 차별화, 능력 및 인성 평가와 인턴제도 등이 있다.

중고자동차를 비롯한 중고시장에서는 손님들이 찾아오도록 품질보증이나 사후 서비스를 시행한다. 보험회사는 보험금으로 인한 적자를 방지하기 위해 자격요건을 강화하거나 보험료를 차별화한다. 즉, 사고나 발병 확률은 높은 사람에 대해 보험가입을 거절하거나 확률에 따라 보험료를 차별화하는 것이다. 그래서 자동차보험의 경우 성별, 연령별, 직업별 등으로 보험료를 차별하거나 가입 여부를 판단한다. 생명보험의 경우 병력이나 건강상태 등에 따라서 보험료를 차별하거나 가입 여부를 판단한다. 은행은 신용불량자들에 대한 대출로 인한 손실을 방지하기 위해, 대출신청자에 대해 직업, 소득, 재산 등 다양한 정보를 통해 고객의 신용도를 평가하여 대출자격 여부와 이자율을 정한다. 기업은 능력있고 성실한 사원을 선발하기 위해 입사지원자에게 성적표나 자기소개서, 자격증, 지도교수 추천서, 면접 등을 통해 능력과 인성을 평가한다. 아울러 선발된 사원들이 기대와 같은 능력과 인성을 지니고 있는지를 파악하기 위해 인턴(intern)제도를 실시하기도 한다.

역선택의 대응책: 품질보증(사후 서비스), 자격증, 보험료 차별화, 신용도 평가 및 이자율 차별화, 추천서, 인턴제도 등

2) 도덕적 해이

도덕적 해이(moral hazard)란 대리인이 본인의 기대와는 다른 행동을 함으로써 본인에게 피해를 주는 대리인의 행동이다. 도덕적 해이가 발생할 수 있는 것은 대

리인의 감추어진 행동을 본인이 파악하기 어렵거나 그 행동을 방지하기 위한 감시 감독이 비용이 높기 때문이다.

따라서 도덕적 해이는 본인-대리인(principal-agent) 관계가 있는 곳에서 발생한다. 고용주(본인)와 고용인(대리인), 주주(본인)와 전문경영인(대리인), 보험회사(본인)와 보험가입자(대리인) 등에서 나타난다.

도덕적 해이: 대리인이 본인의 기대와는 다른 행동을 함으로써 본인에게 피해를 주는 대리인의 행동

근로자는 사업주가 일일이 감시하지 못하는 점을 이용하여 최선을 다하지 않을 수 있다. 전문경영인은 주주가 자신들의 행동을 일일이 감시하지 못하는 점을 이용하여 주주의 이익보다는 자신의 이익을 챙기는 행위를 할 수 있다. 출장 시 최고급 교통 및 숙박시설 이용, 과다한 비서진 구성, 수익성이 높은 투자보다는 매출액이 큰 투자를 선호하는 식으로 자신이 주주일 경우에 비해 과다비용 저수익성을 추구할 수 있다. 보험가입자는 사고가 발생하더라도 보험회사가 처리 및 보상하기 때문에 보험가입 이후 운전에 대한 주의력이 낮아진다.

이런 도덕적 해이의 문제를 해결하기 위해, 성과급, 스톡옵션, 효율임금제, 감시감독장치, 보험료 할증 및 자기부담금 등이 있다.

성과급은 급여를 성과에 따라 지급하는 방식이다. 성과급제도에서는 근로자들이 최선을 다하지 않아서 성과가 낮아지면 그들이 획득하는 소득이 감소하기 때문에 근로자들이 최선을 다하게 된다. 따라서 성과급 제도를 실시함으로써 도덕적 해이가 방지된다.

전문경영인에게 주로 적용되는 스톡옵션(stock option)은 기업이 임직원에게 일정수량의 자기회사 주식을 일정한 가격으로 매수할 수 있는 권리를 부여하는 제도로서 일종의 성과급이다. 전문경영인이 회사를 잘 운영할 경우 기업의 실적이 향상되고 결과적으로 주가가 상승한다. 주가가 상승할 경우 미리 정해진 낮은 가격으로 주식을

매입하여 팔면 차익을 얻을 수 있다. 따라서 전문경영인에게 스톡옵션을 부여할 경우, 전문경영인은 최선을 다해 회사를 경영할 것이므로 도덕적 해이가 방지된다.

효율임금제(efficiency wage system)는 임금을 높여 줌으로써 임금상승보다 더 높은 생산성을 초래한다는 이론이다.[2] 효율임금제도 도덕적 해이를 방지하는 역할을 할 수 있다. 그 이유는 다음과 같다. 임금을 높였을 때 열심히 하지 않아 해고가 되면 보다 낮은 임금을 주는 회사로 이직할 수밖에 없기 때문에 근로자들은 해고를 당하지 않기 위해 더욱 열심히 한다.

한편, 이전에는 도덕적 해이를 하는 근로자들을 감시 감독하기 위해서는 감독관이 필요하였고, 감독관을 고용하면 인건비가 발생하는데, 그 인건비가 감독을 함으로써 얻는 이득을 초과하였기 때문에 고용주들은 감독관을 고용하여 근로자를 감독하는 것을 하지 않았다. 그러나 CCTV가 감시감독의 비용을 상당히 절감시키는 장치가 됨으로써, 고용주들이 이제 도덕적 해이를 방지하는 장치로 이용한다.

보험회사는 가입자의 운전에 대한 주의력을 높이려 한다. 주의력을 높이는 가장 원천적인 방법은 가입 운전자를 옆에서 감시 감독하는 것이다. 그렇게 하려면 너무나도 높은 감독비용이 소요된다. 따라서 이런 감독은 불가능하다. 현실적인 방안 중 한 가지가 보험료 할증 방식이다. 사고운전자에게 보험료를 할증시킴으로써 보험가입 운전자들의 주의력이 높아지기 때문이다. 또 다른 방안은 자기부담금(기초공제)이다. 자기부담금은 사고발생시 운전자가 부담하는 금액이다. 자기부담금제도는 사고시 운전자가 일부를 부담해야 하기 때문에 운전에 대한 주의력을 높인다. 이와 같이 자동차 보험회사는 가입자의 운전에 대한 주의력을 제고시키기 위해 보험료 할증 및 자기부담금방식을 시행한다.

도덕적 해이의 대응책: 성과급, 스톡옵션, 효율임금제, 감시감독장치, 보험료 할증, 자기부담금 등

2) 임금을 높임으로써 더욱 효율성이 높아진다는 점에서 효율임금제라 한다.

2 중개인과 상인의 역할

중개인이란 거래당사자를 연결하여 거래가 성사되도록 하는 사람들이다. 정부가 거래하기 위해서는 반드시 중개인을 통해야 한다고 법으로 규정한 것이 아닌데도 불구하고 우리는 거래를 위해 중개인을 찾는다. 그 이유는 무엇인가?

중개인: 거래당사자를 연결하여 거래가 성사되도록 하는 사람

중개인을 통해 거래하는 것이 중개인을 통하지 않고 당사자 간 직접거래를 하는 것보다 이득이 존재하기 때문이다. 직접거래를 할 경우 발생하는 문제는 다음과 같다. 만약 우리가 아파트를 구매하려고 한다면 아파트 가가호호를 다니면서 물어보아야 하고, 만약 팔 사람을 찾았다고 하더라도 그 사람이 어느 정도 신용이 있는지, 그리고 계약이 성사되더라도 계속 유효하게 지속될 수 있는지, 등기소에 가서 또 다른 사람과 이중계약을 해서 다른 사람이 먼저 등기이전을 하지는 않았는지 등의 감시·감독을 내 스스로 해야 한다. 마찬가지로 팔려는 사람도 유사한 행위와 걱정을 할 것이다.

이와 같이 직접거래를 할 경우에는 위와 같은 거래비용이 소요된다. 그러나 중개인을 통하게 되면 거래비용이 상당히 절감하게 된다. 거래비용을 절감할 수 있는 이유는 중개인들이 매매 물건에 대한 정보수집에 있어서 전문성과 규모의 경제를 통해 보다 낮은 비용으로 획득할 수 있기 때문이다. 이와 같이 중개인을 통하면 우리가 직접거래하는 것보다 보다 낮은 거래비용이 소요되기 때문에 중개인을 우리 스스로가 찾아가는 것이다. 만약 그들을 통하는 것이 거래비용을 치르게 된다면, 우리가 그들을 찾지 않을 것이고 이 세상에는 중개인이 존재하지 않을 것이다.

이와 같이 중개인들은 거래비용을 절감시키는 '생산적인' 경제활동을 수행하면서 경제적 기여를 하고 있는 것이다. 우리는 단순히 제조업자(공장사장)만이 생산적

이라는 편견에서 벗어나야 한다. 제조업자가 원료를 가지고 완제품을 만들어 부가가치를 창출하기 때문에 생산적인 것과 마찬가지로 중개인들도 부가가치를 창출하기 때문에 생산적이다. 중개인들은 누가 가장 값싸게 판매하려는지, 누가 가장 값비싸게 구매하려고 하는지에 대한 정보를 수집해서 상품을 가장 싸게 공급하려는 생산자로부터 가장 비싸게 구입하려는 소비자에게 이동시킴으로써 해당 상품의 가치를 높여 부가가치를 증대시킨다. 따라서 우리는 중개인이 비생산적이라는 사고로부터 탈피하여야 한다. 그들이 존재하기 때문에 교환이 성사되거나 촉진된다.

중개인의 역할: 거래비용 절감 ⇒ 생산적인 경제활동 기여

상인들도 중개인의 한 부류로 볼 수 있다. 보통 중개인은 거래당사자(공급자와 수요자)를 직접 연결만 시켜준다. 그러나 상인은 생산자로부터 상품을 구입하여 소비자에게 판매하는 방식으로 생산자와 소비자를 연결시킨다. 즉, 상인은 공급자와 수요자를 간접적으로 연결시킨다. 이런 점에서 상인들도 중개인의 한 부류로 볼 수 있다.

상인: 생산자로부터 상품을 구입하여 소비자에게 판매하는 방식으로 생산자와 소비자를 연결시키는 자(중개인의 한 부류)

상인들도 중개인과 마찬가지로 거래비용을 절감시켜 준다. 만약 상인이 없으면 소비자는 직접 생산지에 가서 물건을 구입해야 하고 생산자도 직접 소비자에게 판매해야 한다. 따라서 상인들이 없다면 생산자나 소비자는 높은 거래비용을 부담하게 된다. 상인들이 거래비용을 절감시킬 수 있는 이유는 다음과 같다. 첫째, 중간상인들은 생산지에서 소비지로 수송하는데 규모의 경제를 가지고 있기 때문이다. 개별 생산자는 한 번에 적은 양을 이동시키므로 단위 수송비가 높은 반면에, 중개상인들은 많은 양을 이동시키므로 단위 수송비가 낮다. 둘째, 소매상인들은 지정

된 장소에서 상시로 판매하기 때문에 소비자가 원하는 시기에 구입을 할 수 있는 편리를 제공하고, 하자가 있을 경우 즉시 또는 단기에 반품 및 교환할 수 있는 편리도 제공하기 때문이다. 이와 같이 상인들도 거래비용을 절감시키고 있다. 따라서 소비자와 생산자는 상인을 통하면 직접거래보다 더 많은 이득을 누릴 수 있기 때문에 우리 스스로가 상인을 찾아간다. 만약 그들이 이런 역할을 하지 않는다면 우리는 그들을 찾지 않을 것이고 이 세상에는 상인이 존재하지 않을 것이다.

상인: 거래비용 절감
거래비용 절감요인: ① 수송비의 규모의 경제, ② 상시 구매 및 반품 가능 등

우리는 가끔 매스컴에서 중간상인의 농간 혹은 착취 등의 타이틀로 보도되는 뉴스를 접할 수가 있다. 그러나 위에서 본 바와 같이 중간상인은 소비자나 생산자를 착취하지 않고 그들에게 오히려 이득을 주었다. 그러면 문제는 무엇인가? 중간상인들 간에 경쟁이 제한되는 독점적 요소가 존재하는 경우에 중간상인의 농간이나 착취가 가능하다. 이런 경우 중간상인은 독점력을 이용하여 생산자에게 낮은 가격으로 매입하고 소매상에게 높은 가격을 부여할 수 있기 때문이다. 중간상인이 독점력이 가지는 이유는 정부가 특정 중간상인에게 전매권이라는 진입장벽을 부여하기 때문이다.

중개인은 거래 과정에서 발생하는 위험부담 여부에 따라 브로커(broker)와 딜러(dealer)로 구분된다. 브로커는 단지 중개만 하고 수수료를 받는 사람이다. 이에 비해 딜러는 중개과정에 상품을 소유하는 사람이다. 따라서 브로커는 상품을 소유하지 않으므로 상품가치 변동에 따른 위험을 부담하지 않지만, 딜러는 상품을 소유함으로 그런 위험을 부담한다. 브로커의 예로 부동산 중개인 농·수산물 경매시장에서 중개역할을 맡고 있는 경매인, 증권회사의 주식 위탁매매, 펀드 판매 등을 들 수 있다. 딜러의 예로 상품유통 과정에서 제조사로부터 상품을 매입하여 최종 소비자에게 재판매하는 소매업자나 판매업자 등 상인을 들 수 있다. 부동산 중개인 중

급매물을 자신이 직접 구입한 후에 부동산을 찾는 수요자에게 자신의 물건을 파는 사람은 브로커 겸 딜러이다.

브로커: 중개만 하고 수수료를 받는 사람(부동산중개인, 경매인, 위탁매매인 등)
딜러: 중개과정에서 상품을 소유하여 가치변동 위험을 부담하는 사람(소매업자, 판매업자 등)

3 투기

부동산, 원자재 등의 가격이 급등했을 때, 이에 대한 대책으로 언제나 투기억제가 제시되어 왔고 현재까지도 시행되고 있는 것이다. 국회에서 고위인사 청문회에서 항상 등장하는 것이 '투기의혹'이고, 투기를 하는 사람에 대한 명칭도 투기자가 아니라 '투기꾼'이다. 경제학 수업시간에 학생들에게 투기에 대해 어떻게 생각하느냐고 질문을 하면 어김없이 투기는 나쁜 것으로 답을 하고 있다. 일반 대중들의 시각도 마찬가지다. 밭떼기를 하는 투기꾼에 대해서도 농민들의 피를 빨아먹고 사는 기생충으로 묘사되는 경우를 언론에서 자주 보게 된다. 이처럼 우리 사회에는 '투기'를 부정적으로 생각하고 발본색원의 대상으로 여기는 사고가 만연되어 있다.

투기에 대한 일반적인 시각인 부정적인 시각을 구체적으로 보면 다음과 같다.

첫째, 투기로 인해 가격이 급등함으로써 실수요자가 피해를 본다. 둘째, 투기로 인해 가격변동이 심하여 경제는 불안정하게 된다. 셋째, 밭떼기하는 투기꾼들 때문에 농부들이 피해를 본다. 넷째, 투기는 노동자의 근로의욕을 저해하고 기업가의 생산적 투자의욕을 저해하여 경제적 효율성을 하락시킨다. 다섯째, 투기를 할 수 있는 자금여력이 있는 부자들은 투기로 더욱더 부자가 되고 그렇지 못한 대다수 국민들은 상대적 빈곤으로 박탈감을 느낀다.

투기의 부정적 시각: ① 가격 급등, ② 경제의 불안정, ③ 투기꾼의 횡포, ④ 경제적 효율성 저하, ⑤ 빈곤의 격차 확대

이제 이런 주장에 대해 하나하나씩 검토해 보자. 검토 이전에 투기와 투자 그리고 재정거래가 무엇인지부터 살펴보아야 한다. 왜냐하면, 우리 사회는 이런 것을 올바로 구분을 하지 못함으로써 투기가 아닌 다른 행위들이 초래한 나쁜 결과를 투기의 부정적 효과로 간주하기 때문이다.

투기(speculation)는 일반적으로 전매차익을 얻기 위한 행동으로 생각하지만 실제 그것이 아니다. 투기는 전매차익을 얻기 위한 행위이지만 결과가 예상과 다르면 손실도 볼 수 있는 것이다. 예를 들면, 가격이 오르리라고 구입했는데 예상과 달리 가격이 내리면 손해를 보게 된다. 반면 항상 전매차익을 얻는 행위는 재정거래 또는 중재거래(arbitrage)라 한다. 예를 들면, A지역의 사과 가격이 1,000원이고 B지역의 사과 가격이 800원일 때, B지역에서 사과를 구입하여 A지역에서 팔면 200원의 차익을 얻는다. 따라서 투기는 전매차익을 획득하기 위한 행동이지만 손실발생이 가능성 존재하는 것이라고 정의할 수 있다.

이와 같이 투기이든 재정거래이든 전매차익을 획득하기 위한 행동이지만, 투기행위는 손실발생 가능성이 항상 존재하는 것이다. 분양가상한제에서 아파트 분양에 참여하는 행위는 투기가 아니라 재정거래이다. 분양가가 실제 시장가격보다 낮기 때문에 당첨만 되면 차익을 무조건 획득하기 때문이다. 따라서 분양가 상한제하에서 발생하는 문제는 투기의 문제가 아닌 것이다.

투기: 전매차익을 획득하기 위한 행동이지만 손실발생이 가능성 존재하는 것
재정거래: 항상 전매차익을 얻는 거래

한편 일반적으로 투자는 어떤 목적을 위해 자금을 투입하는 것으로 생각하지만 실제 그것이 아니다. 경제학에서 투자라는 것은 자본재, 즉 기계, 도구 등의 증

가로 정의되므로, 자본재의 증가를 초래하는데 자금을 투입되는 것이 진정한 투자이다. 그러므로 다수의 국민들이 참여하고 있는 주식투자는 투자가 아니라 투기이다.[3) 4)]

먼저 투기로 인해 가격이 급등함으로써 실수요자가 피해를 본다는 주장과 투기로 인해 가격변동이 심하여 경제는 불안정하게 된다는 주장을 동시에 검토해 보자. 동시에 검토하는 이유는 아래에서 보는 바와 같이 가격상승 및 가격변동이 서로 연관되어 있기 때문이다.

가격은 수요와 공급에 의해 결정된다. 가격의 상승 요인은 수요가 증가하거나 공급이 감소할 경우이다. 문제의 초점인 투기꾼의 사재기 역시 수요의 증가요인이다. 따라서 투기꾼의 사재기 때문에 가격이 상승한다는 주장은 일견 타당한 것으로 보인다. 하지만 투기꾼의 사재기로 인한 수요 증가로 가격이 상승하는 현상이 발생하더라도 우리는 투기꾼의 사재기 때문에 가격이 폭등한다는 결론을 내리는 것은 일시적이고 단기적인 효과만 평가하는 것이 된다. 실제적인 중장기적인 효과를 살펴보아야 투기의 효과를 올바르게 평가할 수 있다.

이런 장단기적인 효과를 분석하기 위해 우리는 먼저 투기꾼들이 왜 사재기를 하는지를 살펴보아야 한다. 그들이 사재기를 하는 이유는 싸게 구입하여 비싸게 팔아서 그 차익을 남기려고 하는 것이다. 이것은 모든 비즈니스의 원칙이며 투기꾼에게만 특별한 것이 아니다. 그렇다면 그들은 왜 그 재화의 가격이 지금은 싸고 나중에 비싸질 것이라고 판단하는가? 그들이 사재기를 하여 비싸질 때까지 공급을 감소시킬 수 있기 때문인가? 물론 공급을 어느 정도 감소시킬 수는 있겠지만 그 영향력은 별로 크지 않을 것이다. 그들이 모든 물량을 사재기할 수 없기 때문이다.

그렇다면 어떻게 그들은 현재 구입가격보다 나중에 더 비싸게 팔 수 있다고 판단할 수 있을까? 다시 말하면 그들은 어떻게 미래 가격의 상승을 예측하는가? 그들

3) 신규투자를 위해 주식을 발행할 경우, 그 주식을 구입하는 자금은 투자가 된다.

4) 경제학에서 투자는 자본재의 증가를 의미한다.

은 정보를 이용하여 미래의 수요와 공급을 예측하고 그에 따른 미래 가격의 상승과 하락을 예측한다. 만약 그들의 예측이 틀린다면 엄청난 손해를 볼 것이기 때문에 엄청난 비용을 들여 미래를 예측한다. 만약 그들 예상대로 가격이 상승하여 그들은 투기를 통해 돈을 벌게 될 것이다. 그러나 예상과 달리 가격은 상승하지 않거나 하락하여 그들은 손해를 보게 된다. 따라서 그들의 예상은 상당히 정확하다.

이런 예상에 입각하여 투기꾼이 현재 사재기를 한다. 그 결과 현재 가격은 상승한다. 시간이 지난 후 투기꾼의 예상대로 가격이 상승하면 그들은 전매차익을 얻기 위해 팔기 시작하고 다시 가격은 하락한다.

만약 투기꾼이 없을 때 현재가격과 미래가격이 각각 1,000원, 1,500원이라 한다면 투기꾼이 있을 때 현재와 미래의 가격은 각각 1,200원, 1,300원이 되는 것이다. 투기꾼이 없을 때 가격변동은 1,000원에서 1,500원으로 500원의 변동이 발생한다. 반면 투기꾼이 있을 때 가격변동은 1,200원에서 1,300원으로 변동한다. 가격변동의 폭은 투기꾼이 있을 때 오히려 더 적게 나타나다. 즉, 투기꾼이 있을 때 가격이 안정화되는 것이다. 그러므로 투기로 인해 가격변동이 심하여 경제는 불안정하게 된다는 주장은 타당하지 않다.

또한 투기꾼이 존재함으로써 상대적으로 풍부한 현재에 투기꾼이 사재기하여 상대적으로 부족한 미래에 판매함으로써 현재와 미래시점 간의 효율적인 배분에 기여하고 있다.

이와 같이 투기꾼이 없다면 미래 실수요자들은 보다 적은 양에 대해 아주 높은 가격으로 구입해야 한다. 실수요자들은 현재 싸고 많은 양을 소비할 수 있으나 미래에는 비싸고 적은 양을 소비하게 되는 것이다. 그러므로 투기꾼 때문에 실수요자가 피해를 본다는 주장은 현재시점만 고려한 것으로 타당하지 않다. 오히려 투기꾼 때문에 실수요자는 현재와 미래에 커다란 가격변동 없이 적절한 양을 소비할 수 있다.

다음은 밭떼기하는 투기꾼들 때문에 농부들이 피해를 본다는 주장을 검토해 보자.

농부는 왜 밭떼기로 판매할까? 돈이 궁하고 급하기 때문이라고 할 수도 있다. 그러나 현재 농부들은 돈이 궁하면 농협을 비롯하여 대출받을 수 있는 금융기관이 많이 있고, 실제로 그 기관들을 통해서 대출을 받고 있다. 물론 신용불량으로 대출을 못 받을 수도 있다. 그들은 극소수에 지나지 않는다. 대다수는 금융기관을 통해서 대출을 받을 수 있는데도 불구하고, 밭떼기로 판매하고 있다. 따라서 문제의 핵심을 파악하기 위해서는 금융기관을 통해서 대출을 받을 수 있는데도 불구하고 밭떼기로 판매하는 이유를 살펴보기로 하자.

농부들은 농작물을 수확한 후에 판매하지 않고 농작물의 재배를 시작하거나 혹은 시작 전에 미리 판매를 하는 이유가 무엇인가? 농부들은 수확기에 판매하는 것보다 그 이전, 즉 재배 시초기 혹은 재배 직전에 판매하는 것이 자신들에게 이득이 된다고 판단하기 때문이다. 그러면 그들은 왜 수확기에 판매하는 것이 손해라고 판단하는가? 수확기가 되었을 때 농작물 가격이 예상외로 급락할 가능성이 상존하기 때문이다. 누구라도 현재 시점에서 미래에 대해 정확히 예측하는 것은 불가능하다. 왜냐하면 미래에는 불확실성[5]이 존재하기 때문이다. 이것이 인간 세상이다. 농부들은 미래 수확기에 자신들의 정상이윤을 획득할 정도로 가격이 형성되거나 혹은 그보다 높은 가격이 형성된다면 자신들에게 득이 될 수 있지만, 만약 가격이 폭락하면 그들은 손실을 피할 수 없거나 심지어 파산을 하게 된다. 수확기에 판매한다면 득을 볼 수도 있고 손실을 볼 수도 있다. 그들은 항상 미래 불확실성 속에서 이득을 볼 기회뿐 아니라 손실과 파산이라는 위험에도 직면하고 있다. 따라서 위험회피적인 농부들은 미래가격 변동에 따른 위험을 회피할 수 있다면 그 방법을 선택할 것이다. 마치 우리가 미래 사고에 따른 위험을 회피하기 위해 보험에 가입하는 것과 같다.

농작물의 미래가격 변동에 따른 위험을 회피하는 방법이 바로 수확기 이전에

5) 불확실성이란 어떤 행위에 대한 성과가 처음 기대하였던 것과 다른 결과가 나타날 가능성이 존재하는 것을 의미한다.

밭떼기로 미리 판매하는 것이다. 수확 이후에 판매될 농작물의 가격이 밭떼기로 계약하는 시점에 미리 정해진다. 수확기에 실제 시장가격이 계약시점의 가격보다 내리든 오르든 그와 관계없이 계약 가격으로 거래된다. 수확기의 가격이 하락하더라도 농부는 그 가격하락으로 인한 피해는 보지 않는다. 그 피해는 밭떼기로 구입한 투기꾼이 부담한다. 대신에 투기꾼은 자신들의 예상대로 구입한 가격 이상으로 수확기에 가격이 상승한다면 그들은 돈을 벌게 되는 것이다. 만약 이런 득이 없고 손실만 부담한다면 어느 누구도 밭떼기를 하는 투기꾼은 존재하지 않게 될 것이고, 위험회피적인 농부들은 미래가격 변동에 따른 위험을 회피할 수 없게 될 것이다. 농부들은 위험을 회피하는 대가로 투기꾼에게 가격상승에 따른 이득을 얻을 기회를 제공한다. 수확기에 가격이 폭등함으로써 농부들이 피해를 보는 것처럼 보이지만 사실은 위험을 회피한 것이다. 따라서 밭떼기하는 투기꾼은 농부의 미래가격 변동에 따른 위험을 대신 떠맡는 역할을 한다. 마치 보험회사와 같은 역할을 하는 것이다. 밭떼기하는 투기꾼이 항상 돈을 버는 것은 아니다. 미래가격에 대한 예상이 잘못되면 그들은 손해를 본다. 마치 보험회사가 사고확률을 너무 낮게 예측함에 따라 손실을 보는 것처럼……. 이와 같이 농부들은 미래가격 변동에 대한 위험을 회피하고 농작물 경작으로부터 안정적인 소득을 획득하기 위해 밭떼기로 미리 판매한다. 따라서 밭떼기하는 투기꾼들 때문에 농부들이 피해를 본다는 주장은 타당하지 않다. 오히려 밭떼기 하는 투기꾼은 농부의 미래가격 변동에 따른 위험을 대신 떠맡는 역할을 한다.

다음으로 투기는 노동자의 근로의욕을 저해하고 기업가의 생산적 투자의욕을 저해하여 경제적 효율성을 하락시킨다는 주장과 투기를 할 수 있는 자금여력이 있는 부자들은 투기로 더욱더 부자가 되고 그렇지 못한 대다수 국민들은 상대적 빈곤으로 박탈감을 느낀다는 주장을 검토해 보자.

위에서 본 바와 같이 투기꾼은 항상 돈을 벌 수 있는 것이 아니다. 그들의 예상이 틀리면 손해를 보게 된다. 물론 투기꾼들이 예상의 정확도를 높이려고 노력한다. 하지만 투기를 통해 부를 획득하는 것은 굉장히 어렵다. 주식시장에서 대다수의 개미들이 손실을 겪고 있다는 사실이 이것을 입증하고 있다. 자금여력이 있는 부자가 무조건 투기로 성공하는 것은 아니다. 투기로 성공하기가 어렵다는 것을 인식하게 되면 투기보다는 노동자들은 근로소득의 획득에 기업은 투자소득의 획득에 종사하게 된다. 따라서 상기 주장도 타당하지 않다.

따라서 상기의 투기에 대한 부정적 시각들은 타당성이 없는 것이다. 오히려 투기는 경제에 긍정적인 역할을 하고 있다. 첫째, 현재시점과 미래시점 간 가격변동의 폭을 오히려 줄어준다. 즉, 가격을 안정화시키고 있다. 둘째, 현재시점과 미래시점 간 효율적인 자원배분에 기여한다. 셋째, 상기의 역할로 오히려 실수요자에게 이득을 제공한다. 넷째, 투기꾼은 미래가치 변동에 대한 위험을 대신 맡아주는 역할을 한다.

투기의 효과: ① 가격 안정화, ② 효율적인 자원배분에 기여, ③ 실수요자 이득, ④ 미래가치 변동위험 전가

이와 같이 투기꾼은 비록 그들이 이런 역할을 시도한 것은 아니지만 사회적으로 유용한 역할을 한다. 우리는 어떤 집단의 사회적 역할을 그들의 의도에서 파악해서는 안 된다. 누구나 자신의 이익을 위해 행동한다. 중요한 것은 개인의 의도가 아니라 사회적 결과이다.

일부학자들은 부동산 이외의 다른 상품에 대한 투기는 상기에서 본 바와 같이 긍정적인 역할을 한다는 데 동의를 하지만, 부동산의 특수성 특히 공급의 고정성 때문에 부동산 투기가 부정적인 효과만 낳는 백해무익한 것으로 보고 있다.

그들은 상품을 새롭게 생산하는 것이 불가능하다면, 투기의 긍정적 역할은 사라지고 부정적 효과만 초래한다는 것이다. 투기가 가격폭등을 초래하고 가격폭등은 다시 투기를 초래하는 악순환이 발생한다는 것이다. 이 경우 투기는 자연적으로 소진되지 않고 가격을 계속 폭등시켜 경제의 다른 분야에 엄청난 타격을 가한 후에야

사라지게 된다는 것이다.

가격이 상승할 때 공급 증가가 불가능한, 즉 공급의 고정성을 갖는 대표적인 것이 토지이다. 토지 위에 건물 공급은 늘릴 수 있지만 시간이 많이 소요된다. 그러므로 부동산 투기는 악순환뿐만 아니라 심각한 해악을 끼친다고 일부학자들은 주장한다. 그들이 다른 상품과 달리 부동산에 대해 부정적인 시각을 갖는 근본적인 원인인 부동산의 특수성, 특히 공급의 고정성을 검토해 보자.

주택과 아파트 같은 부동산은 공급이 고정되어 있지 않다. 다만 공산품이나 농산품에 비해 공급이 비탄력적일 뿐이다. 토지도 공급이 고정되어 있지 않다. 토지 전체의 양은 간척 등이 없는 한, 거의 일정하다. 그렇지만 토지의 가격은 토지 전체의 공급과 수요에 의해 결정되는 것이 아니다. 그것은 지역별, 용도별로 결정된다. 특히 용도별에 초점을 두게 되면 토지의 공급은 고정된 것이 아니라 변동된다. 예를 들어, 택지 수요의 증가로 택지 가격이 상승하면 공장부지, 농지, 임야 등이 택지로 변경된다. 따라서 부동산 투기도 부정적 효과를 초래하지 않고 다른 상품처럼 긍정적인 효과를 초래한다.

부동산 공급의 고정성 → 부동산 투기의 부정적 효과 초래
토지 등 부동산 공급: 고정된 것 아님 (∵ 용도별로 분석)
⇒ 부동산 투기: 긍정적 효과 초래

요약

01. 거래비용은 거래를 행하는 데 소요되는 비용으로서, 정보수집, 흥정, 계약서 작성, 계약과정의 법적 자문료, 계약의 강제이행비용 등을 말하고, 정보탐색비용, 협상비용, 의사결정비용, 감시·감독비용 등이 포함된다.

02. 정보의 비대칭성이란 경제적 이해관계를 가진 거래당사자의 한쪽에만 정보가 존재하고, 다른 한쪽에는 존재하지 않아서 당사자 간에 정보의 양과 질이 균등하게 분포되어 있지 않는 상황을 말한다.

03. 정보의 비대칭으로 인해 '감추어진 속성'에서 발생하는 '역선택'의 문제와 '감추어진 행동'에서 발생하는 '도덕적 해이' 문제가 존재한다.

04. 역선택은 거래당사자가 원하는 정보가 비대칭적일 경우 구매자나 판매자가 범하게 될 불리하고 잘못된 선택을 말하고, 그 대응책으로 품질보증서, 애프터서비스, 보험료 할증제, 보험료 차등제, 인턴제도, 면접제도, 대출자 신용조사 등이 있다.

05. 도덕적 해이는 대리인이 주인에 대한 의무나 신뢰를 저버리고 주인의 이익보다 자신의 이익을 먼저 추구하는 행위를 말하고, 그 대응책으로 방재시설을 구비했을 때 보험료 감면이나, 자기부담금, 성과급제, 효율임금제, 옵션 등이 있다.

06. 중개인은 시장정보를 전문적으로 수집하여 거래당사자들에게 거래비용을 최소화하는 역할을 담당하는 사람들을 말한다. 상인도 중개인의 한 부류이며, 중개인에는 자신의 위험부담 없이 거래의 중개서비스를 제공하는 브로커(경매인, 부동산 중개인 등)와 자기의 명의와 계산하에서 위험을 부담하면서 이익의 실현을 목적으로 거래 내지는 매매를 전문적으로 행하는 딜러(소매업자, 판매업자 등)로 구분된다.

07. 중개인의 역할은 시장에서 정보 수집에 전문성을 가지고 거래에 대한 유익한 시장정보를 제공하며, 낮은 비용으로 정보를 획득하는 규모의 경제로 거래비용을 절감하여 거래의 활성화를 통해 소비자와 생산자 모두에게 이익을 준다.

08. 투기는 전매차익을 획득하기 위한 행동이지만 손실발생이 가능성 존재하는 것이며, 재정거래는 항상 전매차익을 얻는 거래이다. 투자는 자본재(기계, 도구 등)의 증가를 위해 자금을 투입하는 것이다.

09. 투기에 대한 부정적인 시각을 가지는 원인으로는 ① 투기로 인한 가격 급등, ② 극심한 가격변동으로 인한 경제의 불안정, ③ 투기꾼의 횡포로 피해를 볼 수도 있으며, ④ 근로의욕과 투자의욕 저하로 경제적 효율성 저하, ⑤ 상대적 빈곤의 격차로 박탈감 유발 등이다. 그러나 이런 시각은 잘못된 것이다.

10. 투기의 효과는 ① 현재시점과 미래시점 간의 가격변동폭을 완화하여 가격을 안정화하고, ② 이들 시점 간의 수급을 조절하여 효율적인 자원배분에 기여하며, ③ 실수요자에 이득을 제공, ④ 투기꾼은 미래가치의 변동위험을 대신 맡는 역할 등이 있다.

Chapter 11

국민소득과 물가

학습목표 GDP와 GNP, 물가 및 물가지수, 국민소득과 물가수준의 결정원리

한 개인의 경제수준은 그 사람의 소득수준에 의해 평가된다. 마찬가지로, 일국의 경제수준도 국민들의 소득을 모두 합한 국민소득에 의해 평가된다. 한편 국민소득이 증가하더라도 재화의 가격들이 국민소득보다 많이 상승하면 국민들의 생활수준은 오히려 낮아진다. 따라서 일국의 경제수준은 국민소득뿐만 아니라 모든 재화의 가격들의 평균수준인 물가에 의해서도 영향을 받는다.

이 장에서는 국민소득과 물가수준이 어떻게 측정되고, 그리고 그것들이 어떻게 결정되는지를 살펴본다.

1 국민소득

1) GDP와 GNP

국민소득을 나타내는 대표적인 지표가 GDP(Gross Domestic Product)이며, 우리말로 국내총생산[1]이라고 한다. 이것은 다음과 같이 정의된다. "일정기간 동안 한 나라 국경 내에서 생산된 모든 최종생산물의 시장가치"이다. 따라서 GDP는 이 정의에 따라 측정되므로 정의 속의 각 단어의 경제적 의미를 파악해야 한다.

첫째, GDP는 '시장가치'로 평가한다. 한 경제 내에서 생산하는 생산물의 종류와 단위가 다르다. 그러므로 서로 다른 생산물을 실물단위로 합계를 구할 수가 없다. 예를 들어 사과 10개와 자동차 10대를 단순히 합산할 수가 없는 것이다. 그러므로 서로 다른 생산물의 생산량을 각각의 시장가격으로 평가하여 합계한다.

둘째, GDP는 위에서 본 것처럼 시장가치로 평가하기 때문에 시장거래를 통한 것만 평가한다. 그러므로 타인의 가사활동, 즉 도우미의 가사서비스는 시장거래를 통하므로 GDP에 포함되지만 주부들의 자가 가사활동이나 자가소비를 위해 경작한 채소 등은 GDP에 포함되지 않는다. 그러나 GDP에는 시장에서 거래되지 않지만 추정하여 포함하는 것도 있다. 자가주택이 제공하고 있는 주거서비스의 가치는 상당히 크기 때문에 추정하여 GDP에 반영되고 있다.

셋째, GDP는 일정기간 동안 생산된 것만 평가한다. 보통 일정한 기간은 1년이 대표적이나 분기(3개월)로도 측정된다. 이 기간 동안에 생산된 재화와 서비스만 포함되며 과거에 생산된 재화와 서비스의 거래는 포함되지 않는다. 자동차 회사가 새 차를 만들어 판매하면 그 금액은 GDP에 포함되지만 사람들이 중고차를 사고팔면 그 중고차의 가치는 GDP에 반영되지 않는다.

1) 영어글자 그대로 번역하면 총국내생산이다. 우리말의 어순과 영어의 어순이 다르므로 우리식으로 번역하여 국내총생산이라 한다.

넷째, GDP의 정의에서 '생산물'이란 유형적인 재화뿐만 아니라 무형적인 재화, 즉 서비스도 포함하는 것이다. 따라서 음식, 의복, 자동차 등은 물론이고 이발, 청소, 의사의 진료 등도 포함된다. 여러분이 좋아하는 연극을 관람하기 위해 입장권을 사서 관람하면, 하나의 서비스를 구입하는 셈이고 GDP에 연극 입장권의 가격이 포함된다. 또한 자동차 중개상을 통하여 중고차 거래를 하는 경우 중개상이 제공한 서비스의 대가, 즉 수수료는 GDP에 포함된다.

다섯째, GDP는 모든 생산물을 평가하는 것이 아니라 모든 '최종'생산물만 평가한다. 최종생산물이란 최종 소비나 투자를 위해 생산된 생산물이다. 이에 대응되는 개념이 중간생산물이며 이것은 GDP에 포함되지 않는다. 중간생산물은 다른 상품의 생산과정에 사용되는 중간투입물의 성격을 가진 재화와 서비스를 말한다. 중간생산물이 포함되게 되면 이중계산(double counting)되는 문제가 발생하게 되어 GDP가 과대측정되는 문제가 발생한다. 이런 문제가 발생하는 근본이유는 최종생산물의 가격에 중간생산물의 가치가 포함되어 있기 때문이다. 예를 들어, 자동차를 생산하는데 사용되는 철, 타이어, 유리 등 중간생산물이 필요한데 이런 것들의 가치는 자동차의 가격에 포함되어 있다. GDP는 최종재의 가치만을 계산한다는 이 원칙에 중요한 예외가 있는데, 그것은 다름 아닌 생산된 재화가 당해에 사용되지 않고 장래의 판매와 생산을 위해 보관되는 중간재이다. 이 경우 중간재는 당분간 최종재로 간주되고 그 가치는 재고투자로 GDP에 포함된다. 저장된 중간재가 나중에 사용되거나 판매되면 그 기업의 재고투자는 마이너스가 되어 그 기간의 GDP는 감소하게 된다.

여섯째, GDP는 정의에 따라 '한 국가의 영토 내'에서 생산된 모든 최종생산물로 평가한다. 동남아시아 국민들이 임시로 한국에서 일한다면 이들의 생산활동은 한국의 GDP에 포함된다. 우리나라 사람이 중국에 있는 공장을 소유하고 있을 경우, 그 공장에서 생산된 재화의 가치는 중국의 GDP에 포함되지만 한국의 GDP에는 포함되지 않는다. 즉, 생산자의 국적에 관계없이 어떤 나라의 국경 안에서 생산되는 재화와 서비스는 그 나라의 GDP로 계산되는 것이다. 외국기업이 한국에 투자하여 공장을 건설하고 재화와 서비스를 생산하는 경우 외국계 기업이 생산한 재화와 서비스는 한국의 GDP로 계산된다.

GDP(국내총생산): 일정기간 동안 한 나라 국경 내에서 생산된 모든 최종생산물의 시장가치

한편 GDP와 달리 '한 국가의 영토 내'에서 생산된 모든 최종생산물로 평가하지 않고 '국민에 의해' 생산된 모든 최종생산물로 평가한 것이 GNP(Gross National Product), 즉 국민총생산이다. 따라서 GNP는 다음과 같이 정의된다. '일정기간 동안에 해당국의 국민들에 의해 생산된 모든 최종생산물의 시장가치'이다. GDP는 국내에서 생산된 것을 측정한 것인 반면 GNP는 국내이든 해외이든 관계없이 그 나라의 국민들에 의해 생산된 것을 측정한 것이다.

GDP는 생산자의 국적에 불문하고 자국 내에서 생산한 생산물 또는 창출한 소득을 합한 것이며, GNP는 생산지역을 불문하고 자국 국민이 생산한 생산물 또는 창출한 소득을 합한 것이다. 따라서 GNP와 GDP의 차이는 자국 국민이 해외에서 만든 생산 또는 창출한 소득과 외국인이 자국에서 만든 생산 또는 창출한 소득의 차이 때문에 발생한다.

그러므로 GNP는 GDP에서 국외에서 수취한 요소소득은 더해야 하고, 국외로 지불한 요소소득은 빼야 한다.

$$
\begin{aligned}
\text{GNP} &= \text{GDP} + \text{국외수취 요소소득} - \text{국외지불 요소소득} \\
&= \text{GDP} + \text{국외(대외) 순수취 요소소득}
\end{aligned}
$$

그러면 국민소득의 지표로 GDP와 GNP 중에서 어느 것을 사용하는 것이 더 타당한가? 당연히 GNP이다. 왜냐하면, GDP는 국경 내 외국인에 의해 생산된 것이 포함되고 외국에서 우리 국민이 생산한 것이 제외되어 있기 때문이다. 따라서 1980

년대 이전에는 GNP를 주지표로 사용하는 것이 국제적인 추세였다. 그러나 1990년 이후에는 점점 국가 간의 경제장벽이 낮아지면서 자본이동과 기술이전이 활발해지는 등 경제교류가 많아지면서 국내경기는 주로 국내생산에 영향을 많이 받으므로, 국가의 경제활동수준을 반영하는 것은 GNP라기보다는 GDP이기 때문에 주지표를 GNP에서 GDP로 변경하였다. 대신에 UN에서는 실질적으로 국민소득을 나타내는 지표로 뒤에 설명할 GNI(Gross National Income)의 사용을 권고했다.

GNP(국민총생산): 일정기간 동안 자국민에 의해서 생산된 모든 최종생산물의 시장가치

한편 GDP이든 GNP이든 그것들은 생산측면으로 국민소득을 측정한 것이다. 소득을 생산측면으로 측정할 수 있는 것은 삼면등가의 법칙이 성립하기 때문이다. 경제활동을 통해 상품이 생산되고, 이 상품들은 생산에 기여한 요소 소유자들에게 노동, 자본재(기계), 토지 및 경영에 대한 대가로서 임금, 이자, 지대, 그리고 이윤 등의 소득으로 분배된다. 사람들은 이 소득을 가지고 생활에 필요한 생산물을 구입하기 위해 지출한다. 생산측면에서 측정된 것을 생산국민소득이라고 하고, 분배측면에서 측정된 것을 분배국민소득이라고 하고, 지출측면에서 측정된 것을 지출국민소득이라고 한다. 따라서 생산국민소득, 분배국민소득, 지출국민소득은 같다.

생산국민소득 = 분배국민소득 = 지출국민소득

이것을 삼면등가의 법칙이라고 한다.

소득을 측정하기 위해서는 기본적으로 분배국민소득으로 측정해야 한다. 그러나 분배국민소득을 측정하기 위해서는 각 생산과정에서 발생한 소득을 모두 측정하여 합해야 한다. 이런 방식의 계산은 복잡하다. 보다 단순한 방법은 최종생산물로 가치를 평가하는 것이다. 따라서 국민소득은 일반적으로 생산측면으로 평가한다. 그것이 GDP 또는 GNP이다.

삼면등가의 법칙: 생산국민소득=분배국민소득=지출국민소득
⇒ 소득: 생산측면으로 측정 가능

2) 명목GDP와 실질GDP

한편 GDP는 시장가격으로 평가한 지표이므로 생산규모가 줄어들었거나 그대로 임에도 불구하고, GDP가 과대측정되는 문제가 발생할 수도 있다. 예를 들어, 경제 전체가 2010년과 2014년에 생산한 생산물은 쌀과 컴퓨터 두 종류만 있고, 2010년과 2014년의 쌀과 컴퓨터의 가격과 생산량은 〈표 11-1〉과 같다고 하자.

〈표 11-1〉에서 살펴본 바와 같이 2010년과 2014년의 쌀과 컴퓨터의 생산량에는 아무런 변화가 없지만, 2010년보다 2014년에 쌀의 가격(20,000원 → 30,000원)과 컴퓨터의 가격(10,000원 → 20,000원)이 상승하여 2014년의 GDP가 과대평가되고 있다.

이러한 문제가 발생하는 이유는 GDP를 계산하는 과정에서 가격변화를 고려하지 않았기 때문이다. 이를 해결하기 위해(가격변화에 따른 변동을 제거하기 위해) GDP의 실질적인 가치를 평가할 때에는 특정 기준연도의 가격에 해당연도의 생산량을 곱하여 구해야 할 것이다. 이와 같이 기준연도 가격으로 평가한 GDP를 실질GDP라 하고 해당연도 가격으로 평가한 것을 명목GDP라 한다.

표 11-1 **명목GDP**

	2010년		2014년	
	생산량	가격(원)	생산량	가격(원)
쌀(kg)	20	20,000	20	30,000
컴퓨터(대)	30	10,000	30	20,000
GDP	20×20,000+30×10,000=700,000		20×30,000+30×20,000=1,200,000	

$$\text{명목GDP}(Y_t) = \text{해당연도 가격}(P_t) \times \text{해당연도 생산량}(Q_t)$$

$$\text{실질GDP}(Y_t^*) = \text{기준연도 가격}(P_T) \times \text{해당연도 생산량}(Q_t)$$

만약 기준연도가 2010년이라면 2010년의 실질GDP는 70만원일 것이며, 2014년의 실질GDP도 70만원일 것이다. 즉, 2010년과 2014년의 실질GDP의 변화는 없다.

이처럼 실질GDP는 경제규모 및 경제력을 실질적으로 반영하는 지표이다.[2] 따라서 '경제성장률'(economic growth rate)을 발표할 때 이용되는 GDP는 실질GDP이다. 경제성장률은 실질GDP증가율이다.[3]

$$\text{경제성장률}(\%) = \frac{\text{당해연도 실질GDP} - \text{전년도 실질GDP}}{\text{전년도 실질GDP}} \times 100$$

명목GDP(Y_t) : 물가 상승 부분을 고려하지 않고 단순 수치로 집계한 GDP
Y_t = 해당연도 가격(P_t) × 해당연도 생산량(Q_t)
실질GDP(Y_t^*) : 물가 변동의 영향 부분을 빼고 집계한 GDP
Y_t^* = 기준연도 가격(P_T) × 해당연도 생산량(Q_t)

3) GNI

위에서 본 것처럼 UN에서는 실질적으로 국민소득을 나타내는 지표로 GNI(Gross National Income)의 사용을 권고한다고 하였다. 국민소득의 지표로서 국민에 의해 생산된 것을 측정하는 GDP보다는 GNP가 적절하다. 그런데 UN에서는 GNP보다는 GNI의 사용을 권고하고 있다. 그 이유는 다음과 같다. 국민들의 소득수

2) 이하에서 GDP 또는 GNP라고 하면 실질GDP 또는 실질GNP이다.

3) 경제성장 및 경제성장률에 대한 상세한 것은 11장에서 다룬다.

준은 대외교역조건[4]이 변하게 되면 실질적인 소득수준(구매력)이 변할 수 있다.

이와 같이 대외교역조건 변화에 따른 실질소득변화를 고려하여 측정한 실질국민소득이 GNI이다. 따라서 GNI는 다음과 같이 구해진다.

GNI=(실질)GNP+교역조건 변화에 따른 실질 무역손익

한편 GNI는 일국 국민 전체의 소득수준을 나타내므로 국민들의 평균적인 생활수준을 나타내지 못하고 있다. 예를 들면, 한국과 중국의 GNI가 같더라도 국민들의 생활수준은 인구가 훨씬 많은 중국의 생활수준이 한국에 비해 낮을 것이다. 따라서 이런 문제점을 해결하는 국민의 생활수준지표는 GNI를 인구수로 나눈 1인당 GNI이다.

이상에서 살펴본 바와 같이 GDP는 한 국가의 경제활동수준을 반영하는 지표이고, GNI는 일국 전체의 소득수준, 그리고 1인당 GNI는 국민들의 평균적인 생활수준을 나타내 주는 지표라는 것을 알 수 있다.

GNI(국민총소득): 대외교역조건 변화에 따른 실질소득변화를 고려하여 측정한 실질국민소득
GNI=(실질)GNP+교역조건 변화에 따른 실질 무역손익

4) GDP의 한계

GDP는 여러 가지 측면에서 일국의 경제활동을 대표하는 자료로서 매우 유용하다. 그러나 GDP는 다음과 같은 한계를 가지고 있다.

첫째, 측정상의 여러 문제점 때문에 정확한 경제반영이 불가능하다. 예를 들어 주부의 가사노동은 시장에서 거래되지 않기 때문에 국내총생산을 계산하는 데 들어가지 않는다. 직장에 다니던 주부가 퇴직해 집안일에만 전념한다면 노동시간이 전

4) 대외교역조건이란 수출상품과 수입상품과의 교환비율이다.

에 비해 더 늘었다 하더라도 국내총생산은 줄어든 것으로 나타난다. GDP는 시장가격이 정상적으로 형성되는 생산물을 기초로 측정되므로 그렇지 못한 생산물의 추산은 편법에 의존하거나 무시한다. 세금을 회피하기 위하여 은밀하게 이루어지는 경제행위, 즉 지하경제에서의 경제행위도 국내총생산 통계에서 빠지게 된다.

둘째, 일국의 경제적 후생수준을 나타내는 지표로서는 사실상 한계가 있다. 국가적 후생수준은 생산물의 소비수준뿐만 아니라 구성원들의 여가수준에 의해서도 크게 영향을 받음에도 불구하고 GDP는 여가수준을 반영하지 못하고 있다.

셋째, GDP는 경제의 구조적 변화를 반영하지 못한다. GDP와 같은 총량지표만으로는 산업구조의 변화 등과 같은 구조적 변화를 반영하는 데 한계가 있다.

GDP의 한계: 정확한 경제활동 반영 불가능, 경제적 후생수준 지표로서 한계, 경제의 구조적 변화 반영 못함

이러한 GDP의 한계 때문에 MEW(경제후생지표: measure of economic welfare)와 NEW(순경제후생: net economic welfare) 등 다른 지표가 고안되었지만, 측정의 난점 등으로 여전히 GDP가 대표적인 지표로 사용되고 있다.

읽을거리

국민소득의 개념 간 관계

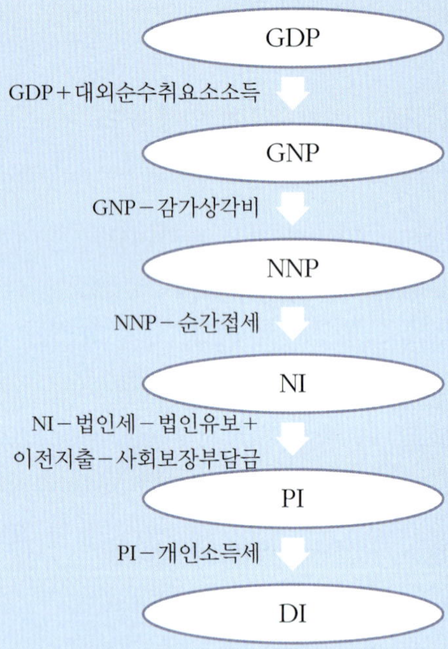

국민소득의 여러 개념의 관계를 요약하면 위의 그림과 같다. 이것을 자세히 살펴보면 다음과 같다.

① 국민총생산(GNP: Gross National Product)

GNP = GDP + 순수취요소소득

② 국민순생산(NNP: Net National Product)

NNP = GNP − 감가상각비

NNP는 일정기간 동안에 생산된 순국민생산의 총액이므로 개념상으로는 GNP보다 엄밀한 국민소득 개념이라고 볼 수 있다. 여기서 감가상각은 고정자산의 가치하락을 그 자산의 경제적 내용연수로 나누어 계산한 비용이다. 감가상각은 기계나 건물과 같은 유형자산은 물론, 토지임차권이나 저작권처럼 기한이 정해져 있는 무형자산에도 적용된다.

③ 국민소득(NI: National Income)

NI = NNP − 간접세 + 보조금

NI는 한 나라의 국민들이 경제활동을 통해 벌어들인 총소득이다. 간접세는 생산을 통해 얻어진 소득이 민간부문의 생산요소로 분배되기 전에 정부부문으로 빠져나가 버리는 것이고, 반대로 정부가 기업에 주는 보조금은 생산국민소득이 민간부문의 생산요소에 분배되는 과정에서 가산되는 것이다.

④ 개인소득(PI: Personal Income)

PI = NI − 법인세 − 법인유보
+ 이전지출 − 사회보장부담금

PI는 가계 및 비법인 소득을 말한다. 정부의 이전지출은 어떤 생산 활동에 대한 대가로 지불되는 것이 아닌 지출로서 실업수당, 생활부조금, 연금, 유족원호금, 공무재해보상비, 학교 급식비 등이다.

⑤ 가처분소득(DI: Disposal Income)

DI = PI − 개인소득세

개인이 실질적으로 자유로이 처분할 수 있는 소득이다. 소비할 것인가 저축할 것인가의 결정에 관련된 소득개념으로는 가처분소득이 가장 적절하며 경제분석에서 널리 사용되고 있다.

2 물가 및 물가지수

현실경제에서 수많은 상품들이 있다. 각 상품은 그 상품에 대한 시장수요와 공급에 의해 가격과 거래량이 결정된다. 각 상품은 가격이 다르며, 가격이 오르고 내리는 방향이나 정도도 다르다. 이처럼 수많은 상품들의 가격을 하나로 종합하여 전반적인 가격동향을 파악하게 해 주는 것이 물가이다. 따라서 물가는 모든 상품들의 평균적인 수준이다. 물가가 지속적으로 상승하는 것을 인플레이션(inflation)이라 한다. 물가수준을 측정한 것을 물가지수라 한다.

물가지수는 기준이 되는 시점의 물가를 100으로 두고 비교 시점의 물가를 비교한 것이다. 예를 들어, 기준연도가 2010년일 때 2015의 물가지수가 130이라면, 2015년의 평균적인 가격이 2010년에 비해 30% 상승했다는 것을 의미한다. 시간이 지남에 따라 없어지는 품목도 있고, 새로 출현하는 품목도 있기 때문에 기준연도는 자주 바뀐다. 우리나라의 경우 약 5년마다 기준연도가 바뀌고 있다. 현재는 2010년도를 기준연도로 하고 있다. 기준연도가 변하면 동일한 비교연도의 물가지수가 달라진다. 예를 들어 2015년의 물가지수는 2020년을 기준연도로 했을 때 130보다 작은 95로 변할 수 있다.

물가: 수많은 상품들의 가격을 하나로 평가한 전반적인 가격동향

물가수준의 변화를 측정하기 위해 쓰이는 대표적인 물가지수로는 '소비자물가지수(consumer price index: CPI)', '생산자물가지수(producer price index: PPI)', 그리고 'GDP디플레이터(GDP deflator)'가 있다. 이들의 차이는 물가지수를 계산하는 데 고려되는 재화 및 용역의 대상에서 비롯된다.

1) 소비자물가지수(CPI)

소비자물가지수는 일반 도시가계의 평균적인 생계비의 변화를 측정한 것이다. 현재 통계청에서 산정하고 있는 대상품목은 2010년 기준으로 음식료품, 의복, 주택, 연료, 교통, 의약품 등에 속하는 생활필수품 481개이다. 측정할 때 소비량은 기준연도의 양으로 사용한다.[5)]

소비자물가지수(CPI): 일반 도시가계의 평균적인 생계비 변화 측정

2) 생산자물가지수(PPI)

생산자물가지수는 생산비의 변화를 측정한 것이다. 현재 통계청에서 산정하고 있는 대상품목은 2010년 기준으로 원자재와 자본재 등에 속하는 주요품목 884개이다. 또한 생산자물가지수를 측정할 때 생산비의 변화를 잘 반영하기 위해 원자재와 자본재 등의 국내생산품 중에서도 수출품을 제외하고 내수품만을 대상으로 하며, 수입품은 국내거래가 이루어지는 시판분만을 포함한다.

생산자물가지수(PPI): 생산비 변화 측정

3) GDP디플레이터

GDP디플레이터(GDP deflator)는 모든 최종생산물의 가격변동을 측정한 것이다. 따라서 GDP디플레이터는 실질GDP에 대한 명목GDP의 비율로 측정된다.

$$\text{GDP디플레이터} = (\text{명목GDP}/\text{실질GDP}) \times 100$$

5) 각 재화의 소비량이 평가 시 고려된다는 것은 물가지수가 상품들의 단순한 가격평균이 아니다라는 것을 의미한다. 소비량에 따라 가중치가 부여되는 것이다.

GDP디플레이터: 경제 전체의 가격변화 측정
GDP디플레이터 = (명목GDP/실질GDP) × 100

이상과 같이 물가지수들은 목적에 따라 다르게 측정된다. 따라서 소비자의 생계비의 변화를 보고자 한다면 소비자물가지수를, 생산비의 변화를 알고자 할 때에는 생산자물가지수를, 경제 전체의 가격변화를 보고자 한다면 GDP디플레이터를 이용해야 할 것이다.

일정기간 동안 물가지수가 상승한 비율을 물가상승률 또는 인플레이션율이라고 한다. 물가수준이 높은 것과 물가상승률이 높은 것은 전혀 의미가 다르다. 물가가 높더라도 물가가 별로 상승하지 않으면 물가상승률은 높지 않은 것이다. 물가수준이 높은 것도 좋은 것은 아니지만 특히 물가상승률이 높은 것은 더 큰 문제이다.

4) 체감물가와 지수물가

지수물가는 정부(통계청)가 공식적으로 발표하는 물가지수로서 소비자물가지수를 의미하고, 체감물가는 주부나 일반 소비자들이 실질적으로 느끼는 것을 의미한다. 그런데 정부가 발표하는 물가지수와 체감물가는 차이가 발생할 수 있다.

지수물가: 정부(통계청)가 공식적으로 발표하는 소비자물가지수
체감물가: 주부나 일반 소비자들이 실질적으로 느끼는 물가

그렇다면 왜 정부가 발표하는 물가가 체감물가보다 낮은가? 때때로 주부들은 시장을 보면서 느낀 장바구니 물가와 정부가 발표하는 '물가지수'(price index)와의 상당한 차이를 느끼면서 의아해 하는 경우가 많다. 왜 그럴까?

피부로 느끼는 체감물가수준은 개인의 소비패턴에 따라 많은 차이가 있게 된다. 자가용으로 출퇴근하는 사람에게는 버스요금이 오른 것은 아무런 상관이 없고,

채식주의자에게는 쇠고기값 인상은 남의 이야기에 불과하다. 그러니까 개인별로 피부에 와 닿는 물가지수를 구하기 위해서는 개인별로 자신의 소비지출 구조에 맞게 재단된 물가지수가 있어야 할 것이다. 하지만 모든 소비자별로 물가지수를 구할 수는 없을 것이다. 이런 개인적인 차이를 고려하더라도 정부에서 발표되는 공식물가통계와 국민들이 피부로 느끼는 물가수준 차이에는 분명히 짚고 넘어가야 할 문제가 있다. 그것은 다름 아닌 물가통계 작성상의 문제이다.

그러면 일반적인 물가수준은 어떻게 측정되나? 시장에는 수없이 많은 재화의 가격이 존재하고 항상 변화하고 있으므로, 전체적으로 보면 물가가 어느 쪽으로 얼마만큼 변화하는지 쉽게 파악이 되지 않는다. 따라서 일반적인 물가수준은 여러 가지 재화와 용역의 가격을 일정시기를 기준(기준연도)으로 하고 가중치를 부여하여 만든 물가지수로 측정한다. 물가지수의 측정을 기준연도를 기준(기준연도의 지수 =100)으로 하는 이유는 물가지수가 다양한 재화를 대상으로 하므로 절대적인 수준을 알 수 없기 때문이다. 하나의 재화만 있는 경우에는 그 가격이 절대수준으로 주어져 있지만 많은 재화의 경우에는 그 절대적 수준을 파악하기가 어렵다. 그리고 시간이 지남에 따라 없어지는 품목도 있고, 새로 출현하는 품목도 있기 때문에 기준연도는 자주 바뀐다. 우리나라의 경우 약 5년마다 기준연도가 바뀌고 있다. 2015년 현재는 2010년도를 기준연도로 하고 있다.

소비자물가지수(CPI)는 일반소비자가 소비생활을 영위하기 위하여 구입하는 재화 및 용역(예컨대 식료품 및 비주류음료, 의류 및 신발, 주택, 수도, 전기 및 연료, 교통, 교육 등인데, 현재 통계청에서 산정하고 대상품목은 2012년 기준 481개 생활필수품이다)의 가격변동을 종합적으로 측정하기 위하여 작성되는 물가지수로서 최종소비자 구입단계에서의 물가변동을 파악하여 일반 도시가계의 평균적인 생계비 내지 소비자 구매력을 측정하기 위한 특수목적 지수이다.

2014년도 현재, 정부에서 조사하는 소비자물가지수는 조사대상 481개 품목의 물가상승률을 가계의 지출비중을 가중치로 하여 평균한 것이다. 예를 들어, 전체가계 지출의 13.9.%를 차지하는 식료품 및 비주류 음료의 가격이 10% 상승했다고 하면, 전체 물가에는 1.39%의 인상효과를 가지도록 되어 있는 것이다. 그런데 문제는 바로 이 각 품목별 가중치에 있다.

소비자물가지수의 산정에 기초가 되었던 품목별 가중치를 보면 식료품 및 비주류 음료 13.9%, 의류 및 신발 6.6%, 교육비 10.4%, 주거비(주택, 수도, 전기 및 연료) 17.3%, 교통 11.1%, 통신비 5.9%, 오락 및 문화 5.3%로 되어 있다.

이러한 지출구조에서 볼 때 자녀에게 과외공부를 시키고 있는 가정에서는 교육비의 비중이 너무 적다고 생각하는 사람도 있을 것이고, 또 전세를 살고 있는 신혼부부 가운데는 주거비(주택, 수도, 전기 및 연료)의 비중이 너무 적게 계상되었다고 느끼는 사람도 있을 것이다.

실제로 월급이 150만원인 회사원이 1억원에 아파트 전세를 살고 있다고 할 때, 이자율을 5%로 계산하면 한 달 주거비는 월급의 27.8%에 해당하는 41만 7천원으로 나타난다. 아마도 저축을 뺀 실제 지출에서 차지하는 비중은 이보다 더 높을 것이다.

이렇게 볼 때 주거비의 비중을 17.3%로 잡고 산정한 이 물가지수가 현실의 체감물가지수와 상당한 괴리가 있다는 주장도 결코 무리는 아닌 것 같다.

3 국민소득과 물가수준의 결정원리

3장에서 살펴본 바와 같이 상품의 가격과 생산량(거래량)은 수요와 공급에 의해 결정되듯이, 상품가격의 평균수준인 물가와 일국의 총생산가치인 국민소득, 즉 (실질)GDP는 일국의 총수요(*AD*: Aggregate Demand)와 총공급(*AS*: Aggregate Supply)에 의해서 결정된다. 따라서 먼저 총수요와 총공급을 살펴보고, 그것들에 의해 물가와 국민소득수준이 결정되는 원리를 다룬다.

한 가지 유의해야 할 것은 총수요와 총공급은 양으로 측정되는 것이 아니다. 앞에서 살펴본 것처럼, 다양한 재화의 양을 단순히 더할 수 없기 때문이다. 총수요와 총공급은 시장가치로 평가한다. 또한 물가수준과 국민소득(실질GDP)수준을 도출하기 위하여 총수요와 총공급을 이용하므로 총수요와 총공급은 물가상승을 배제한 실질가치이다. 따라서 총공급은 모든 최종생산물을 기준연도의 시장가치로 평가한 것, 즉 실질GDP이다. 마찬가지로 총수요도 기준연도의 시장가치로 평가한 것이다.

국민소득(실질GDP): 일국의 총수요(AD)와 총공급(AS)에 의해서 결정

1) 총수요

총수요(AD: Aggregate Demand)는 일국의 모든 최종생산물에 대한 수요로서, 가계들의 소비(C: consumption)수요, 기업들의 투자(I: investment)수요, 정부지출(G: government expenditure), 순수출(NX: net export)로 구성된다. 가계들의 소비수요는 재화와 서비스에 대한 소비자의 지출을 의미한다. 기업들의 투자수요는 기업들의 생산설비 구입과 공장건설에 대한 지출을 의미한다.[6] 정부지출은 정부가 재화와 서비스를 구입하는 지출이다. 순수출은 수출에서 수입을 뺀 것이다. 우리나라 생산물에 대한 외국 사람들의 수요가 수출이므로 수출은 총수요에 포함된다. 외국 생산물에 대한 우리나라 사람의 수요가 수입이다. 따라서 가계, 기업, 정부의 수요 중 수입품에 대한 수요는 우리나라 생산물에 대한 수요가 아니므로 총수요에서 제외한다. 그러므로 일국 생산물에 대한 수요는 소비수요, 투자수요, 정부지출수요, 순수출로 구성된다.

$$\text{총수요}(AD) = \text{소비수요}(C) + \text{투자수요}(I) + \text{정부지출}(G) + \text{순수출}(NX)$$

총수요는 물가에 영향을 받는다. 정부지출을 제외한 소비, 투자, 수출 그리고

6) 신축주택에 대한 소비자지출은 소비가 아니고 투자로 취급된다.

수입이 물가에 영향을 받기 때문이다. 정부지출은 물가에 관계없이 정부정책에 의해 결정된다. 이와 같이 물가와 총수요 간 관계를 나타내는 것이 총수요곡선이다. 물가는 가격들의 평균수준이고 총수요는 모든 생산물에 대한 수요량이므로, 가격이 수요량에 영향을 미치는 것과 물가가 총수요에 영향을 미치는 것이 동일하다고 생각할 수 있다. 그러나 전혀 다르다. 개별 상품의 가격이 상승하면 다른 재화를 구입하기 때문에 수요량이 감소한다. 가격이 상승하면 그 재화에 대한 수요량은 감소하고 다른 재화의 수요량은 증가한다. 그러나 경제 전체의 총수요는 재화들의 대체가 총망라된 것이기 때문에 물가와 총수요 간 관계는 이런 방법으로 분석할 수 없다. 대신에 위에서 언급한 총수요 구성항목을 통해서 물가와 총수요 간의 관계를 분석할 수 있다.

총수요(AD): 소비수요(C)+투자수요(I)+정부지출(G)+순수출(NX)

물가는 총수요에 대해 다음과 같이 영향을 미친다.

첫째, 물가가 하락하면 자산가치가 증가하므로 소비수요가 증가하여 총수요는 증가한다. 물가가 하락하면 소비자가 보유한 화폐 및 실물자산의 가치가 높아진다. 즉, 동일한 화폐 그리고 동일한 실물자산으로 구입할 수 있는 재화의 양이 많아진다. 따라서 소비자들은 물가가 하락하면 소비자가 보유한 자산의 가치가 높아지므로 소비수요가 증가하여 총수요는 증가한다. 이런 효과를 '자산효과(wealth effect)'라 한다.

둘째, 물가가 하락하면 이자율이 하락하므로 기업의 투자수요와 가계의 소비수요는 증가하여 총수요는 증가한다. 물가가 하락하면 재화구입을 위해 보유하는 화폐보유량이 줄어든다. 남은 화폐를 타인에게 빌려주려고 한다. 따라서 시중의 자금사정이 풍부해지면서 이자율이 하락한다. 이자율이 낮아지면 자금의 차입비용이 감소하므로 기업의 투자수요와 가계의 소비수요가 증가하여 총수요가 증가한다. 이런 효과를 '이자율효과(interest rate effect)'라 한다.

셋째, 물가가 하락하면 수출은 증가하고 수입이 감소하여, 즉 순수출이 증가하여 총수요는 증가한다. 물가가 하락하면 그에 따라 수출품의 가격을 낮출 수 있다. 그 결과 수출경쟁력이 상승하여 수출이 증가한다. 한편 물가가 하락하면, 즉 국산품의 가격이 하락하면 수입품의 가격이 상대적으로 높아지므로 수입이 감소한다. 따라서 물가가 하락하면 순수출이 증가하여 총수요는 증가한다. 이런 효과를 '순수출 효과'라 한다.

물가와 총수요 관계

① 자산효과: 물가↓→ 자산가치↑→ 소비↑→ 총수요↑

② 이자율효과: 물가↓→ 화폐보유↓→ 자금사정풍부↑→ 이자율↓→ 소비, 투자↑→ 총수요↑

③ 순수출효과: 물가↓→ 수출상품가격↓, 수입상품가격↑→ 수출↑, 수입↓→ 순수출↑→ 총수요↑

⇒ $P\downarrow \rightarrow AD\uparrow$: 물가와 총수요 역관계

이와 같이 물가는 자산효과, 이자율효과, 순수출 효과를 통하여 총수요에 역으로 영향을 준다. 즉, 물가가 하락하면 총수요가 증가하고, 물가가 상승하면 총수요가 감소한다. 물가와 총수요 간에 역관계가 존재한다. 이런 관계를 나타낸 곡선이 총수요곡선이다. 따라서 총수요곡선은 다음 [그림 11-1]에서처럼 우하향하는 형태이다.

한편 물가 이외에도 어떤 요인이 총수요의 구성요소에 영향을 미쳐 총수요를 변동시킬 수 있다. 이런 경우 물가가 고정된 상황에서 총수요가 변동하므로 총수요곡선은 좌우로 이동한다. 물가 이외의 어떤 요인에 의해 총수요가 증가하면(예를 들어, 정부가 정부지출을 늘리면) 다음 [그림 11-2]처럼 총수요곡선은 우측으로 이동한다($AD_1 \rightarrow AD_2$). 총수요가 감소하면 총수요곡선은 좌측으로 이동한다.

물가 이외 요인으로 총수요↑(↓) ⇒ 총수요곡선 우측(좌측)이동

그림 11-1 총수요곡선

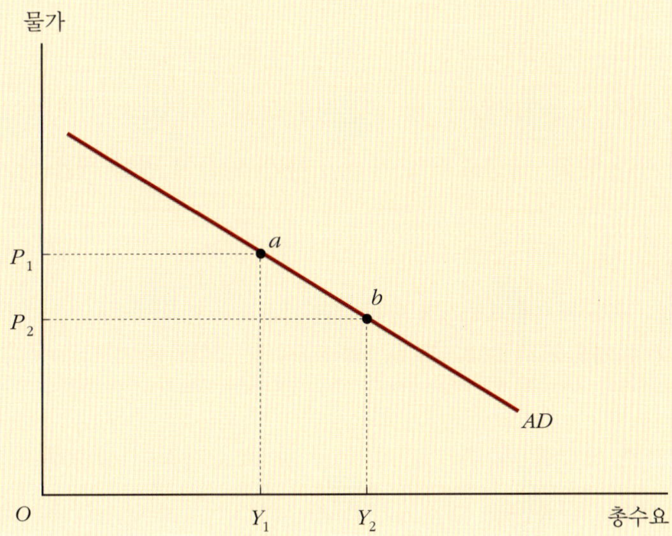

그림 11-2 총수요곡선의 이동

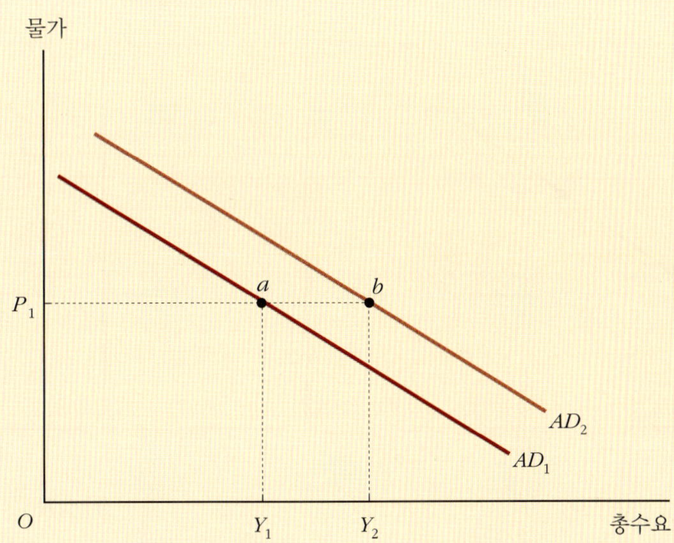

2) 총공급

총공급은 앞에서 언급한 것처럼, 일국의 모든 최종생산물의 실질가치로서 실질GDP(국민소득)이다. 총공급은 총수요와 달리 기간에 따라 물가에 영향을 받을 수도 있고 받지 않을 수 있다. 물가가 상승할 때 생산요소의 가격이 변동하지 않는 기간을 단기라 하고, 생산요소의 가격이 물가와 같이 변할 때를 장기라 한다.

거시측면 장단기
단기: 물가상승 시 요소가격 변동 없는 기간
장기: 물가상승 시 요소가격 변동과 물가변동 일치하는 기간

물가가 상승할 때, 단기간에 임금 등 요소가격이 상승하지 않으며, 어느 정도 지나면 물가상승률만큼 요소가격이 상승한다. 그러면, 기간에 따라 물가가 총공급

그림 11-3 장단기 총공급곡선

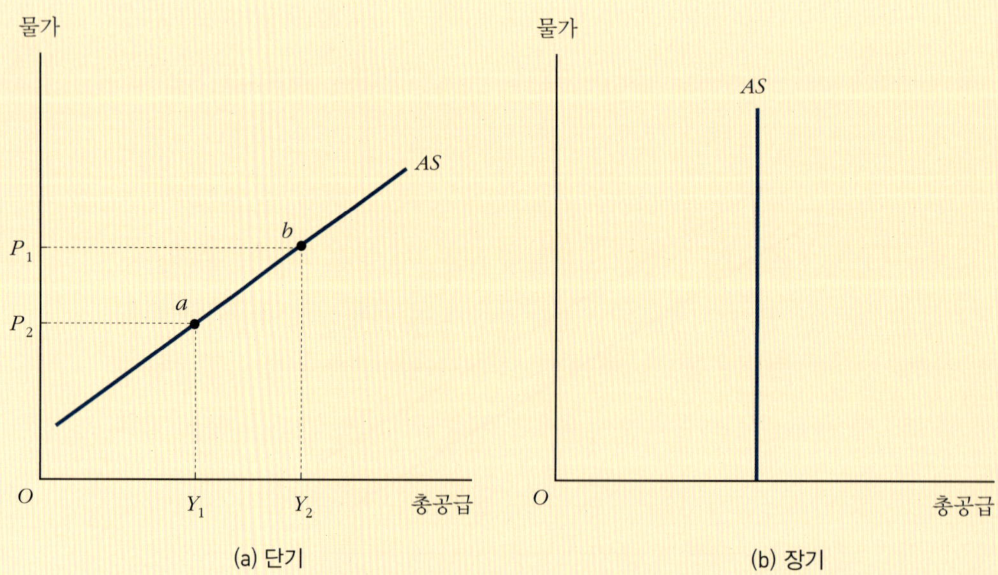

에 어떻게 영향을 주는지를 살펴보자.

먼저 물가가 변할 때 요소가격이 변하지 않는 단기부터 살펴보자. 물가가 상승한다는 것은 재화의 가격이 전반적으로 상승하는 것을 의미하므로 물가가 상승하면 판매수입이 증가한다. 이 때 요소가격이 상승하지 않으면 단위당 수익이 증가하므로 생산을 증가한다. 따라서 단기에는 물가가 상승하면 생산이 증가하므로 총공급은 증가한다. 반대로 물가가 하락하면 수익성이 하락하므로 생산이 감소하므로 총공급이 감소한다. 반면에 물가가 상승할 때 요소가격도 똑같이 상승한다면 판매수입의 증가와 비용의 증가가 같아서 수익성이 증가하지 않으므로 생산이 증가하지 않고 총공급은 변하지 않는다. 따라서 단기에는 물가와 총공급 간에는 비례관계가 있다. 반면에 장기에는 총공급은 물가와 관계가 없다. 그러므로 [그림 11-3]에서처럼 단기의 총공급곡선은 우상향의 형태가 되고 장기에는 수직선이 된다.

그림 11-4 장단기 총공급곡선의 이동

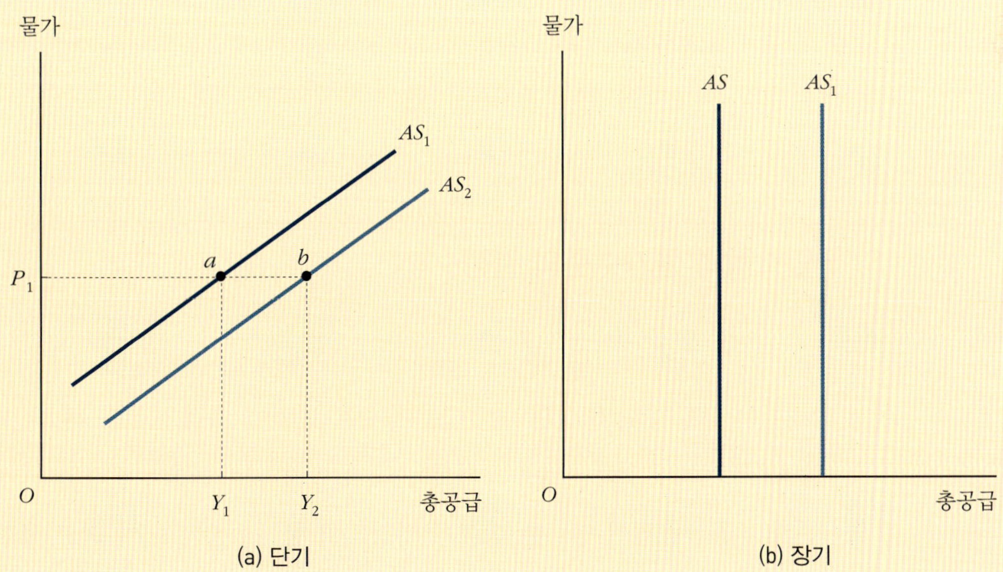

총공급곡선 형태

단기 : 물가↑(↓) → 판매수입↑(↓), 요소가격 불변 → 수익성 ↑(↓) → 생산↑(↓) → 우상향

장기 : 물가↑(↓) → 판매수입↑(↓), 요소가격 ↑(↓) → 수익성 불변 → 생산 불변 → 수직선

다음은 총공급곡선의 이동에 대해 살펴보자. 장기의 총공급은 생산요소의 양과 기술수준에 의해 결정된다. [그림 11-4(b)]와 같이 생산요소의 양이 많아지거나 기술수준이 향상되면 총공급은 증가되어 총공급곡선이 우측($AS \to AS_1$)으로 이동한다. 반면 단기에는 [그림 11-4(a)]와 같이 물가 이외의 다른 요인, 즉 임금이나 원자재 가격이 상승하면 비용이 증가하여 수익성의 감소로 총공급이 감소하므로 총공급곡선이 좌측으로 이동한다. 물론 단기에도 기술수준이 향상되면 단위당 투입요소의 양이 줄어들고, 그 결과 비용의 감소로 수익성이 증가하므로 총공급곡선이 우측($AS_1 \to AS_2$)으로 이동한다.

총공급곡선 이동

단기 : 물가 이외 다른 요인(요소가격 등)↑(↓) → 단기 총공급곡선 우측(좌측) 이동

장기 : 요소 양↑, 기술수준↑ → 총공급곡선 우측 이동

3) 국민소득과 물가수준의 결정

지금부터 단기에 물가와 국민소득수준이 어떻게 결정되는지를 살펴본다. 현실에서 직면하는 상황이 단기 상황이기 때문에 주로 단기에 초점을 두고 분석한다.

물가와 국민소득 수준은 총수요와 총공급이 일치하는 곳에서 결정된다. 즉, 총수요곡선과 총공급곡선이 만나는 점에서 결정되어 물가수준은 P_e가 되고 국민소득은 Y_e가 된다. 만약 총수요가 총공급보다 적으면 ab만큼 재고가 발생하므로 가격이

하락하고 기업들이 생산을 감소시키므로 물가수준과 국민소득은 하락한다. 반면 총수요가 총공급보다 많으면 *cd*만큼 물건이 부족하여 가격이 상승하고 기업들이 생산을 증가하여 물가수준과 국민소득은 상승한다. 그런데 총수요와 총공급이 일치하면 재고 부족도 발생하지 않으므로 가격이 변동하지 않고 따라서 기업도 생산을 변동시키지 않으므로 물가수준과 국민소득이 변하지 않는다. 그러므로 물가와 국민소득 수준은 총수요와 총공급이 일치하는 곳에 결정된다.

총수요 < 총공급 → 초과공급 → 가격↓, 생산↓ → (물가, 국민소득)↓
총수요 > 총공급 → 초과수요 → 가격↑, 생산↑ → (물가, 국민소득)↑
⇒ 물가, 국민소득 수준: (총수요=총공급)인 곳

그림 11-5 국민소득과 물가수준의 결정

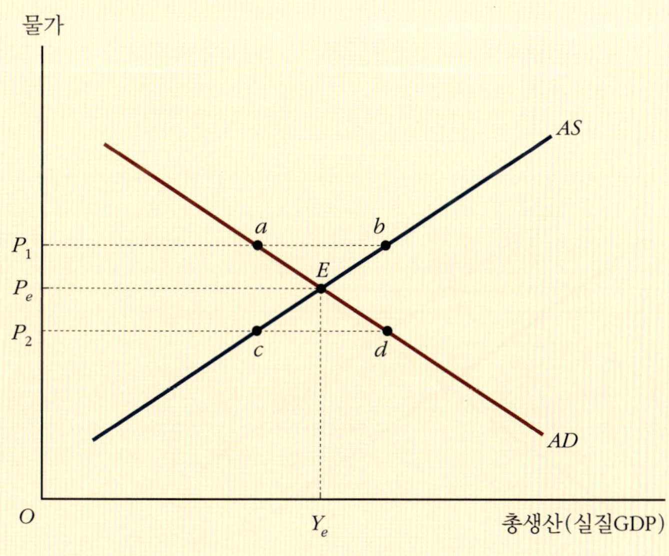

4) 국민소득과 물가수준의 변동

국민소득과 물가는 총수요와 총공급에 의해 결정된다. 총수요 또는 총공급이 변동하면 재고 또는 부족이 발생하여 물가와 국민소득 수준이 변한다. 만약 물가 이외의 총수요를 구성하고 있는 소비수요, 투자수요, 정부지출, 순수출이 증가하여 총수요가 증가하면(예를 들어, 정부가 정부지출을 늘리면) 다음 [그림 11-6]처럼 총수요곡선은 우측으로 이동($AD_1 \rightarrow AD_2$)한다. 총수요곡선이 우측으로 이동하면 국민소득은 Y_1에서 Y_3로 증가한다. 이러한 과정에서 상품에 대한 초과수요가 발생하여 전반적으로 가격이 상승하여 물가가 P_1에서 P_2로 상승하고, 국민소득은 Y_3에서 Y_2 감소하게 된다. 결과적으로 총수요가 증가하면 물가는 P_1에서 P_2로 상승하고, 국민소득은 Y_1에서 Y_2까지만 증가하게 된다. 반대로 총수요가 감소하면 총수요곡선은 좌측으로 이동하여, 물가가 하락하고 국민소득은 감소한다.

그림 11-6 총공급곡선이 일정할 때 총수요곡선의 이동

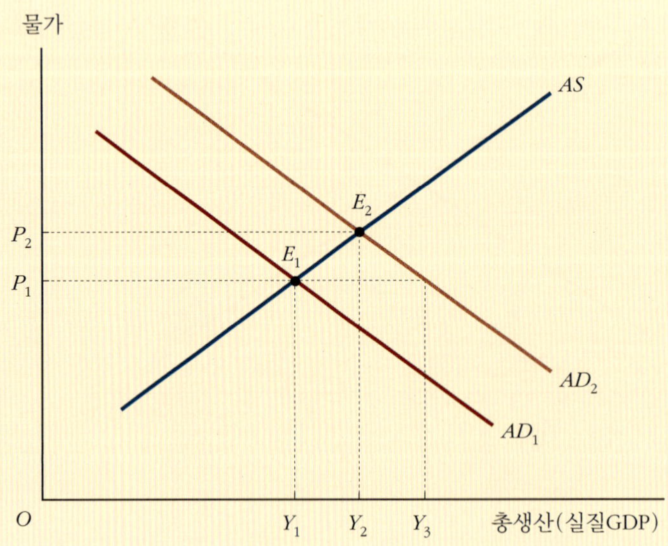

> 총수요↑(↓) → 총수요곡선 우측(좌측)이동 → 초과수요(공급) → 물가↑(↓),
> 국민소득↑(↓)

물가 이외의 다른 요인, 즉 임금이나 원자재 가격이 하락하면 비용이 감소하여 수익성의 증가로 총공급이 증가하므로 [그림 11-7]처럼 총공급곡선이 우측으로 이동($AS_1 \rightarrow AS_2$)한다. 총공급곡선이 우측으로 이동하면 소득은 Y_1에서 Y_3로 증가한다. 이러한 과정에서 상품에 대한 초과공급이 발생하여 전반적으로 가격이 하락하여 물가가 P_1에서 P_2로 하락하고 국민소득은 Y_3에서 Y_2로 감소한다. 결과적으로 총공급이 증가하면 물가는 P_1에서 P_2로 하락하고, 국민소득은 Y_1에서 Y_2까지만 증가한다. 반대로 총공급이 감소하면 총공급곡선이 좌측으로 이동하여, 물가는 상승하고 국민소득은 감소한다.

그림 11-7 총수요곡선이 일정할 때 총공급곡선의 이동

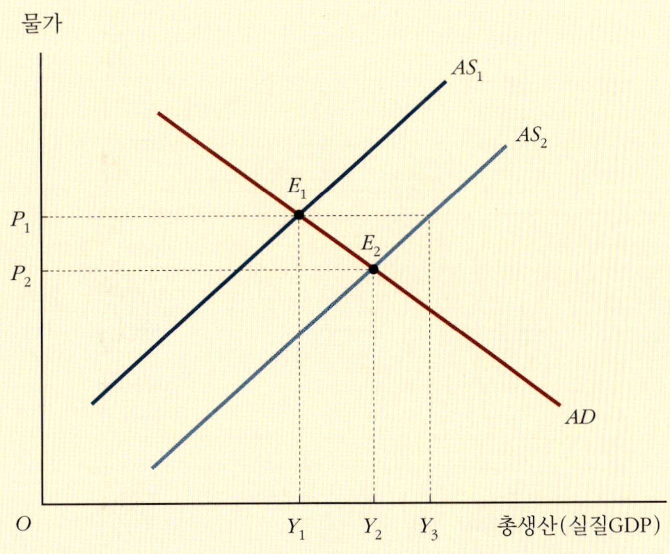

총공급↑(↓) → 총공급곡선 우측(좌측)이동 → 초과공급(수요) → 물가↑(↓), 국민소득↓(↑)

아래 [그림 11-8]에서처럼 총수요 증가(AD_1 → AD_2)와 총공급 감소(AS_1 → AS_2)가 동시에 이루어지면, 균형점은 E_1에서 E_2로 이동한다. 물가는 P_1에서 P_2로 대폭 상승하게 되며, 국민소득은 Y_1에서 Y_2로 감소하게 된다.[7)]

그림 11-8 총수요곡선과 총공급곡선의 이동

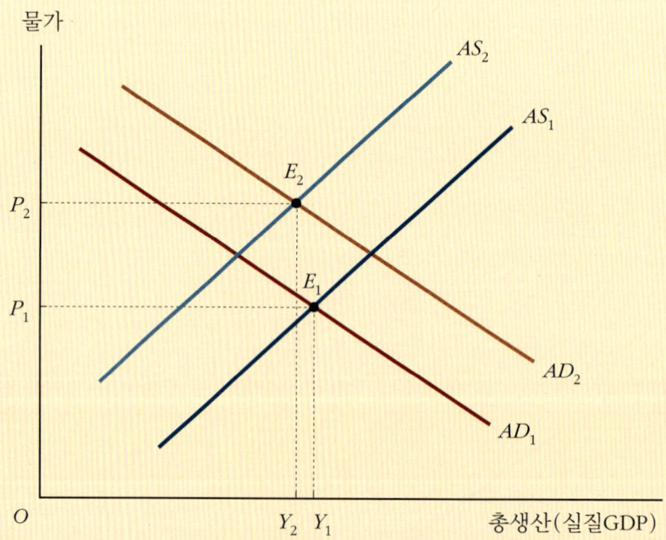

7) 총수요증가와 총공급 감소의 정도에 따라서 국민소득은 증가할 수도 있고 변하지 않을 수도 있다.(참조 3장)

요약

01. 국민소득을 나타내는 대표적인 지표가 GDP(Gross Domestic Product)이며, 우리말로 국내총생산이라고 한다. 이것은 "일정기간 동안 한 나라 국경 내에서 생산된 모든 최종생산물의 시장가치"이다. 또 다른 지표인 GNP(Gross National Product)는 국민총생산이라고 하며 "일정기간 동안 자국민에 의해서 생산된 모든 최종생산물의 시장가치"이다.

02. 한편 GDP는 시장가격으로 평가한 지표이므로 생산규모가 줄어들었거나 그대로임에도 불구하고, GDP가 과대측정되는 문제가 발생할 수도 있다. 이러한 문제를 해결하기 위해(가격변화에 따른 변동을 제거하기 위해) 실질GDP를 구하여 사용하고 있다. 실질GDP는 경제규모 및 경제력을 실질적으로 반영하는 지표이다.

03. 국민소득의 지표로서 국민에 의해 생산된 것을 측정하는 GDP보다는 GNP가 적절하다. 그런데 UN에서는 GNP보다는 GNI의 사용을 권고하고 있다. 그 이유는 국민들의 소득수준은 대외교역조건이 변하게 되면 실질적인 소득수준(구매력)이 변할 수 있기 때문이다.

04. GDP는 여러 가지 측면에서 일국의 경제활동을 대표하는 자료로서 매우 유용하나 한계를 가지고 있다. 첫째, 측정상의 여러 문제점 때문에 정확한 경제반영이 불가능하다. 둘째, 일국의 경제적 후생수준을 나타내는 지표로서는 사실상 한계가 있다. 셋째, GDP는 경제의 구조적 변화를 반영하지 못한다.

05. 물가수준의 변화를 측정하기 위해 쓰이는 대표적인 물가지수로는 '소비자물가지수(CPI: consumer price index)', '생산자물가지수(PPI: producer price index)', 그리고 'GDP디플레이터(GDP deflator)'가 있다. 이들의 차이는 물가지수를 계산하는 데 고려되는 재화 및 용역의 대상에서 비롯된다.

06. 소비자물가지수는 일반 도시가계의 평균적인 생계비의 변화를 측정한 것이다. 현재 통계청에서 산정하고 있는 대상품목은 2010년 기준으로 음식료품, 의복, 주택, 연료, 교통, 의약품 등에 속하는 생활필수품 481개이다.

07. 생산자물가지수는 생산비의 변화를 측정한 것이다. 현재 통계청에서 산정하고 있는 대상품목은 2010년 기준으로 원자재와 자본재 등에 속하는 주요품목 884개이다.

08. GDP디플레이터(GDP deflator)는 모든 최종생산물의 가격변동을 측정한 것이다. 따라서 GDP디플레이터는 실질GDP에 대한 명목GDP의 비율로 측정된다.

09. 총수요(AD: Aggregate Demand)는 일국의 모든 최종생산물에 대한 수요로서, 가계들의 소비(C: consumption)수요, 기업들의 투자(I: investment)수요, 정부지출(G: government expenditure), 순수출(NX: net export)로 구성된다.

10. 총공급은 일국의 모든 최종생산물의 실질가치로서 실질GDP(국민소득)이다. 총공급은 총수요와 달리 기간에 따라 물가에 영향을 받을 수도 있고 받지 않을 수 있다.

11. 물가와 국민소득 수준은 총수요와 총공급이 일치하는 곳에서 결정된다. 즉, 총수요곡선과 총공급곡선이 만나는 점에서 결정되어 물가수준은 균형물가수준(P_e)이 되고 국민소득은 균형국민소득수준(Y_e)이 된다. 만약 총수요가 총공급보다 적으면 재고가 발생하므로 가격이 하락하고, 기업들이 생산을 감소시키므로 물가수준과 국민소득은 하락한다. 반면 총수요가 총공급보다 많으면 물건이 부족하여 가격이 상승하고, 기업들이 생산을 증가하여 물가수준과 국민소득은 상승한다.

Chapter 12

실업과 인플레이션

학습목표 실업률 측정, 실업의 유형, 인플레이션의 유형, 인플레이션의 효과

일자리를 원하지만 일자리를 구하지 못하는 상태인 실업은 개인적으로도 문제가 될 뿐 아니라 사회적으로도 문제가 된다. 개인의 실직으로 가정이 해체되거나 생계를 위한 범죄가 발생하며, 그들의 노동이 이용되지 못함으로써 생산물이 적게 생산된다.

물가도 우리의 경제생활에 지대한 영향을 미친다. 물가가 지속적으로 상승하는 인플레이션이 발생하면 생계비가 상승하여 생활수준이 하락한다고 생각하기 때문에 대부분 싫어한다. 그리고 이 장에서 상세하게 다루어질 다른 여러 가지 문제점들도 발생시킨다.

그러므로 본 장에서는 실업률 측정, 실업의 유형, 인플레이션의 유형과 효과 등을 살펴본다.

1 실업

1) 실업의 정의 및 실업률의 측정

실업(unemployment)이란 일자리를 원하지만 일자리를 구하지 못한 상태를 말한다. 전업주부처럼 일자리를 원하지 않아서 직장이 없는 사람은 실업상태에 있는 것이 아니다. 전업주부는 실업자가 아니다.

그렇다면 어떤 경우에 실업자가 되는지를 살펴보자. [그림 12-1]에서 보듯이 전 인구 중 일할 능력을 갖춘 인구를 생산가능연령인구라 하는데, 우리나라에서는 15세 이상이 일할 능력을 갖추고 있다고 보고, 15세 이상 인구[1)]가 생산가능연령인구이다. 생산가능연령인구 중 일할 의사에 따라 경제활동인구와 비경제활동인구로 분류된다. 15세 이상 인구 중 일할 의사가 있는 인구가 경제활동인구이며, 일할 의사가 없는 인구가 비경제활동인구이다. 가정주부, 학생, 연로자와 불구자, 자발적으로 자선사업이나 종교단체에 관여하고 있는 자들이 비경제활동인구에 속한다.

그림 12-1 노동시장

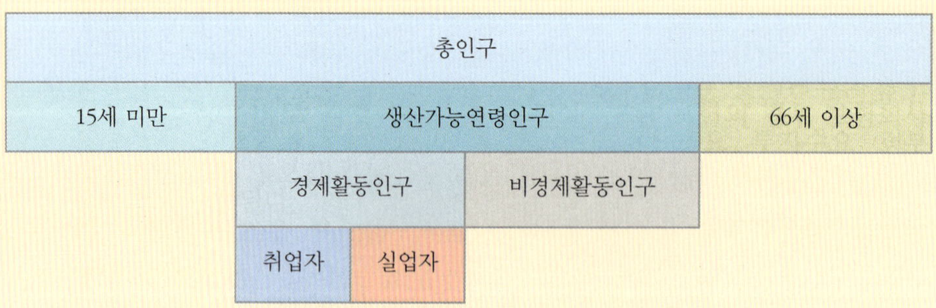

1) 15세 이상 인구 중 현역군인, 전투경찰, 기결수 그리고 외국인 등은 제외한다.

경제활동참가율은 경제활동인구를 전 인구로 나눈 것이 아니라 생산가능연령인구로 나눈 것이다. 즉, 경제활동참가율은 생산가능연령인구 중 어느 정도가 경제활동에 참가하려고 하는지를 나타내는 지표이다.

$$\text{경제활동참가율}(\%) = \frac{\text{경제활동인구}}{\text{15세이상인구}} \times 100 = \frac{\text{경제활동인구}}{\text{생산가능연령인구}} \times 100$$

경제활동인구 중 일자리를 얻지 못하는 사람들을 실업자, 일자리가 있는 사람을 취업자라 한다. 15세 이상 중 일자리를 원하지만 일자리가 없는 사람들이 실업자이다.[2)] 따라서 실업률은 실업자를 인구로 나눈 것이 아니라 경제활동인구로 나눈 것이다.

$$\text{실업률}(\%) = \frac{\text{실업자}}{\text{경제활동인구}} \times 100 = \frac{\text{실업자}}{\text{실업자} + \text{취업자}} \times 100$$

> **실업**: 일자리를 원하지만 일자리를 구하지 못한 상태
>
> $$\text{실업률}(\%) = \frac{\text{실업사}}{\text{경제활동인구}} \times 100 = \frac{\text{실업자}}{\text{실업자} + \text{취업자}} \times 100$$

2) 실업의 유형

실업은 [그림 12-2]에서 보듯이 기본적으로 자발적 실업과 비자발적 실업으로 나누어진다. 자발적 실업(voluntary unemployment)은 일할 능력과 의사가 있음에도 불구하고 현재의 임금수준이 낮아서 스스로 실업상태에 있는 것이다. 비자발적 실업(involuntary unemployment)은 일할 능력과 의사가 있으나 현행 임금수준에서 일

2) 실망실업자는 구직활동을 오랫동안 하다가 일자리를 찾을 수 없어 고용통계 조사기간 중 구직활동을 포기한 사람이다. 이들은 통계상 실업자에 포함되지 않는다. 실제로는 경제활동인구에 포함되어야 하지만 실업률 통계조사 기간 중 구직활동을 포기해 비경제활동인구로 분류되기 때문이다.

그림 12-2 실업의 유형

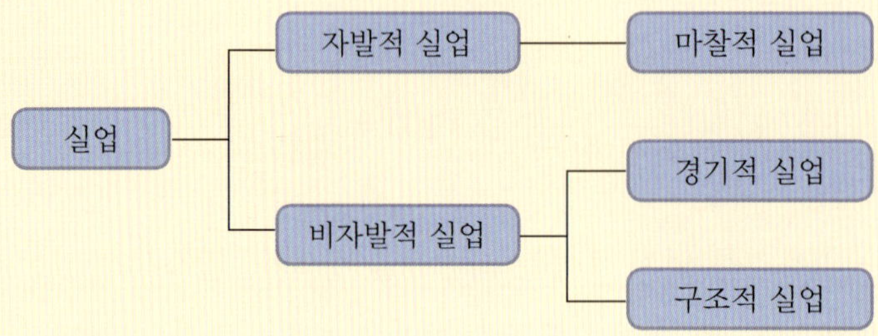

자리가 없어서 실업상태에 있는 것이다.

자발적 실업에는 임금이 높은 직장을 탐색하는 과정에서 발생하는 마찰적 실업이 있다. 자발적 실업인 마찰적 실업만 존재할 때 완전고용이라고 한다. 따라서 완전고용의 상태에도 실업이 없다는 것을 의미하지 않는다. 이런 상태의 실업률을 자연실업률이라고 한다.

비자발적 실업에는 경기적 실업과 구조적 실업이 있다. 경기적 실업은 이름이 의미하듯이 경기가 좋지 않아(즉, 불황이 되어) 발생하는 실업이다.[3] 구조적 실업은 산업구조의 조정과정에서 어떤 산업이 사양화되거나 기술혁신으로 종래의 기술이 사양화됨으로써 발생하는 실업이다.

자발적 실업은 스스로 실업상태에 있는 것이기 때문에 크게 문제시되지 않는다. 다만 이것은 보다 높은 임금을 주는 직장을 탐색과정에서 발생하는 것이므로, 구인구직 정보를 보다 쉽게 획득할 수 있다면 자발적 실업인 마찰적 실업이 어느 정도 줄어들 수 있다. 이를 위해 고용노동부 등에서 구인구직 정보를 제공하고 있다.

3) 물론 불황이 발생하더라도 노동의 수요와 공급이 일치하는 수준으로 임금이 하락한다면 실업이 발생하지 않을 것이다. 그러나 현실에는 노조의 임금하락 거부 그리고 정부의 최저임금제 등으로 불황이 발생하면 실업이 발생한다.

문제는 현행 임금수준에서 일자리를 구하지 못하는 비자발적 실업이다. 경기적 실업이 상당부문을 차지하고 있다. 구조적 실업은 다소 적게 발생한다. 구조적 실업에 있는 실직자들이 일자리를 구하기 위해서 새로운 기술이 필요하다. 따라서 구조적 실업을 해결하기 위해서는 새로운 기술을 획득할 수 있는 교육지원책이 필요하다. 거의 대부분을 차지하고 있는 경기적 실업을 해결하기 위해서는 경기가 호전되어야 한다. 이에 대한 대책은 3절 경제안정화 정책에서 상세히 다룬다.

자발적 실업: 일할 능력과 의사가 있음에도 불구하고 현재의 임금수준이 낮아서 발생
마찰적 실업: 임금이 높은 직장을 탐색하는 과정에서 발생
비자발적 실업: 일할 능력과 의사가 있으나 현행 임금수준에서 일자리가 없어 발생
경기적 실업: 경기가 좋지 않아(즉, 불황이 되어) 발생
구조적 실업: 산업구조의 조정과정에서 어떤 산업이 사양화되거나 기술혁신으로 종래의 기술이 사양화됨으로써 발생

2 인플레이션

1) 인플레이션 효과

앞에서 언급한 것처럼, 인플레이션은 물가가 지속적으로 상승하는 것이다. 인플레이션이 발생하면 생계비가 상승하여 소득으로 구입할 수 있는 재화의 양(즉, 실질소득)이 감소하기 때문에 대부분 싫어한다. 하지만 물가가 상승할 것으로 예상하면 근로자들은 물가상승에 비례한 임금상승을 요구하고 기업이 임금인상을 수용할 수 있다. 왜냐하면, 물가가 상승하면 판매수입이 증가하기 때문이다. 그 결과 증가된 소득으로 구입할 수 있는 재화의 양은 감소하지 않는다. 따라서 인플레이션으로 생활수준은 하락한다고 볼 수 없다.

그러나 인플레이션을 예상하더라도 문제점이 발생할 수 있다. 더구나 인플레이션을 예상하지 않을 경우 더 큰 심각한 문제가 발생할 수 있다. 이하에서는 예상된 인플레이션의 효과와 예상하지 못한 인플레이션의 효과로 나누어 살펴본다.

인플레이션: 물가가 지속적으로 상승하는 현상

(1) 예상된 인플레이션의 효과

인플레이션을 예상하더라도 다음과 같은 문제가 발생한다.

첫째, 은행을 자주 방문해야 한다. 인플레이션이 예상될 때 현금의 가치가 하락하기 때문에 사람들은 거래를 위한 현금보유보다는 예금의 비중을 높일 것이다. 따라서 현금지출이 필요할 경우 인플레이션이 예상되지 않을 경우보다 더 자주 은행에 방문해야 된다. 이것을 구두창 비용(shoeleather cost)이라고 한다. 은행에 자주가면 구두창 등 신발바닥이 많이 닳는다는 점을 비유한 것이다. 실제 신발보다는 시간이 많이 낭비된다는 점이 문제이다.

둘째, 물가상승이 예상이 되면 상인들과 기업들은 가격표를 자주 바꾸어야 한다. 이것을 메뉴비용(menu cost)이라고 한다.

예상된 인플레이션 → 현금의 가치하락 → 구두창 비용, 메뉴비용

(2) 예상하지 못한 인플레이션의 효과

예상하지 못한 인플레이션하에서는 아주 심각한 문제점들이 나타난다.

첫째, 부와 소득의 재분배가 발생한다. 다시 말하면 어떤 사람은 득을 보고 다른 사람들은 손해를 본다. 부, 즉 자산은 실물자산과 화폐자산(금융자산)으로 분류할 수 있다. 실물자산은 토지, 건물, 자동차, TV 등과 같은 자산이다. 실물자산은 그 가격이 일정하게 고정된 것이 아니라, 인플레이션하에서는 가격이 상승하고 반

대로 디플레이션[4]하에서는 가격이 하락하는 자산이다. 따라서 실물자산은 인플레이션이 발생하면 명목가치[5]가 상승한다. 화폐자산은 현금, 예금, 수표, 어음, 국공채 등과 같은 금융자산이다. 화폐자산은 일정액의 화폐에 대한 청구권으로서 그 명목가치가 물가의 등락과는 관계없이 고정되어 있는 자산이다. 그러므로 인플레이션이 발생했을 때 모든 재산을 화폐자산으로 보유하고 있는 사람은 물가상승폭만큼 화폐구매력이 감소하여 손해를 보지만, 모든 재산을 부동산과 같은 실물자산의 형태로 보유하고 있는 사람은 손해를 볼 이유가 없다. 오히려 인플레이션 시기에는 부동산 가격이 평균물가상승률보다 더 크게 오르는 경우가 많기 때문에 부동산보유자는 오히려 이득을 볼 가능성이 많다. 그러므로 인플레이션이 예상될 때는 부동산 등 실물자산에 대한 투기가 조장된다.

또한 금리소득생활자, 연금소득자 등 화폐소득이 일정한 정액소득자는 손해를 보는 반면, 화폐소득이 물가상승에 비례하여 상승하는 소득자는 손해를 보지 않는다. 물론 화폐소득이 물가상승보다 적게 상승하는 소득자는 손해를 본다. 근로자들은 물가상승을 고려하여 임금계약을 하지만[6] 연 단위로 계약이 이루어지므로 그 기간 동안 예상하지 못한 인플레이션이 발생하면 손해를 본다.

한편 채무자는 이득을 보고 채권자는 손해를 본다. 채권자는 물가상승을 예상하여 물가상승분만큼 더 높은 이자율로 채무자에게 빌려준다. 그러나 예상했던 것보다 물가가 더 많이 상승하면 채권자가 받는 이자는 예상하지 못했던 물가상승분만큼 구매력이 하락하여 손해를 본다. 반면 채무자는 그만큼 이득을 보게 된다. 이상과 같이 예상하지 못했던 인플레이션이 발생하면 어떤 사람은 득을 보고 다른 사람들은 손해를 보게 되어 부와 소득의 재분배가 발생한다.

4) 디플레이션(deflation)이란 인플레이션과 반대로 물가가 지속적으로 하락하는 것을 말한다.

5) 명목가치란 화폐로 평가한 가치이다. 실질가치란 자산으로 구입할 수 있는 재화의 양으로서 자산의 구매력이다.

6) 물가상승을 고려하여 화폐소득을 결정하는 것을 물가연동제라 한다. 임금뿐 아니라 현재 연금도 물가연동제가 적용되고 있다.

둘째, 미래 불확실성이 증대되어 경제활동을 위축시킬 수 있다. 예상하지 못한 인플레이션이 발생하면 소비자들은 예상 실질소득을 예측하기 어렵고, 기업들은 인건비, 원자재 등의 비용과 판매가격의 예측이 더 어려워지는 불확실성이 커진다. 이런 불확실성이 커짐에 따라 소비와 투자가 위축되어 경제활동이 위축될 수 있다. 만약 급격하고 대폭적인 물가상승이 이루어지는 초인플레이션이 발생하게 되면 화폐가 교환수단으로서 기능을 하지 못하기 때문에 모든 경제활동이 마비된다.

셋째, 재화들 간 상대가격을 왜곡시켜 비효율적인 자원배분을 초래할 수 있다. 3장에서 본 바와 같이 재화의 가격은 소비자의 선호를 반영하여 결정된다. 그 결과 자원은 효율적으로 이용된다. 그런데 예상하지 못한 인플레이션이 발생하면 불확실성이 커져서 경제주체들이 서로 다른 인플레이션을 예상함으로 소비와 투자가 변동하게 되고, 그 결과 수요와 공급이 변동하여 재화들의 가격들이 다르게 변동한다. 즉, 재화들 간 상대가격이 변한다. 이런 변화는 예상하지 못한 인플레이션으로 인한 불확실성 때문에 변한 것으로 상대가격이 소비자의 선호와 일치하게 왜곡되고, 그 결과 소비자선호와 일치하지 않은 비효율적인 자원배분을 초래할 수 있다.

이상과 같이 예상된 인플레이션이든 예상되지 못한 인플레이션이 발생하면 여러 가지 문제점이 초래된다는 것을 알 수 있다, 한편 예상된 인플레이션이든 예상되지 못한 인플레이션이든 인플레이션이 발생하면, 국제수지가 악화될 수 있다. 인플레이션이 발생하면 우리상품의 가격이 상승하므로 상대적으로 외국상품이 싸기 때문에, 수출은 감소하고 수입이 증가하게 되어 국제수지가 악화된다.

예상되지 못한 인플레이션 → 부와 소득의 재분배, 경제활동 위축, 비효율적 자원배분

2) 인플레이션의 원인과 유형

8장에서 본 것처럼 물가는 총수요와 총공급에 의해 결정된다. 만약 총수요가 증가

하면 상품이 부족하여 전반적으로 가격이 상승하여 물가가 상승한다. 마찬가지로 총공급이 감소한다면 역시 상품이 부족하여 전반적으로 가격이 상승하여 물가가 상승한다. 이와 같이 총수요가 증가하거나 총공급이 감소하면 인플레이션이 발생한다. 물론 총수요의 증가와 총공급의 감소가 동시에 발생하면 인플레이션의 정도가 더 커진다.

총수요의 증가로 발생한 인플레이션을 수요견인 인플레이션이라 하고, 공급의 감소로 발생한 인플레이션을 공급감소 인플레이션이라는 표현 대신에 비용인상 인플레이션이라고 한다. 공급 감소의 원인 중 가장 중요한 것이 비용인상이고 그것을 강조하기 위해 이런 표현을 사용하는 것이다. 총수요의 증가와 총공급의 감소가 동시에 발생하여 나타난 인플레이션을 혼합형 인플레이션이라고 한다.

수요견인 인플레이션(demand pull inflation)과 비용인상 인플레이션(cost push inflation)에 대해 좀 더 자세히 살펴본다.

(1) 수요견인 인플레이션

수요견인 인플레이션은 총수요를 구성하는 소비, 투자, 정부지출, 순수출의 증가로 발생한다. [그림 12-3]에서처럼 총수요가 증가하면 물가가 P_1에서 P_2로 상승하여 인플레이션이 발생한다.

수요견인 인플레이션의 근원은 통화량의 증가이다. 통화량의 변동이 총수요의 구성요소를 변동시키기 때문이다. 뒤에 안정화정책에서 상세히 다루지만, 통화량이 증가하면 이자율이 하락하여 소비와 투자를 증가시킨다. 정부지출을 증가시키기 위해서는 세금이 인상되어야 하고, 세금의 인상은 곧 가계의 소비와 기업의 투자를 위축시켜 총수요가 감소한다.[7] 따라서 정부지출의 증가가 총수요 증가효과를 발생시키려면 정부지출 증가를 위한 자금을 중앙은행으로부터 빌려와야 한다. 그것은 바로 통화량의 증가이다. 따라서 통화량의 증가가 수요견인 인플레이션의 궁극적인 원인이다.

7) 이것으로 인해 11장 안정화정책에서 다룰 '구축효과'가 발생한다.

그림 12-3 수요견인 인플레이션

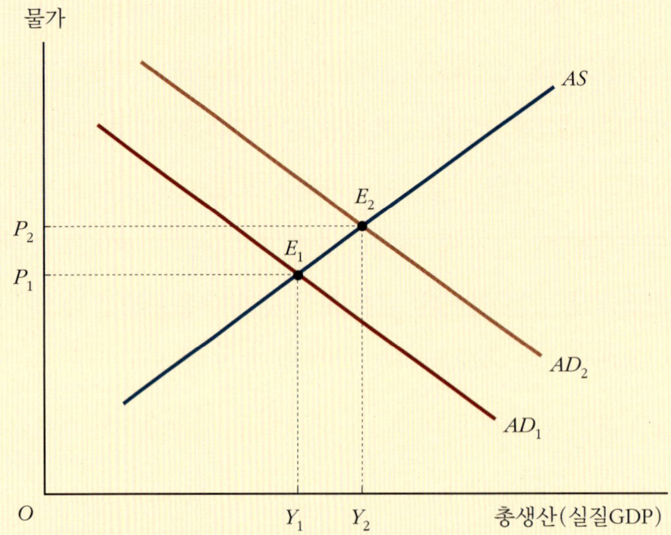

수요견인 인플레이션: 총수요 증가로 발생한 인플레이션

근원: 통화량↑

∵ 통화량↑→ 이자율↓ → 소비, 투자↑ → 총수요↑ → 물가↑

(2) 비용인상 인플레이션

비용인상 인플레이션은 총공급의 감소로 발생한 인플레이션이다. [그림 12-4]에서처럼 총공급이 감소하면 물가는 P_1에서 P_2로 상승하여 인플레이션이 발생한다.

총공급이 감소하는 주요인은 임금, 원자재 등 생산요소의 가격이 상승하는 비용인상이다. 물론, 자연조건 등도 영향을 준다. 가뭄과 냉해 등은 총공급의 감소를 초래한다. 우리나라의 경우, 1970년대 중반과 후반에 겪었던 극심한 인플레이션은 석유파동으로 국제유가가 크게 상승하였기 때문에 나타난 전형적인 비용인상 인플레이션이었다. 생산성을 초과하는 노동조합에 의한 임금인상도 기업의 수익성을 감

그림 12-4 비용인상 인플레이션

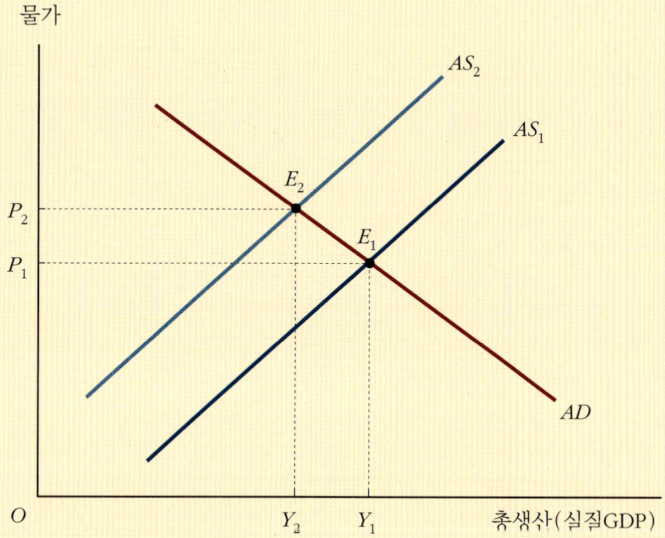

소시키므로 총공급이 감소하여 인플레이션을 발생시킨다. 이와 같이 비용인상은 총공급을 감소시켜 인플레이션을 발생시키는 주요인이다. 이런 이유로, 위에서 언급한 것처럼, 총공급 감소로 발생한 인플레이션을 비용인상 인플레이션이라고 하는 것이다.

비용인상 인플레이션: 총공급의 감소로 발생한 인플레이션
근원: 요소가격↑
∵ 요소가격↑ → 비용↑ → 총공급↓→ 물가↑

한편 총수요가 증가하여 발생하는 수요견인 인플레이션일 경우에는 총생산, 즉 국민소득이 증가하는 호경기가 초래된다. 그러나 총공급이 감소하여 발생하는 비용인상 인플레이션일 경우에는 총생산, 즉 국민소득이 감소하는 불경기가 초래된다. 이와 같이 경기침체하의 인플레이션을 스태그플레이션(stagflation)이라고

그림 12-5 혼합형 인플레이션

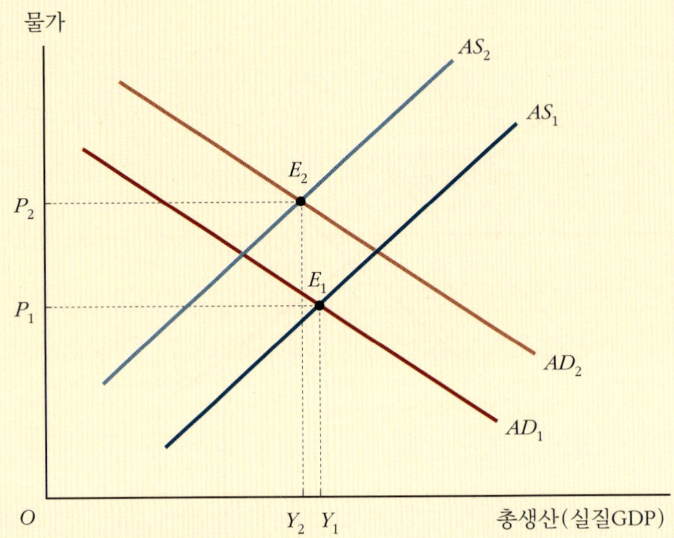

한다.[8)]

스태그플레이션: 경기침체하의 인플레이션

총수요의 증가와 총공급의 감소가 동시에 발생하여 나타난 혼합형 인플레이션의 경우에 그림처럼 물가는 대폭 상승한다.

위의 [그림 12-5]에서처럼 총수요 증가(AD_1에서 AD_2)와 총공급 감소(AS_1에서 AS_2)가 동시에 이루어지면 균형점은 E_1에서 E_2로 물가는 P_1에서 P_2로 대폭상승하게 된다.

혼합형 인플레이션: 총수요 증가와 총공급 감소가 동시적 발생으로 나타난 인플레이션
⇒ 혼합형 인플레이션 → 물가대폭↑

8) 경기침체의 영어 표현인 stagnation과 인플레이션(inflation)을 합성하여 표현한 신조어이다.

요약

01. 실업(unemployment)이란 일자리를 원하지만 일자리를 구하지 못한 상태를 말한다. 일자리를 원하지만 일자리를 구하지 못하는 상태인 실업은 개인적으로도 문제가 될 뿐 아니라 사회적으로도 문제가 된다. 개인의 실직으로 가정이 해체되거나 생계를 위한 범죄를 발생시키기도 하며, 그들의 노동이 이용되지 못함으로써 생산물이 적게 생산된다.

02. 경제활동인구 중 일자리를 얻지 못하는 사람들을 실업자, 일자리가 있는 사람을 취업자라 한다. 15세 이상 중 일자리를 원하지만 일자리가 없는 사람들이 실업자이다. 따라서 실업률은 실업자를 나눈 것이 아니라 경제활동인구로 나눈 것이다.

03. 자발적 실업(voluntary unemployment)은 일할 능력과 의사가 있음에도 불구하고 현재의 임금수준이 낮아서 스스로 실업상태에 있는 것을 말한다. 자발적 실업에는 임금이 높은 직장을 탐색하는 과정에서 발생하는 마찰적 실업이 있다. 자발적 실업인 마찰적 실업만 존재할 때 완전고용이라고 한다.

04. 비자발적 실업(involuntary unemployment)은 일할 능력과 의사가 있으나 현행 임금수준에서 일자리가 없어서 실업상태에 있는 것을 말한다. 비자발적 실업에는 경기적 실업과 구조적 실업이 있다. 경기적 실업은 경기가 좋지 않아(즉, 불황이 되어) 발생하는 실업이다. 구조적 실업은 산업구조의 조정과정에서 어떤 산업이 사양화되거나 기술혁신으로 종래의 기술이 사양화됨으로써 발생하는 실업이다.

05. 인플레이션의 효과에는 예상된 인플레이션의 효과와 예상하지 못한 인플레이션의 효과로 나누어 살펴볼 수 있다. 예상된 인플레이션의 효과는 첫째, 은행을 자주 방문해야 하는 구두창 비용(shoe-leather cost)이 발생한다. 둘째, 물가상승이 예상이 되면 상인들과 기업들은 가격표를 자주 바꾸어야 하는 메뉴비용(menu cost)이 발생한다.

06. 예상하지 못한 인플레이션하에서는 아주 심각한 문제점들이 나타난다. 첫째, 부와 소득의 재분배가 발생한다. 둘째, 미래 불확실성이 증대되어 경제활동을 위축시킬 수 있다. 셋째, 재화들 간 상대가격을 왜곡시켜 비효율적인 자원배분을 초래할 수 있다.

07. 인플레이션의 원인은 크게 수요견인 인플레이션과 비용인상 인플레이션이 있다. 수요견인 인플레이션은 총수요를 구성하는 소비, 투자, 정부지출, 순수출의 증가로 발생한다. 비용인상 인플레이션은 총공급의 감소로 발생한 인플레이션이다.

Chapter 13

화폐와 금융

학습목표 화폐의 정의와 기능, 화폐의 공급, 금리(이자율), 금융시장, 금융기관

현재 거의 모든 거래는 화폐를 통해 이루어진다. 따라서 화폐는 경제활동에서 매우 중요한 역할을 한다. 상품의 획득과 생산을 위해 화폐가 필요하다. 그런데 화폐를 보유하지 못하거나 부족한 사람들은 다른 사람들로부터 빌려야 한다. 이와 같은 화폐의 융통을 금융이라고 한다.

본 장에서는 화폐의 정의와 기능, 화폐의 공급, 금리(이자율), 금융시장, 금융기관 등을 살펴본다.

1 화폐의 정의와 기능

현재 거의 모든 거래는 화폐를 통하여 이루어지고 있다. 여러분들이 어떤 물건을 획득하기 위해 다른 물건을 대가로 지급하는 대신 화폐를 지급한다. 물건과 물건을 교환하는 경제를 물물교환경제라 하고, 물건과 화폐의 교환이 이루어지는 경제를 화폐경제라 한다.

물물교환경제에서 화폐경제로 변화된 주요한 이유는 교환을 촉진하기 위함이다. 물물교환경제에서는 욕망의 불일치로 교환이 잘 성사되지 않는 난점이 있다. 교환이 성사되려면 우선적으로 거래쌍방이 각각 상대방이 원하는 물건을 갖고 있어야 한다. 그러나 현실에서는 이런 욕망의 일치가 이루어지기는 쉽지 않다. 하지만 누구나 원하는 교환의 대상물이 있다면 이런 문제는 쉽게 해결될 수 있다. 이처럼 누구나 원하는 교환의 대상물이란 성격을 가진 것이 바로 화폐이다. 따라서 화폐경제에서는 누구나 화폐, 즉 돈을 보유하려고 한다. 화폐를 보유하고 있으면, 그것을 주고 원하는 물건을 언제든지 획득할 수 있기 때문이다.

화폐의 대표적인 기능으로는 교환매개 기능, 가치척도 기능, 가치저장 기능이 있다.

첫째, 교환매개(medium of exchange) 기능이란 재화나 서비스의 거래과정에서 화폐가 일반적인 지불수단으로 사용된다는 의미이다. 교환을 매개하는 수단이 존재할 경우 거래비용으로 낭비되었던 시간과 노력을 상품생산에 투입할 수 있어 사회 전체의 생산성은 현저히 향상될 것이다. 일반적인 지불수단으로 사용됨으로써 거래비용을 줄여주는 교환의 매개기능은 화폐의 가장 중요한 본원적 기능이라 할 수 있다.

둘째, 가치척도(unit of account) 기능은 각 상품의 가치가 화폐단위로 측정될 수 있음을 의미한다. 화폐가 교환매개 기능을 하는 경우 상품의 가치를 화폐로 측정하는 것은 자연스러운 일이다. 그러나 교환매개와 가치척도라는 두 기능이 반드

시 동시에 수행되어야 하는 것은 아니다.[1)]

셋째, 가치저장(store of value) 기능이다. 한 시점에서 다른 시점까지 가치를 보관해 주는 역할, 즉 현재의 구매력을 미래로 이전시키는 역할이다.[2)] 또한 구매력을 보관해 주는 역할이다.

화폐: 누구나 원하는 교환의 대상물이란 성격을 가진 것
화폐의 기능: 교환매개, 가치척도, 가치저장

2 화폐의 공급

오늘날 대부분 국가에서 사용하는 화폐는 법화(法貨)이다. 법화는 국가가 법에 의해 독점적으로 발행하는 화폐이다. 이런 화폐를 중앙은행이 독점적 권한을 위임 받아 발행하고 있다. 따라서 중앙은행에서 발행된 화폐가 시중에 유통되고 있는 것이다. 시중에 유통되고 있는 화폐의 양을 통화량이라고 한다. 따라서 중앙은행이 보유하고 있는 화폐는 통화량이 아니다. 그런데 통화량은 중앙은행이 시중에 공급하는 화폐량에 의해서만 결정되는 것이 아니다. 왜냐하면 중앙은행이 시중에 공급한 화폐가 시중은행에 예금이 되면, 시중은행이 새로운 통화를 창조할 수 있기 때문이다. 이하에서는 중앙은행의 통화공급과 시중은행의 통화공급에 대해 구체적으로 살펴본다.

1) 1980년대 말 아르헨티나의 극심한 인플레이션하에서 자국화폐보다 기축통화인 달러를 더 선호하였고, 이 때 달러는 교환매개 및 가치척도 기능을 모두 수행하지만 자국 통화는 교환매개 기능만 하게 되었다.

2) 물론 화폐가 유일한 가치저장수단은 아니다. 주식, 채권, 부동산, 미술품 등 다른 자산도 있다. 재산이란 단어는 화폐와 여타 자산을 포함한 가치의 저장수단이다.

법화: 국가가 법에 의해 독점적으로 발행하고 법률에 의해 강제통용력을 부여한 화폐
통화량: 시중에 유통되고 있는 화폐의 양

1) 중앙은행의 통화공급: 본원통화 공급

중앙은행은 법화발행의 독점적 권한을 통하여 화폐, 즉 지폐와 주화를 시중에 공급한다. 이와 같이 중앙은행이 시중에 공급한 화폐를 본원통화(reserve base)라고 한다. 본원통화는 시중에 공급되어 민간이 보유하거나 시중은행이 보유하고 있다.

중앙은행이 시중에 통화를 공급하는 방법은 다음과 같다.

첫째, 민간과 시중은행이 보유한 국공채를 중앙은행이 매입하고, 그에 대한 대가를 중앙은행이 보유한 화폐를 지급함으로써 시중에 화폐가 공급된다.

둘째, 시중은행이 중앙은행에서 대출함으로써 시중에 화폐가 공급된다.

셋째, 정부가 중앙은행에 보유하고 있는 정부예금을 인출함으로써 시중에 화폐가 공급된다.

넷째, 조세로 충당되지 않는 정부지출을 위해 정부가 중앙은행으로부터 대출함으로써 시중에 화폐가 공급된다.

본원통화: 중앙은행이 시중에 공급한 화폐
본원통화 공급방법: ① 국공채 매입, ② 시중은행에게 대출, ③ 정부예금인출, ④ 정부에게 대출

2) 시중은행의 통화공급: 신용창조

민간들은 보유한 화폐 중 많은 부분을 은행에 예금하고 있다. 예금은 저축성예금과 요구불예금으로 구분할 수 있다. 저축성예금은 만기가 될 때 찾을 수 있는 예

금으로 정기예금과 정기저축이 여기에 해당된다. 이 저축성예금은 민간들이 일정기간 동안 은행에 빌려준 것이다. 은행은 이 저축성예금을 자금이 필요한 사람들에게 대출한다. 따라서 민간들은 은행으로부터 예금이자를 받고 은행은 대출자로부터 대출이자를 받는다. 요구불예금은 예금자가 요구하면 반드시 은행이 지급해야 하는 예금으로 보통예금이 여기에 해당한다. 요구불예금은 민간들이 은행에 빌려준 것이 아니라 맡겨두고 필요시 언제든지 찾아갈 수 있는 예금이다. 이것을 요구불예금이라고 하는 것은 민간이 필요시 요구하면 은행이 반드시 지급해야하는 예금이기 때문이다. 이런 점에서 요구불예금은 민간들이 은행에 보관시켜 놓은 화폐이다. 따라서 요구불예금은 원칙적으로 은행이 타인들에게 대출할 수 있는 예금이 아니다. 그러나 현재 요구불예금 중 많은 부분들이 대출되고 있다. 민간들이 요구불예금을 한꺼번에 다 찾아가지 않는다. 이 점을 이용하여 은행은 찾아가지 않는 돈을 타인에게 대출함으로써 수익을 얻을 수 있다. 이와 같이 은행이 요구불예금을 이용하여 대출하여 수익을 얻기 때문에 요구불예금에도 이자가 지급된다. 원래 요구불예금은 성격상 은행에 보관시켜 놓은 것이므로 예금자가 은행에 보관료를 지불해야 하는 것이다.[3)]

저축성예금: 만기가 될 때 찾을 수 있는 예금(정기예금, 정기저축)
요구불예금: 예금자가 요구하면 반드시 은행이 지급해야 하는 예금(보통예금)

그러나 은행이 요구불예금 중 많은 부분을 대출한다면 요구불예금자가 인출을 요구할 시 지급할 수 없는 문제가 발생하기 때문에 일정부분만 대출하도록 중앙은행이 통제한다. 요구불예금 중 예금자의 인출에 대비하여 은행이 보유하는 금액을 지급준비금이라고 한다. 요구불예금에 대한 지급준비금의 비율을 지급준비율이라고 한다. 예를 들어 요구불예금이 100만원이고, 지급준비금이 10만원이라면 지급준비율은 10%가 된다.

3) 과거 화폐로 사용되던 금을 금보관소에 맡길 때 보관료를 지불했다.

시중은행이 예금의 일부분을 지급준비금으로 보유하고 나머지를 대출하게 되면 아래와 같이 시중은행도 통화량을 창출하게 된다. 이와 같이 시중은행이 요구불예금을 통하여 통화량을 창출하는 것을 예금통화창조 또는 신용창조(credit creation)라고 한다.

예를 통해 은행이 예금통화를 어떻게 창출하는지 알아보자. 수지가 K은행에 100만원을 요구불예금으로 예금하였다. 지급준비율이 10%라고 하자. K은행은 지급준비금 10만원을 제외하고 90만원을 영희에게 대출하였다. 이 경우 통화량을 측정해 보면 K은행이 대출하기 전에는 100만원이었으나, K은행이 영희에게 대출하면서 대출받은 사람은 현금 90만원을 갖게 되므로 현금과 예금의 합인 190만원이 된다. 계속해서 영희는 그 돈으로 철수가게에서 물건을 구입하였다. 철수는 P은행에 모두 요구불예금으로 예금하였다. P은행은 90만원 중 지급준비금 9만원을 제외한 81만원을 또 다른 고객에게 대출하였다. 이제 통화량은 예금 190만원과 현금 81만원으로 총 271만원이 된다. 이처럼 은행이 요구불예금의 일부를 지급준비금으로 보유하고 그 나머지를 대출하게 되면 예금통화가 창출되고 이러한 과정을 계속 반복하면서 예금통화는 점점 늘어나게 된다.

은행의 예금창조 기능은 결국 예금의 일부만 지급준비금으로 보유하는 부분지급준비제도(fractional reserve banking)에서 나온 것이다. 반대로 예금 전액을 지급준비금으로 보유하고 있어야 하는 전액준비제도(100%지급준비제도)하에서는 예금창조가 발생하지 않는다.

신용창조: 시중은행이 요구불예금을 통하여 통화량을 창조하는 것
신용창조의 근본이유: 부분지급준비제도

이와 같이 중앙은행이 일차적으로 공급한 통화는 파생적으로 예금 통화를 창조하는 기초가 되므로 이를 본원통화라고 하며, 이를 기초로 창조된 통화인 예금통화를 파생통화라고 한다.

3) 통화량조절 정책

돈의 양을 조절하는 책임을 지고 있는 곳이 중앙은행이다. 따라서 중앙은행은 통화량을 적정수준으로 유지하기 위하여 통화량의 규모를 나타내는 통화지표를 작성하고 필요한 경우 통화량을 적절히 조절하기 위한 다양한 수단을 강구하고 있다.

중앙은행이 통화량을 조절하기 위하여 사용할 수 있는 주요수단은 크게 공개시장조작정책, 여수신정책(재할인율정책), 지급준비정책 세 가지가 있다.

공개시장조작정책이란 공개시장[4]에서 중앙은행이 국공채와 통화안정증권 등을 금융시장에서 사거나 팔아 단기 시장금리와 통화량을 조절하는 수단이다. 중앙은행이 금융시장에서 국공채를 사들이면 국채매입 대금으로 지급한 돈이 시중에 유통되어 통화량이 증가하고, 반대로 금융시장에 중앙은행이 보유하고 있는 국공채를 매각하여 국공채를 매입한 금융기관이 현금이나 은행예금으로 구입대금을 지급하게 되어 시중에 유통되는 통화량은 감소한다.

여수신정책(재할인율정책)은 중앙은행이 금융기관에 부족한 자금을 대출해 주거나 여유자금을 예치할 수 있게 하는 정책이다. 중앙은행은 금융기관에 빌려주는 돈의 양이나 금리를 변동시킴으로써 시중의 통화량을 조절하는 것이다. 이 정책은 중앙은행도 초기에 은행이 기업에 할인해 준 어음을 다시 할인·매입하는 형식으로 자금을 지원했기 때문에 재할인제도라고 한다. 또한 중앙은행의 대출금리를 재할인금리라고 한다.

지급준비정책은 은행이 고객의 예금인출 요구 등에 대비하여 예금 및 은행발행 금융채 발행액의 일정 비율, 즉 지급준비율만큼 의무적으로 중앙은행에 예치하거나 현금으로 보유하도록 하는 정책이다. 따라서 중앙은행이 지급준비율을 올리면 은행들은 더 많은 지급준비금을 보유해야 하므로, 예금 중에서 대출할 수 있는 금액이

4) 공개시장이란 거래자에 대한 제한이 없어 누구나 거래에 참여할 수 있는 시장이다. 반면, 폐쇄시장이란 거래자에 대한 제한이 있는 시장으로서 아무나 거래에 참여할 수 없다.

줄어들어 시중에 유통되는 통화량이 줄어들게 된다. 반대로 지급준비율을 내리면 은행이 대출할 수 있는 금액이 커지므로 시중에 유통되는 통화량은 늘어나게 된다.

통화량 조절정책: 공개시장조작정책, 여수신정책(재할인율정책), 지급준비정책

4) 중앙은행의 기능

중앙은행이 수행하는 역할은 다음과 같다.

첫째, 발권기능이다. 우리나라의 경우 중앙은행인 한국은행은 한국은행권을 발행하고 공급한다. 그 한국은행권은 국내에서 거래를 할 때 강제 통용력을 갖는 법화(legal tender)이다.

둘째, 중앙집중청산기능이다. 예금은행들은 중앙은행에 지급준비예금이라는 예금계정을 갖고 있는데, 한국은행은 이를 이용하여 은행들 사이에 어음교환을 할 때 청산서비스를 제공한다.

셋째, 자금공급의 최후의 보루 또는 최후대출자 기능이다. 일반상업은행의 예상 밖의 대규모 예금인출 사태로 현금부족이나 자금부족이 발생할 때 중앙은행이 신속하게 현금이나 자금을 공급하여 위기를 모면하게 해 주는 기능이다.

넷째, 정부재정을 대행한다. 중앙은행의 국고금의 출납업무를 전국의 일반상업은행들의 지점망을 이용하여 대행하도록 하는 기능이다.

다섯째, 통화신용정책을 수립하고 집행한다. 중앙은행이 하는 가장 중요한 일은 통화신용정책을 수립하고 집행하는 것이다. 통화신용정책이란 화폐(돈)의 독점적 발행 권한(발권력)을 부여받은 중앙은행이 다양한 정책수단을 활용하여 돈의 양이나 금리가 적정한 수준에 머물도록 영향을 미치는 정책을 말한다. 유통되는 돈의 양 또는 금리 수준은 가계나 기업의 경제활동 그리고 물가 등에 영향을 미친다는 점에서 통화신용정책의 중요성은 매우 크다고 할 수 있다.

여섯째, 국제거래의 결제수단인 자국의 대외지급준비금을 보유한다. 한국은행은 외환 건전성 제고를 통해 금융안정에 기여하며, 외화자산을 보유·운용한다.[5] 또한 국내 외환시장이 불안할 경우 외화자금을 원활하게 공급하기 위해 외국 중앙은행과 통화스왑[6]계약을 체결하기도 하며, 위기예방 및 해결을 위한 국제공조 방안 마련에도 노력하고 있다.

중앙은행의 기능

① 발권
② 중앙집중청산
③ 자금공급의 최후의 보루 또는 최후대출자
④ 정부재정을 대행
⑤ 통화신용정책을 수립하고 집행
⑥ 국제거래의 결제수단인 자국의 대외지급준비금을 보유

5) 우리나라의 외환보유액이 2015년 4월말 기준으로 총 3,699억 달러(약 399조원)이다. 우리나라의 외환보유고 순위는 7위로 1위는 중국(3조 8,430억 달러)이 2위는 일본(1조 2,511억 달러), 3위는 사우디아라비아(7,142억 달러)이며, 뒤이어 스위스(5,833억 달러), 대만(4,178억 달러), 브라질(3,725억 달러) 순서다. 7위인 한국 뒤로는 러시아(3,602억 달러), 인도(3,381억 달러), 홍콩(3,325억 달러) 등이 있다.

6) 스왑(Swap)거래란 미래의 특정일 또는 특정기간 동안 어떤 상품 또는 금융자산(부채)을 상대방의 상품이나 금융 자산과 교환하는 거래를 말한다. 국가간 통화스왑 협정은 두 나라가 자국통화를 상대국 통화와 맞교환하는 방식으로, 외환위기가 발생하면 자국통화를 상대국에 맡기고 외국통화를 단기 차입하는 중앙은행간 신용계약이다. 즉 이 협정을 국가간에 체결하면 어느 한쪽이 외환위기에 빠질 경우 다른 한쪽이 미 달러화 등 외화를 즉각 융통해 준다. A국가에서 외환보유액이 바닥나 환란사태에 직면했을 경우, B국가에서 돈을 빌려오고 그 액수에 해당하는 자기 나라(A국) 화폐를 B국에 담보로 맡기는 것이다. 내용상 차입이지만 돈을 맡기고 돈을 빌려오는 것이기 때문에 형식은 통화교환이 된다. 그러나 스왑을 요청하는 쪽이 일정액의 수수료를 부담하게 된다. 우리나라도 금융시장 불안 등의 외환위기 상황에 대처하기 위해 일부 국가들과 스왑협정을 체결하고 있다.

3 금융과 금리

1) 금융

돈을 빌리고 빌려주는 것, 즉 자금의 융통을 금융이라 한다. 실물거래에서는 상품과 돈이 교환되지만 금융거래에서는 그러므로 경제주체 사이에, 즉 흑자지출단위(여유자금보유자)와 적자지출단위(자금부족자) 사이에 돈이 융통되는 것이 곧 금융이다.

금융은 직접금융과 간접금융으로 구분할 수 있다. 직접금융이란 글자그대로 자금의 수요자와 자금의 공급자가 직접 자금을 거래하는 것이다. 간접금융이란 글자 그대로 자금의 수요자와 자금의 공급자가 중개기관을 통해서 간접적으로 자금을 거래하는 것이다. 예를 들면, 기업이 투자자로부터 주식과 채권을 발행하여 자금을 조달하는 것이 직접금융이고, 자금의 공급자인 가계가 은행에 예금을 하고 기업이 그 예금을 은행으로부터 대출받는 것은 간접금융이다.

금융: 흑자경제주체와 적자경제주체 사이에 돈이 융통되는 것
직접금융: 자금 수요자와 자금 공급자가 직접 자금을 거래하는 것
간접금융: 자금 수요자와 자금 공급자가 간접적으로 자금을 거래하는 것

2) 금리(이자율)

우리들이 일상생활을 하다보면 돈이 부족하여 은행이나 다른 사람에게 돈을 빌려야 할 때도 있고, 남은 돈을 은행에 예금하거나 다른 사람에게 빌려주는 경우도 있다. 이 경우 돈을 빌린 사람은 일정기간 동안 돈을 쓰고 난 다음 갚을 때에 당초에 빌린 돈(원금) 외에 돈을 사용한 대가를 지급하는데, 이를 이자라 한다. 이자의 원금에 대한 비율을 이자율 또는 금리라고 한다.

이자: 일정기간 돈을 사용한 대가
금리(이자율): 이자의 원금에 대한 비율

이와 같이 금리는 돈의 이용에 대한 가격을 의미한다. 재화시장에서 가격이 재화의 수요와 공급에 의해 결정되듯이 금리도 화폐의 수요와 공급이 일치하는 곳에서 결정된다. 따라서 화폐에 대한 수요가 증가하면 시중에 자금이 부족하여 금리가 상승하고, 화폐의 공급이 증가하면 시중에 자금이 풍부하여 금리가 하락한다. 이처럼 금리는 돈의 수급에 아주 민감하게 변화한다. 따라서 금리는 시중자금 사정을 나타내는 판독기다.

이와 같이 금리는 화폐의 수요와 공급에 의해서 결정되지만 대부분 국가들은 경제상황에 따라 중앙은행에서 금리를 조절한다. 우리나라의 경우 중앙은행인 한국은행 안에 설치된 금융통화위원회[7]에서 매달 두 번째 목요일 회의를 통해 금리를 결정한다. 이 금리를 기준금리라 한다. 이 기준금리는 운용목표치이다. 금리는 실제로 화폐의 수요와 공급에 의해서 결정되기 때문에 그 목표를 달성하기 위하여 중앙은행은 화폐의 공급을 조절한다.

금리 결정원리: 화폐의 수요와 공급
기준금리: 한국은행 안에 설치된 금융통화위원회에서 매달 회의를 통해 결정하는 금리

이것을 기준금리라 하는 이유는 이 금리를 기준으로 하여 시중금리들이 결정되기 때문이다. 예를 들어 시중은행의 대출금리는 기준금리에 가산금리를 더한 것이다. 가산금리란 신용도(위험도)에 따른 리스크 프리미엄(risk premium)을 말한다. 따라서 신용도에 따라 대출금리가 달라진다.

7) 통화정책을 수립하고 한국은행의 운영에 관한 주요사항을 결정하는 기구로서 한국은행 총재 및 부총재, 국민경제 각 분야를 대표하는 5인 등 총 7인으로 구성되어 있다.

대출금리 = 기준금리 + 가산금리(리스크 프리미엄)
가산금리: 신용도(위험도)에 따른 리스크 프리미엄

한편 금리는 물가변동의 고려 여부에 따라 실질금리와 명목금리로 구분된다. 명목금리란 물가변동에 따른 구매력 변화를 고려하지 않은 금리이며, 실질금리는 물가변동에 따른 구매력 변화를 고려한 금리로 명목금리에서 물가상승률을 뺀 것이다.

예를 들어 1년 만기 정기예금의 금리가 연 3%라면, 이것은 명목금리가 되는 것이다. 그 해 물가상승률이 3%라 하면 실질금리는 0(零)인 결과가 초래된다.

명목금리: 물가변동에 따른 구매력 변화를 고려하지 않은 금리
실질금리: 물가변동에 따른 구매력 변화를 고려한 금리
실질금리 = 명목금리 - 물가상승률

그리고 대출시 차입자가 실질적으로 부담하는 금리는 대출금리와 차이가 있을 수 있다. 이와 같이 대출자가 실질적으로 부담하는 금리를 실효금리라 하며, 겉으로 나타난 대출금리를 표면금리라 한다. 즉, 금융기관에서 돈을 차입할 경우 차입원금에 대한 이율로 약속하는 금리가 표면금리이며, 차입하는 측이 실질적으로 부담하는 금리를 일반적으로 실효금리이다. 예를 들면, 금융기관에서 차입을 하는 경우, 정기예금·적금 등 구속성이 강한 예금으로 예금해 줄 것 등을 조건부로 하는 경우가 많다. 이 경우 기업은 실질적으로 총차입액에서 예금액을 공제한 금액을 융자받게 되나, 부담하는 금리는 총차입액에 대한 약정금리이다. 따라서 예금분에 대한 이자를 공제한다 하더라도 실질융자액에 대한 금리의 비율(실효금리)은 총융자액에 대한 약정금리(표면금리)보다 높아지게 된다.

표면금리: 겉으로 나타난 금리
실효금리: 실제로 지급받거나 부담하게 되는 금리

3) 금리의 영향

금리는 경제에 다음과 같은 영향을 미친다.

첫째, 저축과 투자활동에 미치는 영향이다. 저축은 기본적으로 금리보다는 소득수준에 영향을 받아 결정된다고 주장하는 학자도 있지만 대체로 금리가 오르면 은행 등 금융기관에 같은 금액의 돈을 맡기더라도 더 많은 이자를 받을 수 있기 때문에 저축이 늘어나게 되며, 반대로 금리가 떨어지면 저축은 줄어드는 것이 현실적이라 하겠다.

한편 금리는 기업의 투자활동에도 매우 중요한 영향을 미친다. 즉, 금리는 기업이 투자에 필요한 자금을 조달하는 데 드는 비용이라고 할 수 있다. 따라서 금리가 오르면 투자에 따른 비용부담이 늘어나게 되어 투자가 줄어들며, 반대로 금리가 낮아지면 투자는 늘어나게 된다. 또한 금리변동이 너무 심하여도 장래 투자를 위한 자금계획의 수립이나 사업전망이 어려워져 기업은 투자를 꺼리게 된다. 금리가 투자에 영향을 주는 정도는 투자에 따르는 각종 비용 중에서 금리가 차지하는 비중이 얼마나 큰가에 따라 달라지는데, 금리가 투자비용 중에서 많은 부분을 차지할 때에는 금리가 조금만 변동하여도 투자에는 큰 영향을 미친다.

둘째, 물가에 미치는 영향이다. 금리는 기업이 제품을 만드는 데 드는 비용, 즉 원가에 포함되기 때문에 금리가 오르는 것은 우선 제품가격을 올리는 요인이 된다. 그러나 다른 한편으로는 금리가 오르면 기업의 투자활동이 위축되고 개인도 소비보다는 저축을 많이 하는 등 경제 전체적으로 수요가 줄어들어 오히려 물가를 하락시킬 수도 있다. 따라서 금리가 물가에 미치는 영향은 이와 같이 상반된 두 가지 요인 중 어느 쪽 영향이 더 큰가에 따라 달라지는데, 선진국에서는 금리가 오를 경우 원가상승 효과보다는 수요감소 효과가 더 크기 때문에 물가가 떨어진다는 것이 일반적인 견해이다.

셋째, 나라 사이의 자금 흐름에 미치는 영향이다. 금리수준의 변동은 나라와

나라 사이의 돈의 움직임, 즉 자본이동에도 영향을 미친다. 즉, 환율이 변동하지 않을 경우 우리나라의 금리가 올라 외국의 금리보다 높게 되면 외국사람이 우리나라에 돈을 빌려주거나 우리나라의 금융기관에 예금을 하는 것이 자기 나라에서보다 더 많은 이익을 얻을 수 있기 때문에 해외로부터 국내로 자금이 흘러 들어오게 되며, 반대로 외국의 금리보다 우리나라의 금리가 낮아지게 되면 자금이 보다 높은 이익을 찾아 해외로 빠져나가게 된다.

금리의 영향: 저축과 투자활동, 물가, 국가간 자본이동

4 채권과 주식

위에서 기업이 투자자로부터 직접 자금을 조달할 때 주식과 채권을 발행한다고 하였다. 그렇다면 채권과 주식이 무엇인지 구체적으로 살펴보자.

1) 채권

채권(bond)이란 채무자가 채권자에게 미래 정해진 시점에 일정한 이자와 원금의 지급을 약속한 증권으로서 채무증서이다.

채권에는 액면가(face value), 만기, 표면금리(표면이율)를 표시한다. 액면가란 채권 금액란에 표시하는 금액으로 만기일에 지급될 금액이다. 만기는 1년 만기, 5년 만기 등으로 표시한다. 표면금리는 만기일까지 매 기간마다 지급하는 이자율이며, 발행금리 혹은 쿠폰비율(coupon rate)이라고도 한다. 표면금리를 정해진 기간마다 지급하는 것도 있고, 만기 때 지급하는 것도 있다.

채권: 채무자가 채권자에게 미래 정해진 시점에 일정한 이자와 원금 지급을 약속한 증권
액면가: 채권 금액란에 표시하는 금액으로 만기일에 지급될 금액
표면금리: 만기일까지 매 기간마다 지급하는 이자율(발행금리 혹은 쿠폰비율)

이와 같이 정해진 기간이나 만기 때 이자를 지급하고 액면가로 판매되는 채권을 이표채라 한다. 반면에 이자율만큼 할인하여 액면가보다 낮게 판매되는 채권을 할인채라 한다. 예를 들어, 액면가가 100만원이고 표면금리가 10%라면 이자 10만원을 공제하고 90만원에 판매하고 기간 동안이나 만기에 이자를 지급하지 않는다. 할인채는 판매시 이자가 미리 지급된 것으로 볼 수 있다. 이표채이든 할인채이든 채권구입으로 획득되는 수익률, 즉 채권 수익률은 채권의 표면이자를 채권의 액면가로 나눈 것으로 된다.

이표채: 정해진 기간이나 만기 때 이자를 지급하고 액면가로 판매되는 채권
할인채: 이자율만큼 할인하여 액면가보다 낮게 판매되는 채권

채권소유자가 원금을 회수하기 위해 만기까지 보유할 필요는 없다. 만기 이전에 타인들에게 팔 수 있기 때문이다. 이 때 판매가격은 구입가격과 차이가 발생할 수 있다. 채권시장에서 형성되는 가격은 상품과 같이 채권의 수요와 공급에 영향을 미치기 때문이다.

채권의 수요와 공급에 영향을 주는 가장 주요한 요인은 이자율이다. 채권 수익률이 이자율보다 낮다면 채권을 팔고 예금을 할 것이고, 반대이면 예금을 찾아서 채권을 구입할 것이다. 따라서 이자율이 낮아지면 채권의 수요가 증가하여 채권가격은 상승하고, 이자율이 높아지면 채권의 공급이 증가하여 채권가격은 하락한다. 그러므로 이자율과 채권가격 간에는 역관계가 존재한다.

이와 같이 이자율과 채권가격 간에는 역관계가 존재하므로 이자율에 영향을 주는 요인이 발생하면 채권가격이 변동한다. 가장 중요한 요인은 앞에서 본 바와 같이

통화량이다. 통화량이 증가하면 자금사정이 좋아져서 이자율이 하락하고, 통화량이 감소하면 이자율이 상승한다. 따라서 통화량이 증가하면 이자율이 하락하고, 이자율이 하락하면 채권의 수요가 증가하여 채권의 가격이 상승한다. 통화량이 감소하면 채권가격이 하락한다. 그러므로 통화량과 채권가격 간에는 비례관계가 존재한다.

이자율↑(↓) → 채권가격↓(↑) ⇒ 이자율과 채권가격 역관계
통화량↓(↑) → 이자율↑(↓) → 채권가격↓(↑) ⇒ 통화량과 채권가격 비례관계

2) 주식

주식(stock)은 주식회사가 투자자에게 자금을 투자한 대가로 발행하는 증서이다. 주식을 보유한 사람은 보유량만큼 회사의 지분을 갖는 회사의 소유자이기 때문에 주주라고 한다. 따라서 주식보유자는 이익배당, 잔여재산분배와 그리고 이사의 선정, 배당, 합병 등에 대한 의결권을 보유한다. 일반적 주식(보통주)과 달리 이익배당 및 잔여재산분배 등에 있어서 우선적 지위가 인정되나 의결권이 제한되는 주식을 우선주라 한다.

주식: 주식회사가 투자자에게 자금을 투자한 대가로 발행하는 증서
우선주: 이익배당 및 잔여재산분배 등에 우선적 지위가 인정되나 의결권이 제한되는 주식

3) 채권과 주식의 차이

채권은 채무증서인 반면 주식은 회사의 지분을 표시하는 권리증서이다. 따라서 기업 입장과 투자자의 입장에서는 채권과 주식에 대한 시각의 차이가 있다.

기업의 입장에서는 채권보다는 주식을 선호한다. 주식은 상환의무가 없고 경영실적에 따라 배당만 하면 되기 때문에 발행기업 입장에서는 매우 안정적인 자금

조달수단이 된다. 주식발행으로 충당된 자금은 부채가 아니라 자기자본이므로 기업의 재무구조를 개선시키는 효과가 있다. 그러나 채권은 부채이므로 영업실적이 부진하더라도 원금과 이자를 지급해야 하고, 채권발행으로 충당된 자금은 부채이므로, 기업의 재무구조를 악화시키는 경향이 있다. 이런 이유로 기업은 채권보다는 주식을 선호한다.

투자자의 입장에서는 위험성향에 따라 채권과 주식에 대한 선호도가 다르다. 채권투자자는 기업이 파산하지 않는 한 원금과 이자를 받을 수 있다. 반면 주식투자자는 경영실적에 따라 배당금과 주식가격의 변동으로 매매손익이 변동한다. 그러므로 위험회피적인 투자자는 채권투자를 선호하고, 위험선호적인 투자자는 주식투자를 선호한다. 아울러 채권투자자는 기업의 성장가능성보다는 안정성에 초점을 두고 투자대상채권을 탐색하며, 주식투자자는 기업의 안정성보다는 성장가능성에 초점을 두고 투자대상주식을 탐색한다.

채권과 주식의 차이점

① 채권: 재무중시, 주식: 권리중시 → 기업: 주식발행 선호
② 채권: 안정성 높음, 수익성 낮음, 주식: 안정성 낮음, 수익성 높음
⇒ 투자자: 위험회피적 성향 → 채권투자 선호, 위험선호적 성향 → 주식투자 선호

5 금융시장

1) 금융시장의 정의, 기능, 분류

경제주체 사이에 돈의 융통, 즉 금융거래가 이루어지는 시장을 금융시장(financial market)이라 한다. 금융거래가 이루어지기 위해서는 매개수단이 필요한데, 그 매개수단을 금융상품이라 한다. 예금, 어음, 채권, 주식 등이 금융상품이다.

금융시장은 다음과 같은 기능을 수행한다.

금융시장은 금융상품의 가격, 즉 금리나 주가 등을 결정함은 물론, 가격을 통해 자금 수요자의 신용과 수익성 등에 관한 각종 정보를 전달한다. 각종 정보는 시장참가자들에게 위험을 잘 관리할 수 있도록 도와준다. 금융시장은 시장참가자를 감시하고 평가하는 시장규율(market discipline)[8] 기능도 하고 있다. 기업이 사업 확장에 필요한 돈을 주식이나 채권을 발행하여 조달하고자 할 경우 시장의 반응을 고려해야 하는데 금융시장이 이러한 계획을 부정적으로 여긴다면 기업의 자금조달 비용이 높아지고 주가가 하락할 것이기 때문에 계획을 축소하거나 포기해야 하는 경우가 생길 수 있다.

금융시장: 경제주체 사이에 돈의 융통, 즉 금융거래가 이루어지는 시장
금융상품: 금융거래의 매개수단
금융시장 기능: 금융상품 가격결정, 자금 수요자의 신용과 수익성 등에 관한 각종 정보를 전달, 시장규율

직접금융거래는 자금수요자가 자기명의로 발행한 증권을 자금공급자에게 교부하고 자금을 직접 조달하는 거래이며, 간접금융거래는 은행 등과 같은 금융 중개기관을 통하여 자금공급자에게서 자금수요자로 자금이 이전되는 거래이다. 직접금융거래수단으로는 주식, 채권 등이 대표적이며 간접금융거래수단에는 예금, 대출 등이 있다. 직접금융거래가 이루어지는 시장이 직접금융시장이고, 간접금융거래가 이루어지는 시장이 간접금융시장이다. 이와 같이 금융시장은 거래방법에 따라 직접금융시장과 간접금융시장으로 구분된다.[9]

8) 시장규율이란 시장참가자가 차입자가 발행한 주식 또는 채권 가격 등의 시장신호(market signal)를 활용하여 당해 차입자의 건전성에 대한 감시기능을 수행하는 것을 말한다.

9) 금융시장은 거래단계에 따라 발행시장(primary market)과 유통시장(secondary market)으로 구분하기도 한다. 발행시장은 자금의 수요자가 주식, 채권 등을 새로 발행하여 자금을 조달하는 제1차시장이며, 유통시장은 이미 발행된 금융상품이 거래되는 제2차시장이다.

직접금융시장은 거래되는 금융상품의 만기(통상 1년)를 기준으로 다시 자금시장과 자본시장으로 구분하는 것이 일반적이다. 자금시장은 경제주체들이 단기적인 자금 과부족을 조절하기 위해 통상 만기 1년 이내의 단기금융상품을 거래하는 시장을 말하며, 단기금융시장이라고도 한다. 자본시장은 경제주체들이 장기적인 자금조달을 위해 통상 만기 1년 이상의 장기금융상품을 거래하는 시장을 말하며, 장기금융시장이라고도 한다.

직접금융시장에는 자금시장과 자본시장 이외에 금융상품의 특성을 고려하여 외환이 거래되는 외환시장과 파생금융상품이 거래되는 파생금융상품시장이 추가된다. 파생금융상품(Financial Derivatives)이란 일반 상품과 금융상품의 시세변동에 따른 손실위험을 줄이기 위해 고안된 금융상품으로서, 선물과 옵션 등이 있다.

통상적인 거래는 계약 이후 즉시 혹은 2~3일 이내에 상품의 인수도(인수 및 인도)와 대금결제가 동시에 이루어진다. 이에 반해 어떤 거래는 계약할 때 미래 일정시점에 거래될 상품의 가격과 거래량을 정하고, 계약상 정해진 날에 계약된 조건으로 상품의 인수도와 대금결제가 이루어진다. 즉, 미래에 거래될 상품의 가격과 거래량은 현재시점에 정하고 상품의 인수도와 대금결제는 나중에 이루어지는 것이다. 전자의 거래를 현물(現物: spot)거래라 하고 후자를 선물(先物: future)거래라 한다.[10] 따라서 선물거래는 일정기간 후 거래될 상품의 가격과 거래량을 현재시점에서 미리 확정하는 것으로서, 선물거래를 통하여 상품의 미래가치를 현재시점에 확정할 수 있다. 그러므로 미래가격 변동에 따른 위험을 선물거래를 통해 회피할 수 있다.

옵션거래는 선물과 달리 미래에 선물계약을 이행할 수 있는 권리를 사고파는 것으로서, 상황에 따라 계약을 이행하지 않아도 된다. 매매를 이행할 가격을 옵션 행사가격이라고 한다. 행사가격으로 팔 수 있는 권리를 풋옵션(put option)이라 하

10) 계약일이 결제일(실물 인수도와 대금결제가 이루어지는 날)보다 먼저 이루어진다는 의미에서 선물거래라 하고, 계약일과 결제일이 현재 동시에 이루어진다는 의미에서 현물거래라 한다.

며, 살 수 있는 권리를 콜옵션(call option)이라고 한다. 옵션 계약시 매입자가 매도자에게 지불하는 금액을 옵션프리미엄(option premium)이다. 옵션매수자가 상황에 따라 계약을 이행하지 않으면 옵션매도자는 손실만 보기 때문에 옵션에는 옵션프리미엄이 존재한다.

선물거래와 옵션거래를 통해 미래가격변동에 따른 위험을 회피하는 구체적인 방법은 12장 환헤징에서 살펴본다.

금융시장의 분류

직접금융시장 : 자금수요자가 자금공급자로부터 직접 자금을 조달하는 시장

간접금융시장 : 은행 등과 같은 금융 중개기관을 통하여 자금공급자로부터 자금수요자로 자금이 이전되는 시장

직접금융시장

자금시장(단기금융시장) : 경제주체들이 단기적 자금 과부족 조절 위해 통상 만기 1년 이내의 단기금융상품을 거래하는 시장

자본시장(장기금융시장) : 경제주체들이 장기적 자금조달 위해 통상 만기 1년 이상의 장기금융상품을 거래하는 시장

기타 : 외환시장, 파생금융상품시장

※ **파생금융상품**: 일반 상품과 금융상품의 시세변동에 따른 손실위험을 줄이기 위해 고안된 금융상품. (선물, 옵션 등)

선물거래: 상품의 가격과 거래량은 현재시점에 정하고 상품의 인수도와 대금결제는 나중에 이루어지는 것

옵션거래: 미래에 선물계약을 이행할 수 있는 권리를 사고파는 것

콜옵션: 행사가격으로 살 수 있는 권리

풋옵션: 행사가격으로 팔 수 있는 권리

이하에서는 자금시장, 자본시장에 대해 좀 더 자세히 살펴보자.

그림 13-1 금융시장의 구조

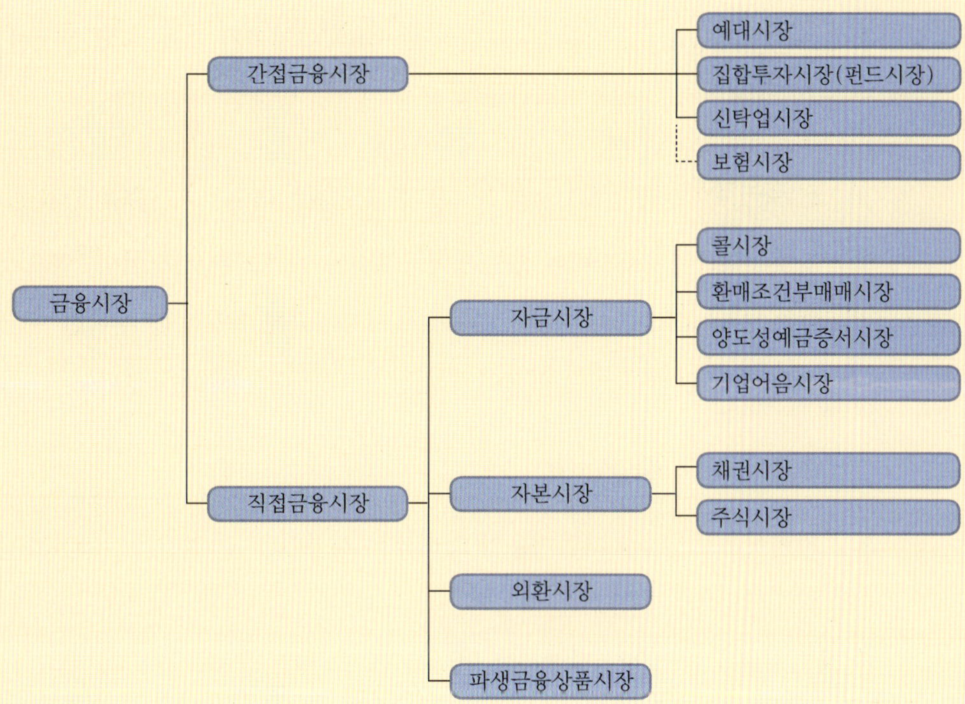

2) 자금시장(단기금융시장)

자금시장은 단기금융상품의 종류에 따라 구분된다.

① 콜시장

콜(call)시장은 금융기관 상호간에 일시적인 자금 과부족을 조절하기 위한 초단기 자금의 대차가 이루어지는 시장이다. 초단기 자금의 공급을 콜론(call loan), 초단기 자금의 수요를 콜머니(call money)라고 부른다. 콜은 주로 은행의 어음, 기말결산의 결제 등 단기자금의 조달에 이용된다.

② 환매조건부채권매매시장(RP시장)

환매조건부 채권매매시장은 환매조건부 채권의 거래가 이루어지는 시장이다. 환매조건부 채권(repurchase agreement: RP)이란 일정기간 경과 후에 일정한 가격으로 동일 채권을 다시 매수하거나 매도할 조건으로 발행된 채권이다.

③ 양도성예금증서시장(CD시장)

양도성예금증서시장이란 양도성예금증서가 거래되는 시장이다. 양도성예금증서(negotiable certificates of deposit: CD)는 정기예금에 양도성을 부여한 예금증서이다. CD의 최단 만기는 30일 이상이며 최장 만기에 대한 제한은 없다.

④ 기업어음시장(CP시장)

기업어음시장이란 기업어음이 거래되는 시장이다. 기업어음(commercial paper: CP)이란 신용상태가 양호한 기업이 상거래와 관계없이 단기자금을 조달하기 위하여 자기신용을 바탕으로 발행하는 만기가 1년 이내인 융통어음이다.[11)]

⑤ 통화안정증권시장

통화안정증권시장은 통화안정증권이 거래되는 시장이다. 통화안정증권(일명 통안채)은 한국은행이 통화량을 조절하기 위하여 금융기관 또는 일반을 대상으로 발행하는 증권이다. 통화안정증권의 만기는 최단 14일에서 최장 2년까지 11종으로 정형화되어 있다.

11) 자금의 융통을 위해 발행되는 어음을 융통어음이라고 하며, 상거래의 대가로 발행한 어음을 진성어음이라고 한다. 외상으로 물건을 구입할 때 발행하는 어음이 진성어음이다.

자금시장

① 콜시장 : 금융기관 상호간에 일시적인 자금 과부족을 조절하기 위한 초단기 자금의 대차가 이루어지는 시장

② RP시장 : 일정기간 경과 후에 일정한 가격으로 동일 채권을 다시 매수하거나 매도할 조건으로 채권, 즉 환매조건부채권(RP)을 거래하는 시장

③ CD시장 : 정기예금에 양도성 부여한 예금증서, 즉 양도성예금증서(CD)가 거래되는 시장

④ CP시장 : 기업이 발행한 만기 1년 이내의 어음, 즉 기업어음(CP)이 거래되는 시장

⑤ 통화안정증권시장 : 한국은행이 통화량을 조절하기 위하여 금융기관 또는 일반을 대상으로 발행하는 증권, 즉 통화안정증권이 거래되는 시장

3) 자본시장

자본시장(capital market)은 주식과 채권이 거래되는 시장이다. 이는 기업과 정부 등이 장기적으로 필요한 자금을 조달하는 시장이라는 넓은 의미로 은행의 시설자금대출 등 장기대출시장을 포함하기도 하지만 일반적으로는 주식과 채권이 발행되고 유통되는 증권시장을 말한다.

우리나라는 발행된 주식이 유통되는 시장을 유가증권시장(KOSPI시장), 코스닥시장(KOSDAQ시장) 및 장외시장으로 구분된다. 유가증권시장은 한국거래소 상장요건에 해당되는 기업의 주식이 거래되는 시장이다. 코스닥시장은 유가증권시장의 상장조건에는 미달되지만 어느 정도 기준이 충족되는 기업의 주식이 거래되는 시장이다, 거래소나 코스닥에는 요건이 충족되지 않아 상장, 등록되기 어려운 기업들의 주식이 거래되는 시장이다. 현재는 K-OTC시장[12]이라고 한다. 거래소시장 밖에서 주식의 거래가 이루어지는 시장이기 때문에 '장외시장'이라고 한다. 유가증권시장과 코스닥시장은 거래소시장에서 이루어지기 때문에 '장내시장'이라고 할 수 있다.

12) 그동안 프리보드(FreeBoard)로 명명되어진 장외주식시장을 2014년 8월 25일, 비상장기업의 주식을 투명하게 거래할 수 있도록 새로 개편하였다. 기존의 프리보드와 달리 상대적으로 엄격한 진입요건과 공시기준에 의한 복수의 소속 부(1부, 2부)로 운영되고 있다.

유가증권시장: 한국거래소 상장요건에 해당되는 기업의 주식이 거래되는 시장
코스닥시장: 유가증권시장의 상장조건에는 미달되지만 어느 정도 기준이 충족되는 기업의 주식이 거래되는 시장
프리보드시장: 거래소나 코스닥에 상장, 등록되지 못하는 기업들의 주식이 거래되는 시장

요약

01. 돈이란 상품과 서비스를 구입에 통상적으로 사용하는 몇 가지 형태의 자산이다. 상품과 화폐가 교환되는 것이 화폐경제로 화폐의 기능으로는 교환매개 기능, 가치척도 기능, 가치저장 기능이 있다.

02. 법화는 통화의 원활한 유통을 기하기 위하여 법률에 의해 강제통용력을 부여한 화폐이다.

03. 중앙은행이 일차적으로 공급한 통화는 파생적으로 예금 통화를 창출하는 기초가 되므로, 이를 본원통화라고 하며 이를 기초로 창출된 통화를 파생통화라고 한다.

04. 시중에 공급된 통화의 일부가 예금은행으로 환류될 경우 예금은행은 일부를 지급준비를 위해 중앙은행에 예치하거나 시재금(vault cash)으로 보유하며 나머지는 대출, 유가증권매입으로 운용하는데 이러한 과정이 반복되면서 통화량을 늘려 예금창출 또는 신용창조가 일어난다.

05. 중앙은행이 통화량을 조절하기 위하여 사용할 수 있는 주요 수단은 공개시장조작정책, 여수신정책(재할인율정책), 지급준비정책 등이 있다.

06. 중앙은행은 발권, 중앙집중청산, 자금공급의 최후의 보루 또는 최후대출자, 정부재정을 대행, 통화신용정책을 수립하고 집행, 국제거래의 결제수단인 자국의 대외지급준비금을 보유하는 기능을 한다.

07. 금융은 흑자경제주체와 적자경제주체 사이에 돈이 융통되는 것이고, 금융제도는 금융시장과 금융기관 그리고 이들을 운영하는 법규 등을 총괄하는 개념이다.

08. 금융시장별 주요금리가 결정되는 방식으로 금융통화위원회에서 결정하는 기준금리, 은행의 자금조달비용인 예금금리, 기준금리와 가산금리(리스크 프리미엄)를 합한 대출금리 등이 있다.

09. 금리는 시중자금사정의 판독기로 금리가 경제에서 중요한 이유는 저축과 투자활동, 물가, 나라 사이의 자금 흐름에 영향을 미치기 때문이다.

10. 금융시장이란 경제주체 사이에 돈의 융통, 즉 금융거래가 이루어지는 장소를 말한다. 그 매개수단인 증권 또는 채무증서를 금융자산 또는 금융상품이라 한다.

11. 직접금융시장은 거래되는 금융상품의 만기(통상 1년)를 기준으로 다시 자금시장과 자본시장으로 구분하고, 금융상품의 특성을 고려하여 외환시장과 파생금융상품시장을 별도로 구분한다.

12. 자금시장은 단기금융시장이라고도 하고, 만기 1년미만인 단기금융상품이 거래되는 시장으로 화폐시장이라고도 한다. 이 시장에는 콜시장, 환매조건부채권매매시장, 양도성예금증서시장, 기업어음시장, 통화안정증권시장 등이 있다.

13. 자본시장에서 주식이란 주식회사가 자본을 조달하여 사업밑천을 마련하기 위해 발행하는 증서이다. 주식시장의 유통시장으로 유가증권시장, 코스닥시장, K-OTC시장 등이 있다. 채권이란 정부나 지방자치단체, 공공기관, 금융기관, 기업 등이 정책이나 사업 수행에 필요한 자금을 빌려 장기간 쓰기 위해 발행하는 증서로써 채권의 가격과 수익률은 반대로 움직인다.

Chapter 14

경제성장, 경기변동 및 경제안정화

학습목표 경제성장의 요인, 경기변동의 원인, 경제안정화 정책

한 국가의 경제활동상황은 매년 다르지만 대부분의 경우 한 해 동안 생산한 재화와 서비스의 양은 그 전해에 비해 증가하는 경제성장이 이루어진다. 그 결과 모든 사람이 전에 비해 더 높은 생활수준을 누리고 있다. 이와 같이 장기적으로는 경제가 성장을 하는 추세가 나타난다. 그러나 단기적으로는 불황과 호황이 반복되어 나타나다. 즉 경기변동이 발생한다. 이 과정에서 실업과 인플레이션이 발생한다.

따라서 본 장에서는 경제성장의 요인, 경기변동의 원인, 그리고 실업과 인플레이션을 해결하기 위한 경제안정화 정책을 살펴본다.

1 경제성장

1) 경제성장의 정의와 의미

우리들이 오늘날 일상생활에서 소비하고 있는 의복, 냉장고, 에어컨, 자동차, 스마트폰 등은 불과 수십 년 전만 하더라도 매우 귀한 물건이었다. 당시에는 이런 물건을 구입하여 소비할 수 있는 사람은 극히 제한적이었다. 그러나 오늘날은 거의 대부분의 사람들이 이 같은 재화를 일상적으로 사용하고, 소비하고 있다. 이처럼 현재 생산되고 소비되는 상품의 양은 과거에 비해 비교가 되지 않을 정도로 늘어났다.

이와 같이 국민경제의 산출량이 시간이 지남에 따라 증가하는 것을 경제성장이라고 한다. 따라서 경제가 성장한다는 것은 국민들의 생활수준이 전반적으로 향상되는 것이다.

경제성장: 국민경제의 산출량이 시간이 지남에 따라 증가하는 것

8장에서 본 것처럼, 일국 생산물의 실질가치가 실질GDP이므로 경제성장률은 실질GDP증가율로 표현된다.

$$\text{경제성장률}(\%) = \frac{\text{당해연도 실질GDP} - \text{전년도 실질GDP}}{\text{당해연도 실질GDP}} \times 100$$

2) 경제성장의 요인

누구나 국민들의 전반적인 생활수준을 향상시키는 경제성장을 원한다. 그러나 세계 여러 국가들의 경제상황을 살펴보면 국가마다 생활수준에 엄청난 차이가 있음을 확인하게 된다. 미국, 일본, 독일 등 선진국의 1인당 국민소득은 인도, 인도네시

아, 나이지리아 같은 후진국 1인당 국민소득의 무려 10배가 넘는다. 이러한 국가 간 소득격차는 해당 국민들의 삶의 질의 격차로 나타난다. 소득수준이 높은 부유한 국가일수록 자동차, 전화, 텔레비전 등을 더 많이 보유하고 영양상태도 좋다. 주택도 안전하고 훌륭한 의료서비스를 누릴 수 있으며 평균수명도 길다. 이러한 차이를 어떻게 설명할 수 있을까?

어떤 국가의 소득이 다른 국가에 비해 월등하게 높은 원인은 다름 아닌 바로 경제성장의 차이이다. 물질적 풍요를 누리기 위해서는 욕구를 충족시켜 줄 수단인 재화나 서비스의 생산이 많이 이루어져야 한다. 그런데 보다 많은 재화와 서비스를 생산하기 위해서는 생산과정에 보다 많은 생산요소가 투입되어야 한다. 그리고 생산과정에 보다 많은 생산요소를 제공한 사람들에게는 생산요소의 제공에 대한 대가인 다양한 형태의 소득(임금, 이자, 지대)이 증가하게 된다. 생산요소를 제공한 사람들의 증가된 소득은 보다 많은 재화와 서비스의 구입과 사용으로 이어진다. 즉, 보다 많은 재화나 서비스의 생산은 사람들의 물질적 풍요로 이어진다. 그러므로 한 국가의 물질적 풍요를 달성시키는 기본적 요건은 무엇보다도 한 국민경제의 산출량이 시간이 지남에 따라 증가하는 경제성장을 이룩하는 것이다.

경제성장을 달성하는 방법은 크게 두 가지로 대별할 수 있다. 하나는 현재의 주어진 생산설비하에서 투입되지 않고 있는 유휴자원을 추가적으로 생산과정에 활용함으로써 산출량을 단기적으로 증가시키는 방법이고, 다른 하나는 경제의 생산능력 자체를 증가시켜 산출량을 증가시키는 방법이다. 물론 이상의 두 과정은 동시적으로 일어나며, 국민경제에 있어서 중요한 과제이다. 그러나 장기적 관점에서는 생산능력 자체의 확장이 더 중요하다고 볼 수 있다.

생산능력 자체의 확장을 위해서는 생산요소의 양이 증가하여 생산과정에 보다 많은 생산요소가 투입되거나, 생산요소의 양이 주어져 있는 경우에는 생산요소의 생산성이 향상되어야 할 것이다.

① 생산요소의 증가 및 생산성의 향상

생산과정에 투입되는 생산요소는 일반적으로 크게 노동과 자본 그리고 토지(즉, 자연자원)로 구분할 수 있다.

노동의 양은 일반적으로 인구의 증가와 비례한다. 그러나 인위적으로 출산율을 증대시켜 인구수를 늘리기는 현실적으로 한계가 존재한다. 하지만 다른 방법으로 노동의 양을 증가시킬 수 있다. 노동의 질을 향상시키는 것이다. 노동의 질이 향상되면 생산성의 향상으로 노동투입량이 증가하는 효과를 초래하기 때문이다. 노동의 질의 향상은 교육수준을 높임으로써 달성될 수 있을 것이다. 이런 교육에는 유아교육, 초등교육, 중등교육, 대학교육뿐만 아니라 성인노동인구들의 현장 직업훈련과 자기계발 등도 포함된다.

기계와 도구 같은 자본[1)]은 노동생산성을 향상시키므로 경제성장의 중요한 요인이다. 여러분들이 도구 없이 맨손으로 일할 때와 도구를 가지고 일할 때를 비교해 보면 자본이 생산성 향상의 중요한 요인이라는 것을 쉽게 인식할 수 있을 것이다. 자본의 증가는 현재 소비를 줄여서 그렇게 축적된 돈으로 기계와 도구를 만드는데 투자함으로서 이루어진다. 이런 점에서 경제학에서 투자라는 것은 어떤 사업에 돈을 투여하는 것을 의미하는 것이 아니라 기계와 도구 등의 자본을 증가시키는 것을 의미한다.

생산요소로서 토지(즉, 자연자원)는 토지뿐만 아니라 강물, 광물 등 자연에 의해 제공되는 모든 것을 의미한다. 자연자원 부존량의 차이는 세계 각국의 생활수준 격차와 어느 정도 상관관계가 있다. 역사적으로 미국 경제가 성공할 수 있었던 이유 중의 하나는 농사짓기 좋은 광활한 토지가 많이 있었기 때문이다. 오늘날 쿠웨이트나 사우디아라비아 같은 중동의 일부 나라들은 단지 세계적으로 가장 많은 양의 원유가 매장되어 있는 땅을 보유하고 있기 때문에 부자가 된 것이다.

1) 여기서 자본이란 밑천이라는 의미가 아니다. 경제학에서 자본이란 의미는 일반적으로 생산요소 중의 하나인 기계, 도구 등의 장비를 의미한다.

흔히들 빈곤의 원인을 자원부족 탓으로 돌린다. 그 이유는 자원이 부족하면 자원이 풍부한 국가에 비해 생산을 많이 할 수 없다는 단순한 논리에 사로잡혀 있기 때문이다. 그런데 국민들이 빈곤한 생활을 하고 있는 아프리카나 인도와 같은 나라들은 자원이 풍부한 반면, 싱가포르나 홍콩은 자원이 아주 부족한데도 잘 살고 있다. 이것은 무엇을 시사하고 있는가?

그것은 바로 경제성장을 달성하기 위해서는 자원의 부존량이 중요한 요소이기는 하지만 빈곤의 궁극적 원인이 아니라는 것을 시사하고 있다. 그러면 빈곤의 궁극적인 원인은 무엇인가? 그것을 알아보기 위해 싱가포르나 홍콩이 아프리카 등 여러 국가들에 비해 훨씬 잘 사는 이유를 살펴볼 필요가 있다. 이들 국가들은 적은 자원을 가지고 많은 부를 창조하고 있다. 이것이 가능한 이유는 싱가포르나 홍콩이 적은 자원을 가지고 더 많은 재화나 서비스를 생산할 수 있는 높은 기술력을 보유하고 있기 때문이다. 이것은 마치 이들 국가들은 아주 적은 쌀을 사용하여 커다란 뻥튀기를 만들어 낼 수 있는 뻥튀기 기계를 갖고 있는 것과 같다. 이와 같이 빈곤의 원인은 자원의 부족에 의해서만 전적으로 결정되기보다는 그보다 더 중요한 생산성에 의해 결정되는 것이다. 물론 기술력도 있으면서 자원이 풍부하다면 금상첨화일 것이다.

생산성 향상은 기술진보에 의해 이루어진다. 기술진보라는 것은 똑같은 양의 요소투입에도 불구하고 보다 많은 생산량을 산출하는 것이다. 발명과 혁신 등을 거쳐 기술진보가 이루어지면 주어진 요소부존량을 가지고 더 많은 재화나 서비스를 생산할 수 있으므로 경제가 급속도로 성장할 수 있다. 오늘날의 경제성장은 많은 부문이 기술진보에 기인한다고 보고 있다. 기술진보는 우연한 발명이나 발견으로 얻어질 수도 있다. 하지만 기술진보의 속도는 우연히 거저 공짜로 얻어지는 것은 아니며 많은 연구개발비, 오랜 연구기간, 많은 연구인력 투입의 결과물로서 얻어지는 것이다. 그러므로 기술진보를 위해서 연구개발을 위한 재정적·법률적 지원이 뒷받침되어야 할 것이다. 현재 거의 대부분의 국가들의 경우 연구개발을 지원하기 위하여 조세상의 지원, 금융상의 혜택, 지식재산권을 통한 법률적 보장을 통하여 연구개발을 적극적으로 장려하고 있다. 예를 들면, 정부부문의 연구시설에 대한 연구기능을 확대할 수 있도록 연구개발에 대한 지원을 늘리거나, 대학의 기금을 증가시키거나, 민간부분의 연구기관에 대한 조세유인을 늘리는 방법을 통하여 직접지원을 증가시키거나, 또한 정부가 신기술을 개발한 사람들에게 그 기술의 사용이나 판매에 따른 보상을 증가시킬 수 있도록 독점권을 주는 특허보호를 강화하는 것이다.

경제성장 요인: 생산요소 양, 생산성
교육 → 노동의 질 ↑ : 노동 투입량 증가 효과
자본(재) ↑ : 경제성장의 중요 요인 ⇐ 현재 소비 감소를 통한 자본축적
기술진보 ⇐ 연구 개발

② 경제성장을 위한 정부활동

위에서 국가의 생산능력은 생산요소의 양과 생산성에 의해 좌우된다는 사실을 확인하였다. 이제 세계 모든 국가의 당면목표인 경제성장을 위하여 정부가 어떤 정책을 시행해야 되는지를 살펴보자.

ⓐ 투자활동의 장려

보다 많은 재화나 서비스를 생산하기 위해서는 자본의 규모를 증대시켜야 하며, 자본의 규모를 증대시키기 위해서는 무엇보다도 투자에 소요되는 재원이 확보되어야 하며 또한 투자활동이 활발히 이루어져야 한다. 일반적으로 자본의 규모를 확대하기 위한 투자활동에 소요되는 투자재원은 대체로 두 가지 방법에 의하여 조달되는데, 하나는 국내 가계부문의 저축을 통하여 조달하는 방법이고, 또 다른 방법은 해외저축을 활용하여 투자재원을 마련하는 방법이다.

국내 가계부문으로부터 투자재원을 더 많이 조달하기 위해서는 국내저축이 증대되어야 한다. 정부가 저축률을 높이는 정책을 채택하는 이유가 바로 이 때문이

다. 그러나 국내저축만이 신규자본 투자재원을 마련하는 유일한 길은 아니고 외국자본에 의한 국내투자도 하나의 대안이다.

외국인의 투자에는 여러 가지 유형이 있을 수 있는데, 대표적인 것이 외국의 개인이나 법인에 의해 국내 공장이나 기업이 소유되고 운영되는 외국인 직접투자, 외국인 자본으로 재원을 조달하고 내국인에 의해 운영되는 외국인투자 등이 있다. 이 두 경우 모두 외국인들이 자본축적이 필요한 국가에 자본을 공급하는 것이다. 즉, 외국인의 저축이 국내의 투자재원으로 활용되는 셈이다. 물론 투자 과실의 일부가 외국인의 몫으로 돌아간다. 하지만 외국인의 투자로 인해 해당 국가의 자본규모가 늘어나고, 자국의 생산이 증가하며 근로자의 실질임금도 상승한다. 또한 후진국의 기업들은 해외로부터의 투자를 통해 선진국의 최신기술을 도입할 수도 있는 이점도 있다. 이러한 이유로 후진국들은 해외자본을 적극적으로 유치하고자 많은 노력을 기울인다. 그런데 해외 자본을 유치하기 위해서는 국내기업에 대한 외국인 소유에 관한 규제를 완화하여야 하는 경우가 많다.

하지만 투자규모를 확대하여 자본규모를 증가시켜 경제성장이라는 목표를 달성하기 위해서는 또 다른 대가를 치러야 한다는 사실을 간과해서는 안 될 것이다. 만일 어느 경제가 현재에 자본재를 많이 생산하면 미래에 사용할 수 있는 자본재의 양이 증가하고 이를 바탕으로 여러 종류의 재화와 서비스를 더 많이 생산할 수 있게 될 것이다. 하지만 자원은 희소하기 때문에 현재의 자본재를 더 많이 생산하려면 당장 소비할 재화의 생산에 대한 자원투입량을 줄여야 한다. 즉, 어떤 사회가 자본에 대한 현재의 투자를 늘리려면 현재의 소비를 줄이고 저축을 늘려야 하는 것이다. 따라서 자본축적에서 비롯되는 경제성장은 공짜가 아니다. 미래에 높은 소비수준을 달성하기 위해서는 현재 소비를 희생해야 한다.

ⓑ 양질의 교육

교육은 장래의 노동력 공급자인 집단에 대한 투자활동이라 할 수 있다. 양질의 교육을 받은 개개인들은 장래의 생산활동과정에 투입되어 높은 생산성을 발휘하여 국가경제의 성장동력으로서 제 역할을 다 할 수 있을 것이다. 또한 양질의 교육을 받은 개인들은 생산과정에서 높은 생산성을 발휘한 대가로서 높은 임금을 받을 수 있을 것이다. 대체로 학교교육을 더 받으면 받을수록 평균적으로 임금이 상승하며, 특히 인적자본이 부족한 후진국에서는 교육을 받은 근로자와 교육을 받지 못한 근로자들 사이의 생산성 차이로 인하여 노동자간 임금격차가 훨씬 더 크다.

따라서 정부는 교육을 통하여 차세대 성장동력을 강화하고 더 나아가 국민들의 생활수준을 향상시키고 소득분배의 불균형을 완화하기 위해 취할 수 있는 정책은 좋은 학교를 만들고 우수한 교육자를 양성하여 보다 많은 국민들이 양질의 학교교육을 받도록 장려하는 일이다. 정부가 공교육을 활성화시키려는 정책을 채택하는 이유가 바로 여기에 있다.

ⓒ 재산권보호와 정치적 안정

시장경제가 잘 작동하기 위해서는 시장에서 만나 다양한 경제활동을 하는 경제주체들이 안심하고 경제적 거래를 할 수 있는 여건의 조성이 무엇보다 중요하다.

예를 들어 재산권이 잘 정립되어 있지 않은 사법제도를 운영하는 후진국의 경우에 계약이 준수되지 않거나 사기가 묵인되는 경우도 있고, 극단적으로 정부가 재산권을 잘 집행하지 못할 뿐만 아니라 오히려 재산권을 침해는 사례도 발생한다. 또한 어떤 나라에서는 사업을 하기 위해 권력을 지닌 공무원들에게 뇌물을 주는 것이 관례로 되어 있다. 이러한 뇌물은 시장의 조정능력을 훼손시키는 것은 물론 국내저축과 해외로부터의 자본유입을 저해한다. 그러므로 재산권이 명확하게 정립되어 있지 않은 사법제도를 갖춘 국가의 경우에는 개별경제주체들이 안정적인 기대를 가지고 자유로이 경제활동을 수행하기 어렵게 되어 개별경제주체들의 경제활동이 위축되고 경제의 비효율성을 초래하게 되는 것이다.

그러므로 이들 국가에서는 경제가 활발하게 운영되기 위해서는 법원이 엄격한 형법제도를 통해 절도행위 등에 대하여 엄벌을 가하여 직접적으로 개인의 재산권을 침해하는 행위를 억제하여, 민법제도를 통해서는 매입자와 판매자가 계약조건을 성실하게 이행하도록 보장하고 거래당사자가 안심하고 교환할 수 있는 여건을 마련하여, 우리의 귀중한 자원을 사용하여 생산한 각종 재화나 서비스가 가장 높은 용도로 활용되도록 하여야 한다. 그런 경우에만 활발한 경제활동이 이루어지고 보다 안정적인 경제성장을 달성할 수 있을 것이다.

또한 어떤 경제의 정치적 불안은 단순히 사회적 불안만을 야기시키는 것이 아니라 경제적으로도 개인의 재산권에 대한 위협과 불안을 초래한다. 예를 들어 군사적 쿠데타나 정치적 소요가 흔한 국가에서는 미래에 개인의 재산권이 어떻게 보호될 것인지에 대한 불안이 상존하게 된다. 만일 군사적 쿠데타를 통해 혁명정부가 들어서는 경우, 혁명정부는 부정부패의 척결을 통하여 혁명정부의 정치적 대의명분을 확립하기 위하여 개인의 재산과 기업 그리고 자본재를 몰수한다면 내국인들의 저축, 투자 혹은 창업의 인센티브가 없어지고 외국인들의 경우에는 이들 국가에 투자할 유인이 없어진다. 즉, 어떤 경제의 정치적 불안은 그 경제의 성장동력을 잠식하고 침체시키는 중요한 요인이 될 수 있는 것이다. 이처럼 경제적 번영은 정치적 안정에 뿌리를 두고 있다. 효율적인 사법제도, 정직한 공무원 그리고 안정적인 헌법을 지닌 나라들이 사법제도가 부실하고, 관리들이 부패하고, 혁명과 군사쿠데타가 잦은 나라에 비해 높은 생활수준을 누릴 수 있는 것이다.

ⓓ 자유무역

무역은 어떤 의미에서 하나의 마술(교환의 기술진보)이다. 만약 석유가 전혀 생산되지 않고 쌀을 생산하는 국가와 쌀이 전혀 생산되지 않고 석유만 생산하는 국가가 존재한다고 하자. 당연히 이들 국가들은 자체적으로는 생산되지 않는 석유와 쌀을 확보할 수 있는 방법은 전혀 존재하지 않는다. 하지만 이들 국가들이 각각 자국에서 생산한 쌀과 석유를 국제시장에서 만나 교환하게 된다면 이들 국가들은 마치 쌀을 석유로 석유를 쌀로 변환시키는 기술을 개발한 것과 같은 결과를 얻게 된다. 국제시장에서 국가 간의 교환행위가 바로 무역이다. 이처럼 이들 교역당사국들은 무역의 결과로서 교역이전에는 획득할 수 없었던 자원들을 국가 간의 교환행위를 통해서 확보하게 되는 것이다. 교역에 참여한 이들 당사국 국민 모두들은 예전에는 소비가 불가능했던 재화들을 소비가능하게 되고 이를 통하여 다양한 욕구를 충족시킬 수 있는 수단들을 확보하게 되어 상호이익을 얻을 수 있다. 그러므로 국가 간의 무역장벽을 제거함으로써 예전에는 달성할 수 없었던 중요한 교환상의 기술진보에 따른 경제성장을 경험할 수 있는 것이다.

ⓔ 인구성장 억제

한 나라의 생활수준은 인구규모와 인구성장 속도에 의해서도 영향을 받는다. 분명히 인구규모는 한 나라의 노동인구규모를 결정하는 중요한 변수이다. 미국이나 일본처럼 인구가 많은 나라의 GDP가 룩셈부르크나 네덜란드처럼 인구가 적은 나라에 비해 큰 것은 놀라운 일이 아니다.

하지만 인구증가율이 경제성장속도보다 빠르면 1인당 GDP에 어떤 영향을 미칠까? 인구증가율이 경제성장속도보다 높으면 1인당 GDP가 줄어든다. 왜냐하면 급속한 인구증가로 인하여 근로자의 수가 빠른 속도로 증가하면 근로자 한 사람에게 돌아가는 다른 생산요소들의 양이 작아지기 때문이다. 즉, 인구성장 속도가 빠르면 각 근로자에게 많은 양의 자본재를 배분하기 어렵고 1인당 자본의 양이 작을수록 생산성이 하락하므로 1인당 GDP도 감소한다.

그러므로 인구성장률이 경제성장률보다 높은 후진국과 개발도상국들의 경우 빈곤으로부터 탈출하기 위해서 인구성장률을 낮추는 것이 생활수준을 올리는 방법 중의 하나로 널리 인식되어왔다. 그래서 어떤 국가에서는 인구증가를 억제하기 위해 가족당 자녀의 수를 법으로 제한하기도 한다. 예를 들어 최근 급속한 경제성장을 하고 있는 중국에서는 가구당 1명의 자녀만 허용되며 이 법을 어기는 부부들은 상당한 벌금을 물게 된다. 좀 더 자유로운 나라에서는 산아제한에 대한 인식을 높이는 간접적인 방식으로 인구성장을 억제하고 있다. 과거 우리나라의 경우에는 "아들, 딸 구별말고 둘만 낳아 잘 기르자"는 캠페인을 벌여 출산율을 낮추려고 노력하였다.

인구증가를 억제하기 위해 사용할 수 있는 또 다른 방법 중의 하나는 사람들이 경제적 유인에 반응하도록 하는 것이다. 다른 모든 의사결정과 마찬가지로 아이를 낳아 기르는 데도 기회비용이 따른다. 따라서 육아에 대한 기회비용이 늘어나면 사람들은 당연히 아이를 덜 낳으려고 할 것이다. 여성의 경우, 교육을 많이 받고 좋은 직장을 가진 여성들이 가정을 벗어나면 아무런 기회도 없는 여성에 비해서 원하는 자녀수가 더 적다. 따라서 저개발국가의 경우 남녀 기회균등을 촉진하는 정책은 인구증가율을 낮추는 하나의 대안이다.

하지만 자식을 낳아 기르는 것에 대한 기회비용이 너무 높아지면 오히려 인구규모를 급감시켜 장래 국가의 성장동력원이 부족하게 되어 장기적인 경제성장을 달성할 수 없는 경우도 발생할 수 있다. 우리나라의 경우에 자식들의 육아비용이나 교육비용 등이 부담되어 자식을 적게 낳으려는 경향이 있었다. 그러나 최근 우리나라의 경우 출산율이 급격히 하락하여 정부의 고민거리로 등장하고 있다. 그러므로 정부나 지방자치단체가 출산비용이나 육아비용 특히 교육비용을 일부 보조하여 출산율을 높이려는 유인을 제공하고자 한다.

ⓕ 연구개발의 지원

과거에 비해 오늘날 생활수준이 더 높은 주된 이유는 기술지식의 진보 때문이라는 사실은 재차 강조하지 않아도 될 것이다. 그러므로 정부는 연구개발을 수행하는 기업에 대한 세제지원 등을 통해 새로운 지식의 발견을 장려하고 특허제도를 통해 발명을 위해 투자한 사람들에게 일정한 기간 동안만이라도 발명으로부터 창출되는 이익을 차지할 수 있도록 보장함으로써 개인과 기업에게 연구개발을 수행할 경제적 유인을 제공하기 위해, 정책적으로 연구개발을 촉진하고 있다.

> **경제성장 위한 정부활동:** 투자활동 장려, 양질의 교육, 재산권 보호와 정치적 안정, 자유무역, 인구성장 억제, 연구개발 지원

2 경기변동

1) 경기변동의 정의와 원인

한 국가의 경제활동상황은 매년 다르지만 대부분의 경우 한 해 동안 생산한 재화와 서비스의 양은 그 전해에 비해 증가하는 것이 정상이다. 왜냐하면 시간이 흐를수록 경제활동인구의 규모가 늘고, 자본이 축적되고, 기술이 진보하여 경제의 생산능력이 높아지기 때문이다. 경제의 생산능력이 높아지면 모든 사람이 더 높은 생활수준을 누릴 수 있게 된다.

그러나 어떤 해에는 경제가 이처럼 정상적으로 성장하지 않는 경우가 있다. 기업이 만들어 낸 재화와 서비스를 다 판매할 수 없어서 생산을 줄여야만 하는 경우가 있다. 상황이 심각하면 근로자들이 해고되고 실업률이 높아지며 공장은 가동을 멈추게 된다. 국가 전체적으로는 재화와 서비스의 생산이 줄어들고 국민소득이 하락한다. 이처럼 국민소득이 하락하고 실업이 증가하는 현상을 경기침체라 하고 그 정도가 심하면 불황이라 한다.

또한 어떤 해에는 기업이 생산한 재화나 서비스가 생산하는 즉시 전량 판매되고 주문량이 누적되는 경우도 있다. 이에 따라 기업은 기존 근로자들의 근무시간을 연장하거나 공장을 완전가동하게 되고 근무시간의 연장으로도 주문량을 소화할 수 없는 경우에는 추가적으로 신규 근로자를 고용하기도 하여 실업률은 하락하게 된

그림 14-1 경기변동

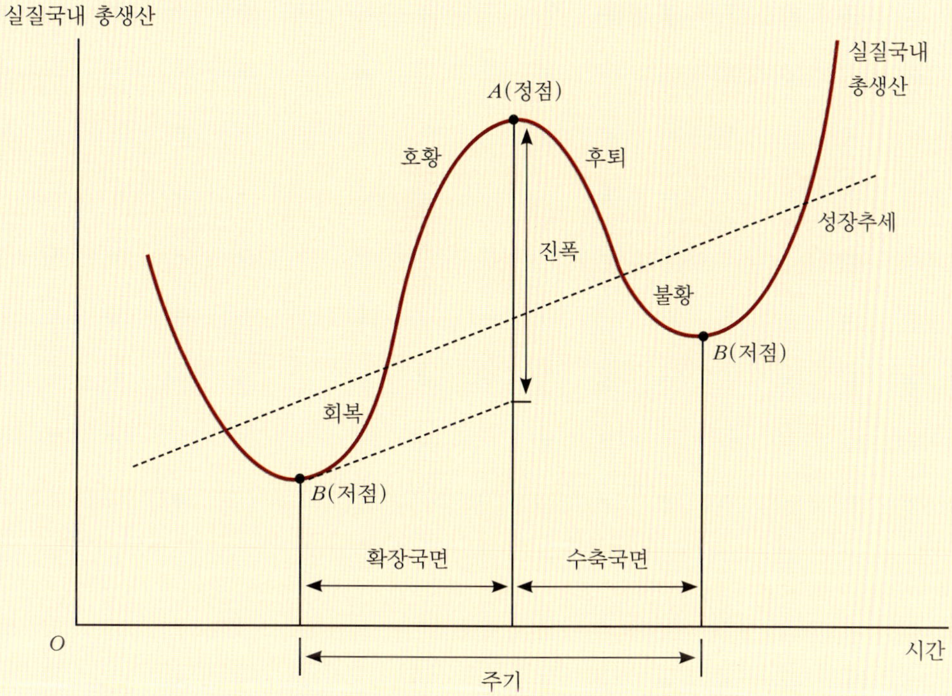

다. 그래도 주문량이 쇄도하는 경우에는 기업은 설비규모를 확장하기 위한 투자계획을 수립하게 된다. 이 과정에서 재화와 서비스의 생산은 증가되고 국민소득은 상승하게 된다. 이처럼 국민소득이 증가하고 실업이 감소하는 현상을 경기확장이라 하고 그 정도가 활발하면 호황이라 한다. 이렇게 불황과 호황이 반복되어 나타나는 현상을 경기변동이라 한다.

경기변동: 불황과 호황이 반복되어 나타나는 현상

경기변동이 발생하는 이유는 단기적으로 총수요와 총공급의 불일치가 발생하

기 때문이다. 8장 3절에서 본 것처럼, 물가수준과 국민소득은 총수요와 총공급이 일치하는 수준에서 결정된다. 그러므로 불황은 단기적으로 총수요가 감소하거나 총공급이 감소할 때 발생한다. 반면 호황은 단기적으로 총수요가 증가하거나 총공급이 증가할 때 발생한다.

경기변동 원인: 단기적으로 총수요와 총공급의 불일치
불황 원인: 총수요 ↓ 또는 총공급 ↓
호황 원인: 총수요 ↑ 또는 총공급 ↑

단기적으로 총수요는 다음과 같은 경우에 감소한다.

가계부분의 소비심리가 위축되어 물가수준에 관계없이 소비수요가 감소하는 경우, 기업가들이 미래를 비관적으로 전망하여 투자수요를 줄일 경우, 정부가 지출을 감소하는 경우, 외국에서 우리나라 제품에 대한 수요가 감소하는 경우, 장래에 물가가 오를 것이라고 예상하는 경우에는 물가가 하락할 때까지 물품구입을 미루기 때문에 총수요는 감소한다. 반대의 경우에는 단기적으로 총수요가 증가한다.

단기적으로 총공급은 다음과 같은 경우에 감소한다.

임금과 기타 생산요소가격이 인상되는 경우, 경제 내의 노동과 자본의 양이 줄어드는 경우, 즉 노동인구가 감소하고, 기업이 신규투자를 줄이고, 미래의 인플레이션율이 현재 진행되는 인플레이션율보다 높아질 것이라고 예상되는 경우에 각 물가수준에서 종전보다 생산이 감소하여 총공급이 감소한다. 반대의 경우에 단기적으로 총공급이 증가한다.

2) 경기지표

지나치게 경기가 침체되면 대량의 실업과, 경기가 과열되면 지나친 인플레이션 등 경제에 많은 문제점을 발생시킨다. 따라서 경제의 총체적 활동상황을 파악

하여 적절한 경제정책을 실시하기 위해서는 경제상황을 알려주는 지표가 필요하다. 왜냐하면 현재의 경기상태를 파악하여 경제가 어느 방향으로 변동하는가를 미리 예견할 수 있다면 경기변동에 따른 예방이나 준비도 가능하기 때문이다. 이와 같이 국민경제 전체의 경기동향을 파악하기 위하여 각종의 지표를 종합하여 작성된 지표가 경기지표이다. 현재 널리 이용되고 있는 경기지표로는 '경기종합지수(CI: Composite Index)', '경기동향지수(DI: Diffusion Index)', '기업실사지수(BSI: Business Survey Index)', '소비자태도지수(CSI: Consumer Sentiment Index)' 등이 있다.

① 경기종합지수

경기종합지수는 경기와 연관이 높다고 판단한 여러 가지 경제지표를 모아서 만든 지수이다. 경기종합지수가 전월에 비해서 높아지면 경기가 상승했다는 것을, 경기종합지수가 전월에 비해 낮아지면 경기가 하락했다는 것을 나타낸다. 경기종합지수의 상승비율이나 하락비율이 높으면 경기가 그만큼 크게 변동한다는 의미이다. 경기종합지수는 경기동행지수, 경기선행지수, 경기후행지수로 구성되어 있다. 즉, 경기종합지수는 기준순환일(경기전환점)에 대한 시차(time lag) 정도에 따라 선행, 동행(현재) 및 후행 종합지수의 3개 군으로 구분되는데, 각 지수의 구성지표수는 선행 9개, 동행 7개, 후행 6개로 되어 있다. 경기선행지수가 위에서 밑으로 혹은 밑에서 위로 방향을 바꾸는 전환점은 '기준순환일'보다 3~8개월 앞선다. 즉, 선행지수의 방향이 바뀌면 3~8개월 뒤에는 경기흐름이 바뀔 것을 의미한다. 동행지수의 전환점은 경기전환점과 거의 일치한다. 후행지수의 전환점은 기준순환일보다 2~9개월 뒤에 온다. 장기적으로 이들 3가지 경기지수 추이를 종합해보면 경기흐름을 웬만큼 알 수 있다. 단기적으로는 선행지수 추세만 봐도 경기가 장차 어떤 방향으로 움직일지 대략 알 수 있다.

우리가 흔히 방송이나 신문매체를 통하여 자주 접하는 대표적인 경기지수들에는 종합주가지수, 산업생산지수, 생산자출하지수, 생산자제품재고지수 등이 있다.

이제 이들 지수들을 통해서 우리가 얻을 수 있는 경제정보들은 무엇인가?

선행지수의 하나인 종합주가지수는 증권거래소에서 거래종목 전체의 주가 움직임을 지수로 만든 것으로 정식명칭은 '코스피지수(KOSPI: Korea Composite Stock Price Index)'이다. 코스피지수를 보면 거래소시장의 전체 추세를 가늠해 볼 수도 있고, 개별 종목을 얼마나 매매할지를 결정하는 데에 참고할 수도 있다. 증시는 경기상황을 반영하므로 종합주가지수를 보고 경기를 판단할 수도 있다. 특히 주가는 보통 실제경기를 4~6개월 정도 앞서 움직인다고 보고 있다. 그러므로 종합주가지수의 움직임을 보고 경기를 예측하기도 한다.

현재의 경기상황을 나타내는 동행지수의 하나인 산업생산지수는 산업 전반에 걸친 생산량의 추이를 지수로 만든 것인데, 국내에서 생산되는 상품 전체의 생산량을 조사하기란 사실 불가능하다. 그래서 생산수준에 영향을 가장 크게 미치는 광업, 제조업, 전기·가스업을 골라 해당업종 가운데 주요품목을 골라서 각각의 지수를 만든 다음 종합해서 전산업 평균 산업생산지수를 작성한다. 따라서 산업생산지수가 커지면 그만큼 생산이 확대되고 경기가 좋아진다. 산업 전체의 생산량이 늘어나고 GDP규모도 커진다. 반대로 산업생산자지수가 작아지면 생산실적과 경기상황은 나빠진다. 그러므로 산업생산지수의 움직임을 살펴보면 생산활동의 수준과 추이, 국민경제 전체 동향도 파악할 수 있다.

경기가 좋아지면 상품이 잘 팔려나가고, 기업의 창고에 쌓인 재고는 줄어들 것이다. 반대로 경기가 나빠지면 상품의 판매가 부진하고, 기업의 창고에 쌓인 재고는 많아질 것이다. 따라서 상품이 팔려나가는 정도와 창고에 쌓인 재고의 정도를 보아도 경기의 상황을 짐작할 수 있을 것이다. 이를 측정하여 지수로 나타낸 것이 바로 '생산자출하지수(동행지수)'와 '생산자제품재고지수(후행지수)'이다. 생산자출하지수는 경기의 움직임과 같은 방향으로 움직이고, 생산자제품재고지수는 경기의 움직임과 반대방향으로 움직인다.

표 14-1 경기종합지수의 구성지표

<table>
<tr><th colspan="2">경제부문</th><th>지표명</th><th>내용</th><th>작성기관</th></tr>
<tr><td rowspan="10">선행 종합 지수의 구성 지표 (9개)</td><td>고용</td><td>구인구직비율</td><td>신규구인인원/신규구직자수×100</td><td>한국고용정보원</td></tr>
<tr><td>생산</td><td>재고순환지표</td><td>생산자제품제조업출하 전년동월비 – 생산자제품제조업재고 전년동월비</td><td>통계청</td></tr>
<tr><td>소비</td><td>소비자기대지수</td><td>경기, 생활형편, 소비지출전망, CSI를 평균</td><td>한국은행</td></tr>
<tr><td rowspan="2">투자</td><td>기계류내수출하지수</td><td>설비용기계류에 해당하는 99개 품목(선박 제외)</td><td>통계청</td></tr>
<tr><td>건설수주액(실질)</td><td></td><td>통계청</td></tr>
<tr><td rowspan="2">대외</td><td>수출입물가비율</td><td>수출물가지수/수입물가지수×100</td><td>한국은행</td></tr>
<tr><td>국제원자재가격지수(역계열)</td><td>TRJ/CRB지수(월평균)×기준환율(월평균)</td><td>CRB, 서울외국환중개(주)</td></tr>
<tr><td rowspan="2">금융</td><td>코스피지수</td><td>월평균</td><td>한국거래소</td></tr>
<tr><td>장단기금리차</td><td>국고채유통수익률(월평균) – 무담보콜금리(1일물, 중개거래, 월평균)</td><td>한국은행</td></tr>
<tr style="display:none"></tr>
<tr><td rowspan="7">동행 종합 지수의 구성 지표 (7개)</td><td>고용</td><td>비농림업취업자수</td><td>취업자수 – 농림어업취업자수</td><td>통계청</td></tr>
<tr><td rowspan="2">생산</td><td>광공업생산지수</td><td>광업, 제조업, 전기·가스업(대표품목 633개)</td><td>통계청</td></tr>
<tr><td>서비스업생산지수</td><td>도소매업 제외</td><td>통계청</td></tr>
<tr><td rowspan="2">소비</td><td>소매판매액지수</td><td>소매업, 자동차판매 중 승용차</td><td>통계청</td></tr>
<tr><td>내수출하지수</td><td>광업, 제조업, 전기·가스업(내수용)</td><td>통계청</td></tr>
<tr><td>투자</td><td>건설기성액(실질)</td><td></td><td>통계청</td></tr>
<tr><td>대외</td><td>수입액(실질)</td><td>수입(CIF)/수입물가지수</td><td>관세청</td></tr>
<tr><td rowspan="5">후행 종합 지수의 구성 지표 (5개)</td><td>고용</td><td>상용근로자수</td><td></td><td>통계청</td></tr>
<tr><td>생산</td><td>생산자제품재고지수</td><td>광업·제조업(대표품목 519개)</td><td>통계청</td></tr>
<tr><td>소비</td><td>도시가계소비지출(실질)</td><td>도시가계소비지출/소비자물가지수</td><td>통계청</td></tr>
<tr><td>대외</td><td>소비재수입액(실질)</td><td>소비재수입액/소비재수입물가지수</td><td>관세청</td></tr>
<tr><td>금융</td><td>회사채유통수익률</td><td>잔존기간 3년물의 보증부 사채 단순평균수익률</td><td>금융투자협회</td></tr>
</table>

② 경기동향지수

경기종합지수와 함께 종합경기지표로 활용되는 경기동향지수(또는 경기확산지수: DI)가 있다. 경기동향지수도 경기종합지수에서와 같이 선행, 동행 및 후행지수의 3개 군으로 구분되어 작성된다. 작성방법은 각 군의 총구성지표수에서 차지하는 증가지표수와 보합지표수를 파악하여 다음과 같이 계산하는데 0~100의 수치로 표시된다.

$$경기동향지수 = \frac{증가지표수 + (보합지표수 \times 0.5)}{구성지표수}$$

경기동향지수가 50을 초과하면 경기는 확장국면에, 50 미만이면 수축국면에 있음을 나타내며, 50이면 전환점에 있는 것으로 간주된다.

③ 기업경기실사지수

기업경기실사지수(BSI)란 경기에 대한 기업가들의 판단, 예측 및 계획 등이 단기적인 경기변동에 중요한 영향을 미친다는 경험적인 사실에 바탕을 두고 설문서를 통해 기업가의 경기동향 판단, 예측 등을 조사하여 지수화한 것이다. 한국은행을 비롯해 산업은행, 무역협회, 전국경제인연합회 등에서 분기 또는 월마다 작성하고 있다.

$$기업경기실사지수 = \frac{[(긍정적\ 응답업체수 + 부정적\ 응답업체수) \times 100]}{전체응답업체수} + 100$$

기업경기실사지수는 0~200의 값을 가지며 동 지수가 100 이상인 경우 경기를 긍정적으로 보는 업체수가 부정적으로 보는 업체에 비해 많다는 것을 의미하며 100 이하의 경우는 그 반대를 나타낸다. 기업경기실사지수는 경기동향지수와는 달리 경기전환점의 판단기준 값이 100이라는 사실에 주의해야 한다.

④ 소비자태도지수

소비자태도지수는 소비자의 경기에 대한 인식이 향후 소비행태에 영향을 미치게 되므로 경기동향 파악 및 예측에 유용한 정보가 된다는 전제하에 소비자의 현재 및 장래의 재정 상태, 소비자가 보는 경제 전반의 상황과 물가, 구매조건 등에 대해 설문조사를 하고 이를 지수화한 것이다. 한국은행에서는 소비자동향지수라는 이름으로 분기별로 작성되고 있으며 통계청에서는 소비자평가지수 및 소비자기대지수라는 이름으로 월별로 작성되고 있다.

통계청에서는 6개월 전과 비교해 현재의 경기·생활형편 등에 대한 소비자들의 평가를 나타내는 소비자평가지수, 그리고 현재와 비교하여 6개월 후의 경기·생활형편, 소비지출 등에 대한 소비자들의 기대심리를 나타내는 소비자기대지수를 구분해 발표한다. 소비자기대지수는 전체 조사대상이 2,000가구를 상대로 앞으로 6개월 뒤의 소비자 동향을 설문 조사를 통해 작성한 지수로 기준은 100이다. 100일 경우는 6개월 후의 경기, 생활형편 등에 대해 현재보다 긍정적으로 보는 가구와 부정적으로 보는 가구가 같은 수준임을 뜻하고, 답변자가 현재보다 소비를 늘리겠다는 응답이 많으면 100을 넘어서고, 소비를 줄이겠다는 사람이 많으면 100보다 낮아진다.

경기지표

경기종합지수(CI) : 경기동행지수, 경기선행지수, 경기후행지수로 구성
: 전월 비해 높아지면 경기가 상승

경기동향지수(DI) : DI>50 → 확장국면, DI>50 → 수축국면, DI=50 → 전환점

기업실사지수(BSI) : 경기 긍정적 업체수>경기 부정적 업체수 → BSI>100
경기 긍정적 업체수<경기 부정적 업체수 → BSI<100

소비자태도지수(CSI) : 6개월 후 소비자 동향
: 소비증가 가구>소비감소 가구 → CSI>100
소비증가 가구<소비감소 가구 → CSI<100

3 경제안정화 정책

실업과 인플레이션이 발생하면 개인적으로나 사회적으로 여러 가지 문제를 발생시킨다. 따라서 정부는 실업과 인플레이션을 방지하기 위한 정책을 시행한다. 이런 정책을 경제안정화 정책이라고 한다. 실업을 해결하는 것이 고용안정이고, 인플레이션을 해결하는 것이 물가안정이다. 따라서 실업 해결과 인플레이션 해결을 위한 물가안정과 고용안정을 추구하는 경제정책을 경제안정화 정책이라고 한다. 실업의 대다수를 차지하는 것이 경기적 실업이다. 고용안정을 위한 실업 대책이 바로 경기적 실업을 해소하는 정책이다.

위에서 본 바와 같이, 불황과 그에 따른 경기적 실업은 총수요가 감소하거나 총공급이 감소할 경우에 발생한다. 인플레이션은 총수요가 증가하거나 총공급이 감소할 경우에 발생한다. 따라서 불황(및 경기적 실업)과 인플레이션을 해결할 수 있는 방안은 총공급을 증가시키는 것이다. 그러나 총공급의 증가는 기술혁신과 임금하락 등에 의해 가능하다. 하지만 기술혁신은 단기간에 달성되는 것이 불가능하고, 임금하락도 노조의 거부와 정부의 최저임금제로 불가능하다. 따라서 고용안정과 물가안정을 위한 경제안정화 정책은 총수요를 관리하는 정책에 의존하게 된다.

경제안정화 정책: 고용안정과 물가안정을 위한 정책
⇒ 실업과 인플레이션을 방지하기 위한 정책

경제안정화 정책은 크게 재정정책과 금융정책으로 나누어진다. 재정정책이란 정부지출이나 조세를 변동시키는 정책이다.[2] 금융정책은 통화당국인 중앙은행이 통화량을 조정하여 이자율을 변동시키는 정책이다. 통화정책이라고도 한다. 이하에

2) 정부의 경제활동을 재정이라고 하며, 정부의 경제활동은 조세를 거두어 그것으로 지출한다. 따라서 조세부과와 정부지출이 정부의 경제활동으로서 재정이다. 그러므로 정부지출이나 조세를 변동시키는 정책을 재정정책이라 한다.

서는 재정정책과 금융정책이 총수요를 통해 고용과 물가에 미치는 영향을 구체적으로 살펴보고, 고용안정과 물가안정 대책을 살펴본다.

재정정책: 정부지출이나 조세를 변동시키는 정책
금융정책: 통화당국인 중앙은행이 통화량을 조정하여 이자율을 변동시키는 정책

1) 재정정책의 효과

총수요의 구성요소 중 하나인 정부지출을 늘리면 총수요가 증가한다. 그로 인해 생산, 소득, 고용 그리고 물가가 상승한다. 정부지출이 이런 것들에 대한 파급효과는 생각보다 크다. 정부가 도로 및 댐 건설 등 공공근로사업을 실시하여 정부지출을 늘리게 되면, 사업에 소요되는 것들에 대한 수요가 증가된다. 아울러 새로운 일자리도 생겨 소득이 창출되고 소비가 증가되어 다시 총수요가 증가된다, 이로 인해 기업의 판매 증가 → 생산증가 → 고용증가 → 소득증가 → 소비증가 → 판매증가로 계속 파급된다. 이것은 정부가 100억을 지출하면 생산의 증가(국민소득의 증가)가 몇 배인 300~400억으로 증가할 수 있다는 것을 의미한다. 이것을 승수효과(Multiplier effect)라고도 한다. 아울러 정부지출이 증가하면 총수요의 증가로 물가도 같이 상승한다. 이와 같이 정부지출이 증가하면 총수요가 증가하여 생산, 소득, 고용 그리고 물가가 상승한다. 즉, 경기는 호전되고 인플레이션이 발생한다. 반대로 정부지출을 줄이면 총수요가 감소하여 생산, 소득, 고용 그리고 물가가 하락한다. 즉, 경기가 침체되고 물가가 하락하는 디플레이션이 발생한다.

한편 조세가 증가하면 가계의 소득이나 기업의 이윤이 감소하여 소비와 투자의 감소로 총수요가 감소한다, 그 결과 생산, 소득, 고용 그리고 물가가 하락한다. 즉, 경기가 침체되고 물가가 하락하는 디플레이션이 발생한다. 반대로 조세를 낮추면 가계의 소득이나 기업의 이윤이 증가하여 소비와 투자의 증가로 총수요가 증가

한다. 그 결과 생산, 소득, 고용 그리고 물가가 상승한다. 즉, 경기는 호전되고 인플레이션이 발생한다.

이와 같이 정부지출을 증가시키면 고용안정은 달성할 수 있으나 물가안정에는 실패한다. 반면 정부지출을 감소시키면 물가안정은 달성할 수 있으나 고용안정에는 실패한다. 조세를 증가시키면 물가안정은 달성할 수 있으나 고용안정에는 실패한다. 반면 조세를 감소시키면 고용안정은 달성할 수 있으나 물가안정에는 실패한다.

정부지출↑(↓) → 총수요↑(↓) ⇒ 생산↑(↓), 고용↑(↓), 소득↑(↓), 물가↑(↓) (인플레이션, 디플레이션)
조세↓(↑) → 총수요↑(↓) ⇒ 생산↑(↓), 고용↑(↓), 소득↑(↓), 물가↑(↓)(인플레이션, 디플레이션)

2) 금융정책의 효과

금융정책은 통화당국인 중앙은행이 통화량을 조정하여 이자율을 변동시키는 정책이다. 통화량이 증가하면 시중에 돈이 풍부하여 이자율이 하락하고, 그 결과 차입비용이 낮아지므로 소비와 투자가 증가하여 총수요가 증가한다. 통화량이 감소하면 반대로 시중에 돈이 부족하여 이자율이 상승하고, 그 결과 차입비용이 높아지므로 소비와 투자가 감소하여 총수요가 감소한다.

통화량이 증가하면 총수요가 증가하여 생산, 소득, 고용 그리고 물가가 상승한다. 즉, 경기는 호전되고 인플레이션이 발생한다. 반대로 통화량을 줄이면 총수요가 감소하여 생산, 소득, 고용 그리고 물가가 하락한다. 즉, 경기가 침체되고 물가가 하락하는 디플레이션이 발생한다. 이와 같이 통화량을 증가시키면 고용안정은 달성할 수 있으나 물가안정에는 실패한다. 반면 통화량을 감소시키면 물가안정은 달성할 수 있으나 고용안정에는 실패한다.

3) 경제안정화 대책

위에서 본 바와 같이, 경기회복 및 고용안정을 위해서는 총수요를 증가시키는 정책이 필요하다. 이를 위해서는 정부지출을 증가시키거나 또는 조세를 낮추는 재정정책이 요구되고, 통화량을 늘리는 금융정책이 필요하다. 이것을 각각 확대재정정책, 확대금융정책이라고 한다.

반면에 물가안정을 위해서는 총수요를 감소시키는 정책이 필요하다. 이를 위해서는 정부지출을 감소시키거나 또는 조세를 높이는 재정정책이 요구되고, 통화량을 줄이는 금융정책이 필요하다. 이것을 각각 긴축재정정책, 긴축금융정책이라고 한다.

여기서 우리는 고용안정(및 경기회복)과 물가안정을 동시에 달성할 수 없다는 것을 알 수 있다. 고용안정(및 경기회복)을 위해 총수요를 증대시키는 확대정책(확대재정정책, 확대금융정책)을 실시하면 고용안정(및 경기회복)을 달성할 수 있지만 물가안정은 달성할 수 없다. 물가안정을 위해 총수요를 감소시키는 긴축정책(긴축재정정책, 긴축금융정책)을 실시하면 물가안정을 달성할 수 있지만 고용안정(및 경기회복)은 달성할 수 없다. 이것을 경제안정화 정책의 딜레마라 한다. 따라서 정부는 고용안정(및 경기회복)이 물가안정보다 더 중요하다고 판단하면 확대정책을 실시하여 물가상승을 감수한다. 반면, 정부는 물가안정이 고용안정(및 경기회복)보다 더 중요하다고 판단하면 긴축정책을 실시하여 실업 및 불경기를 감수한다.

경제안정화 대책

고용안정: 확대재정정책(정부지출↑), 확대금융정책(통화량↑)
물가안정: 긴축재정정책(정부지출↓), 긴축금융정책(통화량↓)
⇒ 경제안정화 정책 딜레마: 고용안정, 물가안정 동시달성 불가능
⇒ 고용안정 중요도 > 물가안정 중요도 → 확대(재정, 금융)정책
고용안정 중요도 < 물가안정 중요도 → 긴축(재정, 금융)정책

한편 고용안정(및 경기회복)을 위한 확대재정정책과 확대금융정책 중 어느 것이 더 효과적인가? 확대재정정책은 구축효과라는 문제가 발생하기 때문에 확대금융정책이 더 효과적이라고 주장하는 학자들과 확대금융정책은 유동성함정이라는 문제가 발생하기 때문에 확대재정정책이 더 효과적이라고 주장하는 학자들로 나누어진다.

확대재정정책을 실시할 경우 고용안정(및 경기회복)효과가 크지 않을 수 있다. 정부가 확대재정정책을 시행하기 위해서는 돈이 필요하다. 정부는 지출할 돈을 기본적으로 세금으로 마련한다. 불경기에 세금을 더 거두는 것은 불가능하므로 국채를 발행하여 조달한다. 국채를 시중은행이나 민간들이 구입한다. 따라서 화폐의 수요가 증가하여 이자율이 상승한다. 이러한 이자율 상승은 민간의 투자와 소비를 감소시켜 총수요가 위축되는 것이다. 이와 같이 정부지출 확대를 통한 확대재정정책이 이자율 상승을 초래하여 민간소비와 투자활동을 위축시키는 효과를 '구축효과(crowding out effect)'라 한다. 만약 세금을 더 거두어 정부지출을 늘리더라도 가계의 소득과 기업의 이윤이 감소하여, 그 결과 가계의 소비와 기업의 투자가 감소하여 역시 구축효과가 발생한다. 이와 같은 구축효과로 인해 확대재정정책을 실시할 경우 고용안정(및 경기회복)효과가 크지 않을 수 있다.

확대금융정책을 실시할 경우 고용안정(및 경기회복) 효과가 크지 않을 수 있다. 화폐공급량이 증가하더라도 이자율이 낮아질 수가 없는 경우가 발생한다. 이자율이 0%인 경우 화폐공급량이 증가하더라도 이자율이 낮아질 수 없다. 이런 경우에는 통화량이 증가하더라도 투자나 소비가 증가되지 않아 총수요가 증가되지 않으므로 확대통화정책이 효과를 발휘할 수 없다. 이와 같이 화폐공급량이 증가하더라도 이자율이 낮아지지 않는 경우를 '유동성함정(liquidity trap)'에 빠졌다고 한다. 현실적으로는 이자율이 0%는 아니더라도 근접할 경우 이자율이 낮아지더라도 수요창출효과가 미미하기 때문에, 이런 경우도 '유동성함정'에 빠졌다고 한다. 1930년대 대공황 시절과 1990년대 일본이 유동성함정에 빠진 대표적인 경우이다. 또한 이자율이 하락하더라도 경제주체들(소비자나 기업)이 장래 경기에 대해 비관적이면 역시 소비나 투자가 증가하지 않으므로 경기부양을 시도하는 통화정책이 효과를 기대할 수 없게 된다. 이런 경우에도 유동성함정에 빠졌다고 한다. 이와 같은 유동성함정으로 인해 확대금융정책을 실시할 경우 고용안정(및 경기회복)효과가 크지 않을 수 있다.

따라서 구축효과와 유동성함정이라는 부정적 효과를 상쇄시키면서 고용안정(및 경기회복)을 위해 확대재정정책과 확대금융정책을 동시에 시행한다. 이것을 정책혼합(policy mix)이라고 한다.

구축효과: 확대재정정책이 이자율 상승을 초래하여 소비와 투자를 위축시키는 것
⇒ 확대재정정책의 효과 감소
유동성 함정: 화폐공급량이 증가하더라도 이자율이 낮아지지 않는 경우
⇒ 확대금융정책의 효과 감소
∴ 정책혼합 실시: 확대재정정책과 확대금융정책 동시 시행

정책혼합의 효과의 예를 들면 다음과 같다. 고용안정(및 경기회복)을 위한 확대재징징책을 시행하려고 하는데 이자율 상승에 의한 구축효과가 우려된다고 하자. 이 때 확대금융정책을 함께 시행해 보자. 화폐 공급량을 증가하므로 확대재정정책에 의한 이자율의 상승을 막을 수 있는 것이다. 이와 같이 확대재정정책을 확대통화정책과 동시에 시행하면 구축효과를 초래하지 않으므로 정책효과가 한층 더 높아질 수 있다. 물론 확대금융정책에 의한 유동성함정이라는 부정적 효과도 확대재정정책으로 상쇄시킬 수 있다.

한편 스태그플레이션에 대한 대책은 매우 어렵다. 총수요를 증가시키면 경기가 회복되어 생산과 고용이 증가하지만, 이미 상당히 높아져 있는 물가수준이 더욱 더 높아져 급격한 인플레이션이 발생할 수 있기 때문이다. 가장 좋은 방법은 총공급을 증가시키는 정책이다. 앞에서 언급한 것처럼 총공급의 증가는 기술혁신이나 노동을 비롯한 요소가격을 하락시키는 것이다. 그러나 기술혁신은 단기간에는 달성

이 불가능하고 임금하락도 거의 불가능하다. 그러므로 스태그플레이션이 발생하면 정부가 대책을 수립하기가 굉장히 어렵다. 물론 다음과 같은 정책을 시도하지만 실행가능성과 효과 면에서 회의적이다. 임금과 물가의 상승을 규제하는 정책, 생산비를 낮추기 위한 경쟁촉진정책, 수입자유화와 관세인하를 통한 수입물가 하향 유도, 유통구조 개혁 및 생산성 증가를 위한 각종 지원 등의 정책을 시행한다.

스태그플레이션 대책: 임금과 물가억제 정책, 경쟁촉진정책, 수입자유화와 관세 인하, 유통구조개혁 및 생산성 증가를 위한 지원정책

4) 경제안정화 정책의 한계

앞에서 살펴본 것처럼 정부가 경제를 안정시키기 위해 재정정책과 금융정책을 실시하는 이유는 경기변동의 진폭을 줄여 안정적 성장을 도모하는 데 있다. 그러나 이러한 안정화 정책은 여러 가지 요인으로 인하여 정책효과는 정부의 원래 의도와 다르게 나타날 수 있다. 그 이유는 다음과 같다.

첫째, 정책목표의 상충(trade-off)관계다. 통화정책과 재정정책은 그 정책의 개별적인 정책목표가 서로 다른 경우가 있다. 예를 들면 확대재정정책을 실시하기 위하여 정부가 채권을 발행하면 채권가격을 하락시켜 이자율이 상승한다. 이로 인해 민간소비 및 투자활동을 위축시키는 구축효과가 나타나 원래 의도했던 확대재정정책의 효과를 상쇄시킨다.

둘째, 정책수단 간의 상호작용이다. 예를 들면 경기를 회복시키기 위해서 재정정책수단인 정부지출 증가, 조세감면 등을 실시하면 경기는 회복되지만, 그 결과 통화량이 증가하여 물가가 상승하는 부작용이 발생하게 된다.

셋째, 정책의 시차(time-lag)이다. 예를 들면 어떤 정책을 실시하기 위해 정부가 구체적인 정책을 수립하여 시행해서 효과를 기대하기까지는 상당한 시차가 따른다.

그로 인해 정책시행의 적기를 놓치면 정책효과를 기대하기 어렵다. 예를 들어 경기 침체국면에 대응하기 위하여 확대재정정책을 실시하면 시차 때문에 정책효과가 나타나기까지 시간이 걸린다.

경제안정화 정책의 한계: 정책목표의 상충관계, 정책수단간 상호작용, 정책의 시차

요약

01. 국민경제의 산출량이 시간이 지남에 따라 증가하는 것을 경제성장이라고 한다. 경제성장의 요인은 생산요소의 양과 생산성이다. 교육을 통한 노동 질의 향상은 노동투입량의 증가효과를 초래하고, 현재 소비 감소를 통한 자본축적으로 투자가 증가됨으로써 자본재의 양이 증가하면서 생산성을 향상시킨다. 또한 연구 개발을 통한 기술진보는 생산성을 향상시킨다. 따라서 정부는 경제성장을 촉진하기 위해, 투자활동 장려, 양질의 교육, 재산권 보호와 정치적 안정, 자유무역, 인구성장 억제, 연구개발 지원한다.

02. 장기적으로는 경제가 성장을 하지만 단기적으로는 불황과 호황이 반복되는 경기변동이 발생한다. 경기변동의 원인은 단기적으로 총수요와 총공급이 불일치하기 때문이다. 불황의 원인은 총수요의 감소 혹은 총공급의 감소이다. 호황의 원인은 총수요의 증가 혹은 총공급의 증가이다.

03. 경기지표로는 '경기종합지수(CI: Composite Index)'정책, '경기동향지수(DI: Diffusion Index)', '기업실사지수(BSI: Business Survey Index)', '소비자태도지수(CSI: Consumer Sentiment Index)' 등이 있다.

04. 경기변동과정에서 실업과 인플레이션이 발생한다. 고용안정과 물가안정을 위해 정부가 시행하는 정책이 경제안정화 정책이다. 정부지출과 조세의 변화를 통해 경제안정화를 추구하는 재정정책과 통화량의 변화를 통해 경제안정화를 추구하는 금융정책이 있다. 경기회복을 통한 고용안정을 위해 확대재정정책과 확대금융정책을 시행하고, 물가안정을 위해 확대재정정책과 확대금융정책을 시행한다. 고용안정과 물가안정을 동시에 달성할 수 없다. 왜냐하면, 고용안정 정책과 물가안정 정책이 상반되기 때문이다. 이것을 경제안정화 정책의 딜레마라 한다. 따라서 정부는 물가안정보다 고용안정이 더 중요시되는 상황이면 확대정책을 실시하고, 고용안정보다 물가안정이 더 중요시되는 상황이면 긴축정책을 실시한다.

05. 경제안정화 정책의 한계는 다음과 같다. 첫째, 정책목표의 상충(trade-off)관계다. 둘째, 정책수단 간의 상호작용이다. 셋째, 정책의 시차(time-lag)이다.

Chapter 15

국제거래

학습목표 국제무역의 발생원인, 보호무역의 근거, 국제수지의 경제적 의미, 환율결정 및 환율변화 효과, 환헤징

오늘날 대부분 국가는 자급자족을 하지 않고 다른 나라와 거래, 즉 무역을 하고 있다. 그 이유는 제2장에서 살펴본 바와 같이 국가 간에도 비교우위가 존재하기 때문이다. 이 장에서는 국가 간 비교우위가 왜 발생하는지 구체적 이유에 대해 살펴본다. 비교우위에 입각한 자유무역이 이득을 주지만, 무역에 대해 어느 정도 규제해야 한다는 보호무역을 주장하는 근거가 무엇인지 살펴본다. 한편 일정기간 국제거래의 결과를 국제수지라고 하는데, 국제수지의 경제적 의미에 대해서도 살펴본다. 그리고 국가마다 다른 통화를 사용하고 있다. 국제거래를 위해서는 두 나라 통화 간 교환비율, 즉 환율이 정해져야 한다. 따라서 환율이 어떻게 결정되고, 환율이 변하면 경제에 어떻게 영향을 주는지를 살펴볼 필요가 있다. 그리고 환율의 변화에 따라 수출입량의 변화가 없더라도 수출입업자의 수입액과 지출액이 변동할 수 있다. 이러한 변동에 대처하기 위한 환헤징에 대해서도 살펴본다. 그러므로 본 장에서는 국제무역이 발생하는 원인, 보호무역의 근거, 국제수지의 경제적 의미, 환율결정 및 환율변화의 효과, 환헤징 등에 대해 알아본다.

1 무역의 발생원인

무역발생의 근본원인은 국가 간 비교우위가 존재하기 때문이다. 여기서는 국가 간 비교우위가 왜 발생하는지 그 구체적인 이유에 대해 알아보자. 비교우위가 발생한다는 것은 앞 2장에서 언급한 것처럼 생산의 기회비용이 낮다는 것을 의미한다. 국가 간 생산의 기회비용의 차이를 발생시키는 요인은 다음과 같다.

첫째, 생산요소의 부존의 차이가 비교우위의 원천이다. 자연자원, 자본, 노동 등의 생산요소의 부존량이 나라마다 다르고 그에 따라 생산비용의 차이를 발생시킨다. 특정 생산요소가 풍부한 국가들은 그 요소의 가격이 상대적으로 저렴하므로 그 요소를 이용하여 생산하는 상품에 비교우위를 가진다. 중동국가가 석유를 수출하고 인도네시아가 목재를 수출하는 것은 기후, 토양 등의 환경적 요인으로 그런 재화를 상대적으로 낮은 비용으로 생산할 수 있기 때문이다. 또한 중국과 동남아국가들이 신발이나 의류 등 노동집약적인 재화를 수출하는 것은 노동이 상대적으로 풍부하기 때문에 낮은 비용으로 생산할 수 있기 때문이다.

둘째, 기술의 차이가 비교우위의 원인이 된다. 같은 양의 생산요소를 가지고 있더라도 기술수준이 다르면 더 많은 재화를 생산할 수 있다. 따라서 기술수준이 높은 국가의 재화 생산비용이 낮으므로 비교우위를 갖는다. 스위스가 시계를 수출하는 것은 시계생산의 기술이 뛰어나 다른 국가에 비해 상대적으로 낮은 비용으로 생산할 수 있기 때문이다.

이와 같이 국가 간 비교우위원리에 의해 국제무역이 발생하지만 일국이 어떤 상품에 대해 비교우위를 갖는가는 역사적으로 결정된 것이 아니며, 장기적으로는 가변적이라는 점이다. 1960~70년대 한국은 가전제품에 비교우위가 없었지만 1980년대에는 비교우위를 가지게 되었고, 1960년대에 비교우위를 가졌던 합판이나 가발은 1970년대에 비교우위를 상실했다. 따라서 비교우위는 경제적 여건의 변화에 따라 변한다는 것을 알 수 있다.

국제무역의 발생원인: 생산요소 부존차이, 기술차이에 의한 비교우위

2 보호무역의 근거

비교우위 원리에 따라 국가들이 자유무역을 시행하는 것이 양국이 이득을 얻지만, 무역에 대해 어느 정도 규제해야 한다는 보호무역을 주장하고 있다. 보호무역을 주장하는 근거들이 무엇인지 구체적으로 살펴보자.

1) 국내 일부산업 도태 및 실업

보호무역의 당위성을 주장하는 이유 중 가장 흔한 것이 자유로운 무역이 비교열위에 있는 국내 산업을 도태시켜 실업을 증가시키는 원인이 된다는 것이다. 예를 들어, 농산물시장이 개방되어 값싼 외국 농산물이 수입되면 도태되는 농가는 증가되면서 일자리를 잃게 된다. 또한 외국의 유통업체가 진출할 경우 국내 유통업체는 어느 정도 타격을 입어 기존 유통업체 중 일부는 도산할 것이고, 일부는 사업규모를 줄여야 하는 기업도 생길 것이다. 이로 인하여 직장을 잃고 실업상태에 빠지는 일이 나타나리라는 것은 누구나 쉽게 예상할 수 있다.

그러나 자유무역으로 일부 산업은 도태되면서 실업이 증가하지만, 비교우위가 있는 산업은 더욱 성장하면서 일자리가 창출된다. 이와 같이 노동을 비롯한 자원들이 생산성이 높은 부분으로 이동함으로써 더 많은 이익이 창출된다. 또한 소비자들도 보다 낮은 가격으로 재화를 획득할 수 있는 이익도 발생하는 것이다.

물론 단기적으로 실업이 발생할 수가 있다. 단기적인 측면에서 도태되는 산업의 종사자들이 불만을 갖고 자유무역을 반대하고 보호무역을 주장한다. 하지만 그들은 소비자들의 희생으로 자신들의 기득권을 유지하려고 하는 것이다. 그것은 전

구가 발명될 때 양초업자들을 보호하기 위해 전구생산을 금지하는 것과 같은 논리이다. 단지, 자유무역으로 실업이 되는 사람들이 비교우위가 있는 부문으로 되도록 빠르게 전직할 수 있는 직업훈련 등이 필요할 것이다.

따라서 자유무역이 특정산업의 도태 및 축소로 실업발생의 원인이 된다는 이유를 들어 무역규제를 주장하는 것은 설득력이 없는 것으로 볼 수 있다.

2) 유치산업 보호

발달 초기에 있거나 발달이 충분하지 못한 산업을 경쟁력이 있을 때까지 보호해야 된다는 주장이 유치산업보호론이다. 유치산업보호론을 주장하는 궁극적인 이유는 고부가가치를 창출할 수 있는 유치산업을 보호하지 않으면 산업구조고도화를 추진할 수 없기 때문이다. 산업구조고도화란 고부가가치를 창출할 수 있는 산업의 비중이 커지는 것이다.

이런 점에서 유치산업보호론이 어느 정도 논리적 근거를 갖는다는 점은 인정해 줄 수 있으나, 이 논리가 국내의 모든 산업을 보호해 달라는 요구에 적용되어서는 안 될 것이다. 머지않은 장래에 자생력이 있는 산업으로 성장할 가능성이 엿보이는 산업의 보호만이 타당할 것이다.

한편 경쟁력과 생존능력은 경쟁을 통해서만 함양되므로 유치산업을 보호해서는 안 된다는 반박도 있다. 경쟁을 막고 보호를 해주면 안주해서 경쟁력을 향상시키려는 유인이 없다는 것이다.

3) 국가안보론

전쟁 등 유사시에 대비하여 식량과 무기생산을 하는 농업과 중공업이 비교열위에 있더라도 보호해야 한다는 주장이 국가안보론이다. 식량과 무기를 수입하던 국가들이 유사시 수출국들이 수출을 중단하면 큰 타격을 입을 수 있으므로 농업과 중공업이 비교열위에 있더라도 보호해야 한다는 주장이다.

국가안보론에 입각해서 보호무역을 해야 한다는 주장의 타당성은 유사시의 편익과 평상시의 비용, 즉 비교열위분야의 투자에 따른 경제적 후생의 감소의 크기에 달려있다. 전자가 후자보다 크다면 타당성이 있는 것이고, 후자가 크다면 타당성이 없는 것이다.

한편 유사시에 대비하여 수입을 통해서 식량과 무기를 비축해 둔다면 유사시에 문제가 발생하지 않으므로, 국가안보론에 입각한 보호무역은 타당성이 없다는 주장도 있다.

보호무역 주장의 근거

① 국내산업의 도태 및 실업 → 반박논리: 보호로 인한 편익<손실
② 유치산업 보호 → 반박논리: 보호로 경쟁력향상 유인 결여
③ 국가안보론 → 반박논리: 평상시 비축

3 국제수지

1) 국제수지의 개념

국가 간 상품이 거래될 때 그 결제대금으로 화폐가 나라 사이에서 이동하게 될 뿐 아니라, 금융자산이 이동할 때도 그 배후에 화폐의 이동이 생길 수 있다. 일정기간 동안에 일국의 거주자와 그 나라를 제외한 나머지 국가들의 거주자들 사이에 발생한 모든 경제적 거래의 결과를 국제수지(balance of international payments or balance of payments)라 한다.

국제수지: 일정기간 동안에 일국의 거주자와 그 나라를 제외한 나머지 국가들의 거주자들 사이에 발생한 모든 경제적 거래의 결과

국제수지 개념을 좀 더 명확하게 이해하기 위해서는 몇 가지 용어에 대한 설명이 필요하다. 일정기간은 국제수지 통계가 기록되는 기간을 의미한다. 우리나라의 경우는 월, 분기, 연 단위로 작성, 발표하고 있다. 따라서 국제수지는 유량의 개념이다.

거주자(resident)의 개념은 개인뿐만 아니라 기업 및 국가 단위의 경우에도 적용한다. 개인의 경우는 개인이 단순히 어디에 살고 있으며 국적이 어디냐 하는 법률상의 국적이나 지리적 영역보다는 경제활동에 있어 이익의 중심지(center of interest)를 기준으로 정의하고 있다. 예를 들어, 한국 국적의 재미교포는 경제활동이 주로 미국에서 이루어지고 있으므로 한국의 거주자가 아니고 미국의 거주자로 정의한다. 해외공관이나 국제기구의 파견자는 모두 본국의 거주자로 간주한다.

경제적 거래의 대상물은 상품과 서비스뿐만 아니라 금융자산도 포함된다. 그 외에도 관례상 거래라고 볼 수 없는 특수한 형태의 거래도 국제수지에 포함된다. 예를 들어, 대가를 치루지 않는 증여, 기증 등의 무상거래도 국제수지에서는 거래로 간주한다.

2) 국제수지의 구성

국제수지는 크게 두 가지로 분류할 수 있다. 하나는 경상수지이고 다른 하나는 자본수지이다. 경상수지는 상품이나 서비스 거래의 결과이다. 반면 자본수지는 상품이나 서비스의 거래 없이 자금이 들어오고 나가는 자본거래의 결과이다.

경상수지: 상품이나 서비스 거래의 결과
자본수지: 자본거래의 결과

경상수지는 상품수지, 서비스수지, 본원소득수지, 이전소득수지로 이루어진다.

상품수지는 외국에 상품을 수출해 번 돈에서 상품수입대금을 뺀 결과다. 서비스수지를 따로 집계하므로 상품수지에서는 서비스 거래실적을 제외한다. 무역수지라고도 한다.

서비스수지는 외국과 서비스를 거래한 결과다. 운수서비스수지, 여행서비스수지 등을 합계한 것이다. 운수서비스수지는 한국 국적의 비행기, 배 등이 상품이나 여객을 실어 나르고 해외업자에게서 받은 운임을 모두 더하고, 한국 국적의 여행객, 화물이 외국 비행기, 배 등을 이용한 대가로 외국 업자에게 지불한 운임을 뺀 것이다. 여행서비스수지는 외국인 관광객이 우리나라에 여행 와서 쓴 외화액을 더하고, 한국인 관광객이 외국에 가서 쓴 외화를 뺀 것이다. 통신, 보험서비스, 특허권 등 사용료, 사업서비스, 정부서비스 부문의 수지도 모두 서비스수지에 포함된다.

본원소득수지는 급료 및 임금 수지와 투자소득수지로 구성된다. 급료 및 임금 수지는 거주자가 외국에 단기간(1년 미만) 머물면서 일한 대가로 받은 돈과 국내에 단기로 고용된 비거주자에게 지급한 돈의 차이이다. 투자소득수지는 거주자가 외국에 투자하여 벌어들인 배당금·이자와 국내에 투자한 비거주자에게 지급한 배당금·이자의 차이를 말한다.

이전소득수지는 거주자와 비거주자 사이에 아무런 대가없이 주고받은 거래의 차이를 말한다. 이전소득수지에는 해외에 거주하는 교포가 국내의 친척 등에게 보내는 송금이나 정부 간에 이루어지는 무상원조 등이 기록된다.

자본수지는 투자수지와 기타자본수지로 구성된다. 투자수지는 외국인들이 국내에 직접투자하거나 주식이나 채권 등 금융상품에 투자한 것에서 내국인들이 외국에 직접투자하거나 주식이나 채권 등 금융상품에 투자한 것을 차감한 것이다. 기타자본수지는 내국인의 특허권 등 무형자산을 외국에 매각한 것과 해외이민으로 인한 이주비 등에서 외국인의 무형자산을 내국인이 매입한 것과 외국인의 국내이주비 등을 차감한 것이다.

우리가 보통 국제수지라고 할 때 경상수지를 의미한다.

<table>
<tr><td rowspan="4">경상수지</td><td>상품수지</td><td>상품 수출입</td></tr>
<tr><td>서비스수지</td><td>운송, 여행, 보험 등 서비스</td></tr>
<tr><td>본원소득수지</td><td>급료 및 임금, 투자소득</td></tr>
<tr><td>이전소득수지</td><td>무상 증여</td></tr>
<tr><td rowspan="2">자본수지</td><td>투자수지</td><td>직접투자, 증권(주식, 채권)투자</td></tr>
<tr><td>기타자본수지</td><td>특허권 등 무형자산거래, 해외이주비 등</td></tr>
</table>

3) 국제수지의 경제적 의미

국제수지(경상수지)가 흑자라는 것은 재화, 서비스, 생산요소로부터 획득한 외화가 그것들의 사용으로 지불한 외화보다 많다는 것을 의미한다. 즉, 외화획득이 외화지출보다 많다는 것을 의미한다. 반대로 외화지출이 외화획득보다 많은 것을 국제수지(경상수지) 적자라고 한다.

국제수지 흑자가 발생했다는 것은 수출액이 수입액보다 많고, 해외여행으로 인한 지출액보다 외국인의 국내여행으로 인한 수입액이 많고, 그리고 해외투자소득이나 해외근로소득이 외국인의 국내투자소득이나 근로소득보다 많았다는 것을 의미한다. 따라서 일반적으로 국제수지가 흑자이면 좋고 적자이면 나쁘다고 생각한다.

하지만 국제수지 적자가 발생했다고 무조건 나쁘게 생각할 수는 없다. 수출기업들이 경쟁력을 키우기 위해 기계설비 등 자본재 수입을 늘리다 보면 경상수지에 적자가 나는 경우도 있다. 이런 경우에 경쟁력의 향상으로 중장기적으로 수출의 증가로 국제수지가 개선되기 때문에 문제가 되지 않는다.

마찬가지로 국제수지가 흑자가 된다고 무조건 좋게 생각할 수는 없다. 외화의 증가는 통화증발을 가져와 국내물가의 상승을 초래할 수도 있고, 흑자를 해외에 투자함으로써 더 많은 외화획득이 가능하고, 심지어 적자국과 무역마찰을 일으킬 수도 있기 때문이다.

따라서 국제수지의 흑자와 적자로 무조건 대외거래의 건전성을 평가하는 것은 잘못된 것이다.

국제수지 흑자: 외화획득>외화지출 → 대외거래 건전성 양호
국제수지 적자: 외화획득<외화지출 → 대외거래 건전성 불량
⇒ 국제수지 적자가 문제되지 않는 경우: 자본재 수입
국제수지 흑자 문제점: 물가상승, 유휴자본, 무역마찰

4 환율

1) 환율의 정의 및 표시방법

환율(exchange rate)이란 두 나라 화폐 간 교환비율을 의미한다. 환율의 표시는 어느 나라의 돈을 기준으로 표시하는가에 따라 두 가지로 구분된다. 하나는 자국통화표시법이고 다른 하나는 외국통화표시법이다. 자국통화표시법(rate in home currency)은 외국 돈 1단위가 자기나라 돈 몇 단위와 교환되는가를 나타내는 방법이다. 즉, $1=₩1,000원과 같이 외화를 기준으로 환율을 표시하는 것이다. 반면, 외국통화표시법(rate in foreign currency)은 자국 돈 1단위가 외국 돈 몇 단위와 교환되는가를 나타내는 방법이다. 즉, ₩1= $0.001와 같이 자국화폐를 기준으로 환율을 표시한다. 우리나라뿐만 아니라 대부분 나라에서 미국 달러화를 기준으로 환율을 표시하는 자국통화표시법을 사용하고 있다. 그러나 기축통화인 달러를 사용하는 미국의 경우 자국 화폐인 달러를 기준으로 환율을 표시하는 외국통화표시법을 사용하고 있다. 그리고 유로화, 파운드화는 달러와의 환율이 외국통화표시법으로 표현된다. 즉, £1=$2, €1=$1.5로 표현된다.

환율: 양국 화폐의 교환비율
표시방법
① 자국통화표시법 : 외국화폐 기준 예) $1=₩1,000
② 외국통화표시법 : 자국화폐 기준 예) ₩1=$0.001

한편 환율과 자국통화 가치의 관계는 환율이 어떻게 표현되는가에 따라 다르다. 자국통화표시 환율의 경우, 환율이 상승하면 자국통화의 가치는 하락한다. 예를 들어, 1달러 1,000원에서 2,000원으로 상승하면 우리 돈의 가치는 반으로 하락하는 것이다. 왜냐하면, 이제 1,000원으로 1달러와 교환할 수 없고 0.5달러와 교환할 수 있기 때문이다. 반면 외화통화표시 환율의 경우, 환율이 상승하면 자국통화의 가치는 상승한다. 예를 들어, 1달러 1,000원에서 2,000원으로 상승하면 미국 돈의 가치는 2배로 상승하는 것이다. 왜냐하면, 이제 1달러로 1,000원이 아니라 2,000원과 교환할 수 있기 때문이다. 이와 같이 자국통화표시 환율인 경우에 환율과 자국통화가치 간에는 반비례 관계가 있고, 외국통화표시 환율인 경우에 환율과 자국통화가치 간에는 비례 관계가 있다. 우리나라의 경우, 환율이 상승하면 우리 돈의 가치는 하락한다.

환율과 통화가치
① 자국통화표시법 : 환율↑(↓) ⇒ 통화가치 ↓(↑)
② 외국통화표시법 : 환율↑(↓) ⇒ 통화가치 ↑(↓)

2) 환율의 결정과 변동

환율도 다른 상품과 마찬가지로 외환[1]의 거래가 이루어지는 외환시장에서 외환의 수요와 공급에 의해 결정된다. 왜냐하면, 환율은 외환의 가격을 나타내기 때

1) 외환이라는 것은 외국화폐를 의미한다.

문이다. 예를 들어, 환율이 $1=₩1,000이라면 $1를 구입하기 위해 ₩1,000을 지불해야 한다.

외환의 수요는 수입업자, 해외여행자, 해외대출업자, 해외투자자 등 외화를 외국에 지불 및 사용하는 주체에 의해 이루어진다. 반면, 외환의 공급은 수출업자, 국내여행 외국인, 외화차입업자, 국내투자 외국인 등 외화를 국내에 수취 및 사용하는 주체에 의해 이루어진다.

외환의 수요 주체: 수입업자, 해외여행자, 해외대출업자, 해외투자자 등
외환의 공급 주체: 수출업자, 국내여행 외국인, 외화차입업자, 국내투자 외국인 등

환율과 외환의 수요량과 어떤 관계를 갖고 있는지를 살펴보자. 환율이 $1=₩1,000에서 $1=₩2,000으로 상승하면 $1인 외국상품의 국내가격이 ₩1,000에서 ₩2,000으로 상승하게 된다. 따라서 수입이 감소하므로 외환의 수요량은 감소한다. 또한 환율이 상승하면 우리 돈으로 바꿀 수 있는 외화 금액이 감소하므로 해외여행이 줄어들고, 그 결과 외환의 수요량이 감소한다. 그리고 환율이 상승하면 외국 주식이나 채권 같은 외국금융자산의 원화표시가격이 상승하므로 해외투자가 감소하여 외환의 수요량이 감소한다. 이와 같이 환율과 외환의 수요량도 다른 상품과 마찬가지로 반비례관계를 가진다. 이런 관계를 나타낸 것이 외환의 수요곡선으로서 그림과 같이 우하향하는 형태로 그려진다.

이번에는 환율과 외환의 공급은 어떤 관계를 갖고 있는지를 살펴보자. 환율이 $1=₩1,000에서 $1=₩2,000으로 상승하면 국내가격이 ₩1,000인 수출상품의 해외시장에서 가격은 $1에서 $0.5로 하락하게 된다. 따라서 수출은 증가하므로 외환의 공급량은 증가한다. 또한 환율이 상승하면 외화로 바꿀 수 있는 원화 금액이 증가하므로 외국인의 국내여행이 늘어나고, 그 결과 외환의 공급량이 증가한다. 그리고 환율이 상승하면 국내 주식이나 채권 같은 국내금융자산의 외화표시가격이 하락하므로 외국인의 국내투자가 증가하여 외환의 공급량이 증가한다. 이와 같이 환율

과 외환의 공급량도 다른 상품과 마찬가지로 비례관계를 가진다. 이런 관계를 나타낸 것이 외환의 공급곡선으로서 그림과 같이 우상향하는 형태로 그려진다.

> 환율↑(↓) → 수입, 해외여행, 해외투자 ↓(↑) → 외환의 수요량 ↓(↑)
> ⇒ 환율과 외환의 수요량: 반비례관계 ⇒ 외환의 수요곡선: 우하향
> 환율↑(↓) → 수출, 외국인 국내여행, 외국인 국내투자 ↑(↓) → 외환의 공급량 ↑(↓)
> ⇒ 환율과 외환의 공급량: 비례관계 ⇒ 외환의 공급곡선: 우상향

환율은 다른 상품과 마찬가지로 수요공급의 원리에 입각하여 외환의 수요량과 공급량이 일치하는 곳, 즉 [그림 15-1]에서 보듯이, 외환의 수요곡선과 공급곡선이 교차하는 곳에서 결정된다. 외환시장에서 공급량이 수요량을 초과하는 초과공급이 발생하면 환율이 하락하고, 수요량이 공급량을 초과하는 초과수요가 발생하면 환율이 상승하므로 수요량과 공급량이 일치하는 곳에서 환율이 결정된다.

그림 15-1 환율의 결정

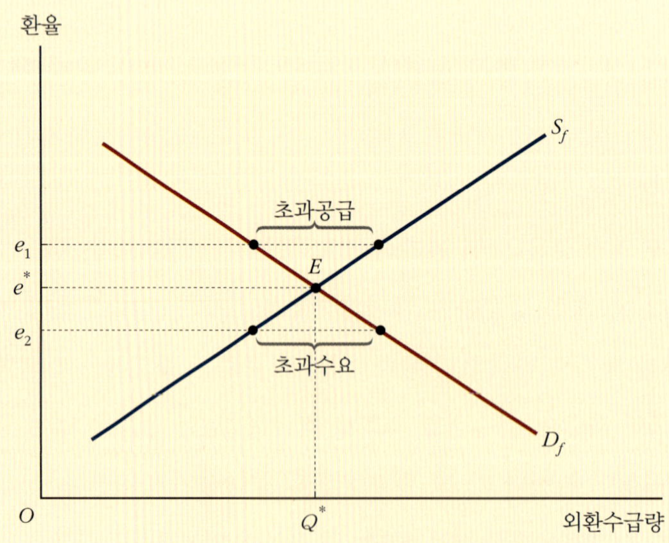

외환의 수요와 공급의 변화가 발생하면 환율이 변동한다. [그림 15-2(a)]에서 보듯이, 외환의 수요가 증가(감소)하면 외환시장에서 초과수요(초과공급)가 발생하여 환율이 상승(하락)하고, [그림 15-2(b)]처럼 공급이 증가(감소)하면 외환시장에서 초과공급(초과수요)가 발생하여 환율이 하락(상승)한다.

외환의 수요와 공급에 영향을 주는 요인으로는 각국의 국민소득. 물가, 이자율, 통화량 등이 있다. 국민소득이 증가(감소)하면 외국상품에 대한 소비, 즉 수입이 증가(감소)하여 외환의 수요가 증가(감소)하므로 환율이 상승(하락)한다. 반면 외국의 국민소득이 증가(감소)하면 외국인의 국내상품에 대한 소비, 즉 수출이 증가(감소)하여 외환의 공급이 증가(감소)하므로 환율이 하락(상승)한다.

물가가 상승(하락)하면 국내상품의 외화가격이 상승(하락)하므로 수출이 감소(증가)하여 외환의 공급이 감소(증가)하므로 환율이 상승(하락)한다. 반면 외국물가

그림 15-2 환율의 변동

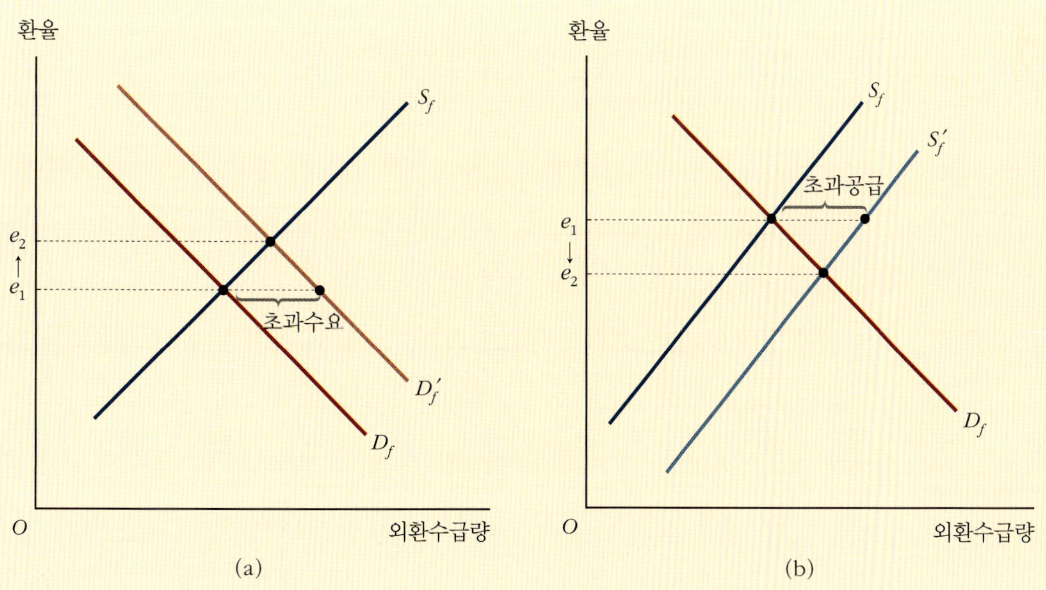

가 상승(하락)하면 국내상품의 외화가격이 상대적으로 하락(상승)하므로 수출이 증가(감소)하여 공급이 증가(감소)하므로 환율이 하락(상승)한다.

이자율이 상승(하락)하면 국내투자의 수익률이 증가(감소)하므로 외국인의 국내투자가 증가(감소)하여 외환의 공급이 증가(감소)하므로 환율이 하락(상승)한다. 반면 외국의 이자율이 상승(하락)하면 해외투자의 수익률이 증가(감소)하므로 해외투자가 증가(감소)하여 외환의 수요가 증가(감소)하므로 환율이 상승(하락)한다.

통화량이 증가(감소)하면 물가의 상승(하락)을 초래하므로 외환의 공급이 감소(증가)하므로 환율이 상승(하락)한다. 반면 외국의 통화량이 증가(감소)하면 외국물가의 상승(하락)을 초래하므로 공급이 증가(감소)하므로 환율이 하락(상승)한다.

국민소득 ↑(↓) → 수입 ↑(↓) → 외환수요 ↑(↓) → 환율 ↑(↓)
물가 ↑(↓) → 수출 ↓(↑) → 외환공급 ↓(↑) → 환율 ↑(↓)
이자율 ↑(↓) → 외국인 국내투자 ↑(↓) → 외환공급 ↑(↓) → 환율 ↓(↑)
통화량↑(↓) → 물가 ↑(↓) → 수출 ↓(↑) → 외환공급 ↓(↑) → 환율 ↑(↓)
※ 외국의 국민소득, 물가, 이자율, 통화량 변화: 반대 결과 초래

아울러 국내외 이자율이 동시에 변하면 상대적으로 어느 국가의 이자율이 더 많이 변동하는지를 고려해야 한다. 국내이자율이 해외이자율보다 많이 오르면 외국인의 국내투자가 증가하여 외환공급의 증가로 환율이 하락한다. 반면 해외이자율이 국내이자율보다 많이 오르면 내국인의 해외투자가 증가하여 외환수요의 증가로 환율이 하락한다. 국민소득, 물가, 통화량의 변화도 상대적으로 평가해야 한다.

이와 같이 환율이 외환시장에서 외환의 수요와 공급에 의해 결정되는 것을 변동환율제도라고 한다. 반면 외환시장에서의 외환의 수요와 공급이 아닌 국가에서 환율을 고정시켜 두는 것을 고정환율제도라 한다. 이는 1970~80년대 초만 하더라도 많은 국가에서 시행하던 제도였으나, 오늘날 고정환율제도를 시행하는 나라는 많지 않다. 변동환율제하에서는 수출이 증대하면 외환의 공급이 증가하여 환율이

하락하게 되고, 이는 다시 수출의 감소로 나타난다. 따라서 자유로운 환율변동을 통해 국제수지가 조절된다. 흑자인 국가는 수출이 감소하고 적자인 국가는 수출이 증가하여 국제수지가 조절되므로 무역분쟁이 없어진다. 이런 이유로 대부분 국가에서 변동환율제를 채택하고 있다.

그런데 일부 국가는 자국만의 이익, 즉 지속적인 수출증대를 위해 고정환율제도를 유지하고 있다. 이 제도를 채택하고 있는 대표적인 국가가 중국이다. 이로 인하여 중국은 무역흑자가 지속되고 미국 등을 비롯한 변동환율제를 채택하는 나라들은 무역적자가 지속되고 있다. 따라서 미국 등을 비롯한 변동환율제를 채택하는 나라들은 중국에 대해 변동환율제를 채택하도록 강력하게 요구하고 있다.

변동환율제하에서는 투기자본의 공격에 아주 취약하다. 이런 취약점에 대비하기 위하여 변동환율제를 채택하더라도 국가가 외환시장에 개입하여 급격한 환율변동을 빙이한다. 이와 같이 변동환율제도를 기본으로 하되, 급격한 환율변동을 막기 위해 국가가 외환시장에 개입하는 제도를 관리변동환율제도라 한다.

환율제도

① 변동환율제도: 환율이 외환의 수요와 공급에 의해 결정되는 제도
② 고정환율제도: 환율을 정부가 고정시키는 제도
③ 관리변동환율제도: 변동환율제도를 기본으로 하되, 급격한 환율변동을 막기 위해 국가가 외환시장에 개입하는 제도

한편 우리는 TV나 신문에서 매일 매일의 금리, 주가와 더불어 환율을 알 수 있다. 그런데 막상 은행에 가서 달러를 사거나 팔려고 하면 전혀 다른 환율이 적용되는 것을 경험하게 된다. 더욱이 해외여행을 하려고 달러를 살 때는 비싸게 받고, 반대로 쓰다 남은 달러가 있어 팔 때면 낮은 가격에 매입해 준다. 그 이유는 무엇인가?

이와 같은 현상은 복잡한 이원적 환율체계에 원인이 있다. 은행창구에 게시된 환율은 엄밀한 의미에서 진짜 환율이 아니다. 외환시장에서 형성된 환율에 은행이

수수료를 붙인 가공된 환율이다. 따라서 매입률과 매도율의 차이가 발생한다. 주의해야 할 점은 매입률과 매도율이 고객의 입장에서 적용되는 환율이 아니라 외환딜러 등 은행의 입장에서 적용되는 환율이다. 즉, 매입률이란 은행이 고객으로부터 외환을 살 때 적용되는 환율이고, 매도율이란 은행이 고객에게 외환을 팔 때 적용되는 환율이다. 이런 혼란을 방지하기 위해 은행에서는 요즈음 고객이 살 때, 고객이 팔 때라고 게시하고 있다.

매입률: 은행이 고객으로부터 외환을 살 때 적용되는 환율
매도율: 은행이 고객에게 외환을 팔 때 적용되는 환율

3) 환율변화의 효과

환율이 변하면 수출품과 수입품의 가격이 변하기 때문에 경제에 영향을 준다. 환율변화가 경제에 어떤 영향을 주는지 살펴보자.

환율이 상승하면 수출품의 가격이 하락하고 수입품의 가격은 상승한다. 따라서 수출은 증가하고 수입은 감소하므로 국제수지가 개선된다. 반면, 환율이 하락하면 수출품의 가격이 상승하고 수입품의 가격은 하락하여 수출은 감소하고 수입은 증가하므로 국제수지가 악화된다.

그러나 환율이 상승한다고 무조건 국제수지가 개선되는 것은 아니다. 우리나라의 환율이 상승하더라도 해외에서 경쟁하는 국가들의 환율이 더 많이 상승한다면 국제수지는 악화된다. 왜냐하면 경쟁상대국의 환율이 더 높게 상승하면 경쟁상대국의 수출품 가격이 우리나라의 수출품 가격보다 더 많이 하락하여, 상대적으로 우리나라 수출품이 비싸지기 때문이다. 마찬가지로, 환율이 하락하더라도 경쟁상대국의 환율이 더 많이 하락한다면 우리 수출품의 가격이 덜 상승하기 때문에 국제수지는 개선된다.

환율↑(↓) → 수출 ↑(↓), 수입↓(↑) → 국제수지 개선(악화)
※ 국내 환율↑ < 경쟁상대국 환율↑ → 수출 ↓ → 국제수지 악화

그리고 경쟁국보다 상대적으로 환율이 더 상승하더라도 국제수지가 처음에는 오히려 악화되었다가 어느 정도 시간이 지나면 개선되는 현상이 나타난다. [그림 15-3]에서 보듯이, 이러한 현상을 그림으로 나타내면 J 형태이므로 이것을 J곡선효과(J curve effect)라 한다.

J곡선효과: 환율상승시 국제수지가 처음에는 오히려 악화되었다가 어느 정도 시간이 지나면 개선되는 현상

이러한 J곡선효과가 발생하는 이유로 두 가지를 들 수 있다. 첫째, 환율이 올라가면 수출입 가격 변화는 즉시 일어나지만 이에 따른 수출이나 수입물량의 변화는

그림 15-3 J곡선효과

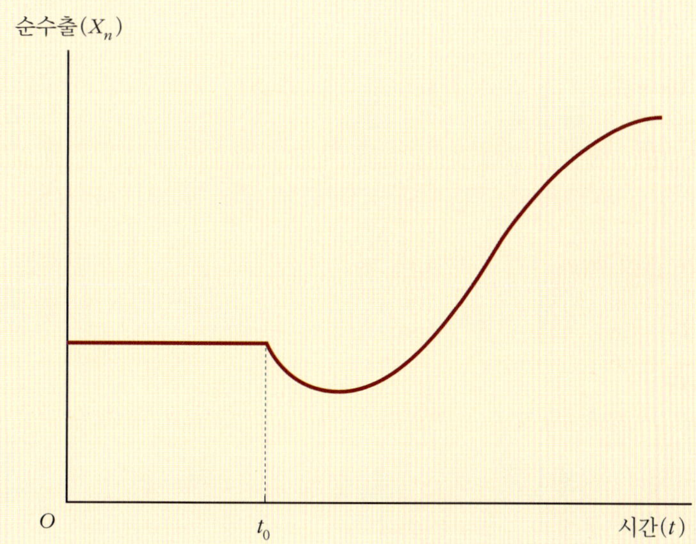

시간을 두고 일어나기 때문이다. 둘째, 환율전가 효과가 불완전한 경우이다. 즉, 환율변화로 인한 수입품 가격이 국내가격에 즉각적으로 반영되지 않기 때문이다.

아울러 환율이 상승하면 궁극적으로 수출이 증가하므로 그에 따른 생산증가로 고용증대를 달성할 수도 있다.

하지만 환율이 상승하면 수입품의 국내가격이 상승하여 수입원재료를 사용하는 국내제품의 가격이 상승하게 되므로 국내물가가 상승할 수 있다. 예를 들어, 환율이 상승하면 원유의 수입가격이 상승하여 휘발유가격과 석유관련 제품의 가격이 상승하므로 국내물가가 상승한다.

환율 상승 ⇒ 국제수지 개선, 생산 및 고용 증대, 물가상승

5 환헤징

수출입 업체들의 대금결제는 즉시 이루어지기보다는 몇 달 후에 이루어진다. 따라서 결제시점에 환율이 변동하면 우리나라 돈으로 환산한 수출 및 수입 금액에 변동이 발생한다. 그 결과 환율변동으로 수출입 업체들이 이익을 볼 수도 있고 손해를 볼 수도 있다. 경제활동의 결과 환율은 변동하기 마련이다. 이익을 볼지 손실을 볼지 미리 알 수 없다. 따라서 손실을 회피할 수 있다면 그 방법을 이용할 것이다. 이와 같이 미래가격의 변동에 따른 위험(즉, 손실)을 회피하는 것을 헤징(hedging)이라고 한다. 환율변동에 따른 위험을 회피하는 것을 환헤징(exchange hedging)이라 한다.

헤징: 미래가격의 변동에 따른 위험(즉, 손실)을 회피하는 것,
환헤징: 환율변동에 따른 위험을 회피하는 것

환헤징을 하는 대표적인 방법은 선물환을 이용하거나 통화옵션을 이용하는 것이다.

1) 선물환

통상적인 거래는 계약 이후 즉시 혹은 2~3일 이내에 상품의 인수도(인수 및 인도)와 대금결제가 동시에 이루어진다. 이에 반해 어떤 거래는 계약할 때 미래 일정 시점에 거래될 상품의 가격과 거래량을 정하고, 계약상 정해진 날에 계약된 조건으로 상품의 인수도와 대금결제가 이루어진다. 즉, 미래에 거래될 상품의 가격과 거래량은 현재시점에 정하고 상품의 인수도와 대금결제는 나중에 이루어지는 것이다. 전자의 거래를 현물(現物: spot)거래라 하고, 후자를 선물(先物: future)거래라 한다.[2] 따라서 선물거래는 일정기간 후 거래될 상품의 가격과 거래량을 현재시점에서 미리 확정하는 것으로서, 선물거래를 통하여 상품의 미래가치를 현재시점에 확정할 수 있다. 그러므로 미래가격 변동에 따른 위험을 선물거래를 통해 회피할 수 있다.

> 현물거래: 상품의 인수도와 대금결제가 동시에 이루어지는 것
> 선물거래: 계약은 현 시점에서 하고 상품의 인수도와 대금결제는 나중에 이루어지는 것

선물환은 선물거래 중 대상상품이 외환인 것이다. 즉, 선물환은 미래 거래시점의 환율을 현재시점에서 확정한 것이다. 선물환거래를 이용하면 환율변동에 관계없이 수령하거나 지불할 달러의 원화가치를 확정시켜 수출입 업체가 환위험을 회피할 수 있다.

2) 계약일이 결제일(실물 인수도와 대금결제가 이루어지는 날)보다 먼저 이루어진다는 의미에서 선물거래라 하고, 계약일과 결제일이 현재 동시에 이루어진다는 의미에서 현물거래라 한다.

> 선물환: 선물거래 중 대상상품이 외환인 것으로서, 미래 거래시점의 환율을 현재시점에서 확정한 것

선물환거래를 이용하여 수출입업체가 환위험을 회피하는, 즉 환헤징하는 방법을 살펴보자.

먼저 수출업체가 헤징하는 방법부터 보자. 수출업체가 3개월 후 수출대금을 받기로 하면서 어떤 상품을 10,000달러어치 수출하였다. 현재의 환율은 달러당 1,000원이다. 따라서 그 수출업체가 수취할 금액을 현재의 환율로 계산하면 1,000만원이다. 그런데 만약 3개월 후 환율이 950원으로 하락한다면 수취할 금액이 950만원으로 줄어든다. 이런 위험을 회피하기 위해 수출업체는 3개월물 선물환을 매도한다. 선물환을 매도한다는 것은 정해진 환율로 외환을 매도할 수 있다는 것을 의미한다.

현재 3개월물 선물환이 달러당 980원이라고 하자. 그 수출업체가 선물환을 매도해 놓으면 3개월 후 수출금액 10,000달러는 달러당 980원으로 매도할 수 있으므로 원화로 980만원을 수취할 수 있다, 선물환을 매도하지 않았을 경우에 비해 30만원의 득을 볼 수 있다. 물론 3개월 후 환율이 선물환율 980원보다 높아질 경우, 선물환의 매도계약을 하지 않았더라면 3개월 후 현물시장에서 매도함으로써 더 많은 금액을 수취할 수 있으므로 선물환 매도를 후회할 수 있다. 하지만 3개월 후 현물환율이 980원보다 낮은 950원이 되면 950만원만 수취하게 된다. 이런 환위험을 회피하기 위해 선물환 매도를 이용하는 것이다.

3개월 후 환율이 선물환율 980원보다 높아질 때, 선물환 매도를 했기 때문에 더 벌 수 있는 기회을 포기하는 것은 위험회피를 위한 보험료이다. 선물환 매입자가 그 금액만큼 이득을 보는 것이다. 하지만 선물환 매입자는 3개월 후 현물환율이 선물환율보다 낮아지게 되면 손해를 보게 된다. 수출업자의 입장에서 선물환 매입자는 보험회사와 같은 역할을 한다. 이와 같이 수출업자는 선물환을 매도함으로써 환율변동에 관계없이 받을 달러의 원화가치를 확정시킬 수 있다.

이번에는 수입업체가 헤징하는 방법을 보자. 수입업체가 3개월 후 수입대금을 지급하기로 하면서 어떤 상품을 10,000달러어치 수입하였다. 현재의 환율은 달러당 1,000원이다. 그 수입업체가 지급할 금액을 현재의 환율로 계산하면 1,000만원이다. 그런데 3개월 후 환율이 1,050원으로 상승한다면 지급할 금액이 1,050만원으로 늘어난다. 이런 위험을 회피하기 위해 수입업체는 선물환을 매입한다. 선물환을 매입한다는 것은 정해진 환율로 외환을 매입할 수 있다는 것을 의미한다.

현재 3개월물 선물환이 달러당 1,020원이라고 하자. 그 수입업체가 그 선물환을 매입해 놓으면 3개월 후 지급할 10,000달러를 달러당 1,020원으로 매도할 수 있으므로 원화 1,020만원으로 수입대금을 지급할 수 있다, 따라서 선물환을 매도하지 않았을 경우에 비해 30만원의 득을 볼 수 있다. 물론 3개월 후 환율이 선물환율 1,020원보다 낮아지면, 선물환의 매도계약을 하지 않았더라면 더 적은 금액을 지급할 수 있으므로 선물환 매도를 후회할 수 있다. 하지만 3개월 후 현물환율이 1,020원보다 높아지면 선물환을 이용하는 것보다 더 많은 금액을 지불하게 된다. 이런 위험을 회피하기 위해 선물환 매입을 이용하는 것이다.

3개월 후 환율이 선물환율 1,020원보다 낮아질 때, 선물환 매입을 했기 때문에 더 적게 지급할 수 있는 기회를 포기하는 것은 위험회피를 위한 보험료이다. 선물환 매도자가 그 금액만큼 이득을 보는 것이다. 하지만 선물환 매도자는 3개월 후 현물환율이 선물환율보다 높아지게 되면 손해를 보게 된다. 수입업자의 입장에서 선물환 매도자는 보험회사와 같은 역할을 한다. 이와 같이 수출입자는 선물환을 매입함으로서 환율변동에 관계없이 지불할 달러의 원화가치를 확정시킬 수 있다.

이상에서 본 바와 같이 수출업체는 선물환을 매도함으로써, 수입업체는 선물환을 매입함으로써 환위험을 회피할 수 있다.

선물환 이용 헤징방법
수출업자: 선물환 매도 → 환율변화할 경우에도 수출금액 확정
수입업자: 선물환 매입 → 환율변화할 경우에도 수입금액 확정

2) 통화옵션

위에서 본 것처럼 선물환을 이용하면 더 이득을 볼 기회를 포기해야 한다. 수출업자는 선물환 매도 계약할 경우 3개월 후 현물환율(예를 들면, 1,000원)이 선물환율(예를 들면, 980원)보다 높아지더라도 980원으로 매도함으로써 달러당 20원을 더 벌 수 있는 기회를 포기해야 한다. 수입업자는 선물환 매입 계약할 경우 3개월 후 현물환율(예를 들면, 1,000원)이 선물환율(예를 들면, 1,020원)보다 낮아지더라도 1,020원으로 매입함으로써 달러당 20원을 더 적게 지급할 수 있는 기회를 포기해야 한다. 왜냐하면, 선물환 계약자는 무조건 그 계약을 무조건 이행해야 하기 때문이다. 그러나 그런 기회를 이용할 수 있는 방법이 있다. 그 방법이 통화옵션을 이용하는 것이다.

통화옵션은 선물환과 달리 계약을 이행할 수 있는 권리를 사고파는 것으로서, 상황에 따라 계약을 이행하지 않아도 된다. 옵션을 행사할 때 적용되는 환율을 통화옵션행사가격이라고 한다. 행사가격으로 팔 수 있는 권리를 풋옵션(put option)이라 하며, 살 수 있는 권리를 콜옵션(call option)이라고 한다.

통화옵션: 선물환 계약을 이행할 수 있는 권리를 사고파는 것
행사가격: 옵션을 행사할 때 적용되는 환율
풋옵션: 행사가격으로 팔 수 있는 권리
콜옵션: 행사가격으로 살 수 있는 권리

수출업자는 풋옵션을 구입하여, 수입업자는 콜옵션을 구입하여 헤징을 할 수

있다. 수출업자가 헤징을 위해 통화 풋옵션을 구입하였다. 행사가격은 선물환율과 같은 980원이라고 하자. 3개월 후 현물환율이 1,000원으로 행사가격보다 높아질 경우, 풋옵션을 행사하면 10,000달러가 980만원이 되고, 풋옵션을 행사하지 않고 현물시장에 바꾸면 1,000만원이 된다. 따라서 이런 경우 행사하지 않고 현물시장을 이용함으로써 선물환을 이용할 때 포기한 기회를 이용할 수 있다. 물론 3개월 후 현물가격이 행사가격보다 낮은 970원이 되면, 풋옵션을 행사하면 980만원, 행사하지 않고 현물시장을 이용하면 970만원이 되므로 선물환처럼 행사를 한다.

수입업자가 헤징을 위해 통화 콜옵션을 구입하였다. 행사가격은 선물환율과 같은 1,020원이라고 하자. 3개월 후 현물환율이 1,000원으로 행사가격보다 낮아질 경우, 콜옵션을 행사하면 만 달러가 1,020만원이 되고, 콜옵션을 행사하지 않고 현물시장에 바꾸면 1,000만원이 된다. 따라서 이런 경우 행사하지 않고 현물시장을 이용함으로써 선물환을 이용할 때 포기한 기회를 이용할 수 있다. 물론 3개월 후 현물가격이 행사가격보다 높은 1,050원이 되면, 콜옵션을 행사하면 1,020만원, 행사하지 않고 현물시장을 이용하면 1,000만원이 되므로 선물환처럼 행사를 한다.

이와 같이 옵션을 이용하면 옵션매입자는 항상 득을 본다. 반면에 옵션 매도자는 항상 손해를 입는다. 따라서 옵션 매도자가 존재할 수 없다. 그러므로 옵션 매도자의 존재를 위해 그들에게 이익을 볼 기회를 제공해야 한다. 그것이 옵션프리미엄(option premium)이다. 이것은 옵션 계약시 매입자가 매도자에게 지불하는 금액이다. 매입자가 행사를 하지 않더라도 매도자에게 받을 수 없다. 따라서 옵션매도자가 최대로 벌 수 있는 금액은 옵션프리미엄이고 손해를 보는 한도는 현물가격과 행사가격 간의 차이로서 한도가 정해져 있지 않다. 따라서 옵션을 매도할 때는 신중해야 한다. 반면에 옵션매입자가 최대로 손해를 보는 금액은 옵션프리미엄이고 이익을 보는 한도는 정해져 있지 않다. 옵션매입자의 입장에서 옵션프리미엄이 보험료에 해당한다.

이와 같이 수출업자는 풋옵션 매입을 통해, 수입업자는 콜옵션 매입을 통해 헤징할 수 있다. 한 가지 주의해야 한다. 풋옵션은 팔 수 있는 권리이므로 수출업자와 같은 외화자산 보유자가 헤징하는 방법은 풋옵션을 매도하는 것으로 착각해서는 안 된다. 풋옵션은 단지 팔 수 있는 권리일 뿐이다. 헤징하기 위해서는 풋옵션이든 콜옵션이든 무조건 매입을 해야 한다. 수출업자는 풋옵션을 수입업자는 콜옵션을 매입해야 한다.

통화옵션 이용 헤징방법

수출업자: 풋옵션 매입 → 환율변화할 경우 수출금액 최대화 (※풋옵션 매도 ×)
수입업자: 콜옵션 매입 → 환율변화할 경우 수입금액 최소화
옵션 프리미엄: 옵션 계약시 매입자가 매도자에게 지불하는 금액
권리 미행사의 경우에도 반환받지 못함

읽을거리

키코(Knock-In, Knock-Out; KIKO)

옵션이용시 높은 프리미엄을 지급해야 하는 단점을 보완하여 나온 상품이 키코(Knock-In, Knock-Out; KIKO)이다. 키코는 풋옵션(팔 권리)의 매수와 콜옵션(살 권리)의 매도가 결합된 상품이다. 구체적으로 살펴보면, 기업이 은행으로부터 풋옵션을 매입하되 약정환율과 그 적용범위의 상하한이 정해져 있으며, 계약기간 동안 환율이 하한을 하회하면 풋옵션이 소멸되고, 상단을 상회하면 계약금액의 2배에 해당하는 콜옵션 매도(약정환율로 은행에게 매도)가 발효되는 상품으로서 상하한의 범위 내에서는 유효(knock-in)하나 그 범위를 이탈하면 유효하지 않고(knock-out) 오히려 페널티가 부과된다.

예를 들면, 어떤 기업이 약정액 100만 달러를 1달러당 약정환율 1,000원, 하한 950원, 상한 1,050원으로 정하여 은행과 계약하였을 때, 만기시 환율이 970원으로 내려가더라도 약정환율 1,000원을 적용받아 이익을 얻을 수 있다. 또 만기시 환율이 1,000원에서 1,050원 사이에 해당할 때는 옵션계약을 이행하지 않고 시장가격에 매도하여 이익을 얻을 수 있다.

그러나 만기시 환율이 하한인 950원 미만으로 내려가면 계약이 무효가 되어 환손실을 그대로 감수해야 하고, 상한인 1,050원을 초과하여 올라가는 경우에도 오른 환율로 현물시장에서 매입하여 은행에 매

도해야 하기 때문에 손실을 입는다. 이와 같이 환율이 하한과 상한 사이에서 변동한다면 기업이 환위험을 회피하여 이익을 보지만, 환율이 상하한을 벗어나면 손실을 보게 된다.

2008년 한국에서 환율이 급등하였을 때, 은행과 키코 계약을 맺은 중소기업들이 큰 손실을 보았으며, 견실한 중견기업체도 환차손으로 흑자 도산한 사례도 있다. 2007년까지 원 달러 환율이 수년간 하락세를 지속함에 따라 많은 수출 중소기업들이 은행과 키코 계약을 체결했는데, 이후 예상과 달리 환율이 급등세를 보이며 상한환율을 넘어섬에 따라 해당 중소기업들이 큰 손실을 보았다. 이에 대해 기업들이 키코 상품에 내재되어 있는 위험, 은행들의 불완전 판매 여부 등의 이유로 소송을 제기하였으나, 최근 판결에 의하면 패소하였다.

요약

01. 국제무역의 발생원인은 생산요소 부존차이와 기술차이에 의한 비교우위이다.

02. 보호무역을 주장하는 근거는 다음과 같다. 첫째, 자유무역으로 국내산업이 도태되고 실업이 발생하기 때문에 보호무역을 해야 한다는 주장이다. 그러나 이 주장은 보호로 인한 편익보다 손실이 크다는 반박논리에 의해 타당성이 없는 것으로 평가된다. 둘째, 경쟁력 향상을 위해 유치산업을 보호해야 한다는 주장이다. 그러나 이 주장도 보호를 받으면 경쟁력을 향상시키려는 유인이 없다는 반박논리에 의해 타당성이 없는 것으로 평가된다. 셋째, 국가안보를 위해 비교열위에 있는 농업과 중공업을 보호해야 한다는 주장이다. 그러나 이 주장도 보호무역을 하는 것보다 평상시에 식량과 무기를 비축하는 것이 더 큰 이익을 얻는다는 반박논리에 의해 타당성이 없는 것으로 평가된다.

03. 일정기간 동안에 일국의 거주자와 그 나라를 제외한 나머지 국가들의 거주자들 사이에 발생한 모든 경제적 거래의 결과를 국제수지라 한다. 국제수지는 크게 두 가지로 분류할 수 있다. 하나는 상품이나 서비스 거래의 결과인 경상수지이고 다른 하나는 상품이나 서비스의 거래 없이 자금이 들어오고 나가는 자본거래의 결과인 자본수지이다. 일반적으로 국제수지는 경상수지를 의미한다.

04. 일반적으로 국제수지가 흑자이면 좋고 적자이면 나쁘다고 생각한다. 하지만 국제수지 적자가 발생했다고 무조건 나쁘게 생각할 수는 없다. 수출기업들이 경쟁력을 키우기 위해 기계설비 등 자본재 수입을 늘리다 보면 경상수지에 적자가 나는 경우도 있다. 이런 경우에 경쟁력의 향상으로 중장기적으로 수출의 증가로 국제수지가 개선되기 때문에 문제가 되지 않는다. 마찬가지로 국제수지가 흑자가 된다고 무조건 좋게 생각할 수는 없다. 외화의 증가는 통화증발을 가져와 국내물가의 상승을 초래할 수도 있고, 흑자를 해외에 투자함으로써 더 많은 외화획득이 가능하고, 심지어 적자국과 무역마찰을 일으킬 수도 있기 때문이다. 따라서 국제수지의 흑자와 적자로 무조건 대외거래의 건전성을 평가하는 것은 잘못된 것이다.

05. 환율(exchange rate)이란 두 나라 화폐 간 교환비율을 의미한다. 환율의 표시는 어느 나라의 돈을 기준으로 표시하는가에 따라 두 가지로 구분된다. 자국통화표시법(rate in home currency)은 외국돈 1단위가 자기나라 돈 몇 단위와 교환되는가를 나타내는 방법이다. 반면, 외국통화표시법(rate in

foreign currency)은 자국 돈 1단위가 외국 돈 몇 단위와 교환되는가를 나타내는 방법이다. 우리나라뿐만 아니라 대부분 나라에서 미국 달러화를 기준으로 환율을 표시하는 자국통화표시법을 사용하고 있다. 그러나 기축통화인 달러를 사용하는 미국의 경우 자국 화폐인 달러를 기준으로 환율을 표시하는 외국통화표시법을 사용하고 있다. 그리고 유로화, 파운드화는 달러와의 환율은 외국통화표시법으로 표현된다.

06. 환율은 다른 상품과 마찬가지로 수요공급의 원리에 입각하여 외환의 수요량과 공급량이 일치하는 곳, 즉 외환의 수요곡선과 공급곡선이 교차하는 곳에서 결정된다. 그리고 외환의 수요가 증가(감소)하면 외환시장에서 초과수요(초과공급)가 발생하여 환율이 상승(하락)하고, 공급이 증가(감소)하면 외환시장에서 초과공급(초과수요)가 발생하여 환율이 하락(상승)한다. 따라서 국민소득의 증가는 외환의 수요를 증가시켜서, 물가의 상승과 통화량의 증가는 외환의 공급을 감소시켜서 환율을 상승시키고, 이자율의 상승은 외환의 공급을 증가시켜서 환율을 하락시킨다.

07. 환율이 상승하면 국제수지 개선, 생산 및 고용 증대, 물가상승의 효과를 초래한다. 하지만 환율이 상승하더라도 국제수지가 처음에는 오히려 악화되었다가 어느 정도 시간이 지나면 개선되는 J곡선효과가 나타난다.

08. 환율변동에 따른 위험을 회피하는 것을 환헤징이라 한다. 환헤징을 하는 방법은 선물환을 이용하거나 통화옵션을 이용하는 것이다. 수출업자의 경우에는 선물환을 매도하거나 풋옵션을 매수하는 방식으로 환헤징을 한다. 수입업자의 경우에는 선물환을 매입하거나 콜옵션을 매수하는 방식으로 환헤징을 한다. 풋옵션이란 행사가격으로 팔 수 있는 권리이며, 콜옵션은 행사가격으로 살 수 있는 권리이다. 행사가격이란 옵션을 행사할 때 적용되는 환율이다.

색 인

ㄱ

가격 39, 42
가격경쟁 39
가격규제 96
가격상한제 96
가격설정자 150
가격수용자(price taker) 145
가격의 결정 66
가격차별 157
가격통제 74
가격하한제 103
가변비용 142
가산금리 305
가처분소득 262
가치저장 297
가치저장 기능 296
가치척도 296
가치척도 기능 296
간접금융 304
간접금융거래 312
간접금융시장 312
감가상각률 196
감시감독 비용 233
감추어진 속성 234
감추어진 행동 234
개별경제주체 328
개별공급(individual supply) 54, 59
개별공급곡선 59
개별기업의 노동수요곡선 174
개별수요 41
개별수요곡선 47
개인소득 262
개인의 노동공급곡선 175
거주자(resident) 354
경기동향지수 335, 337
경기변동 321, 332, 333
경기변동 원인 334
경기적 실업 284, 285
경기종합지수 335
경기지수 335
경기지표 334, 339
경기침체 332
경기확산지수 337
경기확장 333
경매시장 242
경상수지 355
경쟁 17
경쟁시장 140
경쟁촉진정책 346
경제문제 2
경제성장 321, 322
경제성장률 259, 330
경제성장의 요인 322

경제성장의 정의 *322*
경제안정화 대책 *343*
경제안정화 정책 *340*
경제의 비효율성 *328*
경제재 *11*
경제적 지대 *207, 208*
경제적 차별 *182*
경제적 효율성 *243, 248*
경제주체 *72*
경제체제 *29*
경제학적 비용 *12*
경제활동 *2, 72*
경제활동인구 *282*
경제활동참가율 *283*
고용안정 *343*
고정비용 *142*
고정환율제도 *362, 363*
공개시장조작정책 *301*
공공재 *90, 224*
공급 *53, 54*
공급결정요인 *55*
공급곡선(supply curve) *59, 89*
공급곡선상 이동 *62*
공급곡선 자체 이동 *62*
공급량 *54*
공급량의 변화 *60*
공급의 가격탄력성(공급탄력성) *84*
공급의 법칙(law of supply) *55*
공급의 변화 *60*
공급탄력성 *113*
공급탄력성의 결정요인 *87*
공급표(supply schedule) *58*
과시재 *51*
과점시장 *140*
관리변동환율제도 *363*
관세 *114*
관세인하 *346*
교차탄력성 *84*
교환 *23, 30, 296*
교환매개 *296*
교환행위 *330*
구두창 비용 *286*
구매력 *297*
구조적 실업 *284, 285*
구축효과(crowding out effect) *344, 345*
국가안보론 *352*
국공채 *298, 301*
국내가격 *366*
국내물가 *366*
국내총생산 *254*
국민소득 *254, 262, 361*
국민순생산 *262*
국민총생산 *256*
국제 분업화 *36*
국제수지 *349, 353*
규모의 경제 *90, 152*
규모의 불경제 *154*
균형가격 *66*
균형거래량 *66*
금리 *304*
금리의 비율 *306*
금융 *304*
금융기관 *295*
금융상품 *311*

금융시장(financial market) *311, 312*
금융정책 *340*
금융정책의 효과 *342*
금융통화위원회 *305*
급료 및 임금 수지 *355*
기술수준 *57*
기술진보 *325, 330*
기업가 활동 *203*
기업경기실사지수(BSI) *338*
기업실사지수 *335*
기업어음(commercial paper : CP) *316*
기준순환일 *335*
기타자본수지 *355*
기펜재 *53*
기호 *44*
기회비용 *5*
긴축금융정책 *343*
긴축재정정책 *343*

ㄴ

내부노동시장 *184*
노동 *28, 73*
노동공급곡선 *175*
노동의 시장수요곡선 *174*
노동조합 *185*
농부의 역설 *80*
농산물가격지지제 *105*

ㄷ

다른 요인들은 변하지 않고 주어진 상태(ceteris paribus) *46*
단기 *144*
단위탄력적 *76, 79, 85, 158*
담합 *156*
대체관계 *42*
대체재 *43, 159*
대체투자 *197*
도덕적 해이 *233, 234, 237*
독립변수 *74*
독점권 *326*
독점기업 *217*
독점력 *242*
독점시장 *140*
독점적 경쟁시장 *140*
동등보수의 원칙 *183*
동행지수 *336, 337*
디플레이션 *341*
딜러 *242*

ㄹ

리스크 프리미엄 *305*
리카도(D. Ricardo)의 비교우위원리 *35*

ㅁ

마찰적 실업 *284, 285*
매도율 *364*
매몰비용 *15*
매입률 *364*
메뉴비용 *286*
면허제 *152*
명목GDP *258*
명목금리 *306*
무역 *330*
무역마찰 *356*

무임승차자의 문제 *225*
물가 *361*
물가상승률 *306*
물가수준 *274*
물가안정 *343*
물가지수 *263*
물물교환경제 *296*
미래가치 *199*

ㅂ

발권기능 *302*
발행금리 *308*
발행시장(primary market) *312*
배급제도 방식 *98*
배제권 *24*
배제성 *224*
법화(法貨) *297*
변동환율제 *362, 363*
보완재 *43*
보통예금 *299*
보험료 할증 *238*
보호무역 *351*
본원소득수지 *355*
본원통화(reserve base) *298, 300*
본인-대리인 *238*
부가가치 *241*
부분지급준비제도(fractional reserve banking) *300*
분배 *4*
분배국민소득 *257*
분양가상한제 *244*
분업 *32*
불완전경쟁 *216*
불황 *4, 332*
불황 원인 *334*
브로커 *242*
비가격배분방식 *97*
비경제활동인구 *282*
비경합성 *224*
비교열위 *35*
비교우위 *35, 349, 350*
비교우위 원리 *351*
비배제성 *224*
비용인상 인플레이션 *289*
비용-편익 분석 *7*
비자발적 실업 *283, 285*
비탄력적 *76, 79, 80, 85, 145, 158*

ㅅ

사유재산권 *24, 39*
사적 비용 *221*
사적재 *224*
사적 편익 *220*
사회적 비용 *220*
사회적 잉여 *90*
사회적 편익 *220*
사회적 한계비용 *221*
사회적 한계편익 *221*
사회적 후생 *90*
사회주의 *28*
산업생산지수 *335*
삼면등가의 법칙 *257*
상충(trade-off) *346*
상품수지 *355*
생산가능연령인구 *282*

생산국민소득 *257*
생산성 *323*
생산성의 향상 *324*
생산요소 *324*
생산요소들의 가격 *56*
생산요소시장 *73, 166*
생산요소의 부존의 차이 *350*
생산요소의 수요곡선 *171*
생산자물가지수 *263*
생산자잉여(producer's surplus) *90, 114*
생산자제품재고지수 *335, 336*
생산자출하지수 *335, 336*
서비스수지 *355*
선물(先物: future) *313, 367*
선물거래 *314, 367*
선물환 *368*
선물환거래 *367*
선물환율 *369*
선택 *5*
선택의 대가 *6*
선행지수 *335, 337*
성과급 *238*
성과급 제도 *238*
소득 *44*
소득수준 *43*
소득탄력성 *83*
소비세 *109*
소비의 경합성 *3*
소비자물가지수 *263*
소비자욕구 *28*
소비자의 선호 *44*
소비자잉여(consumer's surplus) *90, 114*
소비자태도지수 *335, 338*
수요 *41*
수요견인 인플레이션 *289*
수요결정요인 *42, 45*
수요곡선(demand curve) *46, 89, 146*
수요곡선상 이동 *50*
수요곡선 자체 이동 *50*
수요·공급의 원리 *66*
수요독점 *179*
수요량 *41*
수요량의 변화 *48*
수요의 가격탄력성(수요탄력성) *75*
수요의 교차탄력성 *84*
수요의 법칙 *42, 145*
수요의 변화 *48, 52*
수요의 소득탄력성 *83*
수요탄력성 *75, 113, 158*
수요표 *46*
수입자유화 *346*
순수출 *268*
순투자 *197*
스태그플레이션 *291, 345*
스톡옵션 *238*
승수효과 *341*
시간선호 *200*
시간선호율 *200*
시장(market) *39, 40*
시장가격 *145, 146*
시장경제 *23*
시장공급(market supply) *54, 59*
시장공급곡선 *59*
시장구조 *139*

시장규율(market discipline) 기능 *312*
시장수요 *41*
시장수요곡선 *47*
시장신호(market signal) *312*
시장실패 *90, 216*
시중은행 *298*
신용창조(credit creation) *300*
실물거래 *304*
실물자산 *287*
실수요자 *243*
실업 *4, 282, 321, 340*
실업률 *283, 332*
실업자 *282, 283*
실질GDP *258*
실질금리 *306*
실질임금 *327*
실효금리 *306*
쌍방독점 *180*

ㅇ

암묵적 비용 *9*
암시장 *99*
액면가(face value) *308, 309*
약정금리 *306*
양도권 *24*
양도성예금증서(negotiable certificates of deposit : CD) *316*
어음 *311*
여수신정책(재할인율정책) *301*
여행서비스수지 *355*
역선택 *233, 234, 237*
연구개발 *331*
열등재 *43, 83*
예금 *311*
예금통화창조 *300*
예상된 인플레이션의 효과 *286*
예상하지 못한 인플레이션의 효과 *286*
옵션거래 *314*
옵션프리미엄 *314, 371*
완전경쟁 *216*
완전고용 *284*
완전비탄력적 *76, 85*
완전탄력적 *76, 86*
외국통화표시법 *357, 358*
외부경제 *219*
외부노동시장 *184*
외부불경제 *219*
외부비용 *219*
외부편익 *219*
외부효과 *90, 218, 219*
외화통화표시 환율 *358*
외환시장 *361*
외환의 공급 *359*
외환의 수요 *359*
요구불예금 *299*
요소소득 *73*
우선주 *310*
우회생산 *197*
운수서비스수지 *355*
위탁매매 *242*
위험회피 *369*
유가증권시장(KOSPI시장) *317*
유동성함정 *344, 345*
유량(flow) *41*

유치산업보호론 *352*
유통시장(secondary market) *312*
이윤 *203*
이윤극대화 *145*
이윤의 역할 *204*
이자 *73, 192, 196, 304*
이자율 *304, 342, 361*
이자율효과 *270*
이전소득수지 *355*
이중구조 *182*
이중 노동시장이론 *184*
이표채 *309*
인구성장 *330*
인구성장률 *330*
인턴(intern)제도 *237*
인플레이션 *4, 263, 321, 340*
일물일가 *157*
임금 *73*
임금격차 *181*
임금결정 *177*
임대료 *195, 196*
임대료규제 *101*

ㅈ

자국통화표시법 *357, 358*
자국통화표시 환율의 경우 *358*
자금시장(단기금융시장) *315*
자금의 융통 *304*
자급자족 *23, 36*
자기부담금 *239*
자발적 실업 *283, 285*
자본 *73, 192*
자본규모 *327*
자본수지 *355*
자본시장(capital market) *317*
자본재 *245*
자본주의 *24*
자산효과 *269*
자연실업률 *284*
자원배분 *216*
자원배분의 효율성 *89, 91*
자원배분자 *72*
자원이용의 경합성 *3*
자유무역 *36, 329*
자유재 *11*
잠재적 비용 *9*
장기 *144*
장내시장 *317*
장외시장 *317*
재산권보호 *328*
재정거래 *244*
재정정책 *340*
재정정책의 효과 *341*
재할인율정책 *301*
재화 *2*
저량(stock) *41*
저축 *307*
저축성예금 *299*
전매권 *152*
전매차익 *244*
전액준비제도 *300*
전용수입 *207, 208*
절대열위 *34*
절대우위 *34*

정기예금 *299*

정기저축 *299*

정보의 비대칭 *233, 234*

정보탐색비용 *233*

정부간섭 *90, 95*

정부실패 *228*

정부지출 *268, 343*

정상이윤 *247*

정상재 *83*

정책혼합(policy mix) *345*

정치적 안정 *328*

제1차시장 *312*

제2차시장 *312*

제품차별화 *155*

주세 *343*

조세부담 *113*

조세유인 *326*

조세의 귀착 *111*

조세의 전가 *111*

조업중단점 *142*

종가세 *109*

종량세 *109*

종속변수 *74*

종합주가지수 *335*

주가 *62*

주식(stock) *310, 311*

주식(보통주) *310*

주식시장 *62*

주주 *238*

준공공재 *225*

중간상인 *242*

중개수수료 *143*

중개인 *233, 240*

중앙은행 *297, 298*

중앙집중청산기능 *302*

중재거래 *244*

증권시장 *317*

지급준비금 *299*

지급준비율 *302*

지급준비정책 *301*

지대 *73, 205*

지대추구행위 *210*

지수물가 *265*

지출국민소득 *257*

직각쌍곡선 *78, 79*

직접거래 *240*

직접금융 *304*

직접금융거래 *312*

직접금융시장 *312*

진입장벽 *152*

ㅊ

채권(bond) *308, 310, 311*

채권가격 *309*

체감물가 *265*

초과공급 *64, 67, 144, 361*

초과수요 *67, 144, 361*

총공급 *267, 272, 334*

총공급곡선 *272*

총수요 *267, 334*

총잉여 *114*

최고가격제 *96*

최저가격제 *103*

최저임금제 *104*

취업자 *282, 283*

ㅋ

카르텔 *156*
코스닥시장(KOSDAQ시장) *317*
코스피지수 *336*
콜(call)시장 *315*
콜론(call loan) *315*
콜머니(call money) *315*
콜옵션 *314, 370*
쿠폰비율(coupon rate) *308*
키코(Knock-In, Knock-Out; KIKO) *372*

ㅌ

탄력성(elasticity) *74*
탄력적 *76, 82, 85, 145*
토지 *73*
토지공개념 *25*
통상적 비용 *9*
통화량 *297, 342, 361*
통화신용정책 *302*
통화안정증권 *316*
통화안정증권시장 *316*
통화옵션 *367, 370*
통화정책 *340*
투기 *63, 243*
투자 *307*
투자소득수지 *355*
투자수지 *355*
투자재원 *326*
투자활동 *307, 326*
특허 및 지식재산권 *152*
특허보호 *326*
특화 *32*

ㅍ

파생금융상품(Financial Derivatives) *313*
파생통화 *300*
판매가능곡선 *146*
판매세 *109*
판매수입 *78*
판매자의 선호에 의한 방식 *98*
펀드 판매 *242*
편익 *5*
평균가변비용 *143*
표면금리(표면이율) *306, 308*
풋옵션 *313, 370*
프리보드(FreeBoard) *317*
프리보드시장 *318*
피구세 *222*

ㅎ

하급재 *43*
한계 *13*
한계가치 *88*
한계가치곡선 *88*
한계비용 *13, 88, 89, 141*
한계비용곡선 *89*
한계생산가치 *168*
한계수입 *16, 141*
한계수입생산 *167, 170*
한계수입생산가치 *170*
한계요소비용 *167*
한계원리 *16*

한계편익 *13, 88*
한계편익곡선 *88, 89*
한계효용 *16, 30*
한계효용체감의 법칙 *29*
할인채 *309*
할인쿠폰 *160*
해외저축 *326*
행사가격 *313, 370*
헤징(hedging) *366*
현물(現物 : spot) *367*
현물 *313*
현물거래 *367*
현물환율 *369*
현재가치 *199*
협상비용 *233*
호황 *333*
호황 원인 *334*
혼합형 인플레이션 *289*
화폐 *296*
화폐경제 *296*
화폐자산 *287*
확대금융정책 *343, 344*
확대재정정책 *343, 344*
환매조건부 채권(repurchase agreement : RP) *316*
환위험 *367*
환율(exchange rate) *357*
환율변화 *364*
환율변화의 효과 *364*
환율의 결정 *358*
환헤징(exchange hedging) *366*
회계학적 비용 *12*
효용 *16*
효율임금제 *238, 239*
효율적 배분 *39, 246*
효율적인 생산량 *89*
효율적인 자원배분 *249*
후생변화 *116*
후생손실 *221*
후행지수 *336, 337*
희소성 *2, 39*
희소성의 법칙 *4*

기타

1인당 국민소득 *322*
1차 노동시장 *183*
2차 노동시장 *184*
DI *262*
GDP *254*
GDP디플레이터 *263*
GDP의 한계 *260*
GNI *257, 259*
GNP *256*
J곡선효과(J curve effect) *365*
K-OTC시장 *317*
MEW *261*
Multiplier effect *341*
NEW *261*
NI *262*
NNP *262*
PI *262*

【저자 약력】

한상인

경일대학교 상경학부 교수
경제학박사(도쿄대)
저서: 현실경제의 이해(유원북스)
역서: 재산권 경제학(문영사)

이경모

영남대학교 산업경제연구소 선임연구원
영남대학교 사회과학연구소 선임연구원 역임
경제학박사(영남대)

이승모

경제평론가
아시아대학교 교수 역임
경제학박사(영남대)
저서: 독점은 사악한가(유원북스), 현실경제의 이해(유원북스)
역서: 재산권 경제학(문영사)

기석도

인제대학교 국제경상학부 외래교수
영남대학교 산업경제연구소 선임연구원
영남대학교 사회과학연구소 선임연구원 역임
경운대학교 의료경영학부 교수 역임
경제학박사(영남대)
저서: 시사생활경제(삼우사)

이동헌

한국산업기술대학교 지식기반기술에너지대학원 교수
경제학박사(영남대)
저서: 경제학강의(학문사), 현실경제의 이해(유원북스)

제2판
경제학입문

초판 발행　2015년 8월 31일
세2판 인쇄　2019년 2월 13일
제2판 발행　2019년 2월 20일

지은이　한상인 · 이경모 · 이승모 · 기석도 · 이동헌
펴낸이　박노일

총괄기획　김중용 · 최준규
편　집　심성보

펴낸곳　pnc publishing and culture 피앤씨미디어
경기도 고양시 일산동구 강송로 153 310-1501
등록 제396-2012-000203호
전　화 070)7550-3758　팩　스 02)718-8554
홈페이지 www.pncmedia.co.kr　이메일 pnc@pncmedia.co.kr
ISBN 979-11-5730-605-3 93320

정 가　25,000원